U0601242

本书为教育部哲学社会科学研究后期资助项目
"词中老杜周邦彦研究"（20JHQ035）结项成果

词中老杜周邦彦研究

孙虹 孙龙飞 著

中华书局

图书在版编目（CIP）数据

词中老杜周邦彦研究/孙虹，孙龙飞著. —北京：中华书局，
2022.12
ISBN 978-7-101-16054-3

Ⅰ. 词… Ⅱ. ①孙…②孙… Ⅲ. ①周邦彦（1056~1121）–人
物研究②周邦彦（1056~1121）–宋词–诗词研究 Ⅳ. ①K825.6
②I207.23

中国版本图书馆 CIP 数据核字（2022）第 244434 号

书　　名	词中老杜周邦彦研究	
著　　者	孙　虹　孙龙飞	
责任编辑	王鹏鹏　朱兆虎	
责任印制	陈丽娜	
出版发行	中华书局	
	（北京市丰台区太平桥西里 38 号　100073）	
	http://www.zhbc.com.cn	
	E-mail：zhbc@zhbc.com.cn	
印　　刷	三河市中晟雅豪印务有限公司	
版　　次	2022 年 12 月第 1 版	
	2022 年 12 月第 1 次印刷	
规　　格	开本/920×1250 毫米　1/32	
	印张 17⅛　插页 2　字数 420 千字	
国际书号	ISBN 978-7-101-16054-3	
定　　价	128.00 元	

序　言

近闻孙虹女士的新著《词中老杜周邦彦研究》，即将在学林亮相，深感欣慰。

我与孙虹老师的初识，是在上个世纪九十年代。彼时我还在中华书局编审岗位上奋斗不息，发挥余热。忽然收到学界挚友、西北大学中文系薛瑞生教授来信，谈罢其《乐章集校注》等学术问题后，顺便高兴地告我说，他新近招收了一名"会写古文、朴实好学的女硕士"，还说"孺子可教"，日后可能会麻烦我帮忙培养，助其成才。我答应了。从此我所联系的作者名录里，多了一个未见其面先闻其声的后劲——孙虹。

薛瑞生先生的大作《乐章集校注》，出版过程虽然意外曲折，问世后的销路却很不错。尤其是在中华书局和西北大学都没派代表参加的关于柳永的一次学术研讨会上，与会者热议新出版的《乐章集校注》。随后包括启功先生在内的多名前辈专家学者，为薛先生的"柳永词编年"点赞，予以肯定，更令此书行情看涨。于是我加紧联系薛先生，催问他另一部词籍整理书稿，何时问世？希望可以再和书局成功合作。

出乎我意料之外的是，薛先生随后没送来自己的著作，却推荐了他那已经毕业、在无锡江南大学任教的孙虹硕士的首部著作《清真集校注》。

　　孙虹研究古典文学，得薛瑞生教授真传，独具一格。但搞古籍整理，却因非科班出身，没接受过版本学、校勘学、训诂学等专科培训，因此《清真集校注》初稿，稍显稚嫩。诸如校勘记的专业用语、表述方法，词语典故的训解举证、明确出处等方面，时有欠缺规范者，我必须做精心加工，有时涉及面比较大。我担心改动一多，作者会有意见。因为绝大多数青年作者，敝帚千金，特烦外人改动其论著。犹疑之后，先致函薛先生说明我的顾虑。

　　薛先生立刻回复我说，此乃孙虹"求之不得"，您就放心"斧正"吧！得其导师支持，我就大胆做修正了。

　　首先是校勘记。古籍校勘就是校异同，勘是非。原稿在"校异同"方面，十分精细，只是有点啰嗦。有些底本不误而参校本失误的，逐一列举异文，实属多余，我删了不少，以省篇幅，保持校勘记的简明扼要。参校本确有参考价值的大量异文，则全部保留，不厌其烦。原稿"勘是非"的多数判断是令人信服的。但她也遇到许多青年作者都经历过的难题，当底本有误，据参校本考订出正确的文句时，依然只出示"底本作某字，误。甲本、乙本、丙本……作某字，是。"这样的校勘记，就令人不可理解了。明知底本错字，为何还保留原貌？我面对此类校勘记，即大力删改：先据诸校本改动底本正文文句，再出校记云"某字原误作某字，文理不通，今据甲本、乙本、丙本改。"确保整理后的《清真集》，文句准确，可以信赖，足称善本。以上的改动涉及面较大。

　　书稿编年，孙虹老师多有创见，我未做调整。加工注释部分时，我隐约感到，孙虹手头可能缺乏必要的工具书和参考书，如《佩文韵府》之类。如果单纯按常例粘贴浮签，指点"此注应查某某书"或"此处用典须加注"等等，恐怕将令手头缺资料的孙虹，颇费周折地总跑图书馆查书检核，有的还未必得到所需的结果，如此势必拉长修订过程。我性情急躁，又先得到薛先生首肯，索性捉刀代笔，替作者修正补订了。此类稍显霸道的妄自增补，我没少干。然后拟写了退改信，把经我修订的校样，寄还孙虹核定。此时我依然有些担心，这样蛮横的做法，能否得到作者的认可？

不久，回复返寄到我手中。我的修订意见，孙虹居然照单全收，没有辩驳。记得后来她还提出过一些新的问题，求助于我，我自然尽力而为，另有一番说辞。由此我感慨于孙虹，果然是虚心好学，善于"每事问"。

2002年，《清真集校注》正式出版问世。从此开启了孙虹研究周邦彦的闸门，走上了与中华书局二十多年的合作征途：2005年的《周邦彦词选》、2013年的《梦窗词集校笺》、2019年的《山中白云词笺证》也在中华书局出版，后两种与《清真集校注》都入选"中国古典文学基本丛书"。

2000年，孙虹在撰写修改《清真集校注》的同时，以第一名的成绩考入苏州大学杨海明教授门下，攻读博士学位。因为任教的江南大学地处无锡，属于江苏籍考生，省教育厅另有经费支持，被转为在职学习。杨海明先生是国内享有盛名的词学家，在他的精心传授下，孙虹词学理论水平显著提高。博士论文《词风嬗变与文学思潮关系研究——以北宋词为例》荣获苏州大学优秀学位论文。之后，她的理论研究专著中的《宋词殿军张炎研究》也由中华书局出版。

本书是再次回归研究起点，但又是对这一历时20年选题的深化。《清真集校注》已被本书有效融合。如以"校异同，勘是非"的版本为依据，周邦彦"应歌"词因外证不足，典源注释成为关键内证，使书中词传部分接近精细准确。本书更大的创见至少包括以下几点。

一是考证体系严谨细密。周邦彦词传把传主生平事迹分为青少年时期、青壮年时期、中晚年时期，对其185首词作中的147首进行了编年，较为准确地定位了美成游学游宦的时间与空间。如考定《瑞鹤仙》（悄郊原带郭），是赴处州任时写于扬州的绝笔词，就是言之有据的翻案结论。

二是版本溯源剑走偏锋。通过宋人方千里、杨泽民、陈允平三位词人的和词别集与当时有记载的宋版周词别集进行追根溯源，确定了周词别集两种宋椠祖本，以及与强焕所序淳熙官本的关系，对毛晋、王鹏运、朱孝臧、王国维、吴则虞的版本考证大有发覆。

三是论证视角不拘常规。如论清真词与当时词坛思想意趣趋于"以诗为词"相较，在题旨弱化的同时，又凭借物我两化的处理方式，人情物态可以视为寓有寄托的载体；如系统阐释清真在江西派诗学理论的影响下，建立词学法度与审美规范，以及接受诗体生新瘦劲美学特质的价值取向；如探讨清真词属北宋范型中哲学层面的"浑成"意境，尝试以西方艺术符号学对情感形式的唯美与臻善进行考察，触及美成"词中老杜"地位的理论"盲点"。

四是词学批评合论中西。比较王国维《人间词话》与《清真先生遗事》对周邦彦迥然不同的评价，认为前者主客观关系的论述，有深刻的西方理论思辨的烙印；而后者是回归国学传统的标志性成果，并在辑佚、辨异、考证等方面可称开此项研究风气之先。

本书存在的遗憾也显而易见，特别是在哲学、美学层面把宋朝理学与西方艺术符号学（包括"有意味的形式"）结合起来阐述周邦彦"词中老杜"的地位，以及广泛涉及王国维《人间词话》所受西方及本土哲学影响，都是前人未曾涉足的尝试，因为很难贯通融会，不免浅尝辄止矣。

而令我欣喜的是，孙虹的周邦彦、吴文英、张炎相关研究斩获了三项国家课题、三项教育部课题,最近又听闻她已经移治南宋词选《绝妙好词》,这是把之前古籍整理与词学理论的相关积累作为两翼,对南宋词坛进行集成研究,可以预见,孙虹《绝妙好词》研究也一定能达成既定的学术目标。

孙虹老师新著亮相,必令读者开卷有益。

北京刘尚荣　写于壬寅八月初一

目　录

绪　论

　　周邦彦,字美成,号清真居士,钱塘人。生于宋仁宗嘉祐元年(1056),卒于宋徽宗宣和三年(1121),享年六十六岁。美成是北宋后期著名文人,尤以词名世,在词史上具有集其大成、承前启后的崇高地位。晁公武《郡斋读书志》、陈振孙《直斋书录解题》、脱脱等《宋史·艺文志》、王国维《清真先生遗事》等所载著述,仅存后人辑佚的少量诗歌文赋,传世的主要是单行词集,如宋版陈元龙详注《片玉集》、明朝毛晋《宋六十名家词·片玉词》。

一

　　周邦彦其人其词,是词学研究的"显学"之一。周邦彦生前,其诗已经开始被评说,如受到苏门文人晁补之、张耒等人的褒扬,其词影响更大。南宋以来词选、笔记都热衷辑录其词,纷纷记录本事与评论。南宋特别是宋末,美成词已经进入学术研究的范围。如有注释与唱法专书:曹杓《注〈清真词〉》二卷(已佚)、陈元龙《详注周美成片玉集》、杨缵《圈法美成词》(已佚);有专人专集唱和美成词:杨泽民、方千里和清真词结为《三英集》行世(已佚),陈允平有《西麓继周集》;其词还成为晚宋两种词学专论即沈义父《乐府指迷》、张炎《词源》的主要评判对象或重点举证的词人,被推为"下字运意，皆有法度"①"负一代词名"②的宗匠。需要说明的是，元人陆辅之的词学专论《词旨》与《乐府指迷》《词源》，同被视为宋朝词学③，为方便叙述，以下统归为晚宋词学。

明清时期周清真词仍有着不可撼动的地位，首先是其词作别集的整理校勘。继明毛晋《宋六十名家》刊印《片玉词》、方千里《和〈清真词〉》之后，王鹏运四印斋校刻仿元巾箱本《清真集》、朱孝臧《彊村丛书》校刻毛氏嘉定刻本陈元龙详注《片玉集》，郑文焯校刻毛晋《片玉词》(更名《清真集》)，毛晋、王鹏运、朱孝臧的词集序跋，郑文焯的《〈清真词〉校后录要》都对周词版本源流进行了梳理与概述。另外，周词在《天机余锦》《历代诗余》《词综》《宋四家词选》《宋七家词选》等选本中具有重中之重的位置。其次是在词选基础上的评注、序论从理论层面深度阐释清真词。特别是清代从浙西词派到常州词派风气转移之后，周邦彦被提升至宋词四大家之一，并以"还清真之浑化"④作为宋词登峰造极的标志。清代以来，其词在法度方面结束北宋、开创南宋的价值意义成为公

---

① 沈义父著，蔡嵩云笺释《乐府指迷笺释》，人民文学出版社1963年，第44页。
② 张炎著，夏承焘校注《词源注》，人民文学出版社1963年，第9页。
③ 沈义父生于宋宁宗嘉泰二年(1202)，张炎生于宋理宗淳祐八年(1248)，都是由宋入元的遗民文人，但所著词学专论反映的是宋朝词学观。沈义父生卒年及与吴梦窗的交游参见孙虹、杨雪《吴梦窗年谱》，《词学》二十六辑(2011年)，第261—300页。蔡嵩云说："两宋词学，盛极一时，其间作者如林，而论词之书，实不多觏；可目为词学专著者，王灼《碧鸡漫志》、张炎《词源》、沈义父《乐府指迷》、陆辅之《词旨》而已。"《乐府指迷笺释》，第39页。谢桃坊先生认为，沈义父《乐府指迷》、张炎《词源》、陆辅之《词旨》"全面地论述了雅词的美学规范并确立了以姜夔、吴文英、张炎为代表的雅词在南宋词的正宗地位"。谢桃坊《南宋雅词辨原》，《文学遗产》2000年第2期，第53页。
④ 周济《宋四家词选目录序论》，周济《宋四家词选》，古典文学出版社1958年，第2页。

共认知。周济说:"美成思力独绝千古,如颜平原书,虽未臻两晋,而唐初之法,至此大备,后有作者,莫能出其范围矣。"① 陈廷焯说:"词至美成,乃有大宗,前收苏秦之终,复开姜史之始。……后之为词者,亦难出其范围。"② 周济谓董晋卿"推其沉著拗怒,比之少陵"③。郑文焯说:"昔人称杜诗无一字无来历,吾谓读者亦当不放过清真一字,清真固词中之老杜也。"④

　　近代周邦彦研究中,有荜路蓝缕之功、并且著有扛鼎力作的是王国维(字静安)《清真先生遗事》(简称《遗事》。分为事迹一、著述二、尚论三、年表四),"著述二"中首次为周氏诗文赋等辑佚:"今遗文尚存者,则有《汴都赋》(《宋文鉴》)、《重进汴都赋表》(《挥麈余话》)、《敕赐唐二高僧师号记》(《严陵集》)。遗诗则钱塘丁立中重刻《汴都赋》附录。除录《宋诗纪事》外,尚有补辑。其目为:《过羊角哀左伯桃墓》一首、《凤凰台》一首、《仙杏山》一首(出《景定建康志》)、《曝日》一首(出《齐东野语》)、《天赐白》一首(出陈郁《藏一话腴》)、《春帖子》一首(出《合璧事类》)、《春雨》一首(出后村《千家诗》)、《赠常熟贺公叔隐士》一首(出《琴川志》)、《竹城》一首(出《江宁志》)、《投子山》一首、《宿灵仙观》一首、《芝术歌》一首(均出《茅山志》)。而陈元靓《岁时广记》中,尚有《内制》《春帖子》诗二断句,为丁氏所未录。"⑤ 王氏在钱塘丁立中辑佚之

① 周济著,顾学颉校点《介存斋论词杂著》,人民文学出版社 1959 年,第 6 页。
② 陈廷焯《白雨斋词话》,人民文学出版社 1959 年,第 16 页。
③ 周济《词辨自序》,唐圭璋《词话丛编》(第 2 册),中华书局 1986 年,第 1637 页。
④ 郑文焯《致朱祖谋书》,唐圭璋等主编《词学》(第七辑),华东师范大学出版社 1989 年,第 219 页。
⑤ 王国维《清真先生遗事》,王国维《王国维文集》,线装书局 2009 年,第 194—195 页。

外,辑《内制》《春帖子》诗二断句。王国维《清真先生遗事·著述》条序宋版六种,并且对王鹏运、朱孝臧版本考有所驳疑。王氏给予清真的词史定位也拟之于唐朝杜甫:"以宋词比唐诗,则东坡似太白,欧、秦似摩诘,耆卿似乐天,方回、叔原,则大历十子之流。南宋惟一稼轩,可比昌黎。而词中老杜,则非先生不可。"①陈匪石赞誉美成有开启南宋之功:"周邦彦集词学之大成,前无古人,后无来者,凡两宋之千门万户,《清真》一集几擅其全,世间早有定论矣。"②"若律以读词之眼光,清真包括一切,绝后空前,实奄有南宋各家之长。姜、史、吴、王、张诸人,固皆得清真之一体,自名其家。"③吴世昌也指出:"清真在北宋之末,入南宋之大门也。入清真之门,然后可读白石、梅溪、梦窗、碧山诸家。学得清真之各种手法,然后读南宋诸家皆有来历,无所遁形矣。清真范围广,门户多,长调小令,皆自成楼阁,绝不相似。如游阿房之宫,五步一亭,十步一阁,莫可诘究,他人无此才力也。"④陈思《清真居士年谱》(简称陈思《年谱》)继王国维《遗事》之后,考证方面有重要开拓,但与《遗事》多有分歧,如谱主游荆州的时间与身份,陈氏与王氏观点迥异,后人左袒右袒,论争纷起。

基于周邦彦的崇高地位,除"文革"特殊时期外,现代以来的相关研究,万川汇聚,成就卓著,略可分为以下两大方面。

一、整理、笺释、考证类成果。笺校诗词文赋方面的论著主要有三类。一是罗忼烈先生《周邦彦清真集笺》(简称罗笺),不仅对周邦彦词集进行了笺证,又在丁立中、王国维辑佚基础上,共辑录

①《清真先生遗事》,《王国维文集》,第206页。
②陈匪石编著,钟振振校点《宋词举》,上海古籍出版社2016年,第99页。
③陈匪石《旧时月色斋词谭》,同上书,第246页。
④吴世昌著,吴令华辑注,施议对校《词林新话》,北京出版社1991年,第163页。

佚诗 34 首、佚文 12 篇，一并加以系年笺注（唐圭璋先生《周清真佚
诗补辑》后又补入佚诗 8 首 ① ），首次以编年与词风变化为序 ② ，兼
为诗文赋编年。二是蒋哲伦先生《周邦彦集》（简称蒋集）是诗词
文赋的合编，共计有佚诗 42 首、断句 3，佚文 12 篇，另有两篇方志
所载佚文存目 ③ 。三是词集校点本。有吴则虞《清真集》，其中《版

---

① 唐圭璋《周清真佚诗补辑》，香港《大公报》1981 年 1 月 25 日第 10 版。

② 罗忼烈《清真集笺注·卷首语》叙述编次说："然若陈本之以四景、单题、杂
赋分类，或毛本之以调名相从，亦不足为训，盖无以窥其撰作之后先也。今
不辞狂谬，重行编次，探其岁月仕宦之迹与夫词风变易之故以为序。龙榆生
先生《清真词叙论》（见《词学季刊》二卷四期），尝谓'清真软媚之作，大抵
成于少日居汴京时'；又谓'三十后始出京教授庐州，旋复流转荆州，侘傺无
聊，稍捐绮思，词境亦渐由软媚而入于凄惋'；又谓及知溧水，'其人自遭时
变，漂零不偶，即性情亦因之而变化，无复少年疏隽少检之风矣'；又谓《齐
天乐》秋思、《西河》咏金陵之作，沉郁顿挫，已渐开官溧水后之作风'；又谓
'邦彦词学之最大成就，当在重入汴京时，盖异地漂零，饱经忧患，旧游重忆，
刺激恒多，益以年龄关系，技术日趋精巧。'周词时地，有明文可征者少，然
如龙先生之论，以意逆之，亦不中不远矣。本编次第，颇师其意，以俟高明论
定之。"周邦彦著，罗忼烈笺注《清真集笺注》（上册），上海古籍出版社 2008
年，第 5—6 页。今考其说虽不尽然，却可见罗本的独特体例。

③《乾隆江南通志》（卷 11）："中山，在溧水县东十里。《元和郡国志》云：山
出兔毫，为笔精妙。唐宋皆充贡。宋周邦彦《插竹亭记》谓中山为溧水之
胜。《图经》云：一名独山，谓孤耸不与群山接也，或转讹为浊山。"黄之隽
纂、赵弘恩修《乾隆江南通志》，广陵书社 2010 年，第 279 页。《景定建康
志》（卷 33）载《插竹亭记》《萧闲堂碑》目录。马光祖修，周应合撰《景定
建康志》，南京出版社 2009 年，第 863 页。《至大金陵新志》（卷 12）载《插
竹亭记》《萧闲堂碑》，前者不著撰人，后者谓"周邦彦作"。张铉《至大金陵
新志》，《景印文渊阁四库全书》（第 492 册），台湾商务印书馆 1986 年，第
490 页。《嘉庆重刊江宁府志》卷之 27："周邦彦，字美成，钱塘人。元祐八
年知溧水县，一时称为才吏。有《萧闲堂》《插竹亭》，题名诸记，篇什甚富，
不妨政事，《宋史》有传。"吕燕昭《嘉庆重刊江宁府志》，清光绪六年（1880）
刻本，卷 27 第 1 页。

本考辨》考得宋元本十三种,经眼既多,条序分明,对前述清朝及近代诸家版本考述多有针对性释疑。校注笺释本有孙虹校注、薛瑞生订补《清真集校注(附〈清真事迹新证〉)》(简称孙校《新证》),薛瑞生师的《新证》是继王国维《遗事》、陈思《年谱》之后有重大突破的成果。选注本则有杨铁夫《清真词选笺释》(简称杨笺)、刘斯奋《周邦彦词选》,张斌荣选注《中国古代十大词人精品全集·周邦彦》(宽泛编年41首),孙虹、任翌选注《周邦彦词选》(编年体,简称孙选)。薛瑞生《周邦彦别传:周邦彦生平事迹新证》(简称《周邦彦别传》)是整理笺校基础上的考证专著。另有孙安邦、孙翰钺解评《周邦彦集(附年谱简编)》,谭新红、李烨含编著《周邦彦词全集汇校汇注汇评》(编年体,多按孙选编年)。

　　考证类最为重要的论文有罗忼烈先生《周清真词时地考略》。还有刘永翔先生从文津阁本《四库全书·净德集》与《武英殿聚珍版丛书》中发现吕陶撰写的周邦彦父亲周原墓志《周居士墓志铭》,并撰写《周邦彦家世发覆》一文,通过极其珍贵的一手资料,揭除了周邦彦家世的蔽障。马莎《北宋党争与周邦彦外放关系考》《刘昺举周邦彦自代考》等也是考证专文。

　　源于王国维《遗事》与陈思《年谱》对周邦彦在荆州、入长安时间等观点的分歧,考证类论文中薛瑞生师、笔者与路成文之间出现针锋相对的观点。相关论文有薛瑞生《周邦彦两入长安考》《周邦彦并未"流落十年"考辨》《周邦彦卷入王寀、刘昺"谋逆"事件考辨》;孙虹《周邦彦年青时期荆州、长安词考补正》《周邦彦知河中府春秋两入长安及离任归期词考证》《陈思〈清真居士年谱〉庐州、溧水系年词补考——兼论罗忼烈〈周清真词时地考略〉中的"溧水之什"》《周邦彦四过扬州以及曾为睦州地方官词考证》《周邦彦曾居官睦州、并在睦州任上两至越州诗词考证》《周邦彦四过扬州词以及扬州歌妓即岳楚云考证》《琴瑟无端五十弦　一弦一柱思华年——周邦彦寄内系列词编年考证》《眉黛不须张敞画　天教入鬓长——周邦彦赠妓系列词考证》《周邦彦与他的三任妻子》《周邦彦在长安的游学与游宦》等论文，与薛瑞生师所作都是在兼及诗词文赋及身世背景基础上的考证。路成文不同观点的相关论文是《周邦彦词〈渡江云〉（晴岚低楚甸）创作时地新释》《人生的炼狱：周邦彦"羁游荆襄"时期经历、创作、心态综考》《周邦彦出任庐州教授考》《清真〈还京乐〉"禁烟近"作年新考》《周邦彦几首寻常妓情词的编年问题》《清真三首"萧娘词"创作时地及相关情事考辨》等。双方论争源于直接史料的缺乏，主要都是以间接材料以及诗词文赋内证考索行谊，不免有见仁见智的偏颇。

以周词文本为基础的阐释性论著主要有乔大壮《手批周邦彦片玉集》、俞陛云《唐五代两宋词选释》、陈匪石《宋词举》、俞平伯《清真词释》、陈洵《海绡说词》、吴世昌《词林新话》等。此类成果大家云集、理论含量高，有力地推进了周邦彦研究的发展。

二、对周邦彦其人其词以及接受进行整体或专题研究的理论专著与论文。有王支洪《清真词研究》、韦金满《周邦彦词研究》、钱鸿瑛《周邦彦研究（附年表）》、刘扬忠《周邦彦传论》（学术论文集中附《周邦彦佚文佚诗浅议》），刘扬忠另有《清真词的艺术成就及其特征》（《文学遗产》1982年第3期）。白敦仁编《周邦彦词赏析集》、论文《周邦彦及其〈清真词〉》，杨晋绮《〈清真集〉文体风格暨词汇风格之研究——以构词法为基本架构之词汇研究》（《古典诗歌研究汇刊》第8辑第15、16册），陈福升《繁华与落寞：柳永、周邦彦词接受史研究》，范晖《清真词创作简论》。周邦彦研究还呈现出深度与广度的拓展趋势。如有诗学审美研究：孙虹《周邦彦词与宋诗审美取向的合流》，申慧娟《论周邦彦词的隐括及其与江西诗派创作理论之关系》，杨世宇《周邦彦"清真体"美学风貌探析》，曹旭、陆路《王国维视域中的周邦彦词》，任竞泽《论"江西派"文学思想对周邦彦词创作的影响》，徐安琪《"清真"的美学追求》。有传播接受及经典化研究：吴熊和《十大词人·负一代词名的集大成者周邦彦》（"十大"系列丛刊），夏志颖《论"词圣"》，李芸华《周邦彦词接受史新论》，梅向东《一个经典的词学批评个案——王国维评周邦彦词之复杂变化及其意义》，谢永芳《接受者层级的分化与宋词经典化的反差——以周邦彦词自北宋以来的接受为例》，黄桂凤《论周邦彦对杜诗的接受》，余意《周邦彦之"词中老杜"与常州词学》，刘尊明、田智会《试论周邦彦词的传播及其词史地位》，孙克强、张海涛《清真词在词学史上的影响和意义》等。十数篇硕博论文对周词接受、经典化、阐释史研究也可以归于此类。还有格律、风格、分类研究：龙建国《大晟府创制新调考论》、彭国忠《大晟词派质疑》、路成文《论周邦彦的咏物词》、陶文鹏《巧用借代　以简驭繁》。有以哲学与政治为视野的研究：张振谦《周邦彦与道家道教》，李世忠、段琼慧《党争视域下的周邦彦及其词之政治抒情》。江弱水《古典诗的现代性》第八章《周邦彦：染织的绮语》以及论文《细读清真》等，看似艺术随笔，实际上有哲学层面的思考。还有不少针对词学名家评价周邦彦的论说。重要论文如彭玉平《王国维的词人批评与晚清词风之关系》《王国维与胡适：回归古典与文学革命》《被冷落的经典——论〈盛京时报〉本〈人间词话〉在王国维词学中的终极意义》，钱鸿瑛《评刘永济〈微睇室说词〉》，孙维城《陈廷焯的宋词发展演变史观：兼论〈白雨斋词话〉的史论结合》等。其中彭玉平的观点极具实证意义与理论深度。将周邦彦与柳永、秦观、姜夔等词人进行比较的论文也有很多，较有理论色彩的论文有房日晰《周邦彦与姜夔词比较论》等。谢桃坊先生《宋词辨》一书中有两个专题："北宋文化低潮时期的周邦彦词""周邦彦词的政治寓意辨析"，推陈出新的程度也很高。这一研究领域甚至出现吴俣阳《天青色等烟雨　而我在等你　周邦彦词传》之类的诗性散文。

迄今为止，周邦彦研究是多维的，并且达到了相当的高度；与此同时，周美成在晚宋词学视域中，虽然是词坛巨擘，但已经是充满争议的词人，孙华娟《二十世纪关于周邦彦词的论争》综述了这一现象，这种论争至今仍在延续，但研究中的论辨本来就是驳难论证、整合集成、自立一家之言的前提。目前，在更为宏通的视野下整合汇聚现有成果，更为深入地探讨周清真获得两宋词史上结北开南地位的时机已经成熟。本书希望因势而起，尝试在问题意识统摄下，进一步考察周邦彦生平事迹史料及现存诗词文赋，结合宋代文学思潮特别是江西诗学的研究，把周邦彦其人其词、思想倾向、创作风格、词史地位、传播接受等加以整合升华，使发掘出的创作者个人及相关资料服务于更高层次的批评理论，探究这一研究中长期存在的周词论争之内在动因，努力使这一研究成为视野更加多维、开阔、立体，能够直探本质要义的创新成果。

二

本书分为六个章节，另有《主要参考书目》附后。从六个不同的向度，试图辨明郑文焯、王国维等人把周邦彦拟于"词中老杜"，是否德位相配，是否畸重畸轻等问题。

第一章"周邦彦词传及词作编年"。此部分以美成的全部词作为主体，结合辑佚的诗文赋与相关史料外证，抽绎出其生平轨迹的线索；结合周邦彦行谊与创作，又分为青少年时期、青壮年时期、中晚年时期三个阶段①。青少年时期指熙宁三年（1070）十五岁至元丰二年（1079）二十四岁，这是词人游学时期（其间曾居家丁父忧）。此阶段以家乡钱塘（今浙江杭州）为中心，足迹曾至荆州（今湖北江陵，宋属江陵府）、长安（今陕西西安）等地，以及钱塘至荆州、荆州至长安沿途地区。青壮年时期指元丰三年（1080）二十五岁至大观四年（1110）五十五岁，在此阶段，都城汴京（今河南开封）以及外任地已然成为美成展现文学才华的精彩舞台，他自扬州、天长入汴京太学、为庐州教授、知溧水、任睦州辖县等，创作出大量词韵清蔚的作品。中晚年时期指政和元年（1111）五十六岁至宣和三年（1121）六十六岁，除短期任京朝官外，主要官职是知河中府（今山西永济，古称蒲州）、隆德府（今山西长治）、明州（今浙江宁波）、真定（今河北正定）等地，旅死于赴任处州（今浙江丽水）途中。最后在扬州写下绝笔词《瑞鹤仙》（悄郊原带郭）。此章在对周邦彦生平有基本考述的前提下，对随文引用的周邦彦词作进行了编年。因为本书叙述是在总成其行谊与编年的基础上进行，可以尽可能弥合此前（包括笔者的相关研究）考证不够严谨之处，编年趋于细致准确，而美成生平行谊与词作编年是周词思想发展特别是艺术创作进程的有机组成与前提条件，本章最后以《周邦彦编年词一览表》（表1）予以直观呈现。通过此表，可以获得对周邦彦生平事迹整体明晰的印象，并对本章正文限于谋篇布局未能充分展开的相关时地活动有全面认知。此部分虽然尽量做到持论有

----

① 吴熊和先生《负一代词名的集大成者周邦彦》中的清真词分期也是三个阶段，第一阶段是"十年太学时期"，第二阶段是"中年漂泊州县时期"，第三阶段是"还京以后及晚年时期"。但这种分期法时间比较模糊，与生平事迹的联系也不够紧密。参见吴熊和主编《十大词人》，上海古籍出版社1989年，第96—100页。

据,但因词作内证多于史料外证,故而仅能以"词传"作为章节标目。但本章的词作编年,在之后章节分析中还能得到进一步的加强,并反过来证实"词传"的基本可信度。

第二章"宋元时期周邦彦词集的整理传播与文学评价"。这一问题的实质在于文学现象背后透视出的是"历史现场"的文献复原与文学思潮、特别是诗学理论对词体创作与评价的影响以及词体独特性的自我完善。可以从两点加以论证。首先,周美成是宋椠词集存留较多的词人之一,他的词集版本虽然经由明代毛晋,晚清、近代王鹏运、朱孝臧、王国维,现代吴则虞诸位大家的考证,但其中仍有不少似是而非的疑窦。本章转换视角,主要通过宋人方千里、杨泽民、陈允平三位词人的和词别集与当时有记载的宋版周词别集进行追根溯源,形成了四个表格:方千里、杨泽民二家和词与宋人陈元龙详注《片玉集》对照表(表2),陈允平《西麓继周集》与明朝毛晋辑《片玉词》对照表(表3),宋代十七家和韵词概览表(表4),宋朝《强焕溧水官本》《清真词》《清真诗余》还原表(表5)。通过对照,从方千里、杨泽民、陈允平存世的和词可以得到周词宋椠轨迹概貌;因而在周词版本方面得出了与毛晋、王鹏运、朱孝臧、王国维、吴则虞迥然不同乃至相反的结论。因此,方、杨、陈三家和词不仅呈现出周词在当朝腾喧一时的传播景观,也是反推美成词集版本的重要参照。其次,通过周邦彦诗文集与词集序跋以及时人评价,已经明显看到词体与江西诗学的交互作用:其文是"经史百家之言,盘屈于笔下,若自己出"[1],其诗是"自经史中流出"[2],其词则"多用唐人诗语隐括入律,浑然天成,长调尤善铺叙,

① 楼钥《攻媿集》,中华书局1985年,第707页。
② 陈郁《藏一话腴》,《景印文渊阁四库全书》(第865册),第560页。

富艳精工,词人之甲乙也"①,"以旁搜远绍之才,寄情长短句,缜密典丽,流风可仰。其征辞引类,推古夸今;或借字用意,言言皆有来历,真足冠冕词林"②。所以,周邦彦的文学特别是词体创作,是华夏文化历进千年演进之后,臻于造极时酝酿出的精神花朵,是北宋文学思潮特别是宋诗创作理念强力渗透的结果,这一点也从宋人注宋诗的现象辐射到宋人注释著名词人词集(如苏轼词、周邦彦词)足以得到印证。清真词集更是经历了从曹杓简注到陈元龙详注的发展(其间或者还有沈义父所说的《周词集解》),反映出宋人对清真词的持续关注。值得注意的是,词在北宋多能合乐而歌,周词被认为是北宋后期大晟雅乐(亦有民间音乐渗入的"新声")的载体,而杨缵、张镃是南宋中晚期两大音乐流派的代表人物,杨缵《圈法美成词》虽然涉及对大晟乐唱法的修正③,但毕竟是针对个人词集唱法的首次著述,反映出当时词体尚未与音乐完全分离的原生状态。

　　第三章"多维聚焦中不逮杜甫的周词思想意趣"。本章试图解决学术界对美成词推崇过高、同时又多质疑之声的问题。代表性的观点,如钱基博先生说:"其实密而不闳,美而未深,铺叙有余,深秀不足;工于造语,而未融于造境;浑于入律,而不遒于运笔;谐于歌讽,而不耐于味咏;不知何以推崇之过也。"④谢桃坊先生说:"周词自身存在着高度艺术技巧与思想平庸、格调低下的深刻矛盾,

---

① 陈振孙《直斋书录解题》,中华书局 1985 年,第 585 页。
② 刘肃《片玉集·序》,周邦彦著,孙虹校注,薛瑞生订补《清真集校注》(下册),中华书局 2007 年,第 501 页。
③ 参见孙虹《宋词殿军张炎研究》,中华书局 2021 年,第 242—248 页。
④ 钱基博撰,曹毓英校订《中国文学史》(上册),华中师范大学出版社 2011 年,第 499 页。

呈现较为复杂的情形。这有待我们在全面研究的基础上作出较为公允的论断。"①针对研究周邦彦一直存在的过度褒扬或贬抑的现象,本章主要例举苏轼、秦观、姜夔、史达祖的词作,兼及王安石、贺铸、晏几道、高观国、吴文英等词人的作品,在不同维度的比较中,尽量客观地评述其词思想意趣与北宋前中期特别是苏门词人相比明显弱化的事实。第一节"党争中心与边缘的抒写歧异",阐述苏轼及门人身处新旧党争漩涡中心,而周邦彦看似与新党有关,实则因为其胸襟发生了从"大我"内转为"小我"的变化而产生精神苦闷。本节通过"从弘毅人格到名利倦客""从词心到词才的悲感构成""怀古咏史议论煌煌",阐释周词内容确实没有脱离传统"悲欢离合、羁旅行役之感"的"常人之境"②。《词源》所谓"惜乎意趣却不高远,致乏出奇之语"③,《人间词话》所谓"创意之才少"④,都是对周词思想内容不免慊然。但美成怀古词,却表现出关注现实的情怀。第二节"虚拟艳迹与实录情史的传疑传信"。分为香草美人寓意浸成、情感"本事"重新定义两个方面。周邦彦笔下的美人花草,虽然无意求寄托,但因其承载了身世之感,与当时词坛思想意趣有与诗同体的趋势相较,在题旨弱化的同时,又凭借物我两化的处理方式,笔下人情物态仍然是寓有寄托的载体。他笔下的艳情大多不再是普泛意义上虚构的理想爱情,而是与妻妾歌妓之间有案可稽的情感"记实"。北宋应歌之作因之不再借助题序却同样具有了与赠予对象平等对话、表达自我诉求的功能。南渡之后,周

---

① 谢桃坊《周邦彦词的政治寓意辨析》,谢桃坊《宋词辨》,上海古籍出版社
  1999 年,第 200 页。
② 王国维《清真先生遗事》,《王国维文集》,第 207 页。
③ 张炎《词源》,《词源注》,第 30 页。
④ 王国维《人间词话》,《王国维文集》,第 10 页。

邦彦怀古词虽然是姜夔、史达祖的直接源头，但靖康之难的创伤记忆，使词体畛域再次开阔，姜词的黍离之悲与史词的复国志向使词中意趣较周词更为高远而得到后世效仿。

第四章"'词中老杜'开先集成的词学法度与审美规范"。本章主要从学理方面系统阐释周词在时代际会中建立词学法度、审美规范以及与江西派诗学理论、创作实践的关系，在前人"前收苏、秦之终，复开姜、史之始"的理论框架下，阐述美成词建立规范的价值。第一节"从破体到辨体的词法建立"。主要叙述词之破体被严格控制在以词为本的范围内，同时，江西诗法谨于布置与夺胎换骨的理论对词法产生影响，盛行一时的读书风气也使词体产生诗化之"蝶变"，由此建立的词学法度，成为后世为词者的创作圭臬。第二节"与诗合流的审美取向"。夏承焘先生认为姜夔"以江西诗瘦硬之笔救周邦彦一派的软媚，又以晚唐诗的绵邈风神救苏辛派粗犷的流弊。"① 这是对《词源》肇端的周词审美取向的认知偏差，实际上，张炎是说周词"于软媚中有气魄"②，是称赞其内蕴的雄浑刚健之气。本节主要从平铺直叙到章法拗硬、骈散别行到整饬拗涩、音律谐婉到乐声拗怒三个方面描述清真词接受诗体生新瘦劲美学特质的新风范，这是以词为体、以诗为用的审美规范，诗思与词质得到了辩证统一；这种软媚中的雄健气魄是在革新层次上对苏轼、黄庭坚等人以诗为词的扬弃，也开启了姜夔、史达祖词体兼容诗质的可能性。

第五章"'词中老杜'艺术风格创新与浑成范型的哲学意义"。

---

① 夏承焘《论姜白石的词风（代序）》，夏承焘《姜白石词编年笺校》，上海古籍出版社 1981 年，第 14 页。
② 张炎《词源》，《词源注》，第 30 页。

第一节"晚宋词学视野中的周词艺术风格创新",晚宋词学专论《乐府指迷》《词源》观点和而不同,但仍然可以从中梳理出周词风格最为鲜明的创新特点。沈义父等人总结出的论词四标准,是清真在此畛界限域之内,卓然有以自立创作实践的理论总结;在张炎词学理论框架中,可以看到周词在布局、章法上成为北宋本制范式。第二节"周词浑成范型的形上之道",分为洛学"性情"与蜀学"情性",潜气内转与顿挫断续两个方面。宋朝是儒学复兴的时代,这是中国历史上形成的体大思深的哲学体系。程颢、程颐在邵雍、周敦颐思想基础上形成的"洛学"是其主流,"性情说"是理论核心;以苏门文人为代表的"蜀学"虽然被道学家视为异端,但其与"洛学"异趋的"情性说"对词体缘情的影响尤为深刻,也是对美成艺术手法中的潜气内转、顿挫断续进行哲学阐释的基础。对于美成词与宋代哲学思潮同流共进——浑成范型的形而上阐释,不仅是技进乎道的提升,更为美成"词中老杜"地位的确立奠定了哲学基础。在本节中,还首次尝试以西方艺术符号学(包括"有意味的形式")对情感形式的唯美与臻善进行探讨,使"西学"成为阐释美成词哲学意义的"他山之石"。浑然天成是南宋词难以企及的浑涵高境,也是两宋范型显而易见的美学分野;而北宋范型中的"浑成"同时也是杜甫诗歌的最为本质的特点之一,这或许触及到了词学界对美成"词中老杜"地位的质疑"盲点"。

　　第六章"'词中老杜'的词史定位与清代词学范型理论的现代转型"。第一节"由南追北经典嬗变的历史向度"。清朝周济建立"清真,集大成者也。……问途碧山,历梦窗、稼轩,以还清真之浑化"[1]的词史谱系,并规定了追溯途径:"先之以碧山""继之于梦

---

[1] 周济《宋四家词选目录序论》,《宋四家词选》,第2页。

窗""进之以稼轩"①，前引陈廷焯又有所谓"前收苏、秦之终，复开姜、史之始"，"后之为词者，亦难出其范围"。沿着这一由南追北经典嬗变的时间向度，分为开启姜史清空警迈、导路王吴隐微寄兴、后之为词难出范围三个层次，阐述周邦彦作为北宋后期词人，处于"结北开南"的特殊时间节点，其影响通过南宋著名词人姜夔、史达祖、吴文英、王沂孙由南追北的路径得以实现，而周密南宋词选《绝妙好词》所选数量可观的南宋名篇与陆辅之《词旨》对南宋词大量选句的高度重合，呈现的正是美成词艺术影响的"集体景观"。其中吴梦窗被认为是美成在南宋的嫡传，此部分阐述了梦窗在合乎论词四标准、潜气内转的创作实践中，对美成词的因革。第二节"清代以来两宋词学范型的理论建构与现代转型"。分为南宋范型密隐沉细、西学东渐及国学回归三层。前者条分缕析周济提出北宋"就景叙情"、南宋"即事叙景"等论点，究其本质，这正是两种不同范型，各反映在统一的哲学思潮笼罩下，受到"气本体"与"心即理"不同影响所形成的范型类别。后两层主要考察王国维《人间词话》及《清真先生遗事》，通过前者对两宋词态度的鲜明对比，揭橥静安先生所受到的叔本华、尼采哲学元素的影响，特别是其中主客关系的论述，烙下的印迹尤为深刻。后者则是静安先生回归国学的标志成果，在辑佚、辨异、考证等方面可称开风气之先，更加值得珍视的是，还能在常州词派"诗有史，词亦有史，庶乎自树一帜矣"②的理论大纛之下，首次在诗词发展的纵横比较中，从理论高度确立了美成"词中老杜"的地位。

---

① 以上三条皆见周济《宋四家词筏序》，周济著，段晓华点校《周济词集辑校》，华东师范大学出版社 2016 年，第 155 页。
②《介存斋论词杂著》，第 4 页。

综上所述,本书研究的独到之处是尝试集成前人研究之大成,以周邦彦及其创作这一艺术个案为切入点进行两宋词学词风的发展流变研究、词体与其他文体(特别是诗歌)、哲学思潮的关系研究,并进一步涉及到清朝及近代阐释传统经典过程中的理论建构、治词方法的现代转型。独创性主要有以下几点。

其一,以全面推新周邦彦生平事迹为基础,对周邦彦185首词作中的147首词进行了编年。其中青少年时期的荆州词、长安词、金陵词,赠扬州歌妓岳楚云词,青壮年时期的睦州词,中晚年时期河中府词,扬州绝笔词等一系列考证,都由本人首次提出。在生平事迹框架中,对周词思想内容、艺术创新、词史地位的批评也更趋客观并且切中肯綮。

其二,转换视角,利用宋朝杨泽民、方千里、陈允平和词等一手文献,参之以黄升《花庵词选》以及所见宋人对周词的唱和,在前人版本考辨的基础上,辨析其阙漏,通过四个表格对照,驭繁就简,推论出美成宋椠版本源流:周词看似版本繁杂,实际上皆出二源:一是陈振孙《直斋书录解题》所载《清真词》二卷、后集一卷,二是严州版不分卷本《清真诗余》,其余皆可各归于此两祖本。新考出杨泽民与方千里的和词、陈元龙详注《片玉集》出自前者;陈允平和词、强焕序溧水淳熙官本、明朝毛晋《片玉词》同出后者。

其三,宋朝周词"本事"流传最多,正所谓"人间异事皆附苏秦,海内奇言尽归方朔"[1]。笔者首次区分为"无稽本事"与"实有本事"两类。通过甄别分辨"无稽本事",结论是此类"本事"多为以疑传疑,但在流传过程中扩大了词作影响,并且也可以作为引导理解的"另类阐释"。"实有本事"在北宋中后期就通过词人题序、友

---

[1]《清真先生遗事》,《王国维文集》,第205页。

人纪实的"碎片式"记载得到保存,却反而没有作为"本事"流传,本书求得了正解。之所以有这种现象的发生,是因为词至周邦彦(包括之后的姜夔、史达祖、吴文英等),其社会及文学地位尚未获得足够的肯定,还不够资格广泛传为风流韵事,他们也不似以诗为词一派以题序彰显本事。后世通过比对词作内证而考证出的情史艳迹也就是所谓"实有本事"。如本书中周邦彦的寄内词、赠妓词①,白石的"合肥情缘"(夏承焘考证)、梦窗苏杭姬妾(夏承焘、杨铁夫考证)都属同类。这些词作是美成艳色生香感情生活的重要构成,较之前此作为泛义的情词解释,反而更能准确映现出词人的身世之感。

其四,在宏通的文学视野中,以李清照《词论》、沈义父《乐府指迷》、张炎《词源》等词学理论为主体,以宋朝文学思潮特别是江西诗学理论为参照,探讨周邦彦词在词学法度、审美规范、风格创新、艺术影响诸方面如何建立起作为"词中老杜"结北开南词史地位的内在原因;进而阐述了江西诗派一祖三宗特别是杜甫、黄庭坚的诗歌以及苏轼、秦观的词作对美成的影响,较为系统地论证了周美成以词为体、以诗为用的创作实践,以诗性"内核"汰弃柳欹花弹式"软媚"而成为"有气魄"作品,从而对南宋词产生深远的正面影响。

---

① 江弱水《绮语:细读清真》:"清真《还京乐》曰:'浮香秀色相料理。'正好拿来形容他那'丰容宛转'的词品。他对文字的温存劲儿,他在语言中染织语言的苦心孤诣,他守定艳词的一方'欲望空间'(libidinal space)而排拒历史、道德、真理之类话语的文学享乐主义姿态,令我肃然起敬。在他那里,我们绝对找不到罗兰·巴特所说的意识形态痴愚的红晕,有的只是少女的娇靥上销魂的酡颜。"江弱水《湖上吹水录》,生活·读书·新知三联书店 2016 年,第 228 页。或可从侧面证明其词多妻妾、歌妓等"实有本事"的观点。

　　其五,首次运用宋朝哲学思潮中的洛学、蜀学中的相关范畴观照美成词的形而上意义,并且在宋朝理学与西方艺术符号学(包括"有意味的形式")交叉视野中探索美成词形式因素的唯美与臻善。又通过王国维《人间词话》《清真先生遗事》两种文本的对比,考察了静安先生从去西方化(主要是叔本华哲学)到回归传统国学(包括本土哲学)过程中,所产生的对美成人品与词品评价的巨大差异,从学理上说明"词中老杜,则非先生不可"是根植于传统哲学、美学、文学批评以及治词方法得出的客观结论。

第一章　周邦彦词传及词作编年

　　周邦彦生平事迹在王偁《东都事略》、潜说友《咸淳临安志》、陈郁《藏一话腴》以及《宋史·文苑传》等公私载籍中略有传述，而以《东都事略》最可传信："元丰中献《汴都赋》，神宗异之，自诸生命为太学正。绍圣中，除秘书省正字。徽宗即位，为校书郎，迁考功员外郎，卫尉宗正少卿。又迁卫尉卿，出知隆德府，徙明州。召为秘书监，擢徽猷阁待制、提举大晟府。未几，知真定，改顺昌府、提举洞霄宫。卒，年六十六。"① 《宋史·文苑传》略为详尽：

　　　　元丰初，游京师，献《汴都赋》余万言，神宗异之，命侍臣读于迩英阁，召赴政事堂，自太学诸生一命为正，居五岁不迁，益尽力于辞章。出教授庐州，知溧水县，还为国子主簿。哲宗召对，使诵前赋，除秘书省正字。历校书郎，考功员外郎，卫尉、宗正少卿，兼议礼局检讨，以直龙图阁知河中府，徽宗欲使毕礼书，复留之。逾年乃知隆德府，徙明州，入拜秘书监，进徽猷阁待制、提举大晟府。未几，知顺昌府，徙处州。卒，年六十六，赠宣奉大夫。②

----

① 王偁《东都事略》，齐鲁书社 2000 年，第 1015 页。
② 脱脱等《宋史》（第 37 册），中华书局 1977 年，第 13126 页。

宋朝留下的美成文集、词集序跋或解题如强焕《题周美成词》、楼钥《〈清真先生文集〉序》、陈振孙《直斋书录解题》、刘肃《陈元龙集注〈片玉集〉序》，都是研究周邦彦的珍贵资料，尽管各种资料互有异同，但从中还是可以了解周氏生平事迹的概貌。其中楼钥与周氏家族有往来，所载行谊尤其值得关注："公壮年气锐，以布衣自结于明主，又当全盛之时，宜乎立取贵显，而考其岁月仕宦，殊为流落，更就铨部试远邑，虽归班于朝，坐视捷径，不一趋焉。三绾州廛，仅登松班，而旅死矣。……公讳邦彦，字美成，清真其自号，历官详见志铭云。"①

关于周邦彦生平事迹、游学仕宦行谊、是否隶属新党或旧党等问题，自陈思《年谱》、王国维《遗事》以来，一直存在争议。尽管罗忼烈《周邦彦清真集笺》、孙虹等《清真集校注》、薛瑞生《清真事迹新证》《周邦彦别传》等有较大推进，但也未能定于一尊，相关讨论还在延续。

上世纪末，刘永翔先生发现了宋朝吕陶所撰《周居士墓志铭》，周居士是周邦彦的父亲周原。刘永翔《周邦彦家世发覆》一文据此考证出周氏家世背景，并同意其未曾依附新党的主张。主要结论如下：一是邦彦父亲周原（字德祖）与周邠为兄弟，"其名其字都与《咸淳临安志》卷六十六所记邦彦之叔周邠（字开祖）埙篪相合"；二是邦彦世居钱塘，其五世祖在五代吴越时曾有过一官半职，曾祖幼时随父辈流散入汴，但"至少在邦彦祖父维翰一代，周氏已迁回故乡钱塘"；三是周原"对书籍的绝端崇拜所造成的家庭氛围无疑对邦彦有巨大的影响，他'博涉百家之书'（《宋史》本传），'经史百家之言盎屈于笔下'（宋楼钥《攻媿集》卷五十一《清真先生文

_____

① 《攻媿集》，第 707—708 页。

集序》),作《汴都赋》'期月而成'(同上),神宗'以太学生献赋颂者以百数,独邦彦文采可取'(《长编》卷 344)。没有家庭环境对他的自幼熏陶,光凭天分,要取得如此高超的文学造诣是无法想象的";四是"有人因邦彦在《汴都赋》里歌颂新法,在《田子茂墓志铭》中美吕惠卿而毁范纯粹,还在蔡京生日献诗祝寿,便把他视作新党中人。其实,表面的文字哪里能代表内心的真实想法呢? 还是王国维先生讲得对:'先生于熙宁、元祐两党均无依附。其于东坡为故人子弟,哲宗初,东坡起谪籍掌两制时,先生尚留京师,不闻有往复之迹。其赋汴都也,颇颂新法,然绍圣之中不因是以求进。晚年稍显达,亦循资格得之。其于蔡氏亦非绝无交际,盖文人脱略,于权势无所趋避,然终与强渊明、刘昺诸人由蔡氏以跻要路者不同。'(《遗事》)邦彦向吕陶求志之事则更证明,他不仅与新、旧两党均无依附,而且也一无避忌";五是周原葬于黄山祖茔,但"邦彦及其叔周邠之墓皆在南荡山",即"杭州百丈凤凰山之原",而"南荡山与周原所葬的黄山并非一地。邦彦及其叔父看来是另觅佳城了,其故则不得而知";六是周原卒于熙宁九年(1076)四月辛亥,"葬于元丰八年(1085)二月壬辰,已是死后九年。须至入仕之后方能为父营葬,邦彦少日之贫可知"。父亲九年不能入土为安,可能也是他"疏隽少检,不为州里推重"的重要原因 ①。

　　周邦彦由于人品受到争议,入仕后政迹也不显著;是主要凭借创作诗词文赋赢得极高声誉的文人。在宋人史乘载纪中,周邦彦是钱唐的风流才俊,虽不是科第出身,但却以文采荣显。其在太学时所上七千余言《汴都赋》,曾得神宗、哲宗、徽宗三朝皇帝眷顾,

---

① 参见刘永翔《周邦彦家世发覆》,华东师范大学学报(哲学社会科学版) 1996 年第 3 期,第 10—14 页。

声名震耀一时。而他在多地为官的具体行谊及业绩,则如云中鳞爪,特别是入太学之前游学荆州、长安,中年为睦州某县令,晚年游宦长安的经历扑朔迷离,甚至于付之阙如。殊不知,清真词作也是寻找其生平及感情线索的重要途径,这与其特殊的写作方式密切相关。

清代词学理论家周济曾指出:"北宋有无谓之词以应歌,南宋有无谓之词以应社。"①北宋应歌之词与南宋应社之词相比,除苏轼等采用长序并在词中直接抒怀言志的特例之外,相对缺乏交际功能,因而象南宋应社词那样通过考证题序中交游者核考作者事迹的可能性随之减弱。周邦彦词属北宋应歌之作,除《西平乐》外,仅偶有词题或短序显示作词的模糊背景。但他的词中却有"故事",吴世昌先生曾评价周邦彦的小令:"于短短小令中写复杂故事,为其独创,当时无人能及,后世亦少有敢企及者。"②吴熊和先生对此说持赞赏态度,认为其长调亦复如此:"周词之所以为人生发附会,与他在词中加强'述事'的因素不无关系。词自唐五代以来,以写景抒情见长,述事的成分很少。但词不述事,景与情有时会失去附丽,不免是个缺陷。周邦彦就在情、景之外,渗入事迹。他的有些词作,粗具有故事结构,表现出某种传奇性的境界,《少年游》一词就是很好的例子。这首词有情节,有人物,还有口吻毕肖、娇声可闻的对话。寥寥五十一字中,重现了发生在京城坊曲中的一幕寒夜情剧,而且还传达出室外严冬、室内春温的特定的环境气氛,这就不是一般写景抒情所能达到的。前文所举的《瑞龙吟》,亦具有这种述事性强的特点。因此,有人认为以传奇入词,是清真词的一个创造,也

---

① 《介存斋论词杂著》,第 3 页。
② 《词林新话》,第 163—164 页。

是对词境词法的一个重要开拓,并不是没有道理的。"①

　　需要指出的是,周词中的"故事"大多具有记实的性质,因此,未尝不是真正意义上的"本事"(尽管宋朝流传的周词"本事"多数为杜撰,有效信息量少之又少,详后说)。美成词浓郁的书卷气为论者所公认,他的词作隐括唐诗(涵盖先秦至宋朝诗歌)以及历朝事典,属于典型的典丽派词人。这使他在锻造典籍中人文资源时具有一定的稳定性;更为重要的是,他是秦观之后将身世之感打并入艳情的词人,词中触目皆在的语典与事典也助力了"故事"向"本事"转化。笔者将尝试利用周词的这一特点,在甄辨王国维、陈思、罗忼烈、薛瑞生诸位先生考证结论的基础上,佐以辑佚诗文辞赋、相关史料乃至同调词在不同版本中的序列等,厘清周邦彦行谊及创作分期,总其大成地对其现存185首词中绝大部分词作进行编年(能够系于某一时间段者也类归于此),排列出周邦彦游学游宦的轨迹,在直接史料受限情况下,此种方法或可成为去伪存真的有效途径。

　　结合周邦彦的词学创作活动,其生平可分为三个时间段,即熙宁三年(1070)至元丰二年(1079)为青少年时期,元丰三年(1080)至大观四年(1110)为青壮年时期,政和元年(1111)至宣和三年(1121)为中晚年时期。他一生所经之地除家乡钱塘之外,还有荆州、武昌(今湖北鄂州)、郢州(今湖北钟祥)、宜城(今属湖北襄阳)、襄阳、长安、临潼、咸阳、扬州、天长、汴京、庐州(今安徽合肥)、溧水、睦州(今浙江建德)、越州(今浙江绍兴)、苏州、河中府、隆德府、明州、真定、顺昌府(今安徽阜阳)等地;并且三寓荆州、三入长安、四过扬州、五入汴京。中年之后,官运较前期显达。周邦彦一生先后纳娶三任妻子,并与多名歌妓有或深或浅的交往。各

① 吴熊和《负一代词名的集大成者周邦彦》,《十大词人》,第110页。

阶段可以系年的词作分别是52首、63首、32首,共计147首词,
基于此,周邦彦185首词作中的名篇基本都得到编年。系年词作
与王国维、陈思、罗忼烈、薛瑞生等先贤相比,自成考证系统。特别
是首次对《苏幕遮》(燎沉香)、《齐天乐》(绿芜雕尽台城路)、《六
丑·蔷薇谢后作》、《瑞鹤仙》(悄郊原带郭)等的准确编年,赴任庐
州、溧水(增考白梅词)、睦州、河中府等地的词作则是以组词的形
式系年;而三寓荆州、三入长安、四过扬州、五入汴京也都整合"碎
片",犁然可观。这些考订或能揭除蔽障,推新行谊。

　　笔者此前曾有词选以及系列专文对周邦彦的部分词作进行过
编年,因本书词作编年仅作为周邦彦生平事迹、词作思想内容与艺
术成就的叙述背景,除补充材料或对结论纠偏之外,采用连接琐细
之"点"形成生平之"线",也就是采用略于过程、详于结论的叙述
模式。周邦彦流传下来的词作多为应歌而制,特别青少年游学时
期留存较多赠妓篇什,反映出北宋词坛真实的创作生态。

第一节　清真青少年事迹以及作品编年

　　周邦彦这一时段籍籍无名,研究者关注较少,除王国维《遗
事》、陈思《年谱》推考周邦彦曾经游学荆州、长安,但二人所考游
学时间相差十余年,前者考在三十多岁时,后者考在十九岁时。至
于邦彦游学之前以及归钱塘之后的婚恋词都是编年空白;仅笔者
曾有不成熟的推定。下面拟在周氏生平的整体框架中爬梳剔刬,
再作推论。

一、熙宁三年至熙宁六年钱唐、荆州、长安词

　　这是周邦彦创作的初发轫阶段,以其游荆州、长安的行程作为

反推起点,又限于其父周原卒年有守丧之礼,结合周邦彦词作,知其最迟应在熙宁三年(1070)结婚,青少年游学时间轨迹如下:

　　熙宁四年(1071)春正月,新婚不久游荆州。

　　熙宁五年(1072)短期归钱唐,不久回到荆州。

　　熙宁六年(1073)暮春,自荆州沿汉水北上游长安。当年深秋至咸阳,大约一个月后曾短期归长安。同年冬或次年早春曾至临潼,至暮春返回长安。

　　熙宁七年(1074)仲秋,循原路返回荆州。

　　熙宁八年(1075)归钱唐。

　　熙宁九年(1076)至元丰二年(1079)在钱唐丁外艰,服除后,娶第二任妻子王夫人。

　　王国维《遗事》把"少年"定位在"三十余岁",时间虽然逸出本时段之外,但所纪之事实际发生在二十岁前后,其中编年词也有参考价值。《遗事》考证如下(下文出现的《片玉词》《片玉集》《清真词》《清真集》等不同版本,详见第二章中宋元时期周邦彦词集整理部分):

　　先生少年,曾客荆州。《片玉词》上有《少年游》"南都石黛扫晴山"一阕注云:"荆州作。"(《片玉集》无此注)又《渡江云》词云:"晴岚低楚甸。"《风流子》词云:"楚客惨将归。"均此时作也。其时当在教授庐州之后,知溧水之前。集中《齐天乐》"绿芜凋尽台城路"一首作于金陵,当在知溧水前后,而其换头云:"荆江留滞最久,故人相望处,离思何限。"此其证也。又《琐窗寒》词云:"似楚江暝宿，风灯零乱，少年羁旅。"时先生方三十余岁，虽云"少年"
可也。……先生游踪，或至关中，故有《西河》"长安道"一
阕。惟此词真伪，尚不可定，又无他词足证。至《苏幕遮》
词所云："家在吴门，久作长安旅。"则以汴都为长安也。①

陈思《年谱》则考定谱主十九岁游荆州，经襄阳、宜城到达
长安：

　　熙宁九年丙辰　　　　　　　　十九岁
　　游荆州。据《清真集》
　　《锁窗寒》(寒食)："故人剪烛西窗语。似楚江暝宿，风灯
零乱，少年羁旅。"
　　按：此数句语意，居士西游荆州，当正值寒食，故居京师逢
寒食追忆及之。

　　熙宁十年丁巳　　　　　　　　二十岁
　　游长安，秋暮还荆州。据《清真集》
　　《虞美人》："宜城酒泛浮春絮。细作更阑语。"《太平寰宇
记·襄州襄阳郡·宜城县》："宜城故城汉县在今县南，其地出
美酒。"
　　《玉楼春》："大堤花艳惊郎目。秀色秾华看不足。"又，
"临分何以祝深情，只有别愁三万斛。"宋《襄阳乐歌》曰："朝
发襄阳城，暮至大堤宿。大堤诸女儿，花艳惊郎目。"
　　按：宜城、襄阳为自荆州至长安川途所经，此二阕皆纪程之作。

――――――――――

① 《清真先生遗事》，《王国维文集》，第204页。

《西河》:"长安道。潇洒西风时起。"郑文焯校云:"此词诸本并无题,准以前作,当是长安怀古。"

按:《齐天乐》"渭水西风,长安乱叶,空忆诗情宛转",即谓此词。

《风流子》:"枫林凋晚叶,关河迥,楚客惨将归。"

此词为去长安惜别之作,来自荆州,故曰楚客。其时秋已深矣。

　　元丰元年戊午　　　　　　　　二十一岁

夏自荆州东归。据《清真集》

《少年游·荆州作》:"旧赏园林,喜无风雨",荆江留滞又两度经春,园林故曰旧赏。

《齐天乐·端午》:"风物依然荆楚",又"卧听江头,画船喧叠鼓。"《太平寰宇记·荆州》:"五月五日竞渡戏船,楚风最尚,废业耗民莫甚于此。"

按:此词当为本年之作,抑或在前年,如为去年端午,以《虞美人》《玉楼春》证之,则是时已在长安道上矣。

《南浦》:"浅带一帆风,向晚来、扁舟稳下南浦。迢递阻潇湘,衡皋迥",又"菡萏里风,偷送清香,时时微度。"又"吾家旧有簪缨,甚顿作天涯,经岁羁旅。"又"恨无凤翼身,只待而今,飞将归去。"据"菡萏里风"句,知归杭在六月中,"旧有簪缨"谓季父郊也。居士游荆州,先后三年,所以《齐天乐》云:"荆江留滞最久。"①

---

① 陈思《清真居士年谱》,《丛书集成续编》(第37册),上海书店1994年,第509—510页。

尽管词学界同意王国维所考游荆州时间的学者居多,如龙榆生、罗忼烈、叶嘉莹、王支洪等皆持此说,但笔者通过考证,不仅证明陈思《年谱》所考更接近事实,还在陈考基础上进行了相关补充,共得 51 首编年词。周邦彦至迟应在熙宁三年(1070)十五岁时就有爱情词,次年至熙宁八年(1075)他完成了从钱唐出发再回到钱唐的游学,编年词可以历历排比出此次游学的时空踪迹。

(一)家乡钱唐的婚恋词、别妻词

周邦彦约于熙宁三年(1070)秋天已经结婚。词人此年十五岁,宋朝男子十六岁婚配有法律明文规定,民间有更早结婚的习俗,并受到法律保护。司马光《书仪》(卷三)"婚仪(上)":"男子年十六至三十,女子十四至二十,身及主婚者无期以上丧,皆可成婚。"注曰:"今令文:凡男年十五,女年十三以上,并听婚嫁。盖以世俗早婚之弊不可猝革。又或孤弱无人可依,故顺人情立此制,使不丽于刑耳。"① 美成此年已作同调异名即《南乡子》《南柯子》婚恋组词,录句可见两者之间的联系:"初学吹笙苦未调。……痴騃一团娇。自折长条拨燕巢。""晚来阶下按新声。……娇羞不肯傍人行。扬下扇儿拍手、引流萤。"李调元《雨村词话》(卷二)指《南乡子》为"春闺词"②,"痴騃""娇羞""扬下扇儿"活脱脱刻划出小娇妻的神情动作。从版本学角度说,同调前后排列的组词往往写于同时同地或内容有内在联系,流传至今的周邦彦词集版本,大致可分为十卷本和二卷本两个系列,这两个系列版本的编排序列(特别是同调多首词的序列)留下了可归于一时一地的痕迹,据知《南柯子》也是闺中艳情之作。

---

① 司马光《司马氏书仪》,中华书局 1985 年,第 29 页。
② 李调元《雨村词话》,唐圭璋《词话丛编》(第 2 册),第 1404 页。

熙宁四年（1071）初春，词人离开家乡初入荆州，记别词是《虞美人》："玉筋才掩朱弦悄。弹指壶天晓。回头犹认倚墙花。只向小桥南畔、便天涯。　　　银蟾依旧当窗满。顾影魂先断。凄风休飐半残灯。拟倩今宵归梦、到云屏。"上阕运用了典型的咫尺天涯的心理时空写法，以表现新婚伤别的情愫。据词又可知美成是农历十六离家，故云"银蟾依旧当窗满"。此行游学目的地是荆州，后文引词可以看到，年青词人从钱唐行至武昌的赠妓词《宴桃源》中有"初暖绮罗轻"，时节在二月仲春，则此词应写于正月十六日；周家庭院中的"倚墙花"，按时节推论，应是梅花（也指代倚墙送行的娇妻）。

（二）游学途中武昌词、荆州词，再归钱唐别妻词及荆州寄内词

熙宁四年（1071）初春，词人离开钱唐后，于仲春二月到达武昌。宋代文人名胜雅集多公私宴会，诗词皆鲜明地反映出歌妓侑筹这一酒席文化的常态。宋代歌妓分为官妓（营妓）、私妓（家妓）和市井妓三类①。周邦彦交往的多为官妓，王灼《碧鸡漫志》曾记载其"与营妓岳七楚云者游甚久"②。但美成此时应是因为家世（叔父周邠）与才华叨陪官员末座的年青学子，虽然有时会当筵发生即席目成的恋情，但与轻薄子逢场作戏不同的是，美成对于曾经用情的歌妓，往往铭刻于心，此情不渝（详后说）。词人在武昌有赠妓词两首，为同调组词《宴桃源》（尘满一缾文绣、门外迢迢行路），二词在

---

① 官妓（营妓）是中央及地方音乐机构蓄养的歌妓，色艺出众者方能入此乐籍。她们一般在乐营进行艺术活动，官员聚饮或送迎也可以传唤她们前往表演。虽然在籍，但行居并不固定。参见谢桃坊《宋词辨·宋代歌妓考略》，第317—330页。

② 王灼著，岳珍校正《碧鸡漫志校正》，巴蜀书社2000年，第47页。

二卷本、十卷本两个版本序列中均前后排列①。前首有"初暖绮罗轻,腰胜武昌官柳"。"官柳"典源本在武昌,唐代刘禹锡诗就已经以武昌官柳喻说武昌歌妓事,见《有所嗟二首》(之一):"庾令楼中初见时,武昌春柳似腰肢。"周邦彦自钱唐至荆州的行程路线必经武昌也可以夹证此说。

　　暮春之前,周邦彦抵达荆州,并在此地与一位歌妓交往。熙宁五年(1072)春天之前,这位歌妓离开了荆州(营妓职业居流不定),周邦彦怀念这位翩然离去的荆州歌妓,写了同调组词《少年游·荆州作》《少年游·雨后》②。据知周邦彦熙宁四年(1071)抵达荆州是在海棠花开时节:"一夕东风,海棠花谢,楼上卷帘看。"二词下阕或有"而今""旧赏",或有"而今""当时"等语,都表明周邦彦写词时在荆州已经逾年。周邦彦词集中有四首《少年游》,十卷本系列中仅这两首《少年游》前后排列,无词题;在二卷本系列中,各有词题,但上引两首《少年游》与另外两首《少年游》,即《少年游·感旧》与《少年游》(檐牙缥缈小倡楼)前后排列,后两首一首赠汴京歌妓,一首赠扬州歌妓,时空虽有差异,但从内容上说,同属赠妓大类。这位遽然离开荆州的歌妓很可能就是词人大观三年(1109)春天在苏州重逢的杨姓歌妓(详后《绮寮怨》解说)。

　　熙宁五年(1072)周邦彦曾短期回到家乡钱唐,季节在三月底四月初的试酒时,这在词人写于长安的《丁香结》中有非常明确的记载:"记试酒归时,映月同看雁阵。宝幄香缨,熏炉象尺,夜寒灯晕。"宋代有三月底四月初品尝新酿的习俗,张镃《赏心乐事》:"三

---

① 十卷本系列调名作《宴桃源》,前后排列;二卷本系列调名作《如梦令》(同调异名)也前后排列。

② 钱鸿瑛指出:"此两首词同作于荆州,可视为姊妹篇,基调相似。"钱鸿瑛《周邦彦研究》,广东人民出版社1990年,第272页。

月季春……花院尝煮酒。"① 周密《武林旧事》（卷三）："户部点检所十三酒库，例于四月初开煮，九月初开清，先至提领所呈样品尝，然后迎引至诸所隶官府而散。"② 词中"宝幄香缨""熏炉象尺"都是再明显不过的闺房意象。词人此年在夏季浮萍满塘时再次离开钱唐游荆州，离别词与初次别妻词一样，也是调寄《虞美人》，其中"又是一窗灯影、两愁人"与前引初别钱唐同调词中的"银蟾依旧当窗满。顾影魂先断。凄风休飐半残灯"相较，显然有闺中记别的相承关系。

笔者曾考出词人荆州游学期间有六首寄内词，列之如下：《月中行》（蜀丝趁日染干红）、《浣溪纱》（争挽桐花两鬓垂）、《浣溪纱》（雨过残红湿未飞）、《蝶恋花》（叶底寻花春欲暮）、《蝶恋花》（酒熟微红生眼尾）、《琴调相思引》（生碧香罗粉兰香）。

（三）自荆州沿汉水北上游学长安途中郢州词、襄阳词、将至长安词

周邦彦熙宁六年（1073）自荆州沿汉水北上游学长安，此行途经郢州、宜城、襄阳，并留下《点绛唇》（台上披襟）、《荔枝香近》（照水残红零乱）、《玉楼春》（大堤花艳惊郎目）、《一落索》（杜宇催归声苦）四首词。

此行约在暮春柳絮飞花时到达郢州，《点绛唇》："台上披襟，快风一瞬收残雨。柳丝轻举。蛛网粘飞絮。"词中所用"兰台"（战国楚台名，传说故址在钟祥县）典故，知此词写于郢州。写于同时同地的，还有寄内之作《荔枝香近》（照水残红零乱）。周邦彦政和元年（1111）知河中府后，曾于政和二年（1112）再入长安（详后考），

① 四水潜夫（周密）《武林旧事》，浙江人民出版社 1984 年，第 160 页。
② 四水潜夫（周密）《武林旧事》，浙江人民出版社 1984 年，第 41 页。

写《锁窗寒》,其中"似楚江暝宿,风灯零乱,少年羁旅"数语回忆的就是此次地处荆楚的水程行役,词人少年春天行于楚江之上仅此一次。故可以确考此词是熙宁六年(1073)春写于楚江之上。

《玉楼春》写于襄阳:"大堤花艳惊郎目。秀色秾华看不足。"首句语出《清商曲·襄阳乐》"大堤诸女儿,花艳惊郎目",是赠襄阳歌妓的词作。

《一落索》(杜宇催归声苦)写于将入长安时,有"目断陇云江树"之句,陇云是陇首(山名,在今甘肃、陕西交界处)之云,此代指关陕;江树,典出谢朓《之宣城郡出新林浦向板桥》,指长江岸边之树,此特指流经湖北地区的荆江。据知此词写在关陕和荆楚之间——远离荆州尚未到至长安之时。时令与周邦彦《续秋兴赋并序》中"某既游河朔,三月而见秋"①相衔接,"河朔"泛指黄河以北地区,此特指长安。据知词人于此年夏初到达长安。

二、熙宁六年至元丰二年长安、荆州、归钱唐词

研究者对周邦彦这一时期的系年词作大多付之阙如,惟陈思《年谱》略有"游长安,秋暮还荆州"词作系年,但未曾细分来回途中所驻之地。划分来回途中之作以及长安词中的咸阳词、临潼词为笔者首次考出。

(一)入陕后的长安词、咸阳词,短期回长安词、临潼词

周邦彦熙宁六年(1073)初夏至长安,初入长安的居所应在城郊,《续秋兴赋并序》的描述是:"居僻近郊,虽无崇山峻岭之崔嵬,飞泉流水之潺湲,而蔬园禾畹,棋布云列,围木翁郁而竦寻,野鸟鸣侣而呼俦,纻麻桑柘,充茂荫翳。间或步屧于高原,前阻危垒,下俯

---

① 周邦彦著,蒋哲伦校编《周邦彦集》,江西人民出版社 1983 年,第 138 页。

长濠,寓目幽蔚,心放形适,似有可乐。"① 此居处"野鸟鸣侣而呼俦"以及"长濠"水域,与下引长安词所写情景一一不谬。

周邦彦至长安后入秋即有一首寄内词《丁香结》(苍藓沿阶),此词回忆熙宁五年(1072)的钱唐之行已如前说,词有"谁念留滞故国"之句,"故国"有故乡和京城两义,这里显然指古都长安,已经含有南方词客羁旅行役与贫士失职之感。

当年深秋,周邦彦离开长安至咸阳,时间约一个月。至咸阳的来去之程以及停留时间皆斑斑可考。词人前往咸阳去程有蛛丝马迹可寻者,是《夜游宫》。此词与后文可以确考的离别长安归荆州词《风流子》相比,《夜游宫》走的是陆路——"客去车尘未敛"(查《中国历史地图集》,宋时咸阳与长安之间无水路可通),而《风流子》走的是水路——"亭皋分襟地"。《夜游宫》是"月皎风清在处见。奈今宵,照初弦",是农历初七、初八时的上弦月,而《风流子》"半规凉月",结合词意知是描写农历二十二、二十三,月亮下弦时后半夜的情景。《风流子》是归荆州,所以有"楚客惨将归";而《夜游宫》则有"念归计,眼迷魂乱,明日前村更荒远"之语,显见并非归程。

词人在咸阳客居郊外,作于此地有四首词作。第一首亦调寄《夜游宫》,词题为"秋暮晚景"("秋暮"或指秋天傍晚、或指深秋,题中既然标明"晚景",则必指"深秋"),词句有"桥上酸风射眸子",语出李贺《金铜仙人辞汉歌》。而"不恋单衾再三起。有谁知,为萧娘,书一纸",所用"萧娘"一语,出自唐人杨巨源《崔娘诗》:"风流才子多春思,肠断萧娘一纸书。"由典源可知,被指为"萧娘"的女子很有文采。据此,周邦彦此时已经与长安歌妓"萧娘"有了情感瓜葛,所以未作远地之别时就有词怀念。第二首是《月下

---

① 周邦彦著,蒋哲伦校编《周邦彦集》,江西人民出版社1983年,第138页。

笛》,此词中的"官桥"与《夜游宫》之"桥上"皆指咸阳渭河中的
渭桥(秦时始置,本名横桥。秦都咸阳,渭南有兴乐宫,渭北有咸阳
宫,建此桥以通二宫。汉代更名渭桥,宋时尚存,参见《宋史·夏
国·一》),而《夜游宫》风叶萧瑟的"宫墙"则指秦都咸阳时的渭北
故宫遗址。

　　周邦彦在熙宁六年(1073)暮秋的最后一个节气"霜降"时离开
咸阳。饯别词有《木兰花令·暮秋饯别》,词题有"暮秋",词句又有
"霜威",可知是写于秋天"霜降"以后,并且词句又有"古道尘清榆柳
瘦"的提示,语出李白《忆秦娥》"咸阳古道音尘绝",故知也写于咸阳。

　　《蝶恋花·早行》是咸阳离别词,勘比周邦彦可考的离别词,
写在深秋别于荒凉郊外者,唯有咸阳词;而且此词中的"霜风吹鬓
影",与前引饯别词《木兰花令·暮秋饯别》中"风扫霜威寒入袖"
时间正相衔接。

　　熙宁六年(1073)冬或熙宁七年(1074)早春,周邦彦曾至临
潼,交往了一些富有才情的狂朋,并与临潼一位歌舞俱佳,词中被
指称为"惊鸿"的歌妓也有交往。语出曹植《洛神赋》:"其形也,翩
若惊鸿,婉若游龙。"李善注:"翩翩然若鸿雁之惊,婉婉然如游龙
之升。"① 边让《章华台赋》用以形容舞者:"体迅轻鸿,荣曜春华。"
唐宋诗也多以"惊鸿"形容歌舞之姿。如刘禹锡《泰娘歌》:"舞学
惊鸿水榭春,歌传上客兰堂暮。"又,《酬窦员外郡斋宴客偶命柘枝
因见寄兼呈张十一院长元九侍御》:"彩笔谕戎矜倚马,华堂留客看
惊鸿。"苏轼《次韵王忠玉游虎丘绝句三首》(之三):"舞衣歌扇转
头空,只有青山杳霭中。莫共吴王斗百草,使君未敢借惊鸿。"南
宋刘克庄《清平乐·顷在维扬,陈师文参议家舞姬绝妙,为赋此词》

————————————
① 曹植《洛神赋》,萧统编,李善等注《六臣注文选》,中华书局1987年,第353页。

用意更为明显:"宫腰束素。只怕能轻举。好筑避风台护取。莫遣惊鸿飞去。"周邦彦此时赠妓词有《荔枝香近》:"回顾,始觉惊鸿去云远。"组词《早芳梅近》中的一首与此词是姊妹篇:"看鸿惊风翥,满座叹轻妙。"《早芳梅近》中的"缭墙""清沼"显指临潼华清宫和华清池。从版本的角度看,两首《早梅芳近》应该都是临潼赠妓词,记录了将别临潼时,与"惊鸿"作别的情景。

(二)自临潼归长安后的春词、夏词、秋词

熙宁七年(1074)春天,周邦彦回到长安,暮春抵达后写有赠长安萧娘词《浣溪纱》:"不为萧娘旧约寒。何因容易到长安。"此行归来写有长安春词、夏词和秋词。长安词显著的标志是所写景物与前引《续秋兴赋并序》完全相符,可知周邦彦归长安后,仍居于初入长安时的住所。长安春词,有组词《渔家傲》(灰暖香融销永昼、几日轻阴寒恻恻),这是两首赠妓词。遍检周邦彦赠妓词可以看到,他虽然处处留情但不及于滥,由此可推知此赠词对象有可能还是萧娘。前者上阕有"醉踏阳春怀故国。归未得。黄鹂久住浑相识。"周邦彦《偶成》诗与此词"黄鹂"意象连续:"窗风猎猎举绡衣,睡美唯应枕簟知。忽有黄鹂深树语,宛如春尽绿阴时。"(《永乐大典》卷八九九'诗'字韵)诗词对参,可知周邦彦此年春夏均在长安。诗词都化用唐朝诗人戎昱与郡妓爱情典故,看似写景,实为用事。见孟棨《本事诗·情感》:"韩晋公(滉)镇浙西,戎昱为部内刺史(失州名)。郡有酒妓,善歌,色亦媚妙。昱情属甚厚。浙西乐将闻其能,白晋公,召置籍中。昱不敢留,饯于湖上,为歌词以赠之。……其词曰:'好去春风湖上亭,柳条藤蔓系离情。黄莺久住浑相识,欲别频啼四五声。'"①

---

① 孟棨等《本事诗·本事词》,古典文学出版社 1957 年,第 7—8 页。

　　周邦彦归长安后不久,歌女"惊鸿"已经沿汉水南下离开了临潼,并且从此音信杳杳,美成因而在春暮梨花凋落的时节写了忆临潼词《浪淘沙慢》,词有"念汉浦离鸿去何许,经时信音绝"之句。此词开篇"东门帐饮"虚用疏广、疏受叔侄归乡典故,但"南陌脂车"为实指。自临潼南行至长安的《早梅芳近》中也有"回首城南道"之句。词中的"连环解""旧香"是周词中经常出现的与歌妓作别后、音讯杳杳的意象。后文所引《解连环》《品令》《玲珑四犯》皆见其例。《浪淘沙慢》末韵又有"恨春去、不与人期,弄夜色,空余满地梨花雪"。自此以后,咏梨花词皆烙上临潼歌妓的印记,譬如晚年创作的《水龙吟·梨花》,罗忼烈先生认为重和元年(1118)或稍后写于知真定时(详后考)。周邦彦以梨花比临潼歌妓,可见对其风标的嘉许。《水龙吟》末韵"雪浪翻空,粉裳缟夜,不成春意。恨玉容不见,琼英慢好,与何人比"数句,就有隐在的身影。《浪淘沙慢》是组词,另一首同调词首句为"万叶战"写在知河中府再入长安时(详后说)。

　　长安夏词是名作《苏幕遮》,下阕曰:"故乡遥,何日去。家住吴门,久作长安旅。五月渔郎相忆否。小楫轻舟,梦入芙蓉浦。"词人此时在家乡交往对象为年青的"渔郎",不可能是中晚年再入长安时的作品。而且从情理上说,词人不能刚入长安就有久客不归的喟叹,故此词定于入陕第二年即熙宁七年(1074)夏天为宜。吴门,钱唐旧属吴郡,故称。集中《锁阳台·怀钱唐》也有"似梦魂迢递,长到吴门"之句可以佐证。

　　长安秋词则有怀古词《西河》和寄内词《过秦楼》,这两首词都写于深秋之前,时间可以是熙宁六年(1073)至咸阳之前,也可以是次年归荆州之前。在没有史料外证的情形下,词中抒情应该可为作为确定写作时间的重要依据。

　　《西河》有"客情如醉"的倦游情怀,《过秦楼》代妻子感叹"年华一瞬,人今千里,梦沉书远""梅风地溽,虹雨苔滋,一架舞红都变",隐隐然皆有对丈夫久客不归的怨悱;而丈夫感喟"谁信无聊,为伊才减江淹,情伤荀倩",也不是经受短时间"人今千里"相思煎熬的情感状态,所以这首词也以定于写在熙宁七年(1074)归荆州之前为宜。作为典丽派词人,他在《过秦楼》中采用"情伤荀倩",是夫妻感情甚笃而妻子沉疴、丈夫为之痛悼不已的熟典,从而透露了妻子生病的消息。《世说新语·惑溺》载:"荀奉倩(名粲)与妇至笃,冬月妇病热,乃出中庭自取冷,还以身熨之。"刘孝标注引《粲别传》:"粲常以妇人才智不足论,自宜以色为主。……痛悼不能已已,岁余亦亡。亡时年二十九。"[1] 根据这一线索,可知《秋蕊香》(乳鸭池塘水暖)《南柯子》(腻颈凝酥白)两首寄内词也约写于熙宁七年(1074)的春天,故也应归于长安春词。《秋蕊香》中"宝钗"典,是夫妻因病别离的信物,秦嘉《赠妇诗三首》题序:"(嘉)为郡上掾,其妻徐淑,寝疾还家,不获面别,赠诗云尔。"[2] 之后,秦嘉遗以书、明镜、宝钗、妙香、素琴等。其《重报妻书》:"并致宝钗一双,价值千金。"[3]《赠妇诗三首》(之三):"宝钗可耀首,明镜可鉴形。芳香去垢秽,素琴有清声。"[4]《南柯子》"等闲赢得瘦仪容"以及下引"情黯黯,闷腾腾,身如秋后蝇。若教随马逐郎行。不辞多少程"(《醉桃源》)都是相思与病态的叠加。

① 刘义庆《世说新语》,上海古籍出版社 2013 年,第 383—384 页。
② 徐陵编,吴兆宜注,程琰删补,穆克宏点校《玉台新咏笺注》(上册),中华书局 1985 年,第 30 页。
③ 严可均校辑《全上古三代秦汉三国六朝文》(第 1 册),中华书局 1958 年,第 834 页。
④《玉台新咏笺注》(上册),第 31 页。

（三）自长安归荆州别长安词、襄阳词、郢州词，将至或已至荆州词

熙宁七年（1074）仲秋，周邦彦离开长安，原路返回荆州，自长安归荆州沿途，周邦彦写了不少词作，其中赠萧娘词的比例最高。

周邦彦别长安词有《风流子》："想寄恨书中，银钩空满，断肠声里，玉筯还垂。"暗示肠断长安萧娘一纸书。此词别于关河，将归楚地，此地一为别，也许永远"重见无期"。前说美成与长安萧娘溺于昵好，故离开长安还归荆州途中有怀萧娘系列词。这个系列的关键辞有秋天、候馆、丹枫、鸿雁、相思调，特别是音书，词作分别是《解蹀躞·秋思》《四园竹》（浮云护月）、《霜叶飞》（露迷衰草）、《蕙兰芳引·秋怀》、《关河令》（秋阴时晴渐向暝）、《红罗袄》（画烛寻欢去）。其中《红罗袄》"自分袂、天阔鸿稀。空怀梦约心期。楚客忆江蓠。算宋玉、未必为秋悲。"自拟为兰台公子宋玉，时在分襟之后，知写于将归荆州时。这个系列词作的基础典源是"肠断萧娘一纸书"，因而与书信关系极为密切。如《解蹀躞》"此恨音驿难通，待凭征雁归时，带将愁去"，《蕙兰芳引》"音尘迢递，但劳远目"，而《四园竹》中的"奈向灯前堕泪，肠断萧娘，旧日书辞，犹在纸"，更是途中怀萧娘的明显提示。故近人夏闰庵（孙桐）评《解蹀躞》说："音驿难通，而征雁翻能带去，似不可解。而中有至情，词中措语之妙也。"① 可以移用评价别萧娘词系列。

词人仲秋离开了长安，重阳节时到达襄阳，写有《六幺令·重阳》。此词下阕"华堂花艳对列，一一惊郎目"，是《玉楼春》春天入陕经襄阳时歌筵舞席的情景再现；两词皆用周郎顾曲典故，其中还

---

① 转引自俞陛云《唐五代两宋词选释》（上册），上海古籍出版社2011年，第231—232页。

有"周郎已老"时间推移的夸大其辞:周邦彦熙宁六年(1073)夏天入长安,熙宁七年(1074)仲秋离开长安,历时一年零五个月;词中又有"宜城酒美",梁简文帝《乌栖曲四首》(之二)有"宜城投酒今行熟,停鞍系马暂栖宿"之句,可知确为秋返襄阳词。联系上引两首襄阳词中"华堂""花艳"语典,再准以时节,则知《庆春宫》(云接平岗)也写于此程将别襄阳时。从周邦彦的两番襄阳行程看,他的"许多烦恼,只为当时,一饷留情"为实录。比照周邦彦的襄阳词,知赠萧娘系列词中的《解蹀躞》《四园竹》,虽然写秋景尚未到深秋重阳,故知写于到达襄阳之前。

　　周邦彦归途经鄂州时写了赠妓词《蝶恋花》再次用兰台公子典:"宋玉墙高才一觇。絮乱丝繁,苦隔春风面。"与去程《点绛唇》(台上披襟)都用郢州典故。词人在郢州还写了组词《长相思》(好风浮、沙棠舟),前首有"艇子扁舟来莫愁。石城风浪秋"。石城即郢州,今湖北钟祥县西有莫愁村,《旧唐书·音乐志》:"《莫愁乐》,出于《石城乐》。石城有女子名莫愁,善歌谣,《石城乐》和中复有'莫愁'声,故歌云:'莫愁在何处?莫愁石城西。艇子打两桨,催送莫愁来。'"[1] 洪迈《容斋随笔》(卷十一):"莫愁者,郢州石城人,今郢有莫愁村。画工传其貌,好事者多写寄四远。"[2]萧娘系列词中的《红罗袄》用宋玉典,词中内容与重九风物又相关联,故知是重阳节时写于郢州。

　　《燕归梁》是沿汉水南下时因与临潼"惊鸿"离开时水程路线相同而写的忆念之作,上阕曰:"帘底新霜一夜浓。短烛散飞虫。曾经洛浦见惊鸿。关山隔、梦魂通。"霜降是秋天的最后一个节气,

① 刘昫等《旧唐书》(第4册),中华书局1975年,第1065页。
② 洪迈撰,孔凡礼点校《容斋随笔》(下册),中华书局2005年,第561页。

故知此词写在深秋,根据周邦彦行程,应是离开郢州将至荆州时。准此,萧娘系列词中的《霜叶飞》词中有"青女"典故,词句"素娥青女斗婵娟",语出李商隐《霜月》:"青女素娥俱耐冷,月中霜里斗婵娟。"青女是传说中的霜神。《淮南子·天文训》:"至秋三月……青女乃出,以降霜雪。"①写深秋皓月相照的情景。此词也写于暮秋霜降时,与《燕归梁》基本在同时同地。

　　周邦彦归荆州后当年的冬天,写了一首寄内词《醉桃源》,下阕曰:"情黯黯,闷腾腾。身如秋后蝇。若教随马逐郎行。不辞多少程。"《艺文类聚》(卷九十七):"故苍蝇之飞,不过十步。自托骐骥之发,乃腾千里之路。"②词中"秋后蝇"是连环比喻,"秋后蝇"即"痴蝇",语出韩愈《送侯参谋赴河中幕》"痴如遇寒蝇",又暗用痴蝇附骥尾典。后人盛赞其写痴情虽陈能新、虽俗能雅,殊不知这确实也是妻子沉疴不起之实录。

(四)荆州东归钱唐,自荆州启程词、金陵词,至钱唐后赠妓词

　　熙宁八年(1075)初秋,词人从荆州启程归钱唐,作《南浦》,前引陈思《年谱》系于元丰元年戊午(1078),略误;但此词确写于"夏自荆州东归"时。词句"菡萏里风,偷送清香,时时微度",表明自荆州归钱唐,在初秋菡萏盛开时,"恨无凤翼身,只待而今,飞将归去"三句,语出李商隐《无题二首》(之一):"身无彩凤双飞翼,心有灵犀一点通。"典丽派多用以喻写夫妻之情,此兼写归心欲飞,隐写妻子已经病笃。重九时词人已经抵达金陵(今江苏南京),作《齐天乐》。前引王国维《遗事》定此词作知溧水前后:"集中《齐天

---

① 高诱注《淮南子》,《诸子集成》(第7册),中华书局1954年,第44页。
② 欧阳询撰,汪绍楹校,中华书局上海编辑所编辑《艺文类聚》(下册),中华书局1965年,第1682页。

乐》'绿芜雕尽台城路'一首作于金陵,当在知溧水前后。"理由应
是溧水宋属江宁府,金陵是府治所在地。陈思《年谱》则认为此词
涉及少年游长安的经历:"《齐天乐》'渭水西风,长安乱叶,空忆诗
情宛转',即谓此词。"(前已详引)进而言之,《齐天乐》是对长达四
年零五个月荆州、长安游学生活的总结①:第一,词中有"殊乡又逢
秋晚",指在金陵重九之前,周邦彦在荆州、长安已经四度经过重阳
节(第一次在荆州,第二次在咸阳,第三次在襄阳,第四次在荆州),
故发此危苦之音。第二,词中有"荆江留滞最久",此时段词人三次
往还荆州,在荆州时间虽然只有两年零七个月,但三次逾年,包括
短暂离开的时间前后跨五个年头,在生命的这一时段中可以说"最
久"。"醉倒山翁",所用为荆州本地典故。《晋书·山简传》:"(山)
简优游卒岁,唯酒是耽。诸习氏,荆土豪族,有佳园池,简每出嬉
游,多之池上,置酒辄醉,名之曰'高阳池'。"②第三,"渭水"三句,
前说周邦彦曾在咸阳、长安各经一秋,词中"渭水西风,长安乱叶",
不仅隐括贾岛诗句,也与游程针芥相合。

　　熙宁八年(1075)深秋,周邦彦回到了家乡钱唐。在钱唐写有
赠妓词《醉桃源》:"菖蒲叶老水平沙。临流苏小家。画阑曲径宛秋
蛇。金英垂露华。"唐宋诗词都以苏小小代指钱塘名妓。典见郭茂
倩《乐府诗集》卷八十五所引《乐府广题》:"苏小小,钱塘名倡也,
盖南齐时人。"③如白居易《和春深二十首》(之二十):"杭州苏小

---

① 斯奋考辨周邦彦是否曾至长安曰:"此处'长安'亦非指汴京。盖古典诗歌
　　中,虽有以'长安'代指京城的用法,却绝无以'渭水'代指京城之河者。据
　　此,词人游踪曾至关中,当无可疑。其时应在客居荆州之数年中。"斯奋《周
　　邦彦曾至长安二证》,《学术研究》1980年第3期第112页。
② 房玄龄等《晋书》(第4册),中华书局1974年,第1229页。
③ 郭茂倩《乐府诗集》(第4册),中华书局1979年,第1203页。

小,人道最夭斜。"词人在元祐三年(1088)所写《锁阳台·怀钱唐》中还有对这位歌妓的怀悼:"苏小当年秀骨,萦蔓草、空想罗裙。"周邦彦此次归钱唐前后,红颜薄命的发妻溘然长逝。

　　周邦彦游学归来不久,其父周原于熙宁九年(1076)四月辛亥(农历二十六)逝世①。周邦彦依制丁外艰居钱塘家中。宋制,丧期之内不婚娶、不听乐、不应试。美成至元丰元年(1078)八月始服除(依制守丧三年,实为二十七个月)②。

第二节　清真青壮年事迹以及作品编年

　　美成在家乡钱塘娶第二任妻子王夫人之后(据后文所引周邦彦《祭王夫人文》),因服除方能娶妻,扬州寄内词又写于春天,加上《西平乐》词题有"元丰初,予以布衣西上,过天长道中"的时地限定,故知此程是元丰三年(1080)途经扬州路过天长入汴京。据薛瑞生师考证,词人初入汴京时是尚未入太学的游学之士,在入汴京后的第三年,即元丰五年(1082)入太学先为外舍生③,元丰七年(1084)三月献《汴都赋》。李焘《续资治通鉴长编》(卷三百四十四):"(元丰七年三月壬戌,神宗)诏太学外舍生周邦彦为试太学正,寄理县主簿、尉。邦彦献《汴都赋》,上以太学生献赋颂者以百数,独邦彦文彩可取,故擢之。"④王应麟《玉海》(卷五十九)也有记载:"元丰七年三月壬戌,以太学生周邦彦为太学正。邦彦

---

① 吕陶《周居士墓志铭》:"熙宁丙辰四月辛亥,以疾卒。"吕陶《净德集》(第4册),中华书局1985年,第286页。
② 参见薛瑞生《周邦彦别传》,三秦出版社2008年,第65—66页。
③ 参见《周邦彦别传》,第90页。
④ 李焘《续资治通鉴长编》(第23册),中华书局1990年,第8266页。

献《汴都赋》,故擢之。"①邦彦此年二十九岁,与楼钥序中"少负俊
校隽声,未及三十,作为《汴都赋》,凡七千言"②时间、事件都相符。

周邦彦此时段的主要经历是:元丰三年(1080)至元祐三年
(1088)约十年时间在汴京游学、为太学生、为太学正("寄理县主簿、
尉")。元祐三年(1088)至元祐八年(1093)外任庐州教授。元祐八
年(1093)至绍圣三年(1096)任溧水县令。绍圣四年(1097)还京
为国子主簿。元符元年(1098)迁秘书省正字。元符二年(1099)至
建中靖国元年(1101)为睦州某县令。大观四年(1110)在汴京任校
书郎、考功员外郎、卫尉少卿、宗正少卿兼议礼局检讨等职。

一、元丰三年至元祐八年扬州、汴京、庐州、钱唐词

周邦彦自钱唐过天长入汴京,必经之地是扬州,但其扬州词长
期未被关注。实际上,美成不仅在扬州开始与歌妓岳楚云交往,也
在这里写下了生命中最后一首词作《瑞鹤仙》(悄郊原带郭),此为
绝笔词之事将在本章第三节中详考。

(一)入汴京途中的扬州词,游学、为太学生、为太学学官时的汴京词

美成《西平乐》题序:"元丰初,予以布衣西上,过天长道中。
后四十余年,辛丑正月二十六日,避贼复游故地。感叹岁月,偶成
此词。"周邦彦元丰元年八月始服除,从后引诗词可以看到,入汴
京途经扬州时在春天,那么过扬州之春最早应是元丰三年(1080);
周邦彦服除后续弦王夫人,入汴之后的忆内之作所忆为夏日之情
事(详后引),题中"辛丑"指宣和三年(1121),与元丰三年时隔

---

① 王应麟《玉海》(第2册),广陵书社2003年,第1131页。
②《攻媿集》,第707页。

四十二年。

《玉楼春》是词人元丰三年（1080）入汴京途经扬州时的寄内之作："玉琴虚下伤心泪。只有文君知曲意。帘烘楼迥月宜人,酒暖香融春有味。　萋萋芳草迷千里。惆怅王孙行未已。天涯回首一销魂,二十四桥歌舞地。"这是在寄内词中首次使用卓文君典故,此典出《史记·司马相如列传》。周邦彦共有三首词中在年轻与精通音乐的两个层面采用"顾曲周郎"典故以自指,因被乔大壮称为"周郎自用家典"①,称妻子为卓文君,则表明续弦王夫人雅好音乐。与周邦彦《谩书》一诗对参,可知诗词都是周邦彦年轻时写于扬州："丽日烘帘幔影斜,酒余春思托韶华。高楼不遮东南望,若雾浮云莫谩遮。"（《永乐大典》卷八九九"诗"字韵）扬州东南所望及者,正是家乡钱唐。自称"王孙",是因为周家"旧有簪缨"（《南浦》）,然非如前引陈思所说是指叔父周邠,而是其父周原墓志所记五世祖曾在吴越任官。《锁阳台·怀钱唐》也用"王孙",所用为吴越王及王妃的传说："闻道花开陌上,歌旧曲、愁杀王孙。"《苏轼诗集》卷十《陌上花三首》引云："游九仙山,闻里中儿歌《陌上花》。父老云:吴越王妃,每岁春必归临安,王以书遗妃曰:'陌上花开,可缓缓归矣。'"此时词人年仅二十五岁,诗中"韶华",双用美好春光和美好年华。词作显示尚在"行未已"途中,天涯回首,扬州也成忆念之地。词中的"二十四桥歌舞地"不仅指代扬州,也蕴含了赠扬州歌妓的成份。语出杜牧《寄扬州韩绰判官》"二十四桥明月夜,玉人何处教吹箫"。从所用梁朝何逊在扬州的风物梅花熟典及时节考察,知《一剪梅》（一剪梅花万样娇）写在与扬州歌女作别时。

---

① 周邦彦著,乔大壮批《乔大壮手批周邦彦〈片玉集〉》,齐鲁书社1985年,卷之7第1页。

　　周邦彦入汴京后,写了三首词忆念这位扬州歌女。一首是春忆词《三部乐·梅雪》,词有句曰:"近闻道、官阁多梅,趁暗香未远,冻蕊初发。"显用何逊在扬州徘徊于梅花树下典故,兼用杜甫《和裴迪登蜀州东亭送客逢早梅相忆见寄》"东阁官梅动诗兴,还如何逊在扬州"句意。词中有"倩谁折取,持赠情人桃叶"。桃叶,是晋王献之的爱妾名,见《乐府诗集》卷四十五所引《古今乐录》。在周邦彦词中,"桃叶"从此成为这位扬州歌妓的代称。

　　冬忆扬州歌妓词《无闷·冬》,应写在《三部乐·梅雪》之前。《无闷》有句曰:"念旧欢聚,旧约至此,方惜轻别。又还是、离亭楚梅堪折。暗想莺时似梦,梦里又却是,似莺时节。"除"楚梅堪折"与上引扬州词的关联外,此词莺柳连缀成文,实写隋堤(或称汴堤),据《隋书·食货志》,隋炀帝沿通济渠、邗沟河岸修筑的御道,道旁盛植杨柳,而黄莺是诗词中杨柳的"标配"。这位被指称为"桃叶"的歌妓因官妓流动不居,不久也离开扬州,并与词人失去了联系,词人春天写了著名词作《解连环》:"想移根换叶。尽是旧时,手种红药。""水驿春回,望寄我、江南梅萼。"红药,也是扬州风物。王观《扬州芍药谱》:"今洛阳之牡丹、维扬之芍药,受天地之气以生,而小大浅深,一随人力之工拙,而移其天地所生之性。故奇容异色,间出于人间。以人而盗天地之功而成之,良可怪也。"[1] "梅萼"则是扬州歌妓系列词中最为经见的物象。

　　周邦彦入汴京后,有诗《谩成二首》寄内:"窗影蝇飞见,帘花日照成。汗余胡粉薄,香度越罗轻。书叶蚕头密,调笙凤味鸣。情来愁不语,极目雁南征。""旧识回文谱,新谐远调讴。望归朝对镜,合饮夜藏钩。融蜡粘花蒂,烧檀暖麝油。双眉谁与画,张敞自

---

[1] 王观《扬州芍药谱》,中华书局 1985 年,第 1 页。

风流。"(《永乐大典》卷九九'诗'字韵)准此,可知以下六首词都是寄内之作:《虞美人》(金闺平帖春云暖)、《浣溪纱》(日射欹红蜡蒂香、翠葆参差竹径成、薄薄纱幮望似空、宝扇轻圆浅画缯)、《塞翁吟》(暗叶啼风雨)。周词的二卷本、十卷本系列虽然都存宋椠原貌,但以十卷本为善(详第二章版本辨析)。上引四首《浣溪纱》在陈元龙注十卷本《片玉词》中前后排列,是写于同时的组词。除版本依据外,上引二诗六词还有诸多可以加以比较之处,辨析如下。

其一,诗词所写景物陈设均为夏日之候,特别是粉、簟、帐、蝇等反复出现。其二,诗词时节相同,内容相似,可知都是写于初入汴京之后。《塞翁吟》中"菖蒲"写钱塘水国风物,如前引写于钱塘的《醉桃源》中也有"菖蒲叶老水平沙",下引钱唐词《醉落魄》中也有"清香不与兰荪约",兰荪,即菖蒲的别名。其三,《浣溪纱》与诗相比,最明显的相同点是词中"日射欹红蜡蒂香"与诗中"融蜡粘花蒂",均用温庭筠《碌碌古词》中的"融蜡作杏蒂,男儿不恋家",采用藏词的手法,隐写夫君当春抛家远行。其四,从所用典故和写作手法看,也知诗词内容均与妻子相关。如"薄薄纱幮望似空"一首,与梁简文帝萧纲的宫体诗《咏内人昼眠》中"梦笑开娇靥,眠鬟压落花。簟文生玉腕,香汗浸红纱"如出一辙。而此首词中的"簟纹如水浸芙蓉"一句,还暗用卓文君典,以芙蓉比喻妻子如花的容色。典出葛洪《西京杂记》(卷第二):"文君姣好,眉色如望远山,脸际常若芙蓉,肌肤柔滑如脂,十七而寡,为人放诞风流,故悦长卿之才而越礼焉。"[1]《塞翁吟》"暗叶啼风雨,窗外晓色珑璁。散水麝,小池东。乱一岸芙蓉。蕲州簟展双纹浪,轻帐翠缕如空",也以芙蓉象其容色。其六,上引二诗六词与前引寄赠发妻的词作对照,两任

---

[1] 葛洪《西京杂记》,中华书局 1985 年,第 11 页。

夫人的相异显而易见。王夫人为知识女性,诗词各有"书叶蚕头密""旧识回文谱""有蜀纸、堪凭寄恨,等今夜、洒血书词,剪烛亲封",能为"斜红"复杂妆容。见于张泌《妆楼记》:"斜红绕脸,盖古妆也。"① 梁简文帝《艳歌篇十八韵》:"分妆间浅靥,绕脸傅斜红。"六首寄内词虽然不能准确系年,但都写于周邦彦在汴京的青年时期则无疑,时间在元丰五年(1082)至元祐三年(1088)之间。另外,从版本和词作内容两个角度看,三首《南乡子》(晨色动妆楼、寒夜梦初醒、户外井桐飘)也能类归于同一时段的汴京寄内词。

　　周邦彦初入汴京的游冶之作,历来为治周词者所关注。罗忼烈先生根据以下三个标准:"一则绮思未艾,未免有情;二则体多小令,调属流行,宛转便歌,无拗怒之音;三则所描绘者皆舞鬟歌妓之容饰情意,或代其言悲欢离合之情。"② 共考证出二十首游冶词③;今考除《少年游》(并刀如水)《意难忘》(衣染莺黄)之外,其它多数是寄内词,或者确为赠妓词,时地却并不明确,故不能计于周邦彦初入汴京冶游词之列。笔者认为见于宋人笔记的《少年游》(并刀如水)、《一落索》(眉共春山争秀)、《风来朝》(逗晓看娇面)是青年时期游冶之作,后二首却在罗先生考证词之外。

① 张泌《妆楼记》,中华书局1985年,第6页。
② 罗忼烈《周清真词时地考略》,罗忼烈《两小山斋论文集》,中华书局1982年,第58页。
③ 罗先生考证的二十首词分别是《少年游》(并刀如水)、《秋蕊香》(乳鸭池塘水暖)、《南乡子》(晨色动妆楼)、《诉衷情》(出林杏子落金盘)、《归去难》(佳约人未知)、《满路花》(帘烘泪雨干)、《月中行》(蜀丝趁日染干红)、《意难忘》(衣染莺黄)、《迎春乐》(人人花艳明春柳)、《渔家傲》(灰暖香融销永昼、几日轻阴寒侧恻)、《蝶恋花·席上赋》、《醉桃源》(冬衣初染远山青、菖蒲叶老水平沙)、《如梦令》(尘满一缾文绣、门外迢迢行路)、《浣溪沙》(争挽桐花两鬓垂、日射欹红蜡蒂香、薄薄纱幮望似空、宝扇轻圆浅画缯)。参见《两小山斋论文集》,第57—58页。

　　周邦彦青年冶游汴京,除上述宋人笔记所记且无大谬的词作之外,还有两首可以类归于此的赠妓词。佐证还是"周郎"一典。此典出自《三国志·吴书·周瑜传》:"瑜时年二十四,吴中皆呼为周郎。"[①]"瑜少精意于音乐,虽三爵之后,其有阙误,瑜必知之,知之必顾,故时人谣曰:'曲有误,周郎顾。'"[②]其词最早出现"周郎"事典是在前引赠妓词《六幺令·重阳》中,当时词人十九岁。《诉衷情》(当时选舞万人长)、《意难忘》(衣染莺黄)也用"周郎"典,定为京城游冶早期之作应大致不误。也就是说,共有五首无法准确系年的赠妓词写在青年游汴京时。名词《兰陵王·柳》(词调一作《兰陵王慢》)也作于此时。

（二）出任庐州教授时由汴京至庐州途中词、庐州词,庐州归钱唐途中词、秋归钱唐词

　　周邦彦外任庐州的具体时间,据《宋史》本传"自太学诸生一命为正,居五岁不迁",元丰七年(1084)为太学正,在庐州学官任上,当在元祐三年(1088)至元祐八年(1093)之间。离汴京赴庐州时写了组词《锁阳台·怀钱唐》《锁阳台》(花扑鞭鞘),两首《锁阳台》时间都在春天,第一首《锁阳台》词怀念故乡钱唐,词题、所用典故均能确证这一点。第二首《锁阳台》有"都城渐远,芳树隐斜阳",表明这是离开汴京南行,但不是经京杭大运河归钱唐,而是先行陆路,与下引《蓦山溪》互证可知此南行目的地正是庐州。前首《锁阳台》中有"十载红尘"之语,描述在繁华之地京城的生活。后首《锁阳台》中说"未惯羁游况味",则是元丰三年(1080)至元祐三年(1088)近十年久居京师、未曾外任的生活实录。

---

① 陈寿撰,裴松之注《三国志》(第5册),中华书局1982年,第1260页。
② 同上书,第1265页。

约在此年暮春,周邦彦到达庐州,写有《浣溪纱》(楼上晴天碧四垂),此词与下引《蓦山溪》比照,均写群峰高楼,登高远眺时,皆有蓝天青山四面垂碧之景;词中所写时节在春末,正与前两首《锁阳台》词时间前后衔接。

同年夏初,周邦彦自庐州归钱唐,途中写有《蓦山溪》(楼前疏柳)。据《中国历史地图集》,庐州可由陆路至金陵,《蓦山溪》正写于由庐州抵达金陵时。词上阕写出发地庐州。证据有三:第一,宋朝庐州多柳,南宋姜夔《淡黄柳》可以为证,姜词题序曰:"客居合肥南城赤阑桥之西,巷陌凄凉,与江左异,唯柳色夹道,依依可怜。"姜词中写柳名句有"空城晓角。吹入垂杨陌。马上单衣寒恻恻。看尽鹅黄嫩绿,都是江南旧相识"。第二,周邦彦《倒犯》(霁景)中的"淮左旧游,记送行人,归来山路弯",是回忆庐州月色(从安徽寿县附近开始,淮水流向是自南而北,因习称今安徽淮河南岸一带为淮东,亦称淮左),则合肥是淮左"山城",此词"翠色四天垂,数峰青、高城阔处"与《浣溪沙》"楼上晴天碧四垂"相合。第三,安徽省北部地区对周邦彦有特殊的亲和力。周邦彦元丰初以布衣之身途经安徽天长县入汴京、也就是尚未踏入仕途时,就曾想以天长作为功成身退之地:"重慕想、东陵晦迹,彭泽归来,左右琴书自乐,松菊相依,何况风流鬓未华。"(《西平乐》)所表达的就是此词"江湖病眼,偏向此山明"的意思。下阕写途经之地金陵。证据有二:第一,从"平康巷陌"看。平康巷陌是长安妓女的聚集地,见孙棨《北里志·海论三曲中事》:"平康里,入北门东回三曲,即诸妓所居之聚也。"[①] 长安是十三朝古都,北宋时,文学作品中与长安可以互代的地名北方有洛阳、汴京,南方仅有六朝古都金陵。第二,《蓦山

---

① 孙棨《北里志》,中华书局 1985 年,第 1 页。

溪》"十载却归来,倦追寻、酒旗戏鼓"与在汴十年时间相合。

据《锁阳台·怀钱塘》,知《锁阳台》(白玉楼高)也是钱塘词,表明周邦彦仲秋前已经回到故乡。此同调词写冰轮满月,应为中秋词。准此,《醉落魄》写于钱唐中秋夜,是赠内之作。词中"兰荪"(菖蒲)是钱唐风物已见前说;另外,此词还暗用灵隐寺秋月夜桂子坠落的典故,典见白居易《东城桂三首》(之一)自注:"旧说杭州天竺寺每岁秋中有月桂子堕。"宋人有节序诗词赠内的习俗,苏轼《殢人娇》:"明朝端午,待学纫兰为佩。寻一首好诗,要书裙带。"据薛瑞生师考证,其《浣溪沙·端午》即是书于王朝云裙带的"好诗"[①],周词则是中秋赠内之作。

二、元祐八年至大观四年溧水、睦州、假归钱唐词

笔者对这一时段最为重要的考证成果,是对溧水白梅词的增考,为历代公认的咏梅名篇《花犯》准确编年,还考证出周邦彦曾任睦州属县地方官,并为相关词作系年。

(一)任溧水县令时的忆庐州词、咏白梅词、赠妓词

美成元祐八年(1093)至绍圣三年(1096)任溧水县令。以周词题序作为主要线索,辅以宋人序跋、笔记等,可以确考五首溧水词《隔浦莲近拍·中山县圃姑射亭避暑作》《满庭芳·夏日溧水无想山作》、组词《鹤冲天·溧水长寿乡作》(梅雨霁、白角簟)。中山,《太平寰宇记》卷九十《升州·溧水县》:"中山,又名独山,在县东南十里,不与群山连接。古老相传中山有白兔,世称为笔最精。"[②] 姑射,县治所在地中的亭名。强焕序《周美成词》:"故

---

① 苏轼撰,薛瑞生笺证《东坡词编年笺证》,三秦出版社1998年,第649页。
② 乐史撰,王文楚等点校《太平寰宇记》(第4册),中华书局2007年,第1792页。

自到任以来,访其政事,于所治后圃,得其遗政,有亭曰'姑射',有堂曰'萧闲',皆取神仙中事,揭而名之。"① 无想山、长寿乡也在溧水。《至大金陵新志》:"长寿乡,州北三十五里。"② "无想山,在州南十八里。有禅寂院,院有韩熙载书堂。"③《至正金陵新志》(卷十二)还载有溧水县丞高举刻于厅事的"周美成会客题名"④。

《风流子》有句曰:"新绿小池塘。风帘动、碎影舞斜阳。""遥知新妆了,开朱户,应自待月西厢。"王明清《挥麈录·余话》卷二引俞義仲云:"周美成为江宁府溧水令,主簿之室有色而慧,美成每款洽于尊席之间。世所传《风流子》词,盖所寓意焉。……'新绿''待月'皆簿厅亭轩之名也。"⑤ 应是由美成会客题名衍生的所谓"本事"。宋人刘宰《溧水尉治双玉亭记》驳疑曰:"溧水为金陵壮县,而地偏无卓绝奇伟之观,故胜践之可寻者亦少。……顾县圃'隔浦''渌池'等处,皆故令周邦彦美成游冶之地,世方邮其词附益其说。幸而至其地则趋走焉,回旋焉,视圃之一草一木皆足寄遐想。"⑥ 对参史料,知虽有附会之言,但写于溧水则无疑义。以下词作也写于溧水任上。

词人元祐八年(1093)初到溧水任时在深秋或初冬。写《倒犯》怀念山城庐州:"淮左旧游,记送行人,归来山路弯。"庐州词

---

① 强焕《题〈周美成词〉》,毛晋《宋六十名家词》,上海古籍出版社 1989 年,第 178 页。

② 张铉《至大金陵新志》,《景印文渊阁四库全书》(第 492 册),第 247 页。

③ 同上书,第 279 页。

④ 张铉纂修,王会豪等校点《至正金陵新志》,李勇先、王会豪等校点《宋元珍稀地方志丛刊》(乙编第六册),四川大学出版社 2009 年,第 1478 页。

⑤ 王明清《挥麈录》,上海书店出版社 2001 年,第 232 页。

⑥ 曾枣庄、刘琳主编《全宋文》(第 300 册),上海辞书出版社、安徽教育出版社 2006 年,第 123 页。

《宴清都》也可以互参:《宴清都》中的"地僻无钟鼓",与溧水任上名作《满庭芳》"地卑山近,衣润费炉烟""黄芦苦竹,拟泛九江船",都是从白居易《琵琶引》诗句化出,并与刘宰关于溧水"地偏无卓绝奇伟之观"的记载相合。《宴清都》词中的"霜蟾""冒露冷貂裘"与另一溧水同调词中的"寒吹断梗,风翻暗雪,洒窗填户"时间正相衔接。《宴清都》写于元祐八年(1093)深冬。因为《宴清都》有"淮山夜月,金城暮草"之句,论者大都认为是庐州词,比如吴熊和先生就定为庐州词①。然而词作明言"梦魂飞去",据知不是庐州任上词而是回忆庐州时所作。此词再次用"文君"典代指王夫人。前说词人元祐三年(1088)初赴庐州时,初秋曾归钱唐,秋后返回庐州,至此元祐八年(1093),词人已经六年未归钱唐,故云"更久长、不见文君,归时认否"。

　　溧水任上还有咏梅之作。罗忼烈先生考证:"清真集中咏物词,每因当地草木而发,故咏梅则在溧水……。"②周邦彦溧水任上共有七首咏梅词。多为梅雪同咏,并所赋皆为白色野梅(江梅)。绍圣二年(1095)早春时写有梅雪词《玉烛新·早梅》、两首咏雪兼及梅花的《红林檎近·咏雪》《红林檎近·雪晴》。还有《花犯》与三首《丑奴儿》都是咏白梅词,则写于绍圣三年(1096)仲春离开溧水时。

　　《花犯》是历代公认的咏梅名篇,黄升誉为"圆美流转如弹丸"③,何士信列为"梅花第一"④。所咏为白梅花:"露痕轻缀。疑净

① 参见《负一代词名的集大成者周邦彦》,《十大词人》,第98页。

② 罗忼烈《清真集笺注》(上册),第258页。

③ 黄升《花庵词选》,中华书局1958年,第115页。

④ 何士信《增修笺注妙选群英草堂诗余》(下卷),刘崇德、徐文武点校《明刊草堂诗余二种》,河北大学出版社2006年,第278页。

洗铅华,无限佳丽。""更可惜,雪中高树,香篝熏素被。"语出王安石《与微之同赋梅花得香字三首》(之二):"不御铅华知国色,只裁云缕想仙装。"杜甫《江梅》:"雪树元同色,江风亦自波。"此与上引溧水另外六首梅雪词都有以下特点。

其一,这是一树江梅——生于水边的野生梅花。《花犯》和《玉烛新》可以互证。《玉烛新》有"溪源新腊后。见数朵江梅,剪裁初就",直接点出了"江梅";《花犯》化用了杜甫《江梅》诗句,都是咏白梅。《玉烛新》有"晕酥砌玉芳英嫩",《红林檎近》有"暮雪助清峭";三首《丑奴儿》"肌肤绰约真仙子,来伴冰霜。洗尽铅黄。素面初无一点妆""一种宜寒,自共清蟾别有缘""已恨来迟、不见娉婷带雪时",都是明点或暗示所咏之物为白梅。

其二,这是一树刚入腊月就透蕊的早梅。《丑奴儿》"南枝度腊开全少",《玉烛新》"溪源新腊后。见数朵江梅,剪裁初就",《红林檎近》中有"高柳春才软,冻梅寒更香"。

其三,《花犯》、三首《丑奴儿》与《红林檎近》(风雪惊初霁)互参,可以知道《花犯》与三首《丑奴儿》写于《红林檎近》之后、入汴京之前。理由如次:《花犯》写词人前去告别梅花时有"去年胜赏曾孤倚。冰盘共燕喜",《红林檎近》中有"步屐晴正好,宴席晚方欢。梅花耐冷,亭亭来入冰盘。对前山横素,愁云变色,放杯同觅高处看"。比照的结果可以看到,《花犯》中去年"胜赏"和"冰盘共燕喜"就是《红林檎近》中"宴席""同觅""梅花耐冷,亭亭来入冰盘",换言之,两首《红林檎近》是写第一年所赏雪中之梅,《花犯》则写于第二年前去与此梅作别时。写《花犯》时,季节在"青苔上、旋看飞坠"的二月初,《丑奴儿》中有"零落池塘,分付余妍与寿阳""高歌羌管吹遥夜,看即分披"等,也写于同时,而"相将见。脆丸荐酒,人正在、空江烟浪里",表明词人将在三月暮春青梅荐酒时^①,由江宁府沿长江入瓜州镇,然后沿运河北上。虽然一路水程,但残春时行程正在长江中,所以词有"人正在、空江烟浪里"之句。

还有一首《菩萨蛮》:"银河宛转三千曲,浴凫飞鹭澄波渌。"首二句语出李白《登金陵凤凰台》"三山半落青天外,二水中分白鹭洲"、王安石《桂枝香·金陵怀古》"彩舟云淡,星河鹭起,画图难足"。李诗、王词均指金陵一带的河流,故知此为溧水任上的金陵词。此词下阕有"天憎梅浪发。故下封枝雪。深院卷帘看。应怜江上寒",又知写于《花犯》等词之前。《西河·金陵怀古》则是写于同时的词作。

(二)中年初入汴京词(包括赠妓词)

周邦彦约在绍圣四年(1097),还为国子监主簿尉,元符二年(1099)、元符三年(1100)、建中靖国元年(1101)三年中的大部分时间皆在睦州某县为官。建中靖国元年深秋至大观四年(1110),词人又有十年的时间在汴京为官,期间曾短期归省钱唐。最值得注意的是,名篇《瑞龙吟》(章台路)不写于初归京城时,至早应写于归京第二年。

结合上引《花犯》,知周邦彦《浣溪纱》写在绍圣四年(1097)将入汴京之前,词有句曰:"日薄尘飞官路平。眼明喜见汴河倾。"汴河是地属北方的运河水段,汴河之"倾"流,是汛期之后的状态。我国江河的汛期有春汛和伏汛,这里应该是冰泮雨积的桃花春汛之后;周邦彦《汴都赋》称颂汴河改造也有"桃花候涨,竹箭比驶"之句,且与上引《花犯》所叙行期正相吻合。

周词被称为压卷之作《瑞龙吟》是中年初入汴京、还为国子监

---

① "青梅煮酒"是以青梅为佐酒之物的例行节令饮宴活动,时在暮春,晏殊《诉衷情》"青梅煮酒斗时新,天气欲残春"二句,可作旁证。

主簿尉时所作的赠妓词,这一点在周词研究中几乎已经成为定论,而且论者普遍认为作于初归汴京时。但结合上引《花犯》和《浣溪纱》,知周邦彦绍圣四年(1097)归汴京时早已过了三月,桃花业已凋谢;与此词"还见褪粉梅梢,试花桃树"时节显然不合。因此最早仅能写于次年即元符元年(1098),而元符二年(1099)二月十四日美成已至越州(详后考),未及见汴京桃花绽放,故可夹证《瑞龙吟》写于元符元年。《念奴娇》与《瑞龙吟》"访邻寻里"情景相同,时节相类:"因念旧日芳菲,桃花门巷,恰似初相识。荏苒时光,因惯却、觅雨寻云踪迹。"应写于同时同地。《玉楼春》也写于同年,时在《瑞龙吟》《念奴娇》之前:"满头聊作片时狂,顿减十年尘土貌。"词人元祐三年(1088)外任庐州,至绍圣四年(1097)归京恰为十年,故知此词与《瑞龙吟》等写于同年。词中有"鬓畔斜枝红袅袅""裁金簇翠天机巧"写人日戴幡胜的例行仪式,确知写于初春正月初七。

　　《垂丝钓》中有"层城苑路""钿车如水"。层城苑路,以神仙之地代指京城皇家范围。钿车如水,典出《后汉书·皇后纪》,写外戚排场,也写于京城,并且与《瑞龙吟》一帘风絮、旧巢新燕关涉:"倦倚绣帘,看舞风絮。""门掩风和雨。梁燕语。问那人在否。"也写于同时同地。

　　词人归京后,约于元符元年(1098)改官①,在秘书省正字、校

---

① 吴熊和《从宋代官制考证柳永的生平仕履》:"什么叫改官?什么叫转官?改官与转官,并不同于一般的官员调动与升迁。它们是宋代官制中磨勘制度的重要内容。宋代文官的官阶,分为选人与京朝官两大层次,京朝官又分为京官与升朝官两个层次,'常参者曰朝官,秘书郎而下未常参者曰京官。'选人凡四等七阶(宋初,选人分两使职官、初等职官、令录、判司簿尉四等共七阶),在七阶中递升叫做循资;由选人磨勘应格升为京官,才称为改官;由京官磨勘应格升为朝官,则称为转官。"吴熊和《吴熊和词学论集》,杭州大学出版社1999年,第166页。

书郎任。在此之前,周邦彦的续弦王夫人逝世,此应是词人远在汴京尚未改官时,不能亲临设于灵柩前的帷幕致奠,而是以悼文《祭王夫人》寄意①。

周邦彦在京期间的某个寒食节,写了词集中唯一的悼亡词,用以哀悼汴京某位歌妓,调寄《应天长》②。词有"又见汉宫传烛,飞烟五侯宅",知写于京城;有"乱花过,隔院芸香,满地狼籍",知写于校书郎任;有"正是夜台无月,沉沉暗寒食",寒食是宋人祭扫之日,夜台指阴间。阮瑀《七哀诗》:"冥冥九泉室,漫漫长夜台。"赠词对象虽然不甚明了,但从周邦彦总能与某位歌女保持长久的感情经历看,汴京赠妓词中至少有相当一部分所赠应为这位逝世的歌女。

(三)睦州(包括越州)词、中年再入汴京词

周邦彦睦州词最费考索。罗忼烈先生针对王国维的误说,考出《一寸金·新定作》中的"新定"是睦州旧称,宋朝改称严州时,清真已经离世③。罗笺还确定了《一寸金》的写作时间,笺后"附记"曰:

清真于徽宗建中靖国元年曾客新定,有记二篇可证。《敕赐

---

① 薛瑞生《周邦彦别传》指出此祭文题首既无"代"字,文内亦直云"某",知其非为人代作,乃为自祭夫人:"首先可断此祭文为邦彦祭自己夫人之文,非为人代作。"薛瑞生师还根据《宋史》卷170《职官10》的"叙封"制度进一步指出:"宋代封曾祖母、祖母、母、妻之制凡四等:曰国夫人、郡夫人、郡君、县君。升朝官以上始封,京官及选人则不具备封妻之资格。此文仅谓'夫人',则知其卒时邦彦官尚小,为京官或选人,不足以封其妻耳。"《周邦彦别传》,第209—212页。今知周邦彦于元符元年由选人改为京朝官,据此,则此续弦王夫人应逝于元符元年之前。
② 刘扬忠先生曾有此论:"《应天长》中是'强载酒,细寻前迹'的悼亡汉。"刘扬忠《清真词的艺术成就及其特征》,《文学遗产》1982年第3期,第92页。
③ 参见罗忼烈《清真集笺注》(上册),第166页。

唐二高僧师号记》见宋董棻《严陵集》卷八,略云(有节录):
"有二大士,显于有唐,在新定城,住阿兰若,咸举宗教,转大法
轮。其故道场,皆有遗像,而奉事弗虔,称号无闻,为日久矣。
元符二年,马公玕来守是邦,始知崇敬,乞加褒显。元符三年
十二月二十四日命下,明年三月十七日,具花幡威仪,表揭新
号。"末署"年月日钱塘周邦彦记",虽省去某年某月字,然元
符三年之明年则建中靖国元年也。又《睦州建德县清理堂记》
见《永乐大典》卷七千二百四十一,末署"建中靖国元年七月
十日钱塘周某记"。两文所记,皆亲见者,是则自春至秋皆在
新定也。此词题"新定作",当是同年之作。①

　　清真自绍圣四年至政和元年,十五年间皆官于朝,未闻外
任,其客新定及还吴,当是乞假南归。②

　　若依罗笺所说,其中涉及的官制问题则无法解释:宋朝对官吏
请假的规定极严,假满百日者至于停俸③,周邦彦"乞假南归"不可
能"自春至秋皆在新定"。周邦彦《敕赐唐二高僧师号记》写于新
定,涉及元符二年(1099)、元符三年(1100)、建中靖国元年(1101)
三月十七日敕赐唐二高僧师号始末,其《睦州建德县清理堂记》又
署为建中靖国元年,知周邦彦此三年某些时段居于睦州。结合《一
寸金·新定作》及相关诗文,可以印证这一推测,并且也可得知美
成曾在睦州任某县令之职。

　　《一寸金》写于"波暖凫鹥作"的春天,显示尚在赴睦州途中:

① 罗忼烈《清真集笺注》(上册),第166—167页。
② 同上书,第167页。
③ 参见《周邦彦别传》,第28页。

"州夹苍崖,下枕江山是城郭。望海霞接日,红翻水面,晴风吹草,
青摇山脚。""回头谢、冶叶倡条,更入渔钓乐。"词写地处钱塘江上
游的富春江沿途之景。《水经注》卷四十"浙江水":"(浙江)《山
海经》谓之浙江也。……浙江又北径新城县,桐溪水注之。水出
吴兴郡於潜县北天目山。山极高峻,崖岭竦叠,西临峻涧。山上
有霜木,皆是数百年树,谓之翔凤林。"① 水底倒影如霞也是实景,
见《水经注》同卷同条:"山水东南流,名为紫溪,中道夹水,有紫色
磐石,石长百余丈,望之如朝霞。又名此水为赤濑,盖以倒影在水
故也。"② 最后写高士严光在富春江的隐居之地严陵钓台。《后汉
书·逸民列传》:"严光字子陵,……乃耕于富春山,后人名其钓处
为严陵濑焉。"注引顾野王《舆地志》曰:"桐庐县南有严子陵渔钓
处,今山边有石,上平,可坐十人,临水,名为'严陵钓坛'也。"③ 词
作表达出经过长时间仕途劳顿,再体味严子陵看待名利的态度,产
生出尘归隐的愿望,故知此程应是赴官。

求证于周邦彦《无题》《夙兴》二诗,可知其在睦州所居官职及
任期长短:

> 石濑光泂泂,沙步平俓俓。枫林名一社,春汲共寒影。……
> 令尹虽无恩,黜吏幸先屏。唯当谨时候,田庐日三省。骄儿休
> 马足,高廪付牛领。无人横催租,烹鲜会同井。

> 曈曈海底日,赤辉射东方。先驱敛群翳,微露不成
> 霜。……引手视掌纹,黯黮未可详。念此阅人传,三年得跧藏。

---

① 郦道元著,谭属春、陈爱平点校《水经注》,岳麓书社1995年,第578—579页。
② 同上书,第579页。
③ 范晔撰,李贤等注《后汉书》(第10册),中华书局1965年,第2763—2764页。

弛担曾几时,兹焉忽腾装。……平明催放钥,利害纷相攘。

　　《无题》"石濑"二句,《夙兴》"瞳瞳"二句,与《一寸金》词七里濑一带"沙痕退、夜潮正落""望海霞接日"等景物相契合,"枫林"二句,就是"翔凤林"之景,故知都写在睦州。"令尹"确指府县的地方长官。周邦彦一生曾为河中、隆德、明州等地知府,但此二诗中的"令尹",事必躬亲,并且没有州府官员的排场,推定为县级行政长官较合情理。前人考证出周邦彦为县令仅有溧水一任,但情境多有与上引两诗不符者:前考周邦彦有四年时间在溧水任上,《夙兴》诗中"念此"四句的意思是相面人说我有三年的时间行止固定,为何未足三年,又要整装离开呢? 而周氏《睦州建德县清理堂记》署为"建中靖国元年七月十日",以建中靖国元年(1101)为下限,则周邦彦应在元符三年(1100)或稍前赴睦州,与在睦州时间不到三年即"腾装"待发相合。

　　周邦彦在睦州时曾屡至邻近的越州(即南宋绍兴府,治会稽县,与山阴同城而治)泛舟镜湖,有诗《次韵周朝宗六月十日泛湖五首》《二月十四日至越州,置酒泛湖,欲往诸刹,风作不能前》。定越州词于此阶段,又与诗中显示的年龄段及交游者相合。周朝宗,苏州人,元祐三年(1088)李常宁榜进士,居所名蓬斋,书法入能品。卢熊《苏州府志》卷七:"蓬斋,在长洲县东北,进士周沨所居……沨字朝宗。"[1]元祐年间曾任溧水县尉之类的职务。《景定建康志》(卷二十一):"(韩熙载诗)'无想景幽远,山屏四面开。凭师领鹤去,待我挂冠来。药为依时采,松宜绕舍栽。林泉自多兴,不是效刘雷。'元祐间,邑尉周沨尝题诗,有'萤火不知人已去,夜

① 卢熊《苏州府志》,台北成文出版社1983年,第329页。

深犹傍竹窗明'之句。"① 无想寺在溧水无想山禅寂院。周邦彦自元祐八年(1093)四年间任溧水县令,史料可证曾经与周朝宗为同僚。《至正金陵新志》(卷十二):"《金陵杂咏》。黄履诗,溧水尉周沔书,刻江宁府治。近年废宫地上掘出,其诗旧志不载。"② 此条列于"周美成会客题名"之前。周美成睦州任上二月、六月所泛之湖皆为镜湖,六月十日共同泛湖的是周朝宗。从下文所引诗句可以看出,周朝宗是在越州负责接待的地方官员,所以泛湖组诗中才会流露共退林下、优游以老的愿望。

周邦彦曾为睦州地方官的推测,还可以求证于睦州同官。美成《敕赐唐二高僧师号记》赠词对象为知州马玗,《睦州建德县清理堂记》赠词对象为建德县令陆远(字潜圣)。据《宋史·地理四》,睦州有辖县六:建德、淳安(旧青溪县。宣和初改淳化。南渡改今名。)、桐庐、分水、遂安、寿昌。因为陆远是建德县令,周邦彦应在另外五县之一任县令,又因睦州治所在建德,所以词人常有建德之行,并为知府马玗、县令陆远写有记文。结合《次韵周朝宗六月十日泛湖五首》,能进一步证明周邦彦在睦州的身份,诗有句曰:

> 王事得淹留,公私各相半。(之一)
> 眷言江海期,百年行欲半。(之二)
> 君才切玉刀,一举成两段。我如搏沙砾,放手辄星散。传闻紫贝阙,薜荔充帷幔。楚吟尚多亡,君诗补其半。(之五)

周邦彦建中靖国元年(1101)四十六岁,正是"百年行欲半"之

①《景定建康志》,第524页。
②《至正金陵新志》,《宋元珍稀地方志丛刊》(乙编第六册),第1478页。

时,至越州又是"王事得淹留",所以与老朋友周朝宗相会并共游镜湖,也是"公私各相半"的两相兼顾。第五首次韵诗可以视为自谦,也符合周朝宗进士出身的学养。另外,"楚吟"之"楚"有广狭二义,狭义指今荆楚一带,而广义则由湖北、湖南扩展到今河南、安徽、江苏、浙江、江西和四川,古属越地的睦州、越州、明州尽被囊括其中。

罗忼烈先生把清真《蓦山溪》类归于越州泛湖之作,但有"未知是否同时"之疑①。今考周邦彦应是到达睦州后,第二年即建中靖国元年(1101)仲春再至绍兴,作《二月十四日至越州,置酒泛湖,欲往诸刹,风作,不能前》,《蓦山溪》基本写于同时,也是游镜湖之作。词上阕曰:"湖平春水。藻荇萦船尾。空翠扑衣襟,衬轻桹、游鱼惊避。晚来潮上,迤逦没沙痕,山四倚。云渐起。鸟度屏风里。"镜湖,旧名南湖、长湖、大湖,传说与海相通。《会稽志》(卷十):"《舆地志》:山阴南湖,萦带郊郭,白水翠岩,互相映发,若镜若图。……郦道元注《水经》云:……'大湖石帆山下水深不测,传与海通。'"②释绍嵩《江浙纪行集句诗·绍兴即事》有"潮水忽生添野水"之句。又由水平如镜隐括李白《清溪行》"人行明镜中,鸟度屏风里"之句,兼写越州湖光与山色。《蓦山溪》中的时间与越州诗相衔接,所写也为本地风光。

《解语花·上元》也写于睦州,词以当地元夕与都城放夜加以对比:"衣裳淡雅。看楚女、纤腰一把。箫鼓喧,人影参差,满路飘香麝。""望千门如昼,嬉笑游冶。钿车罗帕。相逢处,自有暗尘随马。"因为曾任京官却再度外任,所以词以"年光是也,唯只见、旧

---

① 罗忼烈《清真集笺注》(上册),第218页。
② 施宿《嘉泰会稽志》,施宿、张淏等撰,李能成点校《南宋会稽二志点校》,安徽文艺出版社2012年,第187页。

情衰谢。清漏移，飞盖归来，从舞休歌罢"描写颓唐不振的心情。陈思《年谱》依据周密《武林旧事》中的记载："至五夜，则京尹乘小提轿，诸舞队次第簇拥前后，连亘十余里，锦绣填委，箫鼓振作，耳目不暇给。"①系此词于知明州时："政和五年乙未，五十八岁。"②然而知府小提轿，被前后连亘十余里的诸舞队次第簇拥，无法自行"飞盖归来，从舞休歌罢"，而作为乘车相随的下层官员，则更加符合情理。

　　周邦彦离开睦州是在"先驱敛群翳，微露不成霜"的时节（《夙兴》），初行时，词人闻晨钟暮鼓而心有所感："晨钟神惨悲，夜鼓思飞扬。"（《夙兴》）《虞美人》也写时节在秋、征人晨昏，与《夙兴》相合，是离开睦州词，词曰："疏篱曲径田家小。云树开秋晓。天寒山色有无中。野外一声钟起、送孤篷。　添衣策马寻亭堠。愁抱惟宜酒。菰蒲睡鸭占陂塘。纵被行人惊散、又成双。"

　　以镜湖为线索，美成《侧犯》词是离开越州之后的怀念之作，以系于睦州任上为宜："暮霞霁雨，小莲出水红妆靓。风定。看步袜江妃照明镜。""谁念省。满身香、犹是旧荀令。见说胡姬，酒垆寂静。"此词回忆镜湖兼及物产红莲，见《会稽志》（卷十七）："山阴荷最盛，其别曰大红荷、小红荷、绯荷、白莲、青莲、黄莲、千叶红莲、千叶白莲。……夏夜香风率一二十里不绝，非尘境也。"③词中"荀令"有两层意思。一指尚书令荀彧，见《魏书·荀彧传》。传说荀彧曾得异香，用以薰衣，余香三日不散。《太平御览》引习凿齿《襄阳记》："荀令君至人家，坐处三日香。"④二指令尹荀况，荀况曾

①《武林旧事》，第 31 页。
②《清真居士年谱》，《丛书集成续编》（第 37 册），第 515 页。
③《嘉泰会稽志》，《南宋会稽二志点校》，第 324 页。
④ 李昉等《太平御览》（第 3 册），中华书局 1960 年，第 3139 页。

任楚国兰陵(今江苏常州)令。宋人陈襄《常州郡斋六首》(之五)就有"荀令当年此谪居"之句。词人曾于六月泛舟镜湖,莲荷香惹襟袖,故合荀彧、荀况为新典,也可因之坐实周邦彦在睦州所任为县令。此词"胡姬"代指湖边的当垆卖酒女;而《迎春乐》组词之一描写以竹著称的山阴道上,王羲之《兰亭集序》曰:"此地有崇山峻岭,茂林修竹。"① 词曰:"墙里修篁森似束。记名字、曾刊新绿。见说别来长,沿翠藓、封寒玉。"组词之二忆及当垆胡姬:"桃溪柳曲闲踪迹。俱曾是、大堤客。解春衣、贳酒城南陌。频醉卧、胡姬侧。"此大堤指镜湖大堤。《会稽志》(卷十三):"永和五年,太守马公臻始筑大堤,潴三十六源之水,名曰镜湖。"②

罗忼烈先生考定周邦彦此次在汴京有十五年时间:"自绍圣四年迄政和元年前后十五载中,清真服官大抵皆在京师,其间亦曾游江南。"③ 其间曾至睦州就被归为"游江南"之列。今根据周词及相关诗作,结合周邦彦在越州的行踪,可知这一时段,跨越三年实为近两年时间外任睦州。这也能合理解释《景定严州府志》(卷四)"书籍"类载:"郡有经、史、诗、文、方书,凡八十种,今志其目。"④ 景定,宋理宗年号(1260—1264)。《清真集》《清真诗余》赫然在府志目录中⑤,这也可以从侧面证成美成曾在此地为官作宦,而非短暂寄居的江南游客。

---

① 王羲之《兰亭集序》,吴楚材、吴调侯选注,安平秋点校《古文观止》(下册),中华书局1987年,第266页。
②《嘉泰会稽志》,《南宋会稽二志点校》,第243页。
③《周清真词时地考略》,《两小山斋论文集》,第74页。
④ 郑瑶修,方仁荣撰《景定严州府志》,景定三年刊,清文澜阁传抄本,卷4第10页。
⑤ 同上书,卷4第12页。

周邦彦建中靖国元年（1101）深秋归京，至大观四年（1110），词人又有十年的时间在汴京，除了短期归省钱塘之外，基本上都是在京为官。《黄鹂绕碧树》中有句曰："双阙笼佳气""上苑风光"，知必写于京城，此词中的情感与初次外任之后归汴京的词相较情绪更为低落："这浮世、甚驱驰利禄，奔竞尘土。纵有魏珠照乘，未买得、流年住。争如盛饮流霞，醉偎琼树。"

（四）由汴京假归钱唐，往返途中经扬州词、苏州词

周邦彦在汴京期间，理应多次假归钱唐，词作记载其来回途中至少曾二入扬州。一次时在秋天，存词三首，《少年游》（檐牙缥缈小倡楼）、《玉楼春》（当时携手城东道）、《青房并蒂莲·维扬怀古》。《少年游》明示此行是"今日重来"，《玉楼春》也有"别来人事如秋草"；前引初来扬州同调词有"楼迥"、有"歌舞地"，重来则有"檐牙缥缈小倡楼""聒席笙歌"（《少年游》），"月堕檐牙""酒边谁使客愁轻"（《玉楼春》）。而《少年游》"风景似扬州"，意思是此地仍是杜牧笔下春风十里扬州路的繁华景象；《玉楼春》"一任卢郎愁里老"，表明词人已非初入扬州时的翩翩王孙。而《青房并蒂莲》对比美成其它怀古词显得有些稚嫩，应写于早期假归钱塘路过扬州时。

另外一次是春入扬州，写有《品令·梅花》《蓦山溪》，各有句曰："夜阑人静。月痕寄、梅梢疏影。帘外曲角栏干近。旧携手处，花雾寒成阵。""恨眉羞敛，往事休重问。人去小庭空，有梅梢、一枝春信。檀心未展，谁为探芳丛，消瘦尽，洗妆匀，应更添风韵。"显然是以扬州风物梅花追忆人去楼空的本地歌妓。《品令》"黛眉曾把春衫印"句，是之后所写《点绛唇》"旧时衣袂，犹有东风泪"同一内容的表述，出处见苏轼《青玉案·和贺方回韵送伯固归吴中故居》："春衫犹是，小蛮针线，曾湿西湖雨。"显然也与歌妓相关。而《点绛唇》是在宋人纪事中唯一通过交游职官而可以系年的苏州

词。事见王灼《碧鸡漫志》(卷二)："周美成初在姑苏,与营妓岳七楚云者游甚久,后归自京师,首访之,则已从人矣。明日饮于太守蔡峦子高坐中,见其妹,作《点绛唇》曲寄之云:'辽鹤西归,故乡多少伤心事。短书不寄,鱼浪空千里。　凭仗桃根,说与相思意。愁何际,旧时衣袂,犹有东风泪。'"① 由于典源的关系,诗文用典只能在姊妹双双的情况下方能称"桃叶""桃根",夏承焘先生考评姜夔的合肥情缘是一对合肥姊妹,就是因为《解连环》有"为大乔、能拨春风,小乔妙移筝,雁啼秋水",《琵琶仙》又有"双桨来时,有人似、旧曲桃根桃叶"。故知周词"桃根"即扬州歌妓之妹,与前引初入扬州词《三部乐》有"倩谁折取,持赠情人桃叶"之句正可参证;"桃叶""桃根"在词人一过扬州后,移徙不定,最终却在苏州意外相遇。

陈思《年谱》考证,写于大观三年(1109),"蔡峦"为"蔡峘"之误:

大观三年已丑　　　　　　　五十二岁

归自京师,过吴饮于太守蔡峦子高坐中,见营妓岳楚云之妹,作《点绛唇》以寄之。据《碧鸡漫志》

《夷坚支志》:"周美成在姑苏,与营妓岳楚云相恋。后从京师过吴,则岳已从人矣。因饮于太守蔡峦席上,见其妹,乃赋《点绛唇》词寄之。(中略)楚云得词,感泣累日。"

《苏州府志·职官·历代郡守》:蔡峦,(大观二年)十一月以显谟阁待制任。(三年)七月,提举嵩山崇福宫。《吴门补乘》云:峘亦作峦,字子高。周美成在姑苏尝饮于衙斋,见王灼《碧鸡漫志》。今按:峦或峘字之误。

---

①《碧鸡漫志校正》,第47页。

按：蔡子高于上年十一月知苏州，居士过吴，当在本年春间。①

　　陈思《年谱》误定美成生年为嘉祐三年（1058），卒年为宣和五年（1123，以下引录不一一指明），周邦彦大观三年（1109）实为五十四岁。扬州歌妓"桃叶"即岳楚云，《点绛唇》应写于屡过扬州未见其踪、再经苏州时却遽然遇之。前考周邦彦元丰三年（1080）初过扬州时二十五岁，故有辽鹤千年的隔世之感。

　　《绮寮怨》也可以确定是苏州词，重要线索是词中所用"杨琼"典，下阕曰："去去倦寻路程。江陵旧事，何曾再问杨琼。旧曲凄清。敛愁黛、与谁听。尊前故人如在，想念我、最关情。何须渭城。歌声未尽处，先泪零。"词隐括元稹《和乐天示杨琼》："我在江陵少年日，知有杨琼初唤出。腰身瘦小歌圆紧，依约年应十六七。去年十月过苏州，琼来拜问郎不识。青衫玉貌何处去，安得红旗遮头白。我语杨琼琼莫语，汝虽笑我我笑汝。汝今无复小腰身，不似江陵时好女。杨琼为我歌送酒，尔忆江陵县中否。江陵王令骨为灰，车来嫁作尚书妇。卢戡及第严涧在，其余死者十八九。我今贺尔亦自多，尔得老成余白首。"白居易有《问杨琼》诗："古人唱歌兼唱情，今人唱歌唯唱声。欲说问君君不会，试将此语问杨琼。"元诗自注："杨琼，本名播。少为江陵酒妓，去年姑苏过琼叙旧。及今见乐天此篇，因走笔追书此曲。"与元稹诗对照，知是在苏州重逢久别年青时故交、荆州治所江陵歌女，杨琼已经是"红旗遮头白"——年华老去之时。陈洵指出："杨琼，苏州歌者，见白香山诗。"② 其实，这是苏州所遇江陵即荆州歌者。周邦彦早在熙宁四年（1071）、熙

①《清真居士年谱》，《丛书集成续编》（第37册），第513页。
②陈洵《海绡说词》，《词话丛编》（第5册），第4872页。

宁五年（1072）在荆州与杨姓歌妓交游，时年十六或十七岁，曾有赠词《少年游·荆州作》《少年游·雨后》（已见前说）。而周邦彦集中除前引《点绛唇》外，没有苏州词，若此，最大可能也是大观三年（1109）——时隔三十六年之后，与江陵歌妓偶遇，并且在其荆州时曾唱的别离旧曲声中黯然离开酒筵。

第三节　清真中晚年事迹以及作品编年

这是周邦彦创作的第三阶段：政和元年（1111）十月知河中府，在此任上曾两入长安。政和二年（1112）秋天再回汴京，至政和五年（1115）之前在汴京。政和五年（1115）至政和六年（1116）知明州。政和六年深秋知隆德府。政和七年（1117）召还汴京为秘书监。重和元年（1118）四月至真定任 [1]，宣和元年（1119）徙顺昌，宣和二年（1120）年底或宣和三年（1121）年初赴处州任，旅死途中 [2]。

一、政和元年至政和三年汴京、河中府（两入长安）、归汴京词

这时周邦彦已经渐渐步入暮年。此部分对美成河中府任上及两入长安的词作进行了较为准确的系年，首次考定名篇《六丑·蔷薇谢后作》以及五首咏柳组词《蝶恋花》皆写于河中府任上。

（一）赴任河中府离汴京词、赴任途中词、入长安之前河中府任上词及河中府入长安途中词

《宋会要辑稿·选举三三》之二六："（政和元年十月）二十七

---

① 参见《周邦彦别传》，第437页。
② 参见《攻媿集》，第707页。

日,奉直大夫、宗正少卿周邦彦直龙图阁知河中府。"① 准以前引中
年汴京赠妓词《黄鹂绕碧树》"琼树"典,知《拜星月慢》是赴任途
中的赠妓词。语出江淹《古离别》:"愿一见颜色,不异琼树枝。"或
特指欢爱中的美色男女,柳永《尉迟杯》有"深深处,琼枝玉树相
倚"。《拜星月慢》是知河中府途中追忆汴京歌妓:"笑相遇,似觉琼
枝玉树相倚,暖日明霞光烂。水盼兰情,总平生稀见。"词中"小曲
幽坊""秋娘庭院"点明歌者身份,"念荒寒、寄宿无人馆。重门闭、
败壁秋虫叹",正是北上赴官途宿驿馆情形。据此,周邦彦秋在旅
途,十月则已在知府位上。

　　周邦彦赴河中府任后,创作组词《蝶恋花·咏柳》,但时间略
有先后。政和二年(1112)作咏柳《蝶恋花》(之一)。词上阕曰:
"爱日轻明新雪后。柳眼星星,渐欲穿窗牖。不待长亭倾别酒。一
枝已入离人手。"此词时令甚明,"爱日"指冬天的太阳,考张培瑜
《三千五百年历日天象》,此年正月初七立春之前尚在冬令中,此词
正写有冬末春初迹象的正月。当时周邦彦在河中府,词记初春时
节在某个有路亭的地方行游赏柳,词中"不待"二句,表明某次行
程已在酝酿之中。此年周邦彦五十七岁,故云"强对青铜簪白首。
老来风味难依旧。"《蝶恋花》(之五)、《瑞鹤仙》也写于河中府任
上春游时。《蝶恋花》(之五):"晚步芳塘新霁后。春意潜来,迤逦
通窗牖。午睡渐多浓似酒。韶华已入东君手。　嫩绿轻黄成染
透。烛下工夫,泄漏章台秀。"《瑞鹤仙》有句曰:"暖烟笼细柳,弄
万缕千丝、年年春色。晴风荡无际。浓于酒、偏醉情人词客。""寻
芳遍赏,金谷里,铜驼陌。"二词一用"章台"典,一用"金谷""铜
驼"典,分别以长安、洛阳代指汴京,回忆京城游春寻芳的生活。

①　徐松《宋会要辑稿》(第5册),中华书局1957年,第4768页。

《扫花游》也写于同时同地。词中"暗黄万缕。听鸣禽按曲,小腰欲舞",显示周邦彦细柳欲舞春风的时节尚在河中府,并有扫花持酒、行游赏春的雅集:"春事能几许。任占地持杯,扫花寻路。泪珠溅俎。"据词中"掩重关、遍城钟鼓",知词人仍在府治城中。"想一叶怨题,今到何处""恨入金徽,见说文君更苦",此词再次以"文君"指代妻子,或表明在王夫人逝世之后,已经再续胶鸾。红叶题诗是夫妻间书信互答的熟典,周邦彦是以江淹、庾信等人自许的才子,且是精通音乐的顾曲周郎,足见二人才情相埒。周邦彦再次续娶是在由选人改官之后,这段时间周邦彦的官运颇为腾达,或为朝官或为知府。此词中"细绕回堤,驻马河桥避雨"也值得关注,据《宋史·晁补之传》:"党论起,为谏官管师仁所论,出知河中府,修河桥以便民,民画祠其像。"①据《乾隆蒲州府志》卷之六郡守题名,周邦彦之前,晁补之曾任河中府,词中"河桥"或为补之所建。则河中府任上《夜飞鹊》"河桥送人处,良夜何其",《渡江云》"清江东注,画舸西流,指长安日下。愁宴阑、风翻旗尾,潮溅乌纱。今宵正对初弦月,傍水驿、深舣蒹葭",都与河桥相关。

《虞美人》是暂离河中府饯别时的赠妓词:"不须红雨洗香腮。待得蔷薇花谢、便归来。""金炉应见旧残煤。莫遣恩情容易、似寒灰。"周邦彦名篇《六丑·蔷薇谢后作》是回到河中府时的词作,不但是对饯别词的回应,也是词集中仅存的两首与蔷薇有关的词作(详后说)。

《蝶恋花》(之二)是周邦彦春天离开河中府入长安途中所作。词下阕曰:"雨过朦胧斜日透。客舍青青,特地添明秀。莫话扬鞭回别首。渭城荒远无交旧。"此词"叶暗藏鸦,冉冉垂亭牖"——

①《宋史》(第37册),第13111页。

细柳渐次茂密的时节,同僚渡过河桥为词人在正月曾经行游的路亭祖饯送别;此程的目的地是长安,词中"渭城"本指咸阳,东汉时曾并入长安,故可以作为长安的泛称。"莫话"句知周邦彦此行先走陆路(仲秋入长安词《夜飞鹊》也如此经行,详后说)。

　　准以词中柳叶可藏鸦的时节,知《渡江云》写于词人由河中府入长安陆路行程之后、沿唐宋时仍可通航的渭河西行水程中。词曰:"千万丝、陌头杨柳,渐渐可藏鸦。""清江东注,画舸西流,指长安日下。""清江"特指清流渭水,而临行词中"渭城荒远无交旧"可证此说。《清真集校注》笺曰:"唐宋时渭水、黄河均可通航,苏轼《凤翔到任谢执政启》即曰:'编木栰竹,东下河渭,飞刍挽粟,西赴边陲。'即为渭水通航之证。至如泾清渭浊,实则古人则谓泾浊渭清。《诗·邶风·谷风》:'泾以渭浊,湜湜其沚。'孔疏曰:'泾,音经,浊水也;渭者,谓清水也。'汉·应劭《风俗通》曰:'泾水一石,其泥数斗。'曹植《赠丁仪王粲》:'山岑高无极,泾渭扬浊清。'李商隐《无愁果有愁曲》:'玉壶渭水笑清潭,凿天不到牵牛处。'清朱鹤龄注曰:'渭水本清,玉壶纳之。'皆其例,况词中有'长安日下'语,犹云长安即在眼前也。"[①] 此词是先经陆路再舟行赴长安之作,意思是清渭东流,画船则逆水西行,指向西天落日下的长安。前文征引陈思考证"渭水"与"长安"连用,仅能作为特指,而不能作为泛义都城的代称,此亦添一佐证。词中"今宵正对初弦月",可以确知周邦彦此次长安之行时间是在二月初;因为春天三次"初弦月",前引《蝶恋花》《扫花游》证明词人正月初尚在河中府任,下引《锁窗寒》等词则证明词人三月初寒食节已在长安,出行时间仅能限定于二月。

---

① 孙虹校注《清真集校注》(上册),第 122 页。

（二）知河中府任初入长安词、长安归河中府途次词、归河中府任上词

《绕佛阁·旅况》描述旅居长安的情形,可与前引舟行途中的《渡江云》对比。周邦彦所任河中府宋属永兴军路,长安是永兴军路的治所,此行居地"楼观迥出,高映孤馆",显然是持有驿券过往官员的候馆。《渡江云》中的"风翻旗尾,潮溅乌纱",正是知府出行的排场。河中府入长安舟行途程"正对初弦月"而此时"桂华又满",是十五、十六的满月,此时"醉倚斜桥穿柳线",柳线袅袅与丝柳暗黄、渐能藏鸦相比,时间前后相衔。词中"看浪飐春灯,舟下如箭,此行重见",与下引长安词《锁窗寒》中"似楚江暝宿,风灯零乱,少年羁旅",都是对年青时荆州启程、沿汉水北行入长安行程的回忆。虽然年青时入长安是长江水程,此次入河中府是黄河水程,但两次行程目的地都是长安,触景生情,难免勾起回忆。本章第一节所引金陵词《齐天乐》有"渭水西风,长安乱叶,空忆诗情宛转"之句,此词则有"叹故友难逢,羁思空乱。两眉愁、向谁行展"。

在长安除在候馆作《绕佛阁》之外,还有《蝶恋花》(之三)、《还京乐》和《锁窗寒》三词。根据词中"柳叶"形色和寒食节的相关提示,知此三词时间都写在《绕佛阁》之后。《蝶恋花》(之三)"粉薄丝轻光欲透,小叶尖新,未放双眉秀",时节在《绕佛阁》之后,《还京乐》(禁烟近)写在寒食节前,《锁窗寒·寒食》则写于寒食这一天,此年寒食节为农历三月初五①。

《锁窗寒》"故人剪烛"与旅居时所写《绕佛阁》"故友难逢"时间前后相接,《还京乐》有"堪嗟误约乖期,向天涯、自看桃李",

---

① 参见张培瑜《三千五百年历日天象》,大象出版社1997年,第280页。

《锁窗寒》也有"想东园、桃李自春,小唇秀靥今在否",寒食节已入暮春,桃李花满放后随即凋谢。词中"到归时、定有残英,待客携尊俎",但东园"残英"不再指桃李的残花,而是指在桃李花之后凋谢的蔷薇。《历代诗话》(卷六十):"惊蛰之一候桃花,二候棣棠,三候蔷薇。"[1]《渊鉴类函》卷四百九引《格物论》:"(蔷薇)花或白或黄或紫,开时连春接夏不绝,清馥可人。"[2]

　　周邦彦名词《六丑·蔷薇谢后作》是自长安归来后,写于河中府东园,蔷薇已是残花寥落:"为问花何在,夜来风雨,葬楚宫倾国。钗钿堕处遗香泽。""东园岑寂。渐蒙笼暗碧。静绕珍丛底,成叹息。""残英小、强簪巾帻。终不似一朵,钗头颤袅,向人欹侧。"庞元英《谈薮》:"本朝词人罕用此(红叶)事,惟周清真乐府两用之。《扫花游》云:'信流去,想一叶怨题,今到何处。'《六丑·咏落花》云:'飘流处,莫赴潮汐,恐断水,上有相思字。'"[3]显与寄内有关,但结合《虞美人》,知长安词、河中府词涉及桃李、蔷薇者尚有忆妓成份。下文所引周密《浩然斋雅谈》也可佐证《六丑》写于知隆德府之前。

　　蔷薇花落时周邦彦已归河中府,则《蝶恋花》(之四)是长安归途水程之后的陆行词,即与前引《蝶恋花》(之一)、《蝶恋花》(之二)写于同地而不同时:一为正月踏春时,一为二月出行时,三为暮春返回时。《蝶恋花》(之四)曰:"蠢蠢黄金初脱后。暖日飞绵,取次粘窗牖。""莺掷金梭飞不透。小榭危楼,处处添奇秀。"在杨柳飞絮、黄莺如梭已不能穿透柳阴的暮春时节回到当时送别之地。

---

[1] 吴景旭《历代诗话》,中华书局1958年,第917页。
[2] 张英、王士祯等《渊鉴类函》(第17册),中国书店1985年,第65页。
[3] 庞元英《谈薮》,中华书局1991年,第5页。

（三）离别河中府词、再入长安途中词、长安词、长安别词、归汴京词

周邦彦政和二年（1112）八月仲秋时离开河中府,写《夜飞鹊》留别。此行的目的地仍是长安,与春别河中府入长安词《蝶恋花》（之二）相比,此词"霏霏凉露沾衣""迢递路回清野""兔葵燕麦,向残阳、影与人齐"皆写秋景,"凉露"写二十四节气中的"白露",始于八月中旬,时在仲秋。周邦彦此行又至春入长安的帐饮祖饯之亭,故曰"重经前地";而"遗钿不见,斜径都迷"契合了春秋两个时节。《六丑》以"钗钿堕处遗香泽"写蔷薇落花,此处指当年行春时所见梅桃花瓣。《蝶恋花》（之二）首句是"桃萼新香梅落后",秋天再经此处,不见落花,空有荒草,故有此感慨。行程与初入长安一样,都是先走陆路,《蝶恋花》（之二）有"莫话扬鞭回别首",此词有"花骢会意,纵扬鞭、亦自行迟",《蝶恋花》目的地指向长安已如前说,此词中有"但徘徊班草,欷歔酹酒,极望天西",意思是留者在饯行处徘徊不忍遽别,行者遥望西方目的地长安。《宋会要辑稿·选举三三》之二七载:"（政和二年）八月十八日,朝请大夫直龙图阁知河中府何述为集贤殿修撰。"[1] 可以确证邦彦在此之前已经卸任河中府知府之职。词中"极望天西"与《渡江云》"指长安日下",所指方向都是长安。

贾岛《忆江上吴处士》诗中有名句"秋风生渭水,落叶满长安"双写长安、渭城。周邦彦的长安词系列对此进行了取意性隐括,周邦彦政和二年（1112）秋入长安延留期间,"长安乱叶"叠现出的"萧娘"身影,是三十九年漫长岁月拂不去的记忆,此次追寻也可以视为青春之祭。追寻词有《玉楼春》《浪淘沙慢》,前者是名篇,在

---

[1]《宋会要辑稿》（第 5 册）,第 4769 页。

黄叶成阵的桥边路上,留下了警句:"人如风后入江云,情似雨余粘地絮。"后者是在"万叶战,秋声露结,雁度砂碛"的时节,追念的思绪汹涌而至:"念珠玉(孙按:应为"宋玉"之误,因无版本依据仍因旧文)①、临水犹悲感,何况天涯客。忆少年歌酒,当时踪迹。岁华易老,衣带宽、懊恼心肠终窄。飞散后、风流人阻,蓝桥约、怅恨路隔。马蹄过、犹嘶旧巷陌。"

《玲珑四犯》记载了他人生另一段意外奇遇:"秾李夭桃,是旧日潘郎,亲试春艳。自别河阳,长负露房烟脸。憔悴鬓点吴霜,细念想梦魂飞乱。叹画阑玉砌都换。才始有缘重见。""休问旧色旧香,但认取、芳心一点。"词中"潘郎"合用两典,原典见《白氏六帖·县令》:"潘岳为河阳令,树桃李花,人号曰:'河阳一县花。'"② 但暗含前引杨巨源《崔娘诗》中的"清润潘郎玉不如",当年如"秾李夭桃"之长安萧娘已经没有当时之色香,却以"芳心一点"作为相认凭据。吴世昌、吴熊和先生都持美成"传奇入词说"(已见前引,叶嘉莹先生也持此观点,详后引),其与长安萧娘、扬州营妓岳楚云、荆州杨姓歌妓能够再次邂逅不能不说是人生的一段美丽"传奇"。

① 吴世昌先生辨"珠玉"应为"宋玉"之误:"清真《浪淘沙慢》下片'念珠玉临水犹悲感'一句,殊不可通。'珠玉'必为'宋玉'之误。盖'宋'字易讹为'朱',二字互讹,由来已久。后人以为'朱玉临水'不辞,遂妄加'玉'旁,改成'珠玉',而不悟'珠玉临水'仍无意义也。今按原文当为'宋玉临水犹悲感',乃用《楚辞·九辩》:'悲哉秋之为气也''登山临水兮送将归'文意。此首上片有'万叶战,秋声露结,雁度沙碛'之语,正写秋景,与《九辩》合,谓宋玉送人犹悲感,况身为天涯游子,故下文云云。清真此句,实受柳永《戚氏》之暗示,柳词云:'当时宋玉悲感,对此临水与登山。'周集他词用此典者,如《丁香结》上片云:'登山临水,此恨自古,销磨不尽。'《红罗袄》下片收句云:'楚客忆江蓠。算宋玉、未必为愁悲。'"《词林新话》,第189-190页。然晚清词学大家郑文焯却不以此句为非,详后引。

② 白居易《白氏六帖事类集》(第5册),文物出版社1987年,第120页。

　　周邦彦此行是秋入长安,《氐州第一》《点绛唇》也有"乱叶""黄叶"意象,是由长安启程归汴京词。《点绛唇》:"孤馆迢迢,暮天草露沾衣润。""今日原头,黄叶飞成阵。"《氐州第一》:"乱叶翻鸦,惊风破雁,天角孤云缥缈。""座上琴心,机中锦字,觉最萦怀抱。"因为是离别词,《点绛唇》有黄叶"共结临歧恨"之语。《氐州第一》"座上"三句兼用卓文君和苏若兰这两个与妻室相关的典故。周邦彦的第三任夫人政和年间或在汴京。

　　《长相思慢》是归汴京后的赠妓词:"幽期再偶,坐久相看才喜,欲叹还惊。""自初识伊来,便惜妖娆艳质,美盼柔情。"据周密《浩然斋雅谈》(卷下):"邦彦云:'某老矣,颇悔少作。'会起居郎张果与之不咸,廉知邦彦尝于亲王席上作小词赠舞鬟云:'歌席上,无赖是横波。宝髻玲珑欹玉燕,绣巾柔腻掩香罗。何况会婆娑。　　无个事,因甚敛双蛾。浅淡梳妆疑是画,惺忪言语胜闻歌。好处是情多。'为蔡道其事。上知之,由是得罪。"[1]周密所记词调寄《望江南》,也是归汴京后的赠歌妓词。

　　周密《浩然斋雅谈》(卷下)虽然有周邦彦宣和中为太学生的时空误差,但从中略可知晓《六丑》是其知潞州(隆德府)之前、知河中府时的词作:

　　　　宣和中,李师师以能歌舞称。时周邦彦为太学生,每游其家。一夕,值祐陵临幸,仓卒隐去。既而赋小词,所谓"并刀如水,吴盐胜雪"者,盖纪此夕事也。未几,李被宣唤,遂歌于上前。问谁所为,则以邦彦对。于是遂与解褐,自此通显。既而朝廷赐酺,师师又歌《大酺》《六丑》二解,上顾教坊使袁綯问,

① 周密《浩然斋雅谈》,中华书局 1985 年,第 46 页。

裯曰:"此起居舍人新知潞州周邦彦作也。"……朱希真有诗云:"解唱《阳关》别调声,前朝惟有李夫人。"即其人也。①

河中府宋属陕西路,《大酺》有"未怪平阳客,双泪落、笛中哀曲"之句,用马融离京客居平阳典。平阳在今陕西眉县,词也应写于知河中府时。

二、政和四年至宣和三年隆德府、真定、天长、扬州词

此时段周邦彦除短暂归汴京之外,曾外任隆德府(本潞州)②、明州、顺昌(今安徽阜阳)宫祠(宫观使),旅死于赴任处州途中。《瑞鹤仙》(悄郊原带郭)是行至扬州时所写的一首词作,前贤对王明清此词"本事"信疑参半,本次考证或能辨析疑窦,释困解惑。

(一)赴隆德任汴京别词、途中词

周邦彦知隆德府的时间没有明确记载,但通过前引《东都事略》《宋史·文苑传》,其知隆德府,在知明州之前,由史乘明载的邦彦知明州时间反推,知其至迟应在政和四年(1114)深秋出知隆德。《乾隆潞安府志》:"知隆德府。周邦彦,徽宗时。韩昭,许昌人,宣和二年。"③赴隆德任时,先走水程,从汴京隋堤出发,有《尉迟杯·离恨》:"隋堤路。渐日晚、密霭生深树。阴阴淡月笼沙,还宿河桥深处。无情画舸,都不管、烟波隔前浦。等行人、醉拥重

①《浩然斋雅谈》,第46—47页。
②《宋史》(卷86):"河东路。府三:太原,隆德,平阳。""隆德府,大都督府,上党郡,昭义军节度。太平兴国初,改昭德。旧领河东路兵马钤辖,兼提举泽晋绛州、威胜军屯驻泊本城兵马巡检事。本潞州。建中靖国元年,改为军。崇宁三年,升为府,仍还昭德旧节。"《宋史》(第7册),第2131-2132页。
③张淑渠等编《乾隆潞安府志》,凤凰出版社2005年,第175页。

衾，载将离恨归去。"写在经行运河隋堤赴任途中。词写秋景，兼及河桥，《忆旧游》也有"杨柳拂河桥"，写于同时，薛瑞生师考证："此'河桥'乃巩县之河阳桥，因赴隆德不至灵宝桥与同州桥也。"①写于同时的《华胥引》兼及忆内："川原澄映，烟月冥蒙，去舟如叶。""点检从前恩爱，但凤笺盈箧。愁剪灯花，夜来和泪双叠。"

　　山西忻县出土的《田子茂墓志铭》，为周邦彦所撰："因按兵辽泽，不幸致疾，归隆德而不起，实政和四年正月二十一日也，享年五十有六。闻者叹吁。逾月扶柩以归，□□遮路哭祭，皆恸。择以政和六年五月初三日，葬于窦罗之平。"署为"奉直大夫直龙图阁权知隆德军府管勾学事赐紫金鱼袋周邦彦撰。"②薛瑞生师考证："知政和六年（1116）邦彦尚在隆德府任，仍署奉直大夫衔，却多出'赐紫金鱼袋'五字。宋制，六品官服绯佩银鱼，四品以上始服紫佩金鱼，'赐紫金鱼袋'则为皇帝特赐，足见邦彦仍恩宠有加。"③虽然田子茂卒于政和四年（1114），葬于政和六年，但并不代表邦彦期间皆在隆德府。"择以"二句，显指选择安葬吉日与吉地届时入土，并拟写了卜葬之辞。史料证实，周邦彦政和五年（1115）已在明州。

　　《四明图志》多有周邦彦政和五年（1115）、政和六年（1116）的知明州的记载，表明周邦彦任隆德府之后确实改任明州。如《乾道四明图经·太守题名记》："周邦彦，直龙图阁，政和五年。"④《宝庆四明志》（卷一）"郡守"条："周邦彦，直龙图阁，政和五年。"⑤又，

——————————

① 参见《周邦彦别传》，第 368 页。
②《清真集笺注》（下册），第 570、573 页。
③ 参见《周邦彦别传》，第 378、379 页。
④ 张津等《乾道四明图经》，杨明祥主编《宋元四明六志》（一），宁波出版社
　 2011 年，第 447 页。
⑤ 罗濬《宝庆四明志》，《宋元四明六志》（二），第 59 页。

卷三 :"鄞山堂,在镇海楼之北。政和丙申,守周邦彦因旧基建。建
炎兵烬,岿然独存。"① 政和丙申,即政和六年。又,卷十一 :"(白衣
广仁寺)院有青莲阁,守周邦彦捐金命住持僧子元建也。建炎四年
毁于兵火。寺重建,而阁亡,周守记刻亦不存矣。"② 正如周邦彦在
四明所作《青莲阁记》已经不存,他在四明的词作竟无一首传世,
这不能不说是词林憾事。

(二)赴真定别汴京途中词

　　周邦彦约在政和七年(1117)召还为秘书监,重和元年(1118)
至宣和元年(1119)知真定,此行自隋堤启程舟行至孟州(今河南
巩县)过河阳桥,与河中府、隆德府赴任行程相同。之后,沿黄河东
行往北,真定之行是美成到达的最北地区。《诉衷情》是深秋入冬
纪程之作 :"堤前亭午未融霜。风紧雁无行。"至孟州时已至冬季,
故词有"茸帽北游装"等北方冬令之景。黄河水程以及河阳桥是
词人赴河中府、隆德府任所曾经之地,此番是"重寻旧日歧路";但
弃舟后向东北陆行,则是词人之前未经之行程,故词人有"又是何
乡"之感慨。途中还写有《蕙兰芳引·秋怀》:"对客馆深扃,霜草
未衰更绿。""塞北氍毹,江南图障,是处温燠。"次年春,作《水龙
吟·梨花》。罗忼烈先生指出 :"清真集中咏物词,每因当地草木而
发……真定以梨著,《艺文类聚》八十六引魏文帝诏曰 :'真定郡梨,
甘若蜜,脆若凌,可以解烦饴。' 又引何晏《九州论》云 :'安平好枣,
中山好栗,魏郡好杏,河内好稻,真定好梨。' 而谢朓《谢启》亦有
'岂徒真定归美' 之语,则此词之作,或在知真定时乎?"③《谢启》,

---

①《宝庆四明志》,《宋元四明六志》(二),第 145 页。
②《宝庆四明志》,《宋元四明六志》(三),第 572 页。
③《清真集笺注》(上册),第 258 页。

是《谢隋王赐紫梨启》的简称。罗先生考证周邦彦确有知真定经历："考吴廷燮《北宋经抚年表》，亦载清真以宋徽宗重和元年至宣和元年知真定，在任二年，继任者为盛章。"①《水龙吟》在南宋就受到沈义父《乐府指迷》称誉，楼扶还有同调次韵之作。

宣和元年（1119）归汴京，此行因刘昺举以自代未果，《鸡肋编》（卷中）："周邦彦待制尝为刘昺之祖作埋铭，以白金数十斤为润笔，不受。刘无以报之，因除户部尚书，荐以自代。后刘缘坐王案妖言事得罪，美成亦落职，罢知顺昌府宫祠。周笑谓人曰：'世有门生累举主者多矣，独邦彦乃为举主所累，亦异事也。'"②邦彦知顺昌府，地方志也有记载，仅时间与正史有出入。《乾隆阜阳县志》（卷之七）："周邦彦，字美成，钱塘人。政和间知顺昌府。"③宋朝宫祠即宫观使，是短期安置闲散官员的职务。赵升《朝野类要》（卷五）退闲四事有"宫祠""自陈"二条："旧制有三京分司之官，乃退闲之禄也。神庙置宫观之职以代之，取汉之祠官祝厘之义。虽曰提举、主管某宫观，实不往供职也。故奏请者多以家贫指众为辞，降旨必曰'依所乞，差某处宫观，任便居住。'惟在京宫观，不许外居。""因奏请得祠禄者，将来尚可以复任职守；若朝命与之，则不任也。故优恩又有理作自陈之名也。"④袁枚考证说："始则员缺甚少，后乃不限员数，并差知州资序人，以三十日为一任。"⑤则美成是以"知州资序"为顺昌府宫观使。美成在安徽的诗作皆与道观有关，或可证明美成曾亲往宫观。《光绪重修安徽通志》（卷二十四）：

---

① 罗忼烈《清真集笺注》（上册），第 202 页。
② 庄绰撰、萧鲁阳点校《鸡肋编》，中华书局 1983 年，第 70 页。
③ 潘世仁修、王麟征纂《阜阳县志》，清乾隆 20 年（1755）刻本，卷 7 第 14 页。
④ 赵升《朝野类要》，中华书局 1985 年，第 55 页。
⑤ 袁枚《随园随笔》（上册），广益书局 1936 年，第 99 页。

"投子山，桐城县北二里。相传吴鲁肃有子，投此为僧，因名。后为唐大同禅师道场。有'三鸦伺晓''二虎巡廊'之异。……宋刘兴言、周邦彦俱有诗咏其事。"[1]《乾隆潜山县志》（卷之十八）载《宿灵仙观》诗，作者署为"周邦彦（朝请大夫）"，诗曰："灵宫眈眈虎守谷，羽褐出山邀客宿。稽首中茅司命君，四叶秉符调玉烛。鸣金击石天相闻，游飚倒景声翻翻。戏上云崖撼琼树，脱叶出溪惊世人。"[2]朝请大夫，从六品，官阶在正六品奉直大夫之前，前引《宋会要辑稿》，周邦彦政和元年寄禄官为奉直大夫，朝请大夫应在此年或稍之前，属于"奏请得祠禄者"，所以之后还能恢复职守。

（三）赴处州任旅途中的天长词、扬州绝笔词

周邦彦"辛丑"年即宣和三年（1121）由汴京赴处州任，途中因避让方腊起义军而至天长，写有《西平乐》，题序有"辛丑正月，避贼复游故地"之句。词下阕："叹事逐孤鸿去尽，身与塘蒲共晚，争知向此征途，伫立尘沙。""多谢故人，亲驰郑驿，时倒融尊，劝此淹留，共过芳时，翻令倦客思家。"天长对于词人来说是有特殊意义的地方，前考元丰三年（1080），美成以一介布衣进京，少年英气，锐意进取，思大有为于天下。但即使在这人生的起点上，面对天长的自然美景，词人就曾慕想功成身退时，长揖归于此地田庐。可是四十二年后，避难重经故地，已经身心交违，官场奔竞、倦途难返。

离开天长后，美成人生最后一次再经扬州，写下《瑞鹤仙》。王明清《挥麈余话》《玉照新志》附会此事是美成晚年归钱塘时遇方腊起义、梦中所得之词，引录二则如下：

---

① 吴坤修、何绍基纂《重修安徽通志》，清光绪 4 年（1878）刻本，卷 24 第 3 页。
② 李载阳修，游端友纂《乾隆潜山县志》，清乾隆 46 年（1781）刊本，卷 18 第 16 页。

　　周美成晚归钱塘乡里,梦中得《瑞鹤仙》一阕:"悄郊原带郭。行路永,客去车尘漠漠。斜阳映山落。敛余红,犹恋孤城阑角。凌波步弱。过短亭,何用素约。有流莺劝我,重解绣鞍,缓引春酌。　　　　不记归时早暮。上马谁扶?醉眠朱阁。惊飙动幕。犹残醉,绕红药。叹西园,已是花深无地,东风何事又恶。任流光过却。归来洞天自乐。"未几,方腊盗起自桐庐,拥兵入杭。时美成方会客,闻之仓黄出奔,趋西湖之坟庵。次郊外,适际残腊,落日在山,忽见故人之妾徒步亦为逃避计。约下马,小饮于道旁旗亭,闻莺声于木杪分背。少焉抵庵中,尚有余醺,困卧小阁之上,恍如词中。逾月贼平,入城,则故居皆遭蹂践,旋营缉而处。继而得请提举杭州洞霄宫,遂老焉。悉符前作。美成尝自记甚详。今偶失其本,姑追记其略而书于编。①

　　周美成《瑞鹤仙》事,近于故箧中得先人所叙,特为详备,今具载之。美成以待制提举南京鸿庆宫,自杭徙居睦州,梦中作长短句《瑞鹤仙》一阕。既觉,犹能全记,了不详其所谓也。未几,青溪贼方腊起,逮其鸱张,方还杭州旧居,而道路兵戈已满,仅得脱死。始入钱塘门,但见杭人仓皇奔避,如蜂屯蚁沸。视落日,半在鼓角楼檐间,即词中所谓"斜阳映山落。敛余晖、犹恋孤城栏角"者应矣。当是时,天下承平日久,吴越享安闲之乐,而狂寇啸聚,径自睦州直捣苏杭,声言遂踞二浙。浙人传闻,内外响应,求死不暇。美成旧居既不可往,是日无处得食,饥甚。忽于稠人中有呼"待制何往"者,视之,乡人之侍儿,素所识者也,且曰:"日昃未必食,能舍车过酒家乎?"美成从

①《挥麈录·挥麈余话》,第231—232页。

之。惊遽间，连饮数杯。散去，腹枵顿解，乃词中所谓"凌波步弱。过短亭，何用素约。有流莺劝我，重解绣鞍，缓引春酌"之句验矣。饮罢，觉微醉，便耳目惶惑，不敢少留，径出城，北江涨桥诸寺，士女已盈满，不能驻足，独一小寺经阁，偶无人，遂宿其上，即词中所谓"上马谁扶，醉眠朱阁"又应矣。既见两浙处处奔避，遂绝江居扬州。未及息肩，而传闻方贼已尽据二浙，将涉江之淮泗。因自计方领南京鸿庆官，有斋厅可居，乃挈家往焉，则词中所谓"念西园已是，花深无路，东风又恶"之语应矣。至鸿庆，未几，以疾卒，则"任流光过了，归来洞天自乐"又应于身后矣。美成平生好作乐府，将死之际，梦中得句，而字字俱应，卒章又验于身后，岂偶然哉！美成之守颍上，与仆相知，其至南京，又以此词见寄，尚不知此词之言，待其死，乃尽验如此。①

对此记载，后人或信其有。如王国维认为"当以《玉照新志》明清父铚所手记者为正"②，指"故箧中得先人所叙"的《玉照新志》，为其父王铚所作。或推衍其说，分辨王明清由《西平乐》题序中"避贼"一语，其说多为穿凿附会，但其中亦略有可征信者。如陈思按《挥麈录》《玉照新志》曰：

《瑞鹤仙》（悄郊原带郭）一首，谓是美成晚归泉唐乡里，梦中所得。后兆方腊盗起，仓皇出奔；趋西湖之坟庵，遇故人之妾，小饮旗亭；归卧庵阁，恍如词中情境；继得提举洞霄官，悉孚前作，美成因自记之。按《咸淳临安志》：周都尉邠墓、

① 王明清《玉照新志》，中华书局1985年，第19—20页。
②《清真先生遗事》，《王国维文集》，第191页。

周待制邦彦墓并在南荡山。子孙今居定山之北乡。《湖山便览》:定山在县治西南四十里,一名狮子山。《太平寰宇记》云:定山突出浙江数百丈,徐村岭与礌马岭、牛坊岭俱在定山北乡。岭下有徐村酒库。《志》曰周氏子孙今居定山北乡,其上有先代邱垄,可知当日避贼趋西湖坟庵,必即定山徐村无疑,岭下有酒库,所以与故人之妾小饮。①

　　提举洞霄宫,见《东都事略》,《志》曰提举鸿庆宫,误。奉祠系宣和五年正月,《志》曰“方领”,尤误。晚居四明,见《临安志》及《杭州府志》,《志》曰徙居睦州,误。十二月戊辰,方腊陷睦州,继陷杭州,烟尘遍野,安能絜眷自睦回杭。《志》曰“脱免”,又曰“自计方领南京鸿庆宫,有斋厅可居,乃絜家往”,更误。推寻致误之原,盖词为本年所作,又遭方腊之乱;次年,《西平乐》一词,好事遂以晚年之仕履行踪穿凿附会,资为谈助。然以《挥麈录》所载一条对证,彼云继得提举洞霄宫,与《东都事略》合趋,避于西湖坟庵与《临安志》亦合,固属信而足征。而此条所记如以待制归杭,及自杭徙居,以《一寸金》《尉迟杯》二词互相印证,所传亦必有所据。非同絜家往南京,望文生义,求圆其说。又按《挥麈录》《玉照新志》皆南宋庆元中王明清所撰,一事分载二书,传信传疑,亦自有体例。《四库提要》谓《挥麈录札记》《玉照新志》多谈神怪及琐事,所论极允。②

① 参见《清真居士年谱》,《丛书集成续编》(第37册),第518页。《咸淳临安志》(卷八十七):“周都尉邰墓、周待制邦彦墓,并在南荡山。子孙今居定山之北乡。”潜说友《咸淳临安志》,《宋元浙江方志集成》(第3册),杭州出版社2009年,第1405页。

② 参见《清真居士年谱》,《丛书集成续编》(第37册),第518—519页。

也有力主两种笔记讹误者。如吴世昌先生指为:"《挥麈余话》《玉照新志》记清真《瑞鹤仙》事,俱是瞎编臆造。"[1]吴熊和先生也认为是"被后人误撰本事"[2]。

今考《瑞鹤仙》写于《西平乐》之后,两词相参,结合方腊起义的时间,知《挥麈余话》《玉照新志》确实属于编造。《续资治通鉴长编拾补》(卷四十二):

> (宣和二年)十一月戊戌(初一)朔,方腊僭号。《纪事本末》卷百二十八,又卷百四十一。原注蔡绦《史补》云:睦贼方十三,攻陷六州三十九县,童贯因命其属董耘作手诏,称为御笔,四散牓文,几若罪己。然且曰:"自今花石,更不取。"人情大悦。方寇亦用是无辞,后遂擒破。……十二月(案:钱大昕《朔闰考》:十二月丁卯朔。)戊辰,方腊陷睦州。贼众二万,杀官兵千人,于是寿昌、分水、桐庐、遂安等县皆为贼据。……乙未(二十九日),方腊陷杭州,知州、徽猷阁待制赵霆遁去,(案:"赵霆",《九朝编年备要》《十朝纲要》与此同,《宋史·本纪》、薛应旂、毕沅《通鉴》作"赵震"。)廉访使者赵约(案:"约",原误"纳",据《九朝编年备要》《宋史·本纪》改正。)诟贼而死。……(《两浙名贤录》:唐子霞,余杭人。潜心味道,于洞霄宫尝著《大涤洞天真境录》,自号浑沦子。宣和元年,诏主杭州洞霄宫。明年,盗起睦、歙,破临安,官吏散走,其徒亦治舟请行。子霞曰:"吾被天子命主此宫,守死职也,公等第去已而。"贼至,子霞正色叱之,遂遇害。)……《宋史·本纪》:(宣

---

①《词林新话》,第173页。

②《负一代词名的集大成者周邦彦》,《十大词人》,第110页。

和）三年二月，方腊陷处州，淮南盗宋江等犯淮阳军，遣将讨捕，又犯京东，江北，入楚、海州界，命知州张叔夜招降之。①

对照方腊进军路线，知美成宣和二年正月所避虽为方腊义军，但并未面对锋镝，而是赴处州之任时，家乡钱塘、任地处州皆已经沦陷。前引《玉照新志》的记载信疑相杂："既见两浙处处奔避，遂绝江居扬州。未及息肩，而传闻方贼已尽据二浙，将涉江之淮、泗。因自计方领南京鸿庆宫，有斋厅可居，乃挈家往焉。"而《挥麈录》又载"方腊盗起，仓皇出奔。……继得提举洞霄宫"，据上引《续资治通鉴长编拾补》洞霄宫主唐子霞二月在方腊起义中死难，美成不应同在宫观而无记载。又载宣和"三年二月，方腊陷处州"，而美成《西平乐》题序"辛丑正月二十六日，避贼复游故地"，即宣和三年（1121）正在天长。词有"劝此淹留，共过芳时，翻令倦客思家"之句，不可能是"挈家往焉"。美成显然并未在此地长期淹留，而是过天长之后，"息肩"扬州，并作《瑞鹤仙》。理由如次：

其一，《西平乐》《瑞鹤仙》时间衔接，一写于正月二十六日之后，因为天长故人有"淹留"之劝，略为推迟行期，至春三月尚在扬州。定《瑞鹤仙》写于三月，是从词"流莺劝我"的用典中得出，此语出自白居易《三月二十八日赠周判官》："一春惆怅残三日，醉问周郎忆得无。柳絮送人莺劝酒，去年今日别东都。"隋炀帝即位后，建洛阳东都，沿通济渠至扬州邗沟河岸修筑御道，道旁植杨柳，诗人常以莺柳连缀成文，如周邦彦另一首扬州词《青房并蒂莲》中也有"愁窥汴堤细柳，曾舞送莺时，锦缆龙舟"之句，前引忆扬州

① 黄以周编《续资治通鉴长编拾补》（第 11 册），文物出版社 1987 年，卷 42第 7—12 页。

词《无闷》也有"又还是、离亭楚梅堪折。暗想莺时似梦,梦里又却是,似莺时节"。据此,则词中"流莺劝我"是扬州邗沟堤岸三月流莺劝周郎酒,而"周郎"是周词中常用的"家典"已如前说,知此,不必妄生以"流莺"为故人妾之杜撰矣。

其二,"扶残醉,绕红药。叹西园、已是花深无地,东风何事又恶"云云,是写于扬州的显证,宋朝时扬州二十四桥边盛植红药,南宋姜夔《扬州慢》"二十四桥仍在,波心荡、冷月无声。念桥边红药,年年知为谁生"即其例;至清朝遗迹尚有存者,李斗《扬州画舫录》卷十五《岗西录》载二十四桥西岸有听箫园:"编竹为篱门,门内栽桃杏花。"二十四桥旁边有筱园,园内的人工土坡上"杂植花药,缭以周垣。……芍山旁筑红药栏。栏外一篱界之。"药栏外有瑞芍亭,亭额为"繁华及春媚,红药当阶翻。"[1]

其三,"任流光过邰,归来洞天自乐",前句与《西平乐》中三致意的感叹岁月都是最明显不过的晚年再经故地的感伤。后句"洞天"有两层意思:一是道家以仙人住的地方为洞天福地,有时用作"仙逝"的婉辞;一是风景名胜之地。《玉照新志》释"洞天"句:"未几,以疾卒,则'任流光过了,归来洞天自乐'又应于身后矣",就是以"洞天"为"仙逝"的婉辞。事实上,周词中的"洞天"是指扬州的风景胜地,词的意思是虽然时光如流水,我当年朱颜绿鬓,现在已经步入华发晚年,但仍然能在扬州的风景中得到愉悦。词人宣和三年三月尚在扬州,五月前已经逝世[2],可知此行确实未及至处州任所,可以证成前引楼钥序语中的"旅死"之说。若笔者对

[1] 参见李斗撰,汪北平、涂雨公点校《扬州画舫录》,中华书局 1960 年,第 343—350 页。
[2]《宋会要辑稿·仪制一一》之九:"通议大夫徽猷阁待制周邦彦(宣和)三年五月赠宣奉大夫。"《宋会要辑稿》(第 2 册),第 2029 页。

《瑞鹤仙》之考不误，则此词是美成现存可考词作中的最后一首，不妨认作周氏绝笔，而非如王明清所说词作是"应于身后"的谶言。罗忼烈先生以天长词《西平乐》"在集中为绝笔"①，或为误说。

　　本章标目"词传"，意在以美成词为主，抽绎出美成生平事迹，这对研究传主其人其词的重要性不言而喻。在上述框架中，对周词解说的纷争可以逐渐回归理性。如《玲珑四犯·春思》，本次考得是河中府任上长安萧娘词，罗忼烈先生认为有寄托，谢桃坊先生则予以驳斥："以下叙述别后的思念，事隔多年，终于旧梦重温，两情浓挚，然而却不得不匆匆分散。当我们没有其他任何直接或间接的本事线索之时，只能就词题试作如此解释。持寄托论词者也承认这首词比起《瑞龙吟》来'并没有明显的（寄托）痕迹可寻'，但还是从'浮花浪蕊'一语里发现了寄托的痕迹，以为它'很可能是在影射那些没有操守、钻营谋私利的政客'。这样解释的唯一依据是结句'又片时，一阵风雨恶，吹分散'，因为'与花街柳陌中女子交往，事态必不至于此，可以断定，这乃是借艳情之体以针砭时事。绍圣中新党重新执政后，已非复往昔，内部分裂，勾心斗角，投机钻营者乘时以图进，而正直耿介者却难免作无谓党争与派系倾轧的牺牲品。'似乎作者周邦彦是很清高的，根本瞧不起那些钻营的政客。可是，我们不应忘记：周邦彦也在绍圣时期以《重进汴都赋表》乘时以进而被擢升为秘书省正字的。从这首词的结尾来看，实际并无政治寓意，而是以惊风恶雨对春花的摧残比喻爱情受到某种阻碍而与情人不得不分散。……那么又如何解释'潘郎亲试春艳'和'夜深偷展香罗荐'呢？这样便在人

————————

① 罗忼烈《清真集笺注》（上册），第 209 页。

称关系方面陷入混乱和矛盾了。"① 若作为晚年入长安再见萧娘的赠妓词，不仅"比喻爱情受到某种阻碍而与情人不得不分散"得到了合乎情理的解答，"潘郎"二句在人称关系方面也就顺理成章了。再如今考得组词《蝶恋花》写于河中府任上，也与谢先生不谋而合："为了否定邦彦与蔡京集团的关系，以寄托论词者又从五首咏柳的《蝶恋花》中找到政治寓意了：'猜想词中的"窗牖""亭牖""疏牖"喻朝廷，"骚人手""游人手""先手""柔荑手""东君手"影射把持政权的手，"新雪后""落梅后""人寂后"暗指异己者被排除以后。"渐欲穿窗牖"是势力初起，"苒苒垂亭牖"是势力已成长，"便与春色秀"是权力俨然像个小皇帝，"莺掷金梭飞不透"比喻蔡京集团牢不可破了。所以如此，是因为赵佶昏庸，只知荒淫逸乐，大权就落到蔡京的手上："舞困低迷如著酒，乱丝偏近游人手""午睡渐多浓似酒，韶华已入东君手"就是这个意思。'这段微言大义很有趣。其实《蝶恋花》五首咏柳是寄寓了作者惜春、伤别、感旧的情绪，都属传统的'体物写志'方法。"② 本章考定《蝶恋花》是美成河中府任上春游、饯别、归来的词作，体物写志之外，还有纪实性质。虽然词作有无寄托本是"作者之用心未必然，而读者之用心何必不然"③ 的阅读体验，不可一概而论；但无论如何，所谓有寄托并不代表可以牵强附会，在作品无考证线索的情况下，应回到词体文本，故以谢说近理；本次所考可以说是充实并推进了谢先生的结论。

下附编年词一览表，共编 147 首，约占美成 185 首词作的四

①《周邦彦词的政治寓意辨析》，《宋词辨》，第 196 页。
②《周邦彦词的政治寓意辨析》，《宋词辨》，第 198 页。
③ 谭献《复堂词话·复堂词录·序》，《词话丛编》（第 4 册），第 3987 页。

分之三强。从编年结果看，周邦彦的词作后期散佚多于前期，不难
推测，这与前期作品曾得溧水知县强焕编辑其单行词集、郑瑶编修
《严州府志》时的收罗不无关系。

表1　周邦彦编年词一览表

序号	词名	首句	写作时间
青少年时期			
1	南乡子	轻软舞时腰	熙宁二年（1069）秋写于家乡钱唐
2	南柯子	宝合分时果	熙宁三年（1070）秋写于家乡钱唐
3	虞美人	玉箛才掩朱弦悄	熙宁四年（1071）初春写于别家乡钱唐时
4	宴桃源	尘满一缾文绣	熙宁四年（1071）仲春写于武昌
5	宴桃源	门外迢迢行路	熙宁四年（1071）仲春写于武昌
6	少年游	南都石黛扫晴山	熙宁五年（1072）春天写于荆州
7	少年游	朝云漠漠散轻丝	熙宁五年（1072）春天写于荆州
8	虞美人	廉纤小雨池塘遍	熙宁五年（1072）三月底四月初写于再别钱唐时
9	月中行	蜀丝趁日染干红	熙宁四年（1071）或五年（1072）写于荆州
10	浣溪纱	争挽桐花两鬓垂	熙宁四年（1071）或五年（1072）写于荆州
11	浣溪纱	雨过残红湿未飞	熙宁四年（1071）或五年（1072）写于荆州
12	蝶恋花	叶底寻花春欲暮	熙宁四年（1071）或五年（1072）写于荆州
13	蝶恋花	酒熟微红生眼尾	熙宁四年（1071）或五年（1072）写于荆州
14	琴调相思引	生碧香罗粉兰香	熙宁四年（1071）或五年（1072）写于荆州
15	点绛唇	台上披襟	熙宁六年（1073）暮春写于郓州

序号	词名	首句	写作时间
16	荔枝香近	照水残红零乱	熙宁六年（1073）暮春写于郢、襄之间的楚江
17	玉楼春	大堤花艳惊郎目	熙宁六年（1073）暮春写于襄阳
18	一落索	杜宇催归声苦	熙宁六年（1073）暮春写于将入长安时
19	丁香结	苍藓沿阶	熙宁六年（1073）秋天写于长安
20	夜游宫	客去车尘未敛	熙宁六年（1073）深秋写于别长安前往咸阳时
21	夜游宫	叶下斜阳照水	熙宁六年（1073）深秋写于咸阳
22	月下笛	小雨收尘	熙宁六年（1073）深秋写于咸阳
23	木兰花令	郊原雨过金英秀	熙宁六年（1073）深秋写于咸阳
24	蝶恋花	月皎惊乌栖不定	熙宁六年（1073）深秋写于咸阳
25	荔枝香近	夜来寒侵酒席	熙宁七年（1074）初春写于临潼
26	早梅芳近	花竹深	熙宁七年（1074）暮春写于别临潼时
27	早梅芳近	缭墙深	熙宁七年（1074）暮春写于别临潼时
28	浣溪纱	不为萧娘旧约寒	熙宁七年（1074）暮春写于长安
29	秋蕊香	乳鸭池塘水暖	熙宁七年（1074）暮春写于长安
30	南柯子	腻颈凝酥白	熙宁七年（1074）暮春写于长安
31	渔家傲	灰暖香融销永昼	熙宁七年（1074）暮春写于长安
32	渔家傲	几日轻阴寒恻恻	熙宁七年（1074）暮春写于长安
33	浪淘沙慢	晓阴重	熙宁七年（1074）暮春写于长安
34	苏幕遮	燎沉香	熙宁七年（1074）夏天写于长安
35	过秦楼	水浴清蟾	熙宁七年（1074）秋天写于长安
36	风流子	枫林凋晚叶	熙宁七年（1074）仲秋写于别长安时
37	解蹀躞	候馆丹枫吹尽	熙宁七年（1074）仲秋写于归荆州途中
38	四园竹	浮云护月	熙宁七年（1074）仲秋写于归荆州途中

序号	词名	首句	写作时间
39	六幺令	快风收雨	熙宁七年（1074）重阳节写于襄阳
40	庆春宫	云接平岗	熙宁七年（1074）重阳节写于襄阳
41	蝶恋花	美盼低迷情宛转	熙宁七年（1074）暮秋写于郢州
42	长相思	好风浮	熙宁七年（1074）暮秋写于郢州
43	长相思	沙棠舟	熙宁七年（1074）暮秋写于郢州
44	红罗袄	画烛寻欢去	熙宁七年（1074）暮秋写于将至荆州时
45	霜叶飞	露迷衰草	熙宁七年（1074）暮秋写于将至荆州时
46	燕归梁	帘底新霜一夜浓	熙宁七年（1074）暮秋写于将至荆州时
47	蕙兰芳引	寒莹晚空	熙宁七年（1074）暮秋写于将至荆州时
48	关河令	秋阴时晴渐向暝	熙宁七年（1074）暮秋写于荆州
49	醉桃源	冬衣初染远山青	熙宁七年（1074）冬天写于荆州
50	南浦	浅带一帆风	熙宁八年（1075）初秋写于离开荆州归钱唐时
51	齐天乐	绿芜雕尽台城路	熙宁八年（1075）暮秋归钱唐途中写于金陵
52	醉桃源	菖蒲叶老水平沙	熙宁八年（1075）暮秋写于钱唐
		青壮年时期	
53	玉楼春	玉琴虚下伤心泪	元丰三年（1080）写于自钱唐入汴京途经扬州时
54	一剪梅	一剪梅花万样娇	元丰三年（1080）写于与扬州歌女作别时
55	三部乐	浮玉飞琼	元丰四年（1081）或稍后初春写于汴京
56	无闷	云作重阴	元丰四年（1081）或稍后冬天写于汴京
57	虞美人	金闺平帖春云暖	元丰四年（1081）—元祐三年（1088）之间写于汴京
58	浣溪纱	日射欹红蜡蒂香	元丰四年（1081）—元祐三年（1088）之间写于汴京
59	浣溪纱	翠葆参差竹径成	元丰四年（1081）—元祐三年（1088）之间写于汴京

续表

序号	词名	首句	写作时间
60	浣溪纱	薄薄纱幮望似空	元丰四年（1081）—元祐三年（1088）之间写于汴京
61	浣溪纱	宝扇轻圆浅画缯	元丰四年（1081）—元祐三年（1088）之间写于汴京
62	塞翁吟	暗叶啼风雨	元丰四年（1081）—元祐三年（1088）之间写于汴京
63	南乡子	晨色动妆楼	元丰四年（1081）—元祐三年（1088）之间写于汴京
64	南乡子	寒夜梦初醒	元丰四年（1081）—元祐三年（1088）之间写于汴京
65	南乡子	户外井桐飘	元丰四年（1081）—元祐三年（1088）之间写于汴京
66	少年游	并刀如水	元丰四年（1081）—元祐三年（1088）之间写于汴京
67	一落索	眉共春山争秀	元丰四年（1081）—元祐三年（1088）之间写于汴京
68	凤来朝	逗晓看娇面	元丰四年（1081）—元祐三年（1088）之间写于汴京
69	诉衷情	当时选舞万人长	元丰四年（1081）—元祐三年（1088）之间写于汴京
70	意难忘	衣染莺黄	元丰四年（1081）—元祐三年（1088）之间写于汴京
71	兰陵王	柳阴直	元丰四年（1081）—元祐三年（1088）之间写于汴京
72	解连环	怨怀无托	元丰五年（1082）春天前后写于汴京
73	青房并蒂莲	醉凝眸	元丰五年（1082）—元祐三年（1088）之间假归钱唐途中写于扬州
74	锁阳台	山崦笼春	元祐三年（1088）春写于离开汴京时
75	锁阳台	花扑鞭鞘	元祐三年（1088）春写于离开汴京赴庐州任时
76	浣溪纱	楼上晴天碧四垂	元祐三年（1088）暮春写于庐州

续表

序号	词名	首句	写作时间
77	蓦山溪	楼前疏柳	元祐三年（1088）初夏写于离开庐州归钱唐时
78	锁阳台	白玉楼高	元祐三年（1088）中秋写于钱唐
79	醉落魄	茸金细弱	元祐三年（1088）中秋写于钱唐
80	倒犯	霁景	元祐八年（1093）深秋或初冬写于溧水
81	宴清都	地僻无钟鼓	元祐八年（1093）深冬写于溧水
82	菩萨蛮	银河宛转三千曲	元祐八年（1093）—绍圣三年（1096）之间写于金陵
83	西河	佳丽地	元祐八年（1093）—绍圣三年（1096）之间写于金陵
84	玉烛新	溪源新腊后	绍圣二年（1095）早春写于溧水
85	红林檎近	高柳春才软	绍圣二年（1095）早春写于溧水
86	红林檎近	风雪惊初霁	绍圣二年（1095）早春写于溧水
87	花犯	粉墙低	绍圣三年（1096）仲春写于溧水
88	丑奴儿	肌肤绰约真仙子	绍圣三年（1096）仲春写于溧水
89	丑奴儿	南枝度腊开全少	绍圣三年（1096）仲春写于溧水
90	丑奴儿	香梅开后风传信	绍圣三年（1096）仲春写于溧水
91	风流子	新绿小池塘	元祐八年（1093）—绍圣三年（1096）之间写于溧水
92	鹤冲天	梅雨霁	元祐八年（1093）—绍圣三年（1096）之间写于溧水
93	鹤冲天	白角簟	元祐八年（1093）—绍圣三年（1096）之间写于溧水
94	隔浦莲近拍	新篁摇动翠葆	元祐八年（1093）—绍圣三年（1096）之间写于溧水
95	满庭芳	风老莺雏	元祐八年（1093）—绍圣三年（1096）之间写于溧水
96	浣溪纱	日薄尘飞官路平	绍圣四年（1097）写于自溧水将入汴京时

续表

序号	词名	首句	写作时间
97	玉楼春	玉奁收起新妆了	元符元年（1098）初春写于汴京
98	瑞龙吟	章台路	元符元年（1098）春天写于汴京
99	念奴娇	醉魂乍醒	元符元年（1098）春天写于汴京
100	垂丝钓	缕金翠羽	元符元年（1098）春天写于汴京
101	一寸金	州夹苍崖	元符二年（1099）春天写于至睦州途中
102	蓦山溪	湖平春水	元符三年（1100）春天写于越州
103	解语花	风销绛蜡	元符二年（1099）—建中靖国元年（1101）之间写于睦州
104	侧犯	暮霞霁雨	建中靖国元年（1101）写于睦州
105	虞美人	疏篱曲径田家小	建中靖国元年（1101）写于离开睦州时
106	应天长	条风布暖	崇宁元年（1102）寒食节写于汴京
107	迎春乐	清池小圃开云屋	离开睦州后数年间写于汴京
108	迎春乐	桃溪柳曲闲踪迹	离开睦州后数年间写于汴京
109	黄鹂绕碧树	双阙笼佳气	建中靖国元年（1101）—大观四年（1110）之间写于汴京
110	少年游	檐牙缥缈小倡楼	大观三年（1109）之前写于扬州
111	玉楼春	当时携手城东道	大观三年（1109）之前写于扬州
112	品令	夜阑人静	大观三年（1109）春天写于扬州
113	蓦山溪	江天雪意	大观三年（1109）春天写于扬州
114	点绛唇	辽鹤归来	大观三年（1109）春天写于苏州
115	绮寮怨	上马人扶残醉	大观三年（1109）春天写于苏州
中晚年时期			
116	拜星月慢	夜色催更	政和元年（1111）十月离开汴京知河中府时
117	虞美人	灯前欲去仍留恋	政和元年（1111）十月离开汴京知河中府时
118	蝶恋花	爱日轻明新雪后	政和二年（1112）初春写于河中府

序号	词名	首句	写作时间
119	扫花游	晓阴翳日	政和二年（1112）初春写于河中府
120	蝶恋花	桃萼新香梅落后	政和二年（1112）仲春离开河中府入长安途中
121	渡江云	晴岚低楚甸	政和二年（1112）仲春离开河中府入长安途中
122	绕佛阁	暗尘四敛	政和二年（1112）仲春写于长安
123	蝶恋花	小阁阴阴人寂后	政和二年（1112）仲春写于长安
124	还京乐	禁烟近	政和二年（1112）仲春写于长安
125	锁窗寒	暗柳啼鸦	政和二年（1112）寒食节写于长安
126	蝶恋花	蠹蠹黄金初脱后	政和二年（1112）暮春写于自长安将归河中府时
127	蝶恋花	晚步芳塘新霁后	政和二年（1112）暮春写于自长安将归河中府时
128	六丑	正单衣试酒	政和二年（1112）暮春前后写于河中府
129	瑞鹤仙	暖烟笼细柳	政和二年（1112）暮春前后写于河中府
130	大酺	对宿烟收	政和二年（1112）暮春前后写于河中府
131	夜飞鹊	河桥送人处	政和二年（1112）仲秋写于离开河中府时
132	玉楼春	桃溪不作从容住	政和二年（1112）仲秋写于长安
133	浪淘沙慢	万叶战	政和二年（1112）仲秋写于长安
134	玲珑四犯	秾李夭桃	政和二年（1112）仲秋写于长安
135	西河	长安道	政和二年（1112）仲秋写于长安
136	氐州第一	波落寒汀	政和二年（1112）仲秋写于将别长安时
137	点绛唇	孤馆迢迢	政和二年（1112）仲秋写于将别长安时
138	长相思慢	夜色澄明	政和二年（1112）仲秋写于汴京
139	望江南	歌席上	政和二年（1112）仲秋写于汴京
140	尉迟杯	隋堤路	政和二年（1112）深秋写于离汴京赴隆德府任时

序号	词名	首句	写作时间
141	忆旧游	记愁横浅黛	政和二年（1112）深秋写于赴隆德府任途中
142	华胥引	川原澄映	政和二年（1112）深秋写于赴隆德府任途中
143	诉衷情	堤前亭午未融霜	政和二年（1112）深秋写于赴隆德府任途中
144	蕙兰芳引	寒莹晚空	政和二年（1112）深秋写于赴隆德府任途中
145	水龙吟	素肌应怯余寒	重和元年（1118）或稍后写于真定
146	西平乐	稚柳苏晴	宣和三年（1121）初春写于自钱唐入汴京途中
147	瑞鹤仙	悄郊原带郭	宣和三年（1121）暮春写于自汴京赴处州经扬州时

第二章　宋元时期周邦彦词集的
整理传播与文学评价

　　周邦彦是北宋末年博涉群书的学者型文人,他创作的各种文体都受到褒扬,尤以富于音乐美的词作为甚。王偁《东都事略》、潜说友《咸淳临安志》、脱脱等《宋史·文苑传》有相关传述:

　　　　性落魄不羁,涉猎书史。元丰中,献《汴都赋》,神宗异之,自诸生命为太学正。……邦彦能文章,世特传其词调云。①
　　　　少涉猎书史,游太学,有俊声。元丰中,献《汴都赋》七千言,多古文奇字,神宗嗟异,命左丞李清臣读于迩英阁,多以偏傍言之,不尽悉也。……邦彦能文章,妙解音律,名其堂曰顾曲。乐府盛行于世,人谓之落魄不羁。其提举大晟,亦由此。然其文,识者谓有工力深到处。……不但词调而已。②
　　　　疏隽少检,不为州里推重,而博涉百家之书。……邦彦好音乐,能自度曲,制乐府长短句,词韵清蔚,传于世。③

---

① 王偁《东都事略》,齐鲁书社 2000 年,第 1015 页。
②《咸淳临安志》,《宋元浙江方志集成》(第 3 册),第 1135 页。
③《宋史》(第 37 册),13126 页。

周邦彦词在南宋就形成盛极一时、喧传流播的文化景观。主要表现在三个方面。一是方千里、杨泽民、陈允平皆和周邦彦词集,值得注意的是,从三家和词还可以反推周词宋椠版本的源流,而这一点却还未能受到前人的应有关注。二是在为数不多的宋人注宋词中,注释周词占重要一席,而且陈元龙详注《片玉集》流传至今。三是宋人序跋、笔记特别是晚宋词学专论中,清真词的典范地位已经初步确立。

第一节 周邦彦宋元词集诸家考辨及遗阙

清真词集传播有一种奇特现象,就是词坛名流的依律赓唱。四库馆臣于此曰:"——案谱填腔,不敢稍失尺寸。"① "邦彦妙解声律,为词家之冠。所制诸调,不独音之平仄宜遵,即仄字中上去入三音亦不容相混。所谓分刌节度,深契微芒。故千里和词,字字奉为标准。"② 现存宋朝赓和词家有 17 人,相继赓和高达 388 次,其中方千里、杨泽民、陈允平三家和韵皆成词集传世。毛晋跋方千里《和〈清真词〉》:"美成当徽庙时,提举大晟乐府,每制一调,名流辄依律赓唱。独东楚方千里、乐安杨泽民有和清真全词各一卷,或合为《三英集》行世。"③ 陈允平有《西麓继周集》单行,而陈允平在词坛并非如方千里、杨泽民为无名之辈。《历代诗余》及江昱疏证所引宋人张炎词论,盛称西麓词曰:"词欲雅而正,志之所至,词亦至焉。一为物所役,则失其雅正之音。近日惟陈西麓《日湖渔唱》颇

---

① 《四库全书〈片玉词〉提要》,永瑢等《四库全书总目》(下册),中华书局 1965 年,第 1811 页。
② 《四库全书〈和清真词〉提要》,同上书,第 1811 页。
③ 毛晋《和〈清真词〉》跋,《宋六十名家词》,第 384 页。

有佳者(今本《词源》"物"作"情",且无末句)。"①推崇词集《日湖渔唱》为雅正之音。陆辅之《词旨》载其"警句"有《绛都春》:"燕子不来,东风无语又黄昏,琴心不度春云远,断肠难托啼鹃。夜深犹倚,垂杨二十四栏。"《恋绣衾》:"寄相思,偏仗柳枝。待折向、尊前唱,奈东风、吹落絮飞。"②堪称赓和词人群中的"名流"之一。

　　三家和韵周词,方千里 93 首、杨泽民 92 首、陈允平 128 首(方、杨和词同为不分卷《清真词》,与按春、夏、秋、冬等时节分类的十卷本《片玉集》同源而异流,陈氏和词则属《清真诗余》系列,详后说)。周、方、杨合刻的《三英集》今不传,但方千里、杨泽民今存皆为和词,与今传陈元龙详注《片玉集》前八卷的排列顺序、数量多少基本吻合(方、杨皆未和卷八《归去难》《黄鹂绕碧树》二首,杨氏又未和卷三《垂丝钓》一首),陈允平《西麓继周集》共收词 128 首(含 5 首有目阙词),与毛晋汲古阁本《片玉词》收词 194 首(孙按:其中有 14 首伪词,实收 180 首)相比,虽然词作数量相差较大,但仍然可以看出,与毛本《片玉词》二卷本排列顺序一致(详后考)。

　　晚明至近代,著名版本学家都对周邦彦宋椠或元明清翻刻宋本进行溯源与类归,发现美成宋椠《清真词》《清真诗余》两个系列典型尚在,但皆未通过三家和词有效推原周邦彦词集宋椠版本源流。宋元明清时期周邦彦词集宋椠版本称名不一,如有《清真词》《清真集》《清真诗余》《美成长短句》《片玉集》《片玉词》等,本章特别关注了词集名称中或两种名称同指一本词集,或一种名称却指向不同版本的情形。

---

① 沈辰垣《历代诗余》,上海书店出版社 1985 年,第 1394 页。江昱《〈山中白云词〉疏证》,朱孝臧辑校,夏敬观手批《彊村丛书》(第 6 册),上海古籍出版社 1989 年,第 5202 页。
② 陆辅之《词旨》,中华书局 1991 年,第 11 页。

本节先对毛晋、四库馆臣、王鹏运、朱祖谋、郑文焯、王国维、吴则虞所作版本考述加以辨析，再通过诸家特别是方、杨、陈三家和词，进行宋椠版本新考，得出的结论或与前贤有所不同，此非有意标新立异，实为愚者一得之见。

一、周邦彦词集宋元版本考源与辨异

周邦彦词宋本或翻刻宋本至少有十二种：《清真词》《清真诗余》《片玉集》（分二卷本、十卷本）、《片玉词》（与淳熙官本大同小异，然宋时不具名）、《清真集》（不满百阕本，元巾箱本同名）、《美成长短句》《三英集》《注〈清真词〉》《圈法美成词》，另外还有冠以周姓的《周词集解》（《西麓继周集》也可以旁证）。在宋人词集中情况最为复杂，传世版本的形成流传线索也不甚了然。故王国维称之为"别本之多，为古今词家所未有"[1]；别集的别名之多，也属罕觏。因而诸家各持一说，未能得出权威结论。这里罗列众说，指列得失，为下一层次厘清周词宋朝旧椠版本源流奠定基础。

（一）明朝至现代的周词版本甄别考源

下面先罗列明清及现代各家版本溯源的观点并略加评述，希望能在对各家周词版本的辨析中厘正源流。

明毛晋汲古阁刻本《宋六十名家词》中有《〈片玉词〉跋》、《〈和清真词〉原跋》：

> 余家藏凡三本，一名《清真集》，一名《美成长短句》，皆不满百阕。最后得宋刻《片玉集》二卷，计调百八十有奇，晋阳强焕为叙。余见评注庞杂，一一削去，厘其讹谬。间有兹集不

---

[1]《清真先生遗事》，《王国维文集》，第 199 页。

载,错见清真诸本者,附《补遗》一卷,美成庶无遗憾云。①

　　美成当徽庙时,提举大晟乐府。每制一调,名流辄依律赓唱。独东楚方千里、乐安杨泽民有和清真全词各一卷,或合为《三英集》行世。花庵词客止选千里《过秦楼》《风流子》《诉衷情》三阕,而泽民不载,岂杨劣于方耶?②

　　毛晋家藏"宋刻《片玉集》二卷,计调百八十有奇",增"《补遗》一卷",附强焕序文,汲古阁旧藏又有"元版《片玉词》二卷"(详后引),毛本《片玉词》二卷,即家藏宋刻《片玉集》二卷,若此,元明时期《片玉集》二卷、《片玉词》二卷可以互代,皆指辑录一百八十多首词作(《补遗》除外)的强焕序本。

　　后人未见毛氏所说不满百阕本《清真集》《美成长短句》,但通过许增迈孙跋丁丙辑《西泠词萃六种·片玉词》,知许氏或在丁氏八千卷楼庋藏的宋元遗刻中得见不满百阕本二种,并遵丁氏所嘱,作为丁刻汲古本《片玉词》的校本:"丁君松生刻杭人词,属为校订。其表章乡邦文献之盛心,实与子晋后先媲美。顷以《片玉词》属校,浏览永夕,似汲古本亦尚有蹖讹者,因取《清真集》《美成长短句》按之图谱,暨杜氏校勘《词律》,句栉字比,一一厘政之。不敢谓驾汲古而上之,要之,继汲古而起者,不得不谓之善本矣。"③

　　清《四库全书总目·〈片玉词〉提要》以毛本《片玉词》与《直斋书录解题》本相较,提出一家之见:

① 毛晋《〈片玉词〉跋》,《宋六十名家词》,第195页。
② 毛晋《和〈清真词〉跋》,《宋六十名家词》,第384页。
③ 丁丙《西泠词萃六种》(第二册),清光绪13年(1887)钱塘丁氏刻本,第24页。

陈振孙《书录解题》载其词有《清真集》二卷、《后集》一卷。此编名曰《片玉》，据毛晋跋，称为宋时刊本所题，原作二卷。其《补遗》一卷则晋采各选本成之。疑旧本二卷即所谓《清真集》；晋所掇拾乃其《后集》所载也。卷首有强焕序。[①]

前说《片玉词》《片玉集》两种词集的二卷本在特定前提下可以互代，但四库馆臣却以《书录》所载《清真词》二卷、《后集》一卷（后人或称三卷本）者为《清真集》，而所谓《清真集》又是毛氏家藏不满百阕本的词集名称，二卷本词集名称《片玉词》《清真集》错易始自于此，并引发后人名实不符的连锁反应。四库馆臣又混淆了《书录》所载《清真词·后集》一卷与毛晋《片玉词·补遗》的关系，从后文表4中可以看到，《清真词·后集》与毛晋《片玉词·补遗》一为31首，一为10首，两者之间风马牛不相及，且《补遗》一卷全为伪词（详后考）。

半塘老人王鹏运四印斋刻仿元巾箱本《清真集》跋语曰：

右影元巾箱本《清真集》二卷，坿《集外词》一卷。案美成词传世者，以汲古毛氏《片玉词》为最著，近仁和丁氏《西泠词萃》所刻即汲古本。此本二卷，百二十七阕，为余家所藏，末有盟鸥主人志语，盖明钞元本也。编次体例与《片玉词》迥别，而调名字句亦多不同。陈振孙《书录解题》云："《清真集》二卷，《后集》一卷。"又，毛子晋《片玉词》跋美成词："一名《清真集》，一名《美成长短句》，皆不满百阕。"与此均不合。久欲刊行，以旧钞剥蚀过甚，无本可校而止。去年从孙驾航京兆丈

---

①《四库全书〈片玉词〉提要》，《四库全书总目》（下册），第1811页。

假得元刻庐陵陈元龙《片玉词》注本,编次体例与钞本正同,特分卷与题号异耳。爰据陈注校订,依式影写,付诸手民。其集中所无,而见于毛刻者,共五十四阕,为《集外词》一卷坿后。毛本强序,陈注刘序,钞本不载,今皆补入。美成集又名《片玉词》,据序即刘必钦改题也。[①]

理清王鹏运所刻《清真集》,可以对相关版本进行一次有效梳理。首先,元巾箱本《清真集》与毛氏不满百阕本《清真集》同名,但后者不满百阕,前者127首,后者不分卷,前者分为二卷。王氏所见"明钞元本",即明隆庆庚午盟鸥园主人影钞复所司李藏元人巾箱本《清真集》二卷,附跋语:"隆庆庚午用复所司李藏元人巾箱本,命胥鲁颂照录讫。"[②]

元巾箱本《清真集》二卷,录词数与陈元龙详注《片玉集》相同,但一为二卷本,一为十卷本。通过王刻本可见,《清真集》二卷本卷上47首、卷下80首,卷上在十卷本《片玉集》卷五《风流子》(枫林凋晚叶)处分卷。出现元巾箱本《清真集》、陈注《片玉集》的分流,理推应出自曹杓《注〈清真词〉》二卷;一种是易名为《清真集》但未改变卷数的元巾箱本。此本删除了所有宫调、注疏,这意味着间接还原了《书录》所载无注释本的原貌。另一种是改变卷数、但未改变词数的《片玉集》。《片玉集》在曹杓旧注的基础上"详而疏之"[③],又因注释精警而被序者刘肃誉为"片玉",《片玉集》称名于是流传于世。王鹏运四印斋所刻《清真集》录词181首,然

① 王鹏运《〈清真集〉跋》,王鹏运《四印斋所刻词》,上海古籍出版社1989年,第661页。
② 周邦彦《清真集》(附集外词一卷),同上书,第650页。
③ 刘肃《片玉集·序》,孙虹校注《清真集校注》(下册),第501页。

其所附《集外词》，是胖合毛本《片玉词》中的 54 首词作而成。也就是说，王本虽以 127 首元巾箱本《清真集》为底本，但已经不是宋元旧椠的版式。

王氏跋语不仅沿四库馆臣之误，以《书录》中的《清真词》为《清真集》（下引郑文焯、王国维沿此误），又误陈元龙详注《片玉集》称名为始于毛晋的《片玉词》，并误陈本为"元刻"（朱孝臧指出其误，详下引）。然而，半塘老人首次指明《片玉》为陈本序者刘肃改题，可谓灼见其微。另外，四印斋翻刻本补入各家序跋，有助于版本溯源，因而在之后词集整理过程中成为通例。

朱孝臧《彊村丛书》校刻毛晋汲古阁旧藏嘉定刻本陈元龙详注《片玉集》，其跋曰：

周美成词《片玉集》十卷，陈元龙少章集注。汲古阁旧藏，半塘翁目为元板者也。美成词刻于宋世者：一为严州本，名《清真诗余》。《景定严州续志》载州校书板，有《清真集》，复有《诗余》是也。黄升《花庵词选》据之。一为溧水本，名《清真词》。《直斋书录解题》谓"邦彦尝为溧水令，故邑有词集"，即晋阳强焕为序者是也，《西麓继周集》据之。一为《圈法美成词》，见《词源》。一为《美成长短句》，见毛子晋跋语。又有《三英集》，乃与方千里、杨泽民和作同刻者，皆无注。若曹杓《注〈清真词〉》，亦见《书录解题》，其书久佚。然兹集刘必钦序谓："病旧注之简略，详而疏之。"所云"旧注"，疑即曹注。尝见士礼居别藏本，与兹本悉同，惟卷五注中有异，又序尾有"嘉定辛未"云云，今已据补。其为宋刻无疑。兹本虽削"嘉定辛未"字，词中讹脱较尠，注亦加详，卷五注尤多增改，其为少章手订覆刻亦无疑。毛氏《秘本书目》谓为元刻，半塘翁因之,盖未睹黄本标明"嘉定"也。毛刻用强焕序本《清真词》,乃以兹集之名名之,老友曹君直谓其跋中"最后得宋刻"云云,明指强本;"余见评注庞杂"云云,复指陈本;悬牛头,市马脯,令人迷罔。而所谓《长短句》者,未知视兹集增损何如?亦湮没不可考,为尤可惜也。①

　　朱孝臧此序有力推进了周词版本源流考释,首创见解指不胜屈:如首次对数种周词别集版本源流进行了梳理:列出《片玉集》《清真诗余》《圈法美成词》《美成长短句》《三英集》、溧水本《清真词》、曹杓《注〈清真词〉》等七种词集。首创从宋朝和词、词选反推所据之本的路径。首次纠正王鹏运以为陈注《片玉集》是"元板"的错误,而据黄丕烈士礼居藏本中刘肃必钦序所署"嘉定辛未"(嘉定四年),确定为宋本。首次提出溧水本是毛本的祖本,打通了溧水邑藏本与强焕序本的同源关系。首次明确曹杓《注〈清真词〉》是陈元龙少章详注本中"旧注",为两种同源版本的合榫提供了新思路。

　　但朱序也略有误差:一是在陈振孙《书录解题》之后,《清真词》成为前集与后集三卷本的专称,径称溧水本为《清真词》未见出处,以之作为强焕序本词集名称有失严谨。二是毛氏汲古阁本虽然易名宋刻《片玉集》为《片玉词》,但并非凭空杜撰。如前所考,二卷本《片玉词》《片玉集》可以互代。而且,毛晋、毛扆父子确实亲见元朝二卷本《片玉词》,吴则虞版本考辨记载:"元版《片玉词》二卷,汲古阁旧藏。《珍藏秘本书目》:'元版《片玉词》二本,一两二钱。'毛扆《跋明〈片玉词〉》云:'元刻本《片玉集》。'又《结

---

① 朱孝臧《〈片玉集〉跋》,《彊村丛书》(第 2 册),第 1421—1422 页。

一庐书目》：'《片玉词》二卷，元刊本，汲古阁藏书。'"[①] 另外，据毛本《片玉词》删削未尽的痕迹遗留，知此本已经与宫调、评注、校勘相混杂，毛晋删削后略见强本原貌（详后考），故此毛氏二卷本题名《片玉词》并非"悬牛头，市马脯"。吴则虞曾因此指"曹元忠、朱孝臧讥子晋擅改名目"为"贤者千虑之一失"[②]。三是宋本《片玉集》与元巾箱本《清真集》虽然同为 127 首，但一为十卷本，一为二卷本，元巾箱本悉删注释，改变卷数，显然为元朝版式，并非毛晋、王鹏运所未见士礼居本标明"嘉定"的别藏本。四是陈允平《西麓继周集》与黄升《花庵词选》所据为同一版本，而非各行其道（详后说）。

　　关于毛氏汲古阁本易名宋刻《片玉集》为《片玉词》的问题，还可以引申为说。前引毛晋跋《片玉词》："最后得宋刻《片玉集》二卷，计调百八十有奇，晋阳强焕为叙。余见评注庞杂，一一削去，厘其讹谬。"此说被曹元忠认为是混淆了陈元龙注本与强焕序溧水官本的体例。实际上，毛本翻刻宋本时将《片玉集》更名为《片玉词》，是因为此二种版本皆源自强焕所序的溧水官本，即下引吴则虞所谓"翻强本也"[③]"亦翻强本也"[④] 同本异名。这一点在明初词集丛刻《百家词·片玉集抄补》也可以得到证明，《百家词》本共收周词 155 首，分为《片玉集》和《片玉集抄补》两部分。第一部分《片玉集》收词 127 首，分为十卷，排列顺序与陈元龙详注《片玉集》完全相同，宫调也基本一致，但没有注释。《抄补》收录周词 28

① 吴则虞《〈清真集〉版本考辨》，周邦彦撰，吴则虞校点《清真集》，中华书局1981 年，第 170 页。
② 吴则虞《〈清真集〉版本考辨》，同上书，第 176 页。
③ 吴则虞《〈清真集〉版本考辨》，同上书，第 170 页。
④ 吴则虞《〈清真集〉版本考辨》，同上书，第 176 页。

首,与毛本重合24首;其中与《西麓继周集》所和周词重合一首:即《玉团儿》(铅华淡伫新妆束),陈西麓《玉团儿》有目阙词,但宋人卢炳有和"绿云慢绾新梳束"一首可证;另外4首,除《琴调相思引》(生碧香罗粉兰香)与《西麓继周集》所和周词重合外,其余三首仅见于《百家词》本:《玉团儿》(妍姿艳态腰如束)、《无闷》(云作重阴)、《青房并蒂莲》(醉凝眸)。《片玉集抄补》与毛本重合的24首中也有3首伪词:《水调歌头》《南柯子》《鬓云松》(词调多一"令"字,同调异名),比毛本(除《补遗》外)伪词仅少一首(此首非周词还能从毛注中不满百阕本《清真集》不载得到旁证),表明吴讷所见与毛本略有参差,抑或明初尚有世人不及见的别本孤传。另外,《百家词》抄补中16首有宫调,与毛本对照,知毛晋所得宋刻,删削的庞杂评注中还包含了宫调。通过毛本残存评注,知已非溧水本原貌,而是在版本流传过程中与"坊刻""时刻"相杂,有所衰益的结果。

　　以今存毛氏《片玉词》残存的"评注"为例,仍可见其成份之"庞杂"。如《瑞龙吟》评注:"按:此调自'章台路'至'归来旧处'是第一段。自'黯凝伫'至'盈盈笑语'是第二段,此谓之双拽头,属正平调。自'前度刘郎'以下即犯大石,系第三段,至'归骑晚'以下四句再归正平。坊刻皆于'声价如故'分段者非。'侵晨浅约宫黄'或作'宫妆',非。考梁简文诗'约黄能效月',李贺诗'宫人面靥黄'。'犹记燕台句',或作'兰台句',非。考李义山《柳枝诗序》云:"柳枝,洛中里娘也。年十七,不聘。余从昆让山,比柳枝居为近。他日,春阴。让山下马柳枝南柳下,咏余《燕台诗》。柳枝惊问:'谁人为是?'让山曰:'此吾少年叔耳。'柳枝手断长带结,让山为赠叔乞诗。明日,予策马出其巷,柳枝丫鬟毕妆,抱立扇下,风障一袖。指曰:'若叔是? 后三日,邻当去溅裙水上,以博山香待,与郎俱。'"①

　　上引评注"此词"至"再归正平"为黄升《花庵词选》按语,"坊刻"云云,为编辑者校语。所录李义山《柳枝诗序》与陈元龙《片玉集》详注二句也不完全相同(详后引)。再如校评《隔浦莲近拍》上阕结处"骤雨鸣池沼,水亭小"分段以及"金丸落、惊飞鸟""帘花檐影颠倒"二句:"时刻或于'池沼'下分段,'金丸落、惊飞鸟',一作'金丸落飞鸟'。注引李贺诗云:'间把金丸落飞鸟。'按谱第四句、第五句皆三字,宜作'金丸落,惊飞鸟'。考韩嫣好弹,以金为丸,打飞鸟。一日所失十余,人争拾之。时人为之语曰:'若饥寒,逐金丸。''帘花檐影',一作'檐花帘影'。杜子美诗云:'灯前细雨檐花落。'盖檐前雨映灯光如花尔,或改'檐前细雨灯花落',便无致味。周美成用'檐花',《苕溪渔隐》病其与本意未合,《花庵词选》作'帘花檐影',今从之。"②

　　综上可知,毛氏所见宋刻《片玉集》除词作之外,涉及宫调、校勘、注释、评注。这种现象说明,明朝前,随着周美成词名渐高,书商射利,扩大印张,故而当时流传于世的强焕本不再是单纯的辑录,而是"杂凑"而成,有赖子晋斧削,才得以基本还原强本"真面"。

　　郑文焯《〈清真词〉校后录要》亦有版本论述:

　　　　《清真集》分类体例,盖宋时已有刊行,据方千里和词次第,以考元巾箱本及陈注本,自"四时"至"单题"类,若合符节,千里固宋人,是宋本有分类可知。其"杂赋"一类三十二首,疑出于后之续编,校刻者不欲羼夺旧次,遂附卷末,别立一

————————————

① 毛晋《〈片玉词〉评注》,《宋六十名家词》,第179—180页。
② 毛晋《〈片玉词〉评注》,《宋六十名家词》,第180页。

门，或陈振孙所谓"《后集》一卷"者此欤？否则"杂赋"诸词，
尽可分入前编诸类，奚事他题，千里未见，故无和作耳。考分
类之体，昉于昭明，宋人编订前贤专集，多沿其例。……是《清
真集》在宋已有类编之刻，可类推矣。元本未详所自，盖亦依
据旧格，附注以行，非创体也。至强刻或从溧水官本搜辑，故
视诸坊刻为多，论世知人，当时必以编年之例刊行于世，惜淳
熙本世无传刻，仅见一叙。毛本义近编年，第所据宋刻多本，
仍是元板之《片玉词》，其所谓"《清真集》《美成长短句》不满
百阕者"，必非强刻百八十二章之本可知，是编年宋本散佚久
矣。此宋、元本体例出入之证也。①

　　郑文焯虽然位列版本学家行列，但论述多有似是而非之处。
一是郑氏亦辑有《清真集》，体例、词数全同毛本《片玉词》，但以
《清真集》作为词集名称，名实不能对应。后之版本整理者，在未
能详考的情况下，往往也以《清真集》为周词命名。如笔者《清真
集校注》即以郑本为底本，词集名也相沿袭，实为误称。二是因为
陈注本《片玉集》的分类体例，就武断推论，不分卷方千里所和词
集、二卷元巾箱本都是分类体例。三是"淳熙本"即强焕淳熙七年
（1180）刻本，虽然"世无传刻"，但毛本所据元板二卷本《片玉集》
所刻《片玉词》，实是翻刻强焕二卷本。毛氏删削评注等，还原了强
本基础形态。四是谓强焕刻本"当时必以编年之例刊行于世"，通
过本书第一章对毛本的编年，知仅有同调词存此义例。
　　但郑说也不乏合理成份：如"宋本有分类"，因陈注本原是宋

---

① 郑文焯《〈清真词〉校后录要》，郑文焯著，孙克强、杨传庆辑校《大鹤山人词
话》，南开大学出版社 2009 年，第 359—360 页。

刻，与正确结论相合。另如推定陈注本"依据旧格，附注以行，非创体也"，又以强刻或从溧水官本搜辑，十卷本中的九卷、十卷，即是陈振孙所载《清真词》"《后集》一卷"，都是可以采信的论断。

王国维《清真先生遗事·著述》条序宋版词集七种，并且对王、朱跋语各有驳疑：

先生词集，行于世者，今惟毛刻《片玉词》二卷；王刻《清真集》二卷，陈注《片玉集》十卷，则元刻仅存。又见仁和劳巽卿手钞振绮堂藏《片玉集》十卷，目录之下，略有注释，词中注多已削去，殆亦从陈本出。其古本，则见于《景定严州续志》《花庵词选》者，曰《清真诗余》；见于《词源》者，曰《圈法美成词》；见于《直斋书录》者，曰《清真词》、曰曹杓注《清真词》；又与方千里、杨泽民《和清真词》合刻者，曰《三英集》（见毛晋《方千里和清真词跋》）。子晋所藏《清真集》与王刊元本不同，其《氏州第一》一首作《熙州摘遍》，此宋人语，非元以后人所知，则其源亦出宋本；加以溧水本，是宋时已有七本。而陈注《片玉集》十卷、王刻《清真集》二卷，则为元本。毛跋之《美成长短句》不识编于何时。别本之多，为古今词家所未有。溧水本编于淳熙庚子，故阕数虽多，颇有伪词。陈注十卷与王刻二卷，编次均同。方千里、杨泽民《和词》，既不据溧水本，又题《和清真词》，则必据《清真词》。今其次序，与陈注本、王刊本正同，则此二本疑即出于直斋著录之《清真词》三卷。今以此数本比较观之，方、杨《和词》均至《满路花》而止（陈注本卷八之末、王刊本卷二第五十三阕），而陈注本、王刊本尚有《绮寮怨》以下三十一阕（孙按：应为三十二阕）。疑宋本《清真词》二卷当至《满路花》止，而《绮寮怨》以下即所谓后集。

王刊元本以后集一卷合于下卷,而陈本则分前集为八卷,后集为二卷,虽皆出于《清真词》,然皆非《清真词》之旧矣。由此观之,则《清真词》三卷之编次,亦复不难推测。至毛刊《片玉词》,子晋谓出宋本,或据陈注本刘必钦序谓:片玉之名,乃必钦所改题,溧水旧本不应先有此名。然此本编次既与他本绝异,而所增词甚多,其中伪作间出,而其佳者又绝非清真不办,且陈允平《西麓继周集》全从此本次第,足证宋末已有此本。又子晋未见陈注本,则亦无从改题为"片玉",余疑刘序乃释"片玉"二字,特措辞不伦,此又元明人常态,无足怪也。又疑《清真词》三卷,篇篇精粹,虽非先生手定,要为最先之本。考王灼《碧鸡漫志》,成于绍兴己巳,而书中已有"美成集中多新声"一语,则先生词集,绍兴间已盛行矣。《片玉》本强焕所编,又益以未收诸词,既编于数十年后,羼入他作,自不能免。惟子晋宋本之说,固无可疑也。①

王国维对周词版本溯源也有发明。一是首次明确指出方、杨所和为直斋书录本所载《清真词》,其为宋朝"最先之本";通过方、杨和词止于八卷,以及陈注本、王刻本所据元巾箱本的编次,推定《清真词》与陈注本、元巾箱本之间同源分流:"王刊元本以《后集》一卷,合于下卷,而陈本则分《前集》为八卷,《后集》为二卷。"准确推原出《清真词》三卷的编次。二是首次指出陈允平《西麓继周集》与毛刊《片玉词》次第相同,提供了追踪《西麓继周集》源版本的路径。三是首次提出不满百阕本《清真集》《美成长短句》并非

---

①《清真先生年谱》,《王国维文集》,第 198—200 页。

都能认定是宋本,前者是通过词调名称确定宋本 ①,而以《美成长短句》"不识编于何时"存疑,提醒后人对版本的考释需要抽丝剥茧的细致功夫。

其溯源之误如下。一是"宋时已有七本":《清真诗余》《圈法美成词》《清真词》《注〈清真词〉》《三英集》以及毛晋所藏不满百阕《清真集》与"溧水本";未能穷尽宋本。二是认为强焕溧水本"阕数虽多,颇有伪词""编于数十年后,羼入他作,自不能免",今考此本仅四首伪词(详后考)。三是由于认为毛晋《片玉词》所据为"评注庞杂"的《片玉集》,而错认毛本"或据陈注本"。

(二)吴则虞对周词版本甄别考源

吴则虞经眼周词版本最多,共考得宋元十三种词集,加上撰人或年代不详者二种,共十五种词集。备录如下:

> 《清真词》在宋绍兴间已别行,今可考者,宋刻得十有一种。王国维谓"宋有七本",未详察也。
> 《清真诗余》《景定严州续志》及《花庵词选》。
> 《圈法美成词》《词源》。
> 《美成长短句》毛扆明本《片玉词跋》,见《静嘉堂秘籍志》卷五十,又见毛晋《片玉词跋》。
> 《注清真词》二卷曹杓注,见《直斋书录解题》。
> 《三英集》见毛晋《跋方千里〈和清真词〉》。
> 《清真集》不详卷数,见毛晋《跋〈片玉词〉》。其云"不满百阕",又

①《清真集》是宋本还能从毛晋汲古阁本得到证实。如毛本《片玉词·荔枝香近》末句作"如今谁念凄楚"。毛注:"《清真集》作'共剪西窗蜜炬'。"方千里作"幸有雕章蜡炬。"杨泽民作"莫惜高烧蜡炬。"陈允平作"泪拥通宵蜡炬。"宋人和词皆以"炬"字为韵。

汲古阁《片玉词》内《氏州第一》注"《清真集》作《熙州摘遍》",此宋人语,非元以后人所知,此《清真集》必属宋本无疑。

《清真词》二卷《后集》一卷见《直斋书录解题》。

《详注周美成词片玉集》十卷陈元龙注、刘肃序,后有"嘉定辛未"年号,朱孝臧所据之本如此。覆刻本削去此四字。

《覆刻陈注本》汲古阁藏。朱孝臧谓:"刘肃序尾削去'嘉定辛未',字句中讹脱较尠,注亦加详,卷五尤多增改"。案《望江南》"咏妓",各本皆作《掩香罗》,惟此本作《染香罗》,其为覆刻无疑。涉园即据此影印。

《清真词》二卷一百八十二首,强焕序,淳熙庚子溧水刊本。

《片玉集》二卷有详注,见毛晋《〈片玉词〉跋》,盖宋翻强本也。

元有二:

元版《片玉词》二卷汲古阁旧藏。《珍藏秘本书目》:"元版《片玉词》二本,一两二钱",毛扆《跋明〈片玉词〉》云:"元刻本《片玉集》。"又《结一庐书目》:"《片玉词》二卷,元刊本,汲古阁藏书。"案:此即元翻强本。

《元巾箱本清真集》二卷明无名氏跋:"隆庆庚午用复所司李藏元人巾箱本,命胥鲁颂照录讫。"

⋯⋯

不详者二:

沈义父《乐府指迷》云"学者看词,当以《周词集解》为冠",此《集解》未知何人所撰。

毛扆《跋〈片玉词〉》云:"及一钞本校。"此钞本未知何本? ①

吴则虞所列宋本十一种,实为十种。《覆刻陈注本》不宜在陈

① 吴则虞《〈清真集〉版本考辨》,吴则虞校点《清真集》,第169—172页。

元龙《详注周美成词片玉集》之外另立一种；反而是不详撰人的
《周词集解》，见载于沈义父《乐府指迷》，显然是宋本。

吴先生又对宋元明清的周词所有版本中的词集称名、源流分
为八个专题作出溯源甄辨：

今可考者，都凡三十八种，择其要者，考辨如次：

一曰《清真词》之祖本二种　《宋史·艺文志》有《清真
集》十一卷，《攻媿集》及《郡斋读书志》有《清真先生文集》
二十四卷，《直斋书录解题》有《清真杂著》三卷，书皆不传。
王灼《碧鸡漫志》云"美成集中多新声"，《直斋书录解题》云
"《清真杂著》，在溧所作文记诗歌"，二者之中俱有长短句在
内，卢炳、陈允平、强焕所据之本，疑从此出，此第一本也。《严
州续志》有《清真诗余》，此清真词最早别行之本，黄升《花庵
词选》即据以选录，《清真诗余》收词若干不可知，然《花庵》
所选各词，方、杨皆有和，似亦只九十余首，后之《三英集》及
毛晋所见不满百阕之《美成长短句》与《清真集》，似俱从此
出，此第二本也。祭海先河，后来各本，要皆此二者之支裔耳。
《皇宋书录》"美成正行皆善，有词稿藏张宫讲宓家"，今则不可
考矣。

二曰不满百阕之本二种　毛晋《跋〈片玉词〉》有云："余
家藏凡三本，一名《清真集》，一名《美成长短句》，皆不满百
阕，最后得宋刻《片玉集》二卷。"案汲古阁所藏清真词，今可
考见者有八种之多，一《清真集》、二《美成长短句》、三宋刻《片玉
词》、四陈注本、五元版《片玉词》、六明钞本《片玉集》、七明刻《片玉词》、
八"一《钞本》"，俱见前。而题跋独举此三者，盖指宋本言，非泛
及他本耳。杨泽民和词九十二首，方千里和词九十三首，俱不

满百阕,然则此之不满百阕之长短句,恐即当时方、杨所见之本。此书今不见,郑文焯与朱孝臧合校《西麓继周集》,书衣之上,大鹤有批云:"不满百阕《清真长短句》,竟无传本。"藏书家亦无著录。而许增《词萃》本《〈片玉词〉跋》云"因取《美成长短句》按之图谱",书既久佚,迈孙获自何处,又未明言,语极含混,此事殊不足信。至于子晋所藏不满百阕之《清真集》,亦早佚。幸于毛刻《片玉词》注中犹得窥见其端倪,如《氏州第一》《清真集》作《熙州摘遍》,《扫花游》作《扫地花》,《倒犯》作《吉了犯》,皆宋人旧称,后人所不易知。又《少年游》注云:"《清真集》作'相对坐调筝'。"方、杨和词无作"筝"者,是不满百阕之《清真集》,不但与元龙注本、强焕刻本俱不同,抑且与方、杨所见者相异,其辑刻必甚早。郑文焯校《继周集》批云:"毛云《清真集》不满百阕,即今元巾箱本也。"案元巾箱本收词百廿七首,不但版式不同,而收词之多寡亦相悬甚远,其言误矣。

　　三曰陈振孙著录之本　《直斋书录解题》著录"《清真词》二卷,《后集》一卷",窃疑即陈元龙作注所据之底本也。书早佚。注本之一至八卷,疑即此之前二卷,注本收词九十五首,较千里和词多《归去难》《黄鹂绕碧树》二首,其余之九十三首,盖与不满百阕之《美成长短句》相同。九、十两卷,即此之后一卷,注本收词三十二首,当亦不满百阕本所未有。不曰"第三卷",而题曰"后集"者,以示于《清真诗余》《严州续志》之外,别有增录,且以明辑录之先后耳。《后集》之词,方、杨皆无和,是此书辑刻之年,必早于元龙而后于方、杨。

　　四曰陈元龙注本　少章之注,前人评述者多矣,以余论之,佳胜处有三:一则分类纂辑之存旧例也,分类纂录诗词,宋人常用之,周词分类,似亦不始于元龙,盖元龙之前,不满百阕之本已有分类排纂者,故注本一至八卷所分诸类,悉仍旧贯。春、夏、秋、冬、单题五类。九、十两卷所收之词,并非前类无可归附,而特标曰"杂赋"者,盖元龙欲以存《清真词》前后集"之疆畛,不使厕杂耳。二则校录之佳也,如《解语花》"望千门如昼",千里、泽民和词犹作"画",《花草粹编》亦作"画",而元龙注曰:"易斋云,旧本作'千门如画'者,误也。"易斋何人不可考,足见其旁搜远绍校订之勤矣。三则多存旧注也,美成词注者不止一家,曹杓而外有其人,故少章题曰"集注",又曰"详注",必钦序亦称其"病旧注之略,详而疏之"。是辑补之外,固未尝摒弃旧注也。此书于宋时甚通行,犹怪西麓却未之见,注本收词一百二十七首,西麓和词百二十八首,和词百二十三首,又有有调无词者《苏幕遮》《蓦山溪》《玉团儿》《三部乐》《玉烛新》等五首。注本内《归去难》《黄鹂绕碧树》二首,西麓无和,而和词中《过秦楼》《琴调相思引》《玉团儿》,注本复未收,是其未见之证。此书有二刻:初刻本,刘肃《序》末有"嘉定辛未"四字,士礼居旧藏,见朱孝臧《〈片玉词〉跋》。覆刻本此四字削去,汲古阁所藏,亦见朱跋。王国维谓子晋未见注本,误也。少章、必钦,姓名不彰,其书之版式字体又介乎宋元之间,子晋《跋〈片玉词〉》历举宋本,独无一语及此,意者误以为元椠耶? 郑文焯谓少章系元人,盖亦如是。此注沉晦殆数百载矣。

五曰元巾箱本附四印斋本　元巾箱本《清真集》二卷,实即元龙之十卷本也,惟分卷编次不同。此分为上下两卷,上卷收词四十七首,下卷收词八十首,共一百二十七首,与注本同。四印斋刻本悉依从之。其集中所无而见于毛刻者凡五十四阕,别为集外词一卷,置列于后。共百八十一首。半塘翁一代词宗,号为精审,然此集之刻,殊有三失:毛本之九十四阕(孙按:应为"百九十四阕"之误),其《锁阳台》等三首及补遗十首,王氏悉删去,或取或舍,欲全及缺,其失一也。又五十四阕中《水调歌头》"今夕月华满"乃何大圭词,《感皇恩》"小阁倚晴空"乃晁冲之词,《鬓云松》亦赝品,半塘翁欲去伪存真,而真伪杂糅,其失二也。《清真词》分卷虽乱于元龙,而本来面目犹仿佛见之,元巾箱本厘为二卷,宋本堂庑从此全毁,半塘翁既见陈注,而弃宋从元,舍刻从钞,其失三也。所喜者,《清真词》自宋以来,注本与强本分道扬镳者已久,此刻而后,两本渐汇而为一,林大椿复事综集,胖以合矣。

六曰卢炳、陈允平所见之本　《清真词》自绍兴以来,传刻颇多,已如上述。其纂辑体例有二:一则分门纂录,如前后卷之《清真词》暨陈元龙注本,俱与方、杨和词之序次合。二则不分门类纂者,如卢炳与陈允平所见本《哄堂词》有《玉团儿》,用美成韵,毛氏云"《清真集》所无",元龙注本亦未收,《西麓继周集》和词佚,而存其调,是西麓与叔阳所据者同一本,又西麓《如梦令》作《宴桃源》,又有《过秦楼》《琴调相思引》,亦皆注本所无。及晋阳强焕本。窃疑分类纂录者,或依不满百阕之《清真诗余》《清真集》;其不依类纂录者,或本诸《清真先生文集》之旧。宋人专集著录诗词,分类者稀见,分类之体,往往用之于选集或诗词别行之本。如东坡诗、山谷词等。是知西麓与方、杨所据者固不同本也。如《解语花》,"千门如昼",千里、泽民和词皆作"画",元龙本作"昼",而西麓独押"艳"字,此又得其一证。校《清真词》者,当以方杨还方杨,以卢陈还卢陈。

七曰强焕本附翻本　强本分上下两卷,收词一百八十余首,较西麓和词溢出六十余阕,试以两本相勘,西麓所和百二十余阕,皆在强本上下卷之前半。尝疑强焕之前原只此数,其上下卷卷末增附之词,盖晋阳所裒次。毛刻《木兰花令》下注云"原本二首,考'残春一阵狂风雨'是六一词"。毛氏所谓原本,殆指强本,足见强焕所附各词,多误入。《清真集》以强本最赡备,然不免采真及滥,其功在此,其过亦在此。此书淳熙间刻于溧水官廨,故后人号曰官本,元本《四园竹》注云:"官本作《西园竹》。"宋有翻本,改易故名,并附陈注。毛晋《跋〈片玉词〉》所谓"宋刻《片玉集》二卷,计调百八十有奇,晋阳强焕为序,余见评注庞杂",翻强本也。元亦仍之,汲古阁藏有二卷本之"元版《片玉集》"即此,亦翻强本也。明季胡震亨又为之重刊,亦翻强本也。其书固在。曹元忠诸老不知宋有翻强本,而讥子晋"悬牛头,市马脯",朱孝臧、郑文焯更诮毛氏擅改名目,岂非智者有所蔽耶?

八曰毛晋本　汲古本《片玉词》最佳,犹《说文解字》之有大徐本也。毛本词下注语,尤为可宝,凡旧刻之无传者,若《清真集》,宋翻强本,元版《片玉集》以及明刻、注中所谓"时刻"当即此。坊刻、如《应天长》注。古本古注,赖以廑存,注语与元龙之注,亦间有不同,可资以校理。奈何许迈孙以次,于版本源流辨之未晰,致于毛本胜处,每每轻忽,或相率而唾弃,余故表而出之。

综上观之,《清真词》刻本之原委得失可得而言焉:祖本明,则《清真词》之二源众流,以及后来裒合增辑之迹斯睹矣。直斋著录之前后集本《清真词》之面目得见,则周词之真赝,可于此以推考之。而强焕之功过亦著明矣。方、杨、卢、陈所见之本,即不相同,校字斠律者,当各从其当,毋相胶滞矣。元本虽早未必佳,毛本虽迟而精善,评骘颇异于前人,于前人校理之事，或有所平反矣。郑文焯谓不满百阕之《清真集》即元巾箱本，又云陈少章为元人；曹元忠、朱孝臧讥子晋擅改名目；王国维谓《清真词》宋廑七本，又云子晋未见元龙之注，贤者千虑之一失，今俱得以辨明。①

　　吴则虞先生把宋朝至近代三十八种版本分为八类，试图各归其源。其实仍有相互羼杂，明显可议之处如下。

　　一是前引许增跋丁丙《西泠词萃六种·片玉词》，自谓以不满百阕本《清真集》《美成长短句》作为校本，吴氏批评许本"轻忽"乃至"唾弃"毛本异文，其实宋元遗刻在清朝失传者不胜其数，如张炎诗集就是如此。朱彝尊《明诗综》（卷八十）注张鹿征诗："曩造其山居，见案头有手抄宋季张炎叔夏诗集一卷。今其遗书不可复问，诗亦流传者寡矣。"② 因此，周邦彦宋刻不满百阕二本或可凭借许校得见一斑。

　　二是对王半塘刻本指摘未当："毛本之（百）九十四阕，其《锁阳台》等三首及补遗十首，王氏悉删去，或取或舍，欲全及缺，其失一也。"是指王刻元巾箱本少于毛本之数，今考毛本《补遗》十首全为伪词，而《锁阳台》是《满庭芳》的同调异名，元巾箱本仅有《满庭芳》（风老莺雏）一词。或认为另外两首《锁阳台》是伪词而未

---

① 吴则虞《〈清真集〉版本考辨》，吴则虞校点《清真集》，第172—176页。曹元忠《清真集跋》："至汲古所刊，意必先得宋刻《清真词》，又得元刻《片玉集》，及刻《六十家词》，于是用强焕叙本，乃以陈元龙注本之名名之。跋中'最后得宋刻'云云，明指强本，'余见旧注庞杂'云云，复指陈本。悬牛头，卖马脯，令人迷罔不能明了，实则去此《片玉》之名，固确然可信为淳熙溧水本也。"曹元忠《笺经室遗集》，《清代诗文集汇编》（790），上海古籍出版社2010年，第533页。

② 朱彝尊《明诗综》（第2册），上海古籍出版社1993年，第1493页。

录。吴则虞《清真集》体例与王刻相同，其自述增补词曰："又据《能改斋漫录》补一首，《百家词》补七首，《词的》补三首，《古今诗余醉》补一首，《橘录》补断句一，共收词二百零六首，又断句一。"①吴本据《百家词》所补七首中的《满庭芳》三首，与毛本《锁阳台》三首完全相重，实同调而异名者②。又收毛本伪词十首，是求全而及于滥，未称精审。于此又曰："所喜者，清真词自宋以来，注本与强本分道扬镳者已久，此刻而后，两本渐汇而为一，林大椿复事综集，胖以合矣。"林本胖合元巾箱本、毛本两种不同体例的宋本，吴本沿仍此体例，实使"宋本堂庑从此全毁"。

三是未能厘清陈允平和词与陈元龙注本并非同源同流，指为注本有而西麓无和，西麓有和而注本未收，断定"是其未见之证"。实际上，陈允平所见之本是另一版本系列，两种版本排列顺序也完全不同，因而西麓所和与注本参差出入，反而可由陈允平和词可溯源另一版本（溧水旧本）面目，王国维所考已有端倪，惜吴先生未予采信。

二、宋朝"和词"系列与周邦彦词集宋元版本新考

以上诸位大家对周词版本的溯源甄别，虽有失之毫厘之处，但已经从多维度接近真相，成为后人溯源周词版本的坚实基础。

今考周邦彦词集的最早版本源头分为两个系列，由河而海，皆自此出。一为陈振孙《直斋书录解题》所载《清真词》二卷（前二卷"不满百阕"）、《后集》一卷。一为由溧水邑藏旧本发展演变而成的《清真诗余》。几乎被所有版本学家忽略的是，此本即严州府

① 吴则虞校点《清真集》，第3页。
② 毛晋《玉楼春》注："按谱《木兰花令》实是一调，又如《满庭芳》与《锁阳台》，《苏幕遮》与《鬓云松令》之类，俱同调而异名。"《宋六十名家词》，183页。

所藏不分卷本《清真诗余》（府志卷四载藏录书籍八十种,《清真诗余》即其一,已见前引）的底本。所有宋元旧椠皆出此二源。虽然《清真词》三卷、《清真诗余》版本今皆不传,然而,通过现存宋本陈元龙详注《片玉集》、据宋本翻刻的汲古阁本《片玉词》,对照宋人特别是方千里、杨泽民、陈允平三家所和词作排列顺序与数量,结合黄升《花庵词选》见录之词,基本上可以比对出《书录》所载《清真词》三卷,严州府所藏不分卷《清真诗余》的"前世今生"。

（一）宋朝和词与周词版本对照及溯源

这里先通过流传至今的周词别集与周词唱和集（包括仅有数首乃至一首唱和的词人词作）加以比较的三种表格,考察宋本周词别集与唱和词的关系。三种表格分别是:方千里、杨泽民二家《和〈清真词〉》与刘肃必钦所序陈元龙详注《片玉集》对照表（表2）,陈允平《西麓继周集》与毛晋汲古阁本《片玉词》对照表（附毛注及《花庵词选》,表3）,包括方、杨、陈三家在内的宋代十七家和韵词概览表（表4）。并且将从方千里、杨泽民、陈允平三家和词入手,结合黄升《花庵词选》,针对前贤尚未关注、或者已经关注但未深入探讨的视角,借助各版本之间的相互制衡,多维度显示宋椠周词版本生成轨迹,对周词宋椠版本加以厘清辨证,或能驭繁归简,在前人溯源的基础上,从特殊路径追溯周词宋本的原貌。

表2　方千里、杨泽民二家和词与《片玉集》对照表

序号	方《和〈清真词〉》		杨《和〈清真词〉》	陈元龙详注《片玉集》		
	调名	首句	调名·首句①	调名	宫调	首句
	和词皆无宫调, 不分卷			卷之一·春景		
1	瑞龙吟	楼前路	城南路	瑞龙吟	大石	章台路
2	琐窗寒	燕子池塘	倦拂鸳衾	琐窗寒	越调	暗柳啼鸦

续表

序号	方《和〈清真词〉》		杨《和〈清真词〉》	陈元龙详注《片玉集》		
	调名	首句	调名·首句	调名	宫调	首句
3	风流子	春色遍横塘	佳胜古钱塘	风流子	大石	新绿小池塘
4	渡江云	长亭今古道	渔乡回落照	渡江云	小石	晴岚低楚甸
5	应天长	嫩黄上柳	夭桃弄粉	应天长	商调	条风布暖
6	荔枝香	胜日登临幽趣	瞰水自多佳处	荔枝香	歇指	照水残红零乱
7	第二	小园花梢雨歇	未论离亭话别	第二	歇指	夜来寒侵酒席
8	还京乐	岁华惯	春光至	还京乐	大石	禁烟近
9	扫花游	野亭话别	素秋渐老	扫花游	双调	晓阴翳日
				卷之二·春景		
10	解连环	素封谁托	塞鸿难托	解连环	商调	怨怀无托
11	玲珑四犯	倾国名姝	韵胜江梅	玲珑四犯	大石	秾李夭桃
12	丹凤吟	宛转回肠离绪	荏苒秋光虚度	丹凤吟	越调	迤逦春光无赖
13	满江红	为忆仙姿	袅娜身材	满江红	仙吕	昼日移阴
14	瑞鹤仙	看青山绕郭	依山仍负郭	瑞鹤仙	高平	悄郊原带郭
15	西平乐	倦踏征尘	圃韭畦蔬	西平乐	小石	稚柳苏晴
16	浪淘沙	素秋霁	浪淘沙慢·禁城外	浪淘沙慢	商调	晓阴重
17	忆旧游	念花边玉漏	念区区远宦	忆旧游	越调	记愁横浅黛
				卷之三·春景		
18	蓦山溪	园林晴昼	当年苏小	蓦山溪	大石	湖平春水
19	少年游	丹青闲展小屏山	金炉喷兽枕欹山	少年游	黄钟	南都石黛扫晴山
20	第二	东风无力飏轻丝	三分芳髻拢青丝	第二	黄钟	朝云漠漠散轻丝
21	秋蕊香	一枕盘莺锦暖	向晓银瓶香暖	秋蕊香	双调	乳鸭池塘水暖
22	渔家傲	烛彩花光明似昼	秾李素华曾缟昼	渔家傲	般涉	灰暖香融销永昼
23	第二	冷叶啼螀声恻恻	未把金杯心已恻	第二	般涉	几日轻阴寒恻恻
24	南乡子	西北有高楼	乘月上高楼	南乡子	商调	晨色动妆楼
25	望江南	春色暮	寻胜去	望江南	大石	游妓散
26	浣溪沙	杨柳依依窣地垂	芳蕊髼松夹道垂	浣溪沙	黄钟	争挽桐花两鬓垂

续表

序号	方《和〈清真词〉》		杨《和〈清真词〉》	陈元龙详注《片玉集》		
	调名	首句	调名·首句	调名	宫调	首句
27	第二	无数流莺远近飞	原上芳华已乱飞	第二	黄钟	雨过残红湿未飞
28	第三	清泪斑斑着意垂	金粟蒙茸翠叶垂	第三	黄钟	楼上晴天碧四垂
29	迎春乐	参差凤铎鸣高屋	池边刺竹初成屋	迎春乐	双调	清池小圃开云屋
30	第二	红深绿暗春无迹	沉吟暗想狂踪迹	第二	双调	桃溪柳曲闲踪迹
31	点绛唇	池馆春深	流水泠泠	点绛唇	仙吕	台上披襟
32	一落索	月影娟娟明秀	水与东风俱秀	一落索	双调	眉共春山争秀
33	第二	心抵江莲长苦	识尽人间甘苦	第二	双调	杜宇催归声苦
34	垂丝钓	锦鳞绣羽		垂丝钓	商调	缕金翠羽
				卷之四·夏景		
35	满庭芳	山色澄秋	春过园林	满庭芳	中吕	风老莺雏
36	隔浦莲	垂杨烟湿嫩葆	桑阴柔弄羽葆	隔浦莲	大石	新篁摇动翠葆
37	法曲献仙音	庭叶飘寒	汀蓼收红	法曲献仙音	大石	蝉咽凉柯
38	过秦楼	柳拂鹅黄	选官子·塞雁呼云	过秦楼	大石	水浴清蟾
39	侧犯	四山翠合	九衢艳质	侧犯	大石	暮霞霁雨
40	塞翁吟	暮色催更鼓	院宇临池水	塞翁吟	大石	暗叶啼风雨
41	苏幕遮	扇留风	日烘晴	苏幕遮	般涉	燎沉香
42	浣溪纱	菱藕花开来路香	南国幽花比并香	浣溪纱	黄钟	日射欹红蜡蒂香
43	第二	密约深期卒未成	一径栽培九畹成	第二	黄钟	翠葆参差竹径成
44	第三	面面虚堂水照空	仙子何年下太空	第三	黄钟	薄薄纱幮望似空
45	第四	刻样衣裳巧刻缯	风递余花点素缯	第四	黄钟	宝扇轻圆浅画缯
46	点绛唇	闲荡兰舟	雨歇方塘	点绛唇	仙吕	征骑初停
47	诉衷情	远山重叠乱山盘	眼前时果漫堆盘	诉衷情	商调	出林杏子落金盘
				卷之五·秋景		
48	风流子	河梁携手别	行乐平生志	风流子	大石	枫林凋晚叶
49	华胥引	长亭无数	征车将动	华胥引	黄钟	川原澄映
50	清都宴	暮色闻津鼓	宴清都·早作听晨鼓	宴清都	中吕	地僻无钟鼓

续表

序号	方《和〈清真词〉》		杨《和〈清真词〉》	陈元龙详注《片玉集》		
	调名	首句	调名·首句	调名	宫调	首句
51	四园竹	花骢纵策	残霞殿雨	四园竹	小石	浮云护月
52	齐天乐	碧纱窗外黄鹂语	护霜云澹兰皋暮	齐天乐	正宫	绿芜雕尽台城路
53	木兰花	溶溶水映娟娟秀	奇容压尽群芳秀	木兰花	高平	郊原雨过金英秀
54	霜叶飞	塞云垂地	朔风严紧	霜叶飞	大石	露迷衰草
55	蕙兰芳	庭院雨晴	池亭小②	蕙兰芳引	仙吕	寒莹晚空
56	塞垣春	四远天垂野	绣阁临芳野	塞垣春	大石	暮色分平野
57	丁香结	烟湿高花	梅雨犹清	丁香结	商调	苍藓沿阶
				卷之六·秋景		
58	氐州第一	朝日融怡	潇潇寒庭	氐州第一	商调	波落寒汀
59	解蹀躞	院宇无人晴昼	一搦金莲微步	解蹀躞	商调	候馆丹枫吹尽
60	少年游	人如秋李	鸾胎麟角	少年游	商调	并刀如水
61	庆春宫	宿霭笼晴	曲渚澜生	庆春宫	越调	云接平冈
62	醉桃源	良宵相对一灯青	十年依旧破衫青	醉桃源	大石	冬衣初染远山青
63	第二	鸳鸯浓睡碧溪沙	大都修炼似蒸沙	第二	大石	菖蒲叶老水平沙
64	点绛唇	绿叶阴阴	岸草离离	点绛唇	仙吕	孤馆迢迢
65	夜游宫	一带垂杨蘸水	一叶飘然下水	夜游宫	般涉	叶下斜阳照水
66	第二	城上昏烟四敛	泪眼偎人强敛	第二	般涉	客去车尘未敛
67	诉衷情	一钩新月淡于霜	侵晨呵手怯清霜	诉衷情	商调	堤前亭午未融霜
68	伤情怨	闲愁眉上翠小	娇痴年纪尚小	伤情怨	林钟	枝头风信渐小
				冬景		
69	红林檎近	花幕高烧烛	轻有鹅毛体	红林檎近	双调	高柳春才软
70	第二	晓起山光惨	梅信初回暖	第二	双调	风雪惊初霁
71	满路花	帘筛月影金	双眼滟秋波	满路花	仙吕	金花落烬灯
				卷之七·单题		
72	解语花	长空淡碧	星桥夜度	解语花	高平	风销绛蜡
73	六幺令	照人明艳	道骨仙风	六幺令	仙吕	快风收雨

续表

序号	方《和〈清真词〉》		杨《和〈清真词〉》	陈元龙详注《片玉集》		
	调名	首句	调名·首句	调名	宫调	首句
74	倒犯	尽日	画舫	倒犯	仙吕	霁景
75	大酺	正夕阳闲	渐雨回春	大酺	越调	对宿烟收
76	玉烛新	海棠初雨后	梨花寒食后	玉烛新	双调	溪源新腊后
77	花犯	渚风低	百花中	花犯	小石	粉墙低
78	丑奴儿	凌波台畔花如剪	冰姿冠绝人间世	丑奴儿	大石	肌肤绰约真仙子
79	水龙吟	锦城春色移根	腻金匀点繁英	水龙吟	越调	素肌应怯余寒
80	六丑	看流莺度柳	叹浓欢易散	六丑	中吕	正单衣试酒
81	虞美人	花台响彻歌声暖	层层楼阁熏风暖	虞美人	正宫	金闺平帖春云暖
82	第二	高楼远阁花飞遍	小池芳蕊初开遍	第二	正宫	廉纤小雨池塘遍
				卷之八·单题		
83	兰陵王	晚烟直	翠竿直	兰陵王	越调	柳阴直
84	蝶恋花	漏泄东君消息否	腊尽江南梅发后	蝶恋花	商调	爱日轻明新雪后
85	第二	一搦腰肢初见后	初过元宵三五后	第二	商调	桃萼新春梅落后
86	第三	碎玉飞花寒食后	寂寞春残花谢后	第三	商调	蠢蠢黄金初脱后
87	第四	翠浪蓝光新雨后	百卉千花都绽后	第四	商调	小阁阴阴人寂后
88	西河	都会地	形势地	西河	大石	佳丽地
89				归去难	仙吕	佳约人未知
90	三部乐	帘卷窗明	浓绿丛中	三部乐	商调	浮玉飞琼
91	菩萨蛮	黄鸡晓唱玲珑曲	吟风敲遍阑干曲	菩萨蛮	正平	银河宛转三千曲
92	品令	露晞烟静	日长风静	品令	商调	夜阑人静
93	玉楼春	华堂银烛堆红泪	笔端点染相思泪	玉楼春	仙吕	玉琴虚下伤心泪
94				黄鹂绕碧树	双调	双阙笼嘉气
95	满路花	莺飞翠柳摇	愁得鬓丝斑	满路花	仙吕	帘烘泪雨干
				卷之九·杂赋		
96				绮寮怨	中吕	上马人扶残醉
97				拜星月	高平	夜色催更
98				尉迟杯	大石	隋堤路

续表

序号	方《和〈清真词〉》		杨《和〈清真词〉》	陈元龙详注《片玉集》		
	调名	首句	调名·首句	调名	宫调	首句
99				绕佛阁	大石	暗尘四敛
100				一寸金	小石	州夹苍崖
101				蝶恋花	商调	月皎惊乌栖不定
102				如梦令	中吕	尘满一絣文绣
103				第二	中吕	门外迢迢行路
104				月中行③		蜀丝趁日染干红
105				浣溪沙	黄钟	日薄尘飞官路平
106				第二	黄钟	贪向津亭拥去车
107				第三	黄钟	不为萧娘旧约寒
108				点绛唇	仙吕	辽鹤归来
109				少年游	黄钟	檐牙缥缈小倡楼
110				望江南	大石	歌席上
				卷之十·杂赋		
111				意难忘	中吕	衣染莺黄
112				迎春乐	双调	人人花艳明春柳
113				定风波	商调	莫倚能歌敛黛眉
114				红罗袄	大石	画烛寻欢去
115				玉楼春	大石	当时携手城东道
116				第二	大石	大堤花艳惊郎目
117				第三	大石	玉奁收起新妆了
118				第四	大石	桃溪不作从容住
119				夜飞鹊	道宫	河桥送人处
120				早梅芳	正宫	花竹深
121				第二	正宫	缭墙深
122				凤来朝	越调	逗晓看娇面
123				芳草渡	双调	昨夜里
124				感皇恩	大石	露柳好风标
125				虞美人	正宫	灯前欲去仍留恋

续表

序号	方《和〈清真词〉》		杨《和〈清真词〉》	陈元龙详注《片玉集》		
	调名	首句	调名·首句	调名	宫调	首句
126				第二	正宫	疏篱曲径田家小
127	.			第三	正宫	玉觚才掩朱弦悄
		93首	92首			127首

①调名相同时只列出首句。

②方、杨和词断句有异同。

③《词谱》注:"《月宫春》调见《花间集》毛文锡词。周邦彦更名《月中行》。《宋史·乐志》属小石角。"

　　前引毛晋跋《片玉词》谓家藏"不满百阕"有两种版本即《清真集》与《美成长短句》。王国维通过《清真集》词调古称考定其为宋本,吴则虞则考定《美成长短句》也为宋本。《清真集》在毛注中留下了蛛丝马迹,《美成长短句》虽然在各种传本中销声匿迹,却也有迹可寻(详后考)。上表中,方、杨所和一为93首,一为92首,理论上说,也有可能是"不满百阕"《清真集》,然参对下面表3中毛注"《清真集》不载"的条目,知《清真词》虽然也流行过"不满百阕"的版本,但与《清真集》所选词作重合度较小,明显不属同一系列。显证还有毛注周词《少年游》:"'相对坐吹笙'或用王建《宫词》'沉香火底坐吹笙'句。《清真集》又作'相对坐调筝'。"方、杨各作"银字理鸾笙""高会共吹笙"。毛注《忆旧游》(记愁横浅黛):"《清真集》不载。"方、杨皆有和词。另如《倒犯》,毛注此调"《清真集》作'吉了犯'。"方、杨所和词调皆作《倒犯》。可以排除二人和词出自"不满百阕"本《清真集》的选项。

　　从方、杨所和《清真词》(非《清真集》)与陈元龙详注《片玉集》的比对中不难发现,两种版本词调、韵脚完全相同,可以肯定同属《清真词》版本系列。区别仅在于方、杨所和《清真词》不分卷，注本《片玉集》分为十卷，并标注宫调与分类标题。辨析其间演变如后。

首先，通过方千里、杨泽民和词，可以据知周邦彦《清真词》存在过"不满百阕"的单行版本。前引毛晋跋方千里《和〈清真词〉》："独东楚方千里、乐安杨泽民有和清真全词各一卷，或合为《三英集》行世。"黄升《花庵词选》选录方千里词注曰："三衢人，尽和美成词。"① 由上表可见，所谓"和清真全词各一卷""尽和"，皆足证"不满百阕"单行本《清真词》的存在。所谓"各一卷"就是不分卷本，不分卷本《清真词》是现行可以逆推周词宋椠单行别集祖本的源头之一，即前引《书录》所载"《清真词》二卷、《后集》一卷"中的前集二卷，虽然方、杨所见未分卷，但通过同系列元巾箱本可以考见词集发展演变过程中的分卷印迹（详后说）。

其次，不分卷、不满百阕《清真词》演变成十卷本陈元龙详注《片玉集》。陈注本存词127首，厘分十卷。其与《清真词》虽然属于同一系列，但也略有差异，如陈注本是宋朝唯一标注宫调的版本，词题也略有不同。如《蕙兰芳引》，方、杨和作无"引"字，《浪淘沙慢》，方千里和作无"慢"字。表3、表4也出现同样情形：词调中少数调名倒乙或同调异名等，如《宴清都》作《清都宴》，《过秦楼》作《选官子》，《木兰花》作《木兰花令》。或用古调名，如《扫花游》作《扫地花》、《醉桃源》作《阮郎归》、《倒犯》作《吉了犯》。与原唱相比，和作往往没有"慢""引""近"等音乐标识。这与张炎所说的周词音乐创新有关："而美成诸人又复增演慢曲、引、近，或

---

① 《花庵词选》，第348页。

移宫换羽为三犯、四犯之曲,按月律为之,其曲遂繁。"①和者因未能对"慢""引""近"的乐理分刌节度,故略而不和,并在调名上显示出来。方千里、杨泽民和作所据《清真词·前集》,在流传过程中,随着《清真词·后集》的搜集录入,编辑者为了《清真集》前集、后集词数均衡,把《前集》厘分二卷,成为"《清真词》二卷,《后集》一卷"的新结构,至迟在理宗朝被陈振孙载录并随之定型。《清真词》三卷与陈注本《片玉集》排序、词数完全相同(详表5)。其注释源头,应是陈氏《直斋书录》所载曹杓《注〈清真词〉》二卷,理推应是最早把前后集分为二卷并附简注的版本,这是三卷本《清真词》到陈注本《片玉集》的重要过渡环节。一般来说,注本虽然也适用于歌唱,但主要是文人的案头读本。陈元龙为迎合"欢筵歌席"②的唱词需要,从卷一到卷十每首调下标注宫调,如卷一《瑞龙吟》(大石)、《琐窗寒》(越调),卷十《意难忘》(中吕)、《定风波》(商调)等等(仅变《花间》旧声为新声的《月中行》例外,参见表4(明朝《百家词·片玉集》自注:"一名《清真唱和词》"也可印证为唱本)。陈本除标注宫调外,把曹本《清真词·前集》二卷厘分八卷,并按"春""夏""秋""冬"等进行细致类编,又把《后集》一卷列为"杂赋"分为九卷、十卷,按前八卷同样标准进行了细分,但未与前八卷合并同类项,正如郑文焯所说,"(杂赋)或陈振孙所谓'《后集》一卷'"。也就是说,陈元龙注本把《清真词》三卷厘分为十卷,意在不破坏词集的原有结构,又能取便歌唱。与此同时,陈氏希望注释也对歌者有所帮助,因而兼取曹杓简注,细分卷数并加以详疏,也就是在曹本基础上,完成了《清真词》录词与简注分道扬镳的局

---

① 张炎《词源·序》,《词源注》,第9页。
② 刘肃《片玉集·序》,孙虹校注《清真集校注》(下册),第501页。

面,实现了歌唱之本、详注之本合体的蜕变。宋朝"贵人学士、市儈妓女知美成词为可爱"①,但"知其故实者,几何人斯"②的现状从此得到改观,促进了周词在获得正解前提下的广泛传播:"则美成之美益彰,犹获昆山之片珍,琢其质而彰其文,岂不快夫人之心目也。因命之曰《片玉集》云。"③"片玉"云云,显然出于序者刘肃对陈氏详注琢质彰文的称赏,故前引诸家概述版本时,普遍认为"片玉"是邦彦身后命名的词集名,洵为确论。

陈元龙厘分曹注二卷为十卷,加详注释,整理标目、并更名《片玉集》。究其原因有如下二端:其一,命名《片玉》,点明意旨。作者希望详尽的注释能帮助传唱者究事达意、进而能够唱出歌词的温润美质(已见上引)。其二,整理标目,取便歌唱。北宋歌词不尽标题,后人增之以标目,选本尤甚。朱彊村无著庵本校吴梦窗词引郑文焯语:"宋人词不尽标题,《草堂诗余》辄增'春景''秋情'诸目,取便依时附景,当筵嘌唱而已。甲乙二稿无一词无题者,其中'秋感''春情''春晴''夏景'及'有感''感怀'诸题凡二十余见,且依调编次,与丙丁稿体例迥别,显出后人重定。"④表明标目是宋椠唱本的标配。《片玉集》《草堂诗余》同属于歌本,足见《片玉集》统一体例之功。由于"片玉"确实符合周词特点与阅读期待,所以在元代以后,《片玉词》也逐渐演变成周词别集最为流行的正式名称之一。

《清真词》三卷与陈注《片玉集》之间的过渡版本曹注《清真词》二卷本久佚,但通过蛛丝马迹仍可寻按此本分为两支流传:一

---

① 《藏一话腴》,《景印文渊阁四库全书》(第865册),第559页。
② 刘肃《片玉集·序》,孙虹校注《清真集校注》(下册),第501页。
③ 同上。
④ 朱孝臧《重校〈梦窗词〉札记》,朱孝臧校辑《梦窗词》,清光绪34年(1908)无著庵刻本,第1页。

支是有宫调、厘分十卷、加详注疏的陈元龙详注《片玉集》,一支是分卷、目次与曹氏二卷本相同,存其概貌但尽删注疏的《清真集》二卷,即元巾箱本所据之祖本(前引王鹏运跋语已经指出了元巾箱本《清真集》二卷与陈元龙注《片玉词》排序完全相合)。陈注本在曹本基础上,更改词集名称、细分卷次、标以题目、加详旧注。涵盖并订正曹本,这正是曹本废止不传的原因之一。古籍整理所谓“已本出而别本废”,正是后出转精的成功标志。陈元龙详注《片玉集》既存曹杓简注本概貌,而《乐府指迷》所载《周词集解》应该是陈注本之后汇辑诸家注释、甚至可以有宫调、校勘、疏证、评述的集成版本,这个牉合性质的版本在毛晋所见的宋刻《片玉集》二卷本还有残存,而被毛本《片玉词》删削殆尽(详后说)。

表3　《西麓继周集》与《片玉词》对照表(附毛注及《花庵词选》)

《西麓继周集》			《片玉词》		《花庵词选·清真诗余》	《片玉词》毛注
序号	调名	首句	调名	首句		
不分卷			卷上			
1	瑞龙吟	长安路	瑞龙吟	章台路	有	
2	风流子	阑干休去倚	风流子	枫林凋晚叶	有	
3	又	残梦绕林塘	又	新绿小池塘	有	
4	华胥引	涵空斜照	华胥引	川原澄映		
5	意难忘	额粉宫黄	意难忘	衣染莺黄	有	
6	宴清都	听彻南楼鼓	宴清都	地僻无钟鼓		
7	兰陵王	古堤直	兰陵王	柳阴直	有	
8	琐窗寒	禁烛飞烟	锁窗寒	暗柳啼鸦		
9	隔浦莲近拍	铅霜初褪风葆	隔浦莲近拍	新篁摇动翠葆	有	
10	苏幕遮	*有目阙词	苏幕遮	燎沉香		
11	早梅芳	柳初妍	早梅芳近	花竹深		

续表

序号	《西麓继周集》		《片玉词》		《花庵词选·清真诗余》	《片玉词》毛注
	调名	首句	调名	首句		
12	又	凤钗横	又	缭墙深		
13	四园竹	昏昏瞑色	四园竹	浮云护月		
14	蓦山溪	*有目阙词	蓦山溪	湖平春水		
15	侧犯	晚凉倦浴	侧犯	暮霞霁雨	有	
16	齐天乐	客愁都在斜阳外	齐天乐	绿芜雕尽台城路	有	
17	荔枝香近	杜宇声声频唤	荔枝香近	照水残红零乱		
18	又	脸霞香销粉薄	又	夜来寒侵酒席		
19	水龙吟	晓莺啼醒春愁	水龙吟	素肌应怯余寒		
20	六丑	自清明过了	六丑	正单衣试酒		
21	塞垣春	草碧铺横野	塞垣春	暮色分平野		
22	扫花游	蕙风飏暖	扫花游	晓阴翳日		
23	夜飞鹊	秋江际天阔	夜飞鹊	河桥送人处		
24	满庭芳	槐影连阴	满庭芳	风老莺雏	有	
25	花犯	报南枝	花犯	粉墙低	有	
26	大酺	雾幕西山	大酺	对宿烟收		
27	霜叶飞	碧天如水	霜叶飞	露迷衰草		
28	法曲献仙音	油幕收尘	法曲献仙音	蝉咽凉柯		
29	渡江云	青青江上草	渡江云	晴岚低楚甸	有	
30	应天长	流莺唤梦	应天长	条风布暖		
31	玉楼春	东风跃马长安道	玉楼春	当时携手城东道		
32	又	粉销香减红兰泪	又	玉琴虚下伤心泪		
33	又	万花丛底曾抬目	又	大堤花艳惊郎目		
34	又	西园斗结秋千了	又	玉奁收起新妆了		
35	又	柳丝挽得秋光住	又	桃溪不作从容住		
36	伤情怨	南枝春意正小	伤情怨	枝头风信渐小		
37	品令	玉壶尘静	品令	夜阑人静		

续表

序号	《西麓继周集》		《片玉词》		《花庵词选·清真诗余》	《片玉词》毛注
	调名	首句	调名	首句		
38	木兰花	长江浩渺山明秀	木兰花令	郊原雨过金英秀		
39	秋蕊香	晚酌宜城酒暖	秋蕊香	乳鸭池塘水暖		
40	菩萨蛮	银城远枕清江曲	菩萨蛮	银河宛转三千曲		
41	玉团儿	*有目阙词	玉团儿	铅华淡伫新妆束		清真集不载
42	丑奴儿	岁寒时节千林表	丑奴儿	肌肤绰约真仙子		
43			又	南枝度腊开全少		下二阕清真集不载
44			又	香梅开后风传信		
45	感皇恩	体态玉精神	感皇恩	露柳好风标		
46			又	小阁倚晴空		清真集不载
47	宴桃源	闲倚琐窗工绣	宴桃源	尘暗一枰文绣		
48	又	何处春风归路	又	门外迢迢行路		
49	月中行	鬓云斜插映山红	月中行	蜀丝趁日染干红		
50	渔家傲	日转花梢春已昼	渔家傲	灰暖香融销永昼		
51	又	自别春风情意恻	又	几日轻阴寒恻恻		
52	定风波	慵拂妆台懒画眉	定风波	莫倚能歌敛黛眉		
53	蝶恋花	谢了梨花寒食后	蝶恋花	爱日轻明新雪后		清真集作"暖日轻明新霁后"
54	又	墙外秋千花影后	又	桃萼新春梅落后		
55	又	寂寞长亭人别后	又	小阁阴阴人寂后		
56	又	落尽樱桃春去后	又	蠢蠢黄金初脱后		
57	又	楼上钟残人渐定	又	月皎惊乌栖不定	有	或作凤栖梧,另入别卷
58			又	鱼尾霞生明远树		下五阕清真集不载
59			又	美盼低迷情宛转		
60			又	晚步芳塘新霁后		

续表

序号	《西麓继周集》		《片玉词》		《花庵词选·清真诗余》	《片玉词》毛注
	调名	首句	调名	首句		
61			又	叶底寻花春欲暮		
62			又	酒熟微红生眼尾		
63	红罗袄	别来书渐少	红罗袄	画烛寻欢去		
64	少年游	兰屏香暖	少年游	并刀如水		
65	又	斜阳冉冉水边楼	又	檐牙缥缈小倡楼		
66	又	画楼深映小屏山	又	南都石黛扫晴山		
67	又	翠罗裙解缕金丝	又	朝云漠漠散轻丝		
68	还京乐	彩鸾去	还京乐	禁烟近		
69	解连环	寸心谁托	解连环	怨怀无托	有	
70	绮寮怨	满院荼蘼开尽	绮寮怨	上马人扶残醉		
71	玲珑四犯	金屋春深	玲珑四犯	秾李夭桃		
72	丹凤吟	暗柳烟深何处	丹凤吟	迤逦春光无赖		
73	忆旧游	又眉峰碧聚	忆旧游	记愁横浅黛		清真集不载
74	拜星月慢	漏阁闲签	拜星月慢	夜色催更		
75	倒犯	百尺凤皇楼	倒犯	霁景对霜蟾乍升		清真集作吉了犯
76			减字木兰花	风鬟雾鬓		清真集不载
77			木兰花令	歌时宛转饶风措		清真集不载。原本二首,考"残春一阵风雨狂"是六一词,删去
78			蓦山溪	楼前疏柳		此二阕清真集不载
79			又	江天雪意		
80			青玉案	良夜灯光簇如豆		清真集不载
81			一剪梅	一剪梅花万样娇		清真集不载

序号	《西麓继周集》		《片玉词》		《花庵词选·清真诗余》	《片玉词》毛注
	调名	首句	调名	首句		
82			水调歌头	今夕月华满		清真集不载
83			南柯子	宝合分时果		清真集俱不载
84			又	腻颈凝酥白		
85			又	桂魄分余晕		
86			关河令	秋阴时晴渐向暝		清真集不载，时刻清商怨
87			鹊桥仙令	浮花浪蕊		清真集不载
88			花心动	帘卷青楼		清真集不载
89			双头莲	一抹残霞		清真集不载
90			长相思	举离觞		清真集俱不载
91			又	马如飞		
92			又	好风浮		
93			又	沙棠舟		
94			大有	仙骨清羸		清真集不载
95			万里春	千红万翠		清真集不载
96			鹤冲天	梅雨霁		清真集俱不载
97			又	白角簟		
			卷下			
98	解语花	鳌峰溯碧	解语花	风销绛蜡		
99			锁阳台	山崦笼春		清真集俱不载。即满庭芳
100			又	花扑鞭鞘		
101			又	白玉楼高		
102	过秦楼	倦听蛩砧				

续表

序号	《西麓继周集》		《片玉词》		《花庵词选·清真诗余》	《片玉词》毛注
	调名	首句	调名	首句		
103	又	翠约蘋香	过秦楼	水浴清蟾	有	清真集作选冠子或作惜余春慢
104	解蹀躞	岸柳飘残黄叶	解蹀躞	候馆丹枫吹尽	有	
105	蕙兰芳引	虹雨乍收	蕙兰芳引	寒莹晚空		
106	六幺令	授衣时节	六幺令	快风收雨		
107	红林檎近	飞絮迷芳意	红林檎近	高柳春才软		
108	又	三万六千顷	又	风雪惊初霁		
109	满路花	离歌泣断云	满路花	金花落烬灯		
110	又	寒轻菊未残	又	帘烘泪雨干		
111	氐州第一	闲倚江楼	氐州第一	波落寒汀		清真集作熙州摘遍,字句稍异
112	尉迟杯	长亭路	尉迟杯	隋堤路		
113	塞翁吟	睡起鸾钗嚲	塞翁吟	暗叶啼风雨		
114	绕佛阁	暮烟半敛	绕佛阁	暗尘四敛		
115	庆春宫	孤鹜披霞	庆春宫	云接平冈		或刻柳耆卿
116	满江红	目断江横	满江红	昼日移阴		
117	丁香结	尘拥妆台	丁香结	苍藓沿阶		
118	三部乐	*有目阙词	三部乐	浮玉飞琼		
119	西河	形胜地	西河	佳丽地	有	
120			又	长安道		清真集不载
121	一寸金	吾爱吾庐	一寸金	州夹苍崖	有	
122	瑞鹤仙	故庐元负郭	瑞鹤仙	悄郊原带郭		
123			又	暖烟笼细柳		清真集不载
124	浪淘沙慢	暮烟愁	浪淘沙	晓阴重		
125			又	万叶战		清真集不载

续表

序号	《西麓继周集》		《片玉词》		《花庵词选·清真诗余》	《片玉词》毛注
	调名	首句	调名	首句		
126	西平乐慢	泛梗飘萍	西平乐	稚柳苏晴		
127	玉烛新	*有目阙词	玉烛新	溪源新腊后		
128	南乡子	归雁转西楼	南乡子	晨色动妆楼		
129			又	秋气绕城闉		下四阕清真集不载
130			又	寒夜梦初醒		
131			又	户外井桐飘		
132			又	轻软舞时腰		
133	望江南	娇滴滴	望江南	歌席上		
134	又	烟漠漠	又	游妓散		
135	浣溪纱	自别萧郎锦帐寒	浣溪纱	不为萧娘旧约寒		
136	又	一枕华胥梦不成		翠葆参差竹径成		
137	又	约臂金圆隐绛绡	又	宝扇轻圆浅画缯		
138	又	宝镜奁开素月空	又	薄薄纱幮望似空		
139	又	双倚妆楼宝髻垂	又	争挽桐花两鬓垂		
140	又	斗鸭阑干燕子飞	又	雨过残红湿未飞		或刻欧阳永叔
141	又	六幅蒲帆晓渡平	又	日薄尘飞官路平		
142	又	柳底征鞍花底车	又	贪向津亭拥去车		
143	又	十二珠帘绣带垂	又	楼上晴天碧四垂		或刻李易安
144	又	睡起朦腾小篆香	又	日射欹红蜡蒂香		
145			浣溪纱慢	水竹旧院落		清真集不载
146	点绛唇	眉叶颦愁	点绛唇	孤馆迢迢		
147	又	别后长亭	又	辽鹤归来		
148	又	分袂情怀	又	征骑初停		
149	又	莺语愁春	又	台上披襟		
150	夜游宫	愁压眉峰成敛	夜游宫	客去车尘未敛		

续表

序号	《西麓继周集》		《片玉词》		《花庵词选·清真诗余》	《片玉词》毛注
	调名	首句	调名	首句		
151	又	窄索楼儿傍水	又	叶下斜阳照水		
152			又	一阵斜风横雨		清真集不载
153	诉衷情	绿云凤髻不吹盘	诉衷情	出林杏子落金盘		
154	又	嫩寒侵帐弄微霜	又	堤前亭午未融霜		
155			又	当时选舞万人长		清真集不载
156	一落索	澹澹双蛾疏秀	一落索	眉共春山争秀		清真集作洛阳春
157	又	欲寄相思情苦	又	杜宇催归声苦		
158	迎春乐	垂杨影下黄金屋	迎春乐	清池小圃开云屋		
159	又	江湖十载疏狂迹	又	桃溪柳曲闲踪迹		
160	又	依依一树多情柳	又	人人花艳明春柳		
161	虞美人	春衫薄薄寒犹恋	虞美人	灯前欲去仍留恋		
162	又	夕阳楼上都凭遍	又	廉纤小雨池塘遍		
163	又	疏林远带寒山小	又	疏篱曲径田家小		
164			又	淡云笼月松溪路		一本无此首
165	又	彩云别后房栊悄	又	玉筯才掩朱弦悄		
166	又	玉奁香细流苏暖	又	金闺平帖春云暖		
167	醉桃源	金闺平帖被青青	醉桃源	冬衣初染远山青		
168	又	青青杨柳拂堤沙	又	菖蒲叶老水平沙		
169	风来朝	百媚春风面	风来朝	逗晓看娇面		
170	垂丝钓	鬓蝉似羽	垂丝钓	缕金翠羽		
171			粉蝶儿慢	宿雾藏春		
172			红窗迥	几日来		
173			念奴娇	醉魂乍醒		清真集不载
174			黄鹂绕碧树	双阙笼佳气		
175			鬓云松令	鬓云松		清真集不载。即苏幕遮
176	芳草渡	芳草渡	芳草渡	昨夜里		

续表

序号	《西麓继周集》		《片玉词》		《花庵词选·清真诗余》	《片玉词》毛注
	调名	首句	调名	首句		
177	琴调相思引	金谷园林锦绣香				
178			归去难	佳约人未知		
179			燕归梁	帘底新霜一夜浓		清真集不载
180			南浦	浅带一帆风		清真集不载
181			醉落魄	茸金细弱		清真集不载
182			留客住	嗟乌兔		清真集不载
183			长相思慢	夜色澄明		
184			看花回	秀色芳容明眸		
185			又	蕙风初散轻暖		
186			月下笛	小雨收尘		清真集不载
			补遗			
187			十六字令	眠		见天机余锦
188			浣溪沙	水涨鱼天拍柳桥		见草堂诗余
189			又	小院闲窗春色深		或刻欧阳永叔
190			忆秦娥	香馥馥		或刻苏子瞻
191			柳梢青	有个人人		见草堂诗余
192			南乡子	夜阔梦难收		见诗林万选
193			苏幕遮	陇云沉		见草堂诗余
194			昼锦堂	雨洗桃花		见草堂诗余
195			齐天乐	疏疏几点黄梅雨		或刻无名氏
196			女冠子	同云密布		或刻柳耆卿
	有目阙词（5首），存123首		194首			

前考方、杨所和《清真词》的源头是《直斋书录》所载《清真词·前集》。陈允平《西麓继周集》所和词集，录词128首（其中5首有目阙词），但排列顺序与《清真词》完全不同，显然属于周词别

集的另一祖本。但也不是不满百阕本《清真集》,例证是毛注《清真集》不载者,陈允平和有《玉团儿》(有目阙词)《感皇恩》《忆旧游》(记愁横浅黛)。另如毛注周词《少年游》"相对坐吹笙":"《清真集》又作'相对坐调筝'。"陈允平作"明月自吹笙。"《倒犯》,毛注此调"《清真集》作《吉了犯》。"陈允平所和词调作《倒犯》;因此也可排除所和为不满百阕本《清真集》的选项。前引朱孝臧谓其所和为溧水本:"《直斋书录解题》谓'邦彦尝为溧水令,故邑有词集',即晋阳强焕为序者是也,《西麓继周集》据之。"王国维推定为就是毛本《片玉词》:"至毛刊《片玉词》,子晋谓出宋本。……然此本编次既与他本绝异,而所增词甚多,其中伪作间出,而其佳者又绝非清真不办,且陈允平《西麓继周集》全从此本次第,足证宋末已有此本。"

溧水邑藏本、强焕序本与毛本《片玉词》虽然属于同一系列,但并非同一版本。虽然溧水邑藏本为强焕序本之源头,后者含摄前者,但源流分明,不能指此为彼。前引版本学家皆未论及这一系列词集的演变过程,下面试为厘清流变的同时,溯源《西麓继周集》所和之底本。

溧水邑藏本因世无传本所以无法得知词集名称,但通过《片玉词》所录强焕原序作"题周美成词",不难推测此淳熙庚子官本或即称《周美成词》,根据这一线索,在前引可以稽查的周词十二种词集名称中,《美成长短句》《圈法美成词》《周词集解》及二卷本《片玉集》《片玉词》很可能属于同一系列,《严州府志》藏本《清真诗余》是其中重要的过渡环节及《西麓继周集》和词的源版本。

强焕序本所辑《周美成词》的底本,即溧水邑旧藏本或即毛晋所藏不满百阕本《美成长短句》,这样也能合理解释陈允平和韵词集名为《西麓继周集》的原因。强焕题曰："暇日从容式燕嘉宾,歌者在上,果以公之词为首唱,夫然后知邑人爱其词,乃所以不忘其政也。余欲广邑人爱之之意,故衷公之词,旁搜远绍,仅得百八十有二章,厘为上下卷,乃辍俸余,鸠工锓木,以寿其传,非惟慰邑人之思,亦蕲传之有所托,俾人声其歌者,足以知其才之优于为邑如此,故冠之以序,而述其意云。"① 其中"邑人爱其词""邑人爱之之意""慰邑人之思"表明是在邑藏本《美成长短句》的基础上,旁搜远绍衷集而成。然邑藏本不满百阕,陈允平《西麓继周集》所和为 128 首。既非《美成长短句》,也非强焕所辑"百八十有二章,厘为上下卷"的溧水官本《周美成词》;据其端倪而推之,其轨迹应是《美成长短句》—《清真诗余》—《周美成词》。

第一章已经考得周邦彦于元祐八年(1093)至绍圣三年(1096)任溧水县令。陈振孙《直斋书录解题》:"《清真杂著》三卷,邦彦尝为溧水令,故邑有词集。其后有好事者,取其在邑所作文、记、诗、歌,并刻之。"② 此后不久,周邦彦于元符二年(1099)至建中靖国元年(1101)为睦州某县令,郑瑶《景定严州续志》卷四"书籍"条载州藏书板有《清真集》《清真诗余》二种③,理应就是《清真杂著》与词作单行的别集。强焕在八十多年后,即淳熙七年庚子(1180)任溧水县令,在《清真诗余》基础上旁搜远绍、访求衷益而成《周美成词》。至元朝,演变并更名为《片玉集》或《片玉词》二卷本,最后经毛晋汲古阁本定名为《片玉词》。通过表2、表3的三家和词(包括下列表4中的14家和词),陈注《片玉集》与

---

① 强焕《题〈周美成词〉》,《宋六十名家词》,第 178 页。
②《直斋书录解题》,第 488 页。
③《景定严州府志》,卷 4 第 12 页。

《西麓继周集》互有参差者仅有五首：其中四首《片玉集》未收：
《蝶恋花》（楼上钟残人渐定）、《过秦楼》（倦听蛩砧）、《琴调相思
引》（金谷园林锦绣香）、《玉团儿》（有目阙词）；而《片玉集》中
《归去难》（佳约人未知）、《黄鹂绕碧树》（双阙笼嘉气），《西麓继
周集》没有同调和词。至于《西麓继周集》中《过秦楼》有二调，
其中"倦听蛩砧"一首，诸种周词别集均未收相应词作，所有宋人
和词也无此词和调，应是周词在流传过程中散佚。知当时流传于
世的周词早期版本的两个系列总存词都不超过130首。换言之、
强焕所序"百八十有二章"的溧水官本《周美成词》在宋朝的流传
并不广泛，因而未被《书录》、地方志记载。宋朝既被载录、因流传
而被唱和的周邦彦词集仅二种，即《直斋书录》所载《清真词》中
的《前集》与《严州府志》所载《清真诗余》。陈允平《西麓继周
集》所和与《清真词》不是同一系列，又非不满百阕的《美成长短
句》，也非强本《周美成词》，唯一选项就是同系列的严州府藏本
《清真诗余》。

　　黄升《花庵词选》所录美成17首词作，各家皆谓出自《清真诗
余》，《花庵词选》自序："周美成，名邦彦，初进《汴都赋》得官。徽
庙时提举大晟乐府，官至待制。词名《清真诗余》。"[1] 入选词作与
《西麓继周集》对照可以证明陈允平所和为《清真诗余》。黄升选录
词调及标题如下：

　　　　《瑞龙吟·春词》《兰陵王·柳》《隔浦莲近·夏景》《西

---

[1]《花庵词选》，第112页。

河·金陵怀古》《解连环·怨别》①《风流子·初夏》《风流子·秋词》《花犯·梅花》《意难忘·美人》《侧犯·荷花》《蝶恋花·早行》《齐天乐·秋词》《满庭芳·夏景》《渡江云·春词》《过秦楼·夜景》《解蹀躞·秋词》《一寸金·新定作》。

　　关于这 17 首词，陈允平《西麓继周集》全有和作。前考《一寸金·新定作》是周邦彦写于元符二年（1099）赴睦州任途中，这是溧水邑藏本不满百阕本《美成长短句》无法收录的，表明《清真诗余》对溧水本有所拓展、同时又能作为陈允平和词原本的明证。

　　毛本《片玉词》是以强焕所序溧水淳熙官本《周美成词》二卷为底本，并处于这一系列版本的末端，所以，虽然《西麓继周集》不分卷，毛本《片玉词》为二卷本；词作数量相差 54 首。但《西麓继周集》与《片玉词》顺序相同，《片玉词》囊括了《西麓继周集》的全部词作。毛晋跋《片玉词》也明确其宋刻强焕序本："最后得宋刻《片玉集》二卷，计调百八十有奇，晋阳强焕为叙。"毛氏《片玉词》上下卷中，毛注有"《清真集》不载"者 53 首，前考其中 4 首伪词，49 首词作中除《玉团儿》《感皇恩》《忆旧游》3 首《西麓继周集》见录之外，其余 46 首都被辑入强焕序本中，显然是强焕"旁搜远绍"于不传世的其他词集的依据。

　　《片玉词》得自强焕本另一证据是，此本与"仅得百八十有二章，厘为上下卷"的强焕本数量、卷数相近或相同。虽然毛本《片玉词》看似三卷，共录词 194 首，实际上，除毛晋《补遗》辑录 10 首皆伪词外，录词 184 首。分辨如下：毛本卷上 97 首（不含毛氏自删 1 首，

---

① 毛注《解连环》："谱名《玉连环》，'怨别'。"知词题其来有自。毛晋《〈片玉词〉校记》，《宋六十名家词》，第 185 页。

自注《木兰花令》:"原本二首,考'残春一阵狂风雨'是六一词,删去。"①),卷下87首(目录88首,误《念奴娇》为2调)。吴则虞《清真集》、孙虹《清真集校注》考得卷上有3首伪词《感皇恩》(小阁倚晴空)为晁冲之词,《水调歌头》(今夕月华满)为何大圭词,《南柯子》(桂魄分余晕)为张元干词,则卷上实收周词94调。又考卷下有一首伪词,《鬓云松令》为宣和四年无名氏词,则卷下实收86首。笔者等人又考得毛本《十六字令》(眠)为元人周晴川词,《浣溪纱》(水涨鱼天拍柳桥)为无名氏词,《浣溪纱》(小院闲窗春色深)为李清照词,《忆秦娥》(香馥馥)为无名氏词,《柳梢青》(有个人人)为无名氏词,《南乡子》(夜阑梦难收)首见明人传奇《觅莲记》,《苏幕遮》(陇云沉)为无名氏词,《昼锦堂》(雨洗桃花)为无名氏词,《齐天乐》(疏疏几点黄梅雨)为杨无咎词,《女冠子》(同云密布)为无名氏词②(王鹏运《四印斋所刻词·清真集》不录此10首,应是认为未足凭据)。

需要说明的是,毛晋《补遗》10首是"兹集(孙按:指宋刻《片玉集》)不载,错见清真诸本者"。题下自注出处《十六字令》"见《天机余锦》"。《浣溪纱》"见《草堂诗余》"。《浣溪纱》又一首"或刻欧阳永叔"。《忆秦娥》"或刻苏子瞻"。《柳梢青》"见《草堂诗余》"。《南乡子》"见《诗林万选》"。《苏幕遮》"见《草堂诗余》"。《昼锦堂》"见《草堂诗余》"。《齐天乐》"或刻无名氏"。《女冠子》(同云密布)"或刻柳耆卿"③。主要是从明代词选及词人别集中辑出,而非考证所得。明代词选中的词调之异也显示与毛氏所见清真诸本相异。如《花草粹编》中《忆江南》作《望江南》,《玉楼春》作《木

---

① 毛晋《〈片玉词〉校记》,《宋六十名家词》,第186页。

② 参见孙虹校注《清真集校注》(下册),第431—437页。

③ 毛晋《宋六十名家词》,第195页。

兰花》,《醉桃源》作《阮郎归》,《丑奴儿》作《采桑子》,《月宫春》作《月中行》。《草堂诗余四集》中《扫花游》作《扫地花》,《过秦楼》作《惜余春慢》。《评点草堂诗余五卷》中《扫花游》作《扫地花》等。

如上所考,毛本实存周词180首,加上毛晋自行删除的欧阳修一首词,收词181首。除《补遗》之外,分为二卷,与强序基本相合。因此可以推定毛氏《片玉词》确实是以"强焕为叙"溧水淳熙官本为祖本。但据前引毛晋"削去评注"之说,知毛晋所见《片玉词》已经与陈注《片玉集》等各种注本羼杂(已见前考),遮蔽了强本原貌,毛晋的删削,实际上是在作"还原性"处理。

表4　宋代所有和韵词概览表

序号	《西麓继周集》		方千里《和清真词》	杨泽民《和清真词》	宋代其他各家和韵词		
	调名	首句			作者	调名·词题[①]	首句
1	瑞龙吟	长安路	有	有			
2	风流子	阑干休去倚	有	有	赵必瓀	用美成韵	春光才一半
3	又	残梦绕林塘	有	有	赵必瓀	用美成韵	旧梦忆钱塘
4	华胥引	涵空斜照	有	有	赵必瓀	用美成韵	沧浪矶外
5	意难忘	额粉宫黄			朱用之	和清真韵	宫额涂黄
					刘埙	用清真韵	汀柳初黄
					赵必瓀	用美成韵	魏紫姚黄
6	宴清都	听彻南楼鼓	清都宴	有	赵必瓀	用美成韵	远远渔村鼓
7	兰陵王	古堤直	有	有	袁去华	次周美成韵	小桥直
					叶隆礼	和清真	大堤直
					赵必瓀	用美成韵	画阑直
8	琐窗寒	禁烛飞烟	有	有	赵必瓀	锁窗寒·用美成韵	乳燕双飞

续表

序号	《西麓继周集》		方千里《和清真词》	杨泽民《和清真词》	宋代其他各家和韵词		
	调名	首句			作者	调名·词题	首句
9	隔浦莲近拍	铅霜初褪风葆	有	有	吴潜	隔浦莲·和美成	扇荷偷换羽葆
					赵必瓈	隔浦莲·用美成韵	东风吹长嫩葆
10	苏幕遮	*有目阙词	有	有	赵必瓈	用美成韵	远迎风
11	早梅芳	柳初妍					
12	又	凤钗横					
13	四园竹	昏昏瞑色	有	有			
14	蓦山溪	*有目阙词	有	有			
15	侧犯	晚凉倦浴	有	有			
16	齐天乐	客愁都在斜阳外	有	有	杨无咎	和周美成韵	后堂芳树阴阴见
17	荔枝香近	杜宇声声频唤	有	有			
18	又	脸霞香销粉薄	有	有			
19	水龙吟	晓莺啼醒春愁	有	有	楼枎	次清真梨花韵	素娥洗尽繁妆
20	六丑	自清明过了	有	有			
21	塞垣春	草碧铺横野	有	有			
22	扫花游	蕙风飔暖	有	有	周密	用清真韵	柳花飏白
23	夜飞鹊	秋江际天阔					
24	满庭芳	槐影连阴	有	有			
25	花犯	报南枝	有	有			
26	大酺	雾幕西山	有	有			
27	霜叶飞	碧天如水	有	有			

序号	《西麓继周集》		方千里《和清真词》	杨泽民《和清真词》	宋代其他各家和韵词		
	调名	首句			作者	调名·词题	首句
28	法曲献仙音	油幕收尘	有	有			
29	渡江云	青青江上草	有	有	萧元之	和清真	流苏垂翠幰
30	应天长	流莺唤梦	有	有	蒋捷	次清真韵	柳湖载酒
31	玉楼春	东风跃马长安道					
32	又	粉销香减红兰泪	有	有			
33	又	万花丛底曾抬目					
34	又	西园斗结秋千了					
35	又	柳丝挽得秋光住					
36	伤情怨	南枝春意正小	有	有			
37	品令	玉壶尘静	有	有			
38	木兰花	长江浩渺山明秀	有	有			
39	秋蕊香	晚酌宜城酒暖	有	有			
40	菩萨蛮	银城远枕清江曲	有	有	卢炳	用周美成韵	而今怕听相思曲
41	玉团儿	*有目阙词			卢炳	用周美成韵	绿云慢绾新梳束
42	丑奴儿	岁寒时节千林表	有	有			
43	感皇恩	体态玉精神					
44	宴桃源	闲倚琐窗工绣					

续表

序号	《西麓继周集》		方千里《和清真词》	杨泽民《和清真词》	宋代其他各家和韵词		
	调名	首句			作者	调名·词题	首句
45	又	何处春风归路					
46	月中行	鬓云斜插映山红					
47	渔家傲	日转花梢春已昼	有	有			
48	又	自别春风情意恻	有	有			
49	定风波	慵拂妆台懒画眉					
50	蝶恋花	谢了梨花寒食后	有	有			
51	又	墙外秋千花影后	有	有			
52	又	寂寞长亭人别后	有	有			
53	又	落尽樱桃春去后	有	有			
54	又	楼上钟残人渐定					
55	红罗袄	别来书渐少					
56	少年游	兰屏香暖	有	有			
57	又	斜阳冉冉水边楼					
58	又	画楼深映小屏山	有	有			
59	又	翠罗裙解缕金丝	有	有	卢炳	用周美成韵	绣罗襦子间金丝
60	还京乐	彩鸾去	有	有			
61	解连环	寸心谁托	有	有			

序号	《西麓继周集》		方千里《和清真词》	杨泽民《和清真词》	宋代其他各家和韵词		
	调名	首句			作者	调名·词题	首句
62	绮寮怨	满院荼蘼开尽					
63	玲珑四犯	金屋春深	有	有			
64	丹凤吟	暗柳烟深何处	有	有			
65	忆旧游	又眉峰碧聚	有	有			
66	拜星月慢	漏阁闲签					
67	倒犯	百尺凤皇楼	有	有			
68	解语花	鳌峰溯碧	有	有			
69	过秦楼	倦听蛮砧②					
70	又	翠约蘋香	有	选官子	赵崇嶓	和美成韵	隐枕轻潮
71	解蹀躞	岸柳飘残黄叶	有	有			
72	蕙兰芳引	虹雨乍收	蕙兰芳	蕙兰芳③			
73	六幺令	授衣时节	有	有			
74	红林檎近	飞絮迷芳意	有	有			
75	又	三万六千顷	有	有			
76	满路花	离歌泣断云	有	有			
77	又	寒轻菊未残	有	有			
78	氐州第一	闲倚江楼	有	有			
79	尉迟杯	长亭路					

续表

序号	《西麓继周集》		方千里《和清真词》	杨泽民《和清真词》	宋代其他各家和韵词		
	调名	首句			作者	调名·词题	首句
80	塞翁吟	睡起鸳钗觯	有	有			
81	绕佛阁	暮烟半敛					
82	庆春宫	孤鹜披霞	有	有			
83	满江红	目断江横	有	有			
84	丁香结	尘拥妆台	有	有			
85	三部乐	*有目阙词	有	有			
86	西河	形胜地	有	有	吴潜	和旧韵	都会地
					王奕	和周美成金陵怀古	江左地
87	一寸金	吾爱吾庐					
88	瑞鹤仙	故庐元负郭	有	有			
89	浪淘沙慢	暮烟愁	浪淘沙	有			
90	西平乐慢	泛梗飘萍	西平乐	西平乐			
91	玉烛新	*有目阙词	有	有			
92	南乡子	归雁转西楼	有	有			
93	望江南	娇滴滴					
94	又	烟漠漠	有	有			
95	浣溪纱	自别萧郎锦帐寒					
96	又	一枕华胥梦不成	浣溪沙	浣溪沙			
97	又	约臂金圆隐绛缯	浣溪沙	浣溪沙			
98	又	宝镜奁开素月空	浣溪沙	浣溪沙			

续表

序号	《西麓继周集》		方千里《和清真词》	杨泽民《和清真词》	宋代其他各家和韵词		
	调名	首句			作者	调名·词题	首句
99	又	双倚妆楼宝髻垂	浣溪沙	浣溪沙			
100	又	斗鸭阑干燕子飞	浣溪沙	浣溪沙			
101	又	六幅蒲帆晓渡平					
102	又	柳底征鞍花底车					
103	又	十二珠帘绣带垂	浣溪沙	浣溪沙			
104	又	睡起朦腾小篆香	浣溪沙	浣溪沙			
105	点绛唇	眉叶颦愁	有	有			
106	又	别后长亭					
107	又	分袂情怀	有	有			
108	又	莺语愁春	有	有			
109	夜游宫	愁压眉峰成敛	有	有			
110	又	窄索楼儿傍水	有	有			
111	诉衷情	绿云凤髻不忺盘	有	有			
112	又	嫩寒侵帐弄微霜	有	有			
113	一落索	澹澹双蛾疏秀	有	有			
114	又	欲寄相思情苦	有	有			
115	迎春乐	垂杨影下黄金屋	有	有			
116	又	江湖十载疏狂迹	有	有			

续表

序号	《西麓继周集》		方千里《和清真词》	杨泽民《和清真词》	宋代其他各家和韵词		
	调名	首句			作者	调名·词题	首句
117	又	依依一树多情柳					
118	虞美人	春衫薄薄寒犹恋					
119	又	夕阳楼上都凭遍	有	有			
120	又	疏林远带寒山小					
121	又	彩云别后房栊悄					
122	又	玉奁香细流苏暖	有	有			
123	醉桃源	金闺平帖被青青	有	有			
124	又	青青杨柳拂堤沙	有	有			
125	凤来朝	百媚春风面					
126	垂丝钓	鬖蝉似羽	有				
127	芳草渡	芳草渡					
128	琴调相思引	金谷园林锦绣香					
	128首		93首	92首	14人		25首

①调名相同时只列出词题。

②周词已佚。

③二家断句有异同。

　　通过上表可以看到,除方千里、杨泽民、陈允平三家之外,南宋还有14位词人唱和清真词:杨无咎、袁去华、卢炳、朱用之、吴潜、赵崇嶓、楼枔、叶隆礼、萧元之、周密、王奕、刘埙、赵必瑑、蒋捷等,共和

20调25首词作,其中方、杨二家未和《意难忘》,朱用之、刘埙、赵必璩三家有唱和。清真《玉团儿》"铅华淡伫新妆束",陈允平有目阙词,卢炳有和词"绿云慢绾新梳束"。因此,可以确定陈允平、卢炳所和底本同为《清真诗余》。前说方、杨和词所依为《清真词·前集》,《清真词·后集》选录《意难忘》,其余12人既可追和《清真词》三卷,也可追和《清真诗余》。前引吴则虞所言"校《清真词》者,当以方杨还方杨,以卢陈还卢陈",就已经看出卢、陈与方、杨等人所和词集的不同。从宋代各家和周词的对照中进一步证明,宋代17位词人所有和词也没有超出《清真词》《清真诗余》的范围。

(二)周词宋椠版本辨证与还原

周邦彦词集版本名称错综复杂,前考宋本或翻刻宋本者至少十二种,其中《清真集》《片玉集》一本二指,仅能通过卷数不同加以区分。如《片玉集》既指宋椠陈元龙详注十卷本词集,也是元明时期由溧水本拓展而成强焕二卷本的称名;《清真集》既是宋朝最早的不满百阕本的词集名,也是元巾箱本(二卷,127首)的名称。宋椠除陈元龙详注《片玉集》传世之外,其余皆已失传。但通过传世的陈注《片玉集》,结合元巾箱本《清真集》,加上过渡版本以及方千里、杨泽民、陈允平三家和词之间的勾连,基本可以还原出周词宋椠的三卷本《清真词》、不分卷《清真诗余》、强焕所辑的溧水官本二卷。这应是对周词版本驭繁归简、厘正源流的有效方法。

首先,从宋朝最早的版本《清真词》入手,正如前引王国维所说:"《清真词》三卷,篇篇精粹,虽非先生手定,要为最先之本。""今以此数本比较观之,方、杨和词均至《满路花》而止(陈注本卷八之末、王刊本卷二第五十三阕),而陈注本、王刊本尚有《绮寮怨》以下三十二阕(孙按:据前考改正)。疑宋本《清真词》二卷当至《满路花》止,而《绮寮怨》以下即所谓《后集》。王刊元本以《后集》一卷,合于下卷,而陈本则分《前集》为八卷,《后集》为二卷,虽皆出于《清真词》,然皆非《清真词》之旧矣。由此观之,则《清真词》三卷之编次,亦复不难推测。"通过以上表2可知,方、杨《和〈清真词〉》与陈允平详注《片玉集》同属《清真词》前后集三卷系列,方、杨和词与陈元龙详注《片玉集》比照,止于《满路花》,仍可见《直斋书录》本《清真词》前二卷的单行轨迹。然而,和词不分卷,注本分为十卷,皆非《清真词》三卷的原貌。借助此系列中曹杓《注〈清真词〉》二卷、元巾箱本《清真集》,殆可还原《清真词》三卷面貌。

　　前考曹杓注释的二卷本是过渡环节。陈振孙《直斋书录解题》(卷二十一):"《注〈清真词〉》二卷,曹杓季中注,自称一壶居士。"[1]前此《清真词》未见有二卷本行世,理推曹杓注释《清真集》时及见《后集》,故归《前集》二卷为上卷,又归《后集》一卷于下卷,传本陈注《片玉集》若与曹本词数不合,刘肃序言应该提及。也就是说,《清真词》二卷分法自曹本始。四印斋依元巾箱本所刻《清真集》二卷"以《后集》一卷,合于下卷"的分法应承自曹本。合而观之,《清真词》分卷轨迹可以寻按。方、杨和词未分卷,与陈注《片玉集》比对,知《后集》止于《满路花》(帘烘泪雨干),元巾箱本则在《前集·风流子》(枫林凋晚叶)处分卷。《前集》析为二卷,使长期被遮蔽的周邦彦词集最早宋本《清真词》三卷的"真面"呼之欲出(详表5)。

　　其次,前考可以稽查的周词宋椠或翻刻十二种词集名称中,《美成长短句》《圈法美成词》《周词集解》、二卷本《片玉集》《片玉词》很可能属于同一系列,对比黄升《花庵词选》选录的《清真诗余》,知严州府藏本《清真诗余》是其中重要的过渡环节及《西麓继周集》和词的源版本。如前所考,此系列版本有渐进的成集过程,

----

[1]《直斋书录解题》,第599页。

先有《直斋书录》所载溧水邑藏词集《美成长短句》,分为两支,一是严州府藏本是在此基础上辑成的《清真诗余》,二是强焕题序《题周美成词》。这样才能合理解释陈允平和韵词集名为"继周"的原因。溧水邑藏本为不满百阕《美成长短句》,前考美成溧水之任在睦州(古严州)之前,严州"州校书板"在《美成长短句》的基础上,增收词作成并定名为《清真诗余》,此为《西麓继周集》所次周词原唱的源头。数十年后,强焕在《清真诗余》的基础上,旁收远绍,录入54首词作而成《周美成词》,并为题序。此本厘为上下卷,《西麓继周集》所和词作在溧水官本上下卷的前半部分或同调词的前位,表明与所次词集与溧水官本高度同源。因为《美成长短句》是包含在《清真诗余》之内的祖本之一,不再被用于校勘异文,所以此本逐渐湮没无闻。据此,《清真诗余》可以按"逆行路径"进行操作,也就是录入《西麓继周集》的美成原唱,补入有目阙词者五首,以及原唱及各本失传的《过秦楼》(倦听蛩砧)词题,《清真诗余》所存128首原词也可以通过逆行得到还原。

再次,看强焕辑录的溧水官本二卷。强焕以严州府校书板《清真诗余》128首为基础,另外"旁收远绍"54首词作,辑得"百八十有二章",厘为二卷。强本今不传,但通过毛晋《片玉词》所录强焕题序,其迹尚可寻按。毛晋汲古阁本《片玉词》在删除宫调、评注等之后,保存了溧水官本的基本原貌,毛本存留的强焕序文说明了两者之间的渊源。剔除毛本《片玉词》上下卷中的4首伪词,存词180首;加上《西麓继周集》有和作而毛本不载的《琴调相思引》《过秦楼》中西麓有目阙词而周词已佚的第二调,得词正好"百八十有二章"。

基于此,三种最为重要的宋朝版本即二卷本182首强焕所辑淳熙溧水官本、《直斋书录》所载三卷本127首《清真词》《严州府志》所载不分卷128首《清真诗余》就得到了修复性还原,见于下表。

表5　强焕辑溧水官本《周美成词》《清真词》《清真诗余》还原表

序号	强焕辑溧水官本《周美成词》		《清真词》		《清真诗余》还原表	
	卷上		前集卷上		不分卷	
	调名	首句	调名	首句	调名	首句
1	瑞龙吟	章台路	瑞龙吟	章台路	瑞龙吟	章台路
2	风流子	枫林凋晚叶	琐窗寒	暗柳啼鸦	风流子	枫林凋晚叶
3	又	新绿小池塘	风流子	新绿小池塘	又	新绿小池塘
4	华胥引	川原澄映	渡江云	晴岚低楚甸	华胥引	川原澄映
5	意难忘	衣染莺黄	应天长	条风布暖	意难忘	衣染莺黄
6	宴清都	地僻无钟鼓	荔枝香	照水残红零乱	宴清都	地僻无钟鼓
7	兰陵王	柳阴直	第二	夜来寒侵酒席	兰陵王	柳阴直
8	锁窗寒	暗柳啼鸦	还京乐	禁烟近	锁窗寒	暗柳啼鸦
9	隔浦莲近拍	新篁摇动翠葆	扫花游	晓阴翳日	隔浦莲近拍	新篁摇动翠葆
10	苏幕遮	燎沉香	解连环	怨怀无托	苏幕遮	燎沉香
11	早梅芳近	花竹深	玲珑四犯	秾李夭桃	早梅芳近	花竹深
12	又	缭墙深	丹凤吟	迤逦春光无赖	又	缭墙深
13	四园竹	浮云护月	满江红	昼日移阴	四园竹	浮云护月
14	蓦山溪	湖平春水	瑞鹤仙	悄郊原带郭	蓦山溪	湖平春水
15	侧犯	暮霞零雨	西平乐	稚柳苏晴	侧犯	暮霞零雨
16	齐天乐	绿芜雕尽台城路	浪淘沙慢	晓阴重	齐天乐	绿芜雕尽台城路

续表

序号	强焕辑溧水官本《周邦彦成词》		《清真词》		《清真诗余》	
	调名	首句	调名	首句	调名	首句
17	荔枝香近	照水残红零乱	忆旧游	记愁横浅黛	荔枝香近	照水残红零乱
18	又	夜来寒侵酒席	蓦山溪	湖平春水	又	夜来寒侵酒席
19	水龙吟	素肌应怯余寒	少年游	南都石黛扫晴山	水龙吟	素肌应怯余寒
20	六丑	正单衣试酒	第二	朝云漠漠散轻丝	六丑	正单衣试酒
21	鎣垣春	暮色分平野	秋蕊香	乳鸭池塘水暖	鎣垣春	暮色分平野
22	扫花游	晓阴翳日	渔家傲	灰暖香融销永昼	扫花游	晓阴翳日
23	夜飞鹊	河桥送人处	第二	几日轻阴寒恻恻	夜飞鹊	河桥送人处
24	满庭芳	风老莺雏	南乡子	晨色动妆楼	满庭芳	风老莺雏
25	花犯	粉墙低	望江南	游妓散	花犯	粉墙低
26	大酺	对宿烟收	浣溪沙	争挽桐花两鬓垂	大酺	对宿烟收
27	霜叶飞	露迷衰草	第二	雨过残红湿未飞	霜叶飞	露迷衰草
28	法曲献仙音	蝉咽凉柯	第三	楼上晴天碧四垂	法曲献仙音	蝉咽凉柯
29	渡江云	晴岚低楚甸	迎春乐	清池小圃开云屋	渡江云	晴岚低楚甸
30	应天长	条风布暖	第二	桃溪柳曲闲踪迹	应天长	条风布暖
31	玉楼春	当时携手城东道	点绛唇	台上披襟	玉楼春	当时携手城东道
32	又	玉琴虚下伤心泪	一落索	眉共春山争秀	又	玉琴虚下伤心泪
33	又	大堤花艳惊郎目	第二	杜宇催归声苦	又	大堤花艳惊郎目

续表

序号	强焕辑溧水官本《周美成词》		《清真词》		《清真诗余》	
	调名	首句	调名	首句	调名	首句
34	又	玉奁收起新妆了	垂丝钓	缕金翠羽	又	玉奁收起新妆了
35	又	桃溪不作从容住	满庭芳	风老莺雏	又	桃溪不作从容住
36	伤情怨	枝头风信渐小	隔浦莲	新篁摇动翠葆	伤情怨	枝头风信渐小
37	品令	夜阑人静	法曲献仙音	蝉咽凉柯	品令	夜阑人静
38	木兰花令	郊原雨过金英秀	过秦楼	水浴清蟾	木兰花令	郊原雨过金英秀
39	秋蕊香	乳鸭池塘水暖	侧犯	暮霞霁雨	秋蕊香	乳鸭池塘水暖
40	菩萨蛮	银河宛转三千曲	塞翁吟	暗叶啼风雨	菩萨蛮	银河宛转三千曲
41	玉团儿	铅华淡伫新妆束	苏幕遮	燎沉香	玉团儿	铅华淡伫新妆束
42	丑奴儿	肌肤绰约真仙子	浣溪纱	日射欹红蜡蒂香	丑奴儿	肌肤绰约真仙子
43	又	南枝度腊开全少	第二	翠葆参差竹径成	感皇恩	露柳好风标
44	又	香梅开后风传信	第三	薄薄纱厨嚩望似空	宴桃源	尘暗一桿文绣
45	感皇恩	露柳好风标	第四	宝扇轻圆浅画缯	又	门外迢迢行路
46	宴桃源	尘暗一桿文绣	点绛唇	征骑初停	月中行	蜀丝趁日染干红
47	又	门外迢迢行路	诉衷情	出林杏子落金盘	渔家傲	灰暖香融销永昼
48	月中行	蜀丝趁日染干红		前集卷下	又	几日轻阴寒恻恻
49	渔家傲	灰暖香融销永昼	风流子	枫林凋晚叶	定风波	莫倚能歌敛黛眉
50	又	几日轻阴寒恻恻	华胥引	川原澄映	蝶恋花	爱日轻明新雪后

续表

序号	强焕辑溧水官本《周美成词》		《清真词》		《清真诗余》	
	调名	首句	调名	首句	调名	首句
51	定风波	莫倚能歌敛黛眉	宴清都	地僻无钟鼓	又	桃萼新春梅落后
52	蝶恋花	爱日轻明新雪后	四园竹	浮云护月	又	小阁阴阴人寂后
53	又	桃萼新春梅落后	齐天乐	绿芜雕尽台城路	又	蠢蠢黄金初脱后
54	又	小阁阴阴人寂后	木兰花	郊原雨过金英秀	又	月皎惊乌栖不定
55	又	蠢蠢黄金初脱后	霜叶飞	露迷衰草	红罗袄	画烛寻欢去
56	又	月皎惊乌栖不定	蕙兰芳引	寒莹晚空	少年游	并刀如水
57	又	鱼尾霞生明远树	塞垣春	暮色分平野	又	樯牙缥缈小倡楼
58	又	美盼低迷情宛转	丁香结	苍藓沿阶	又	南都石黛扫晴山
59	又	晚步芳塘新霁后	氏州第一	波落寒汀	又	朝云漠漠散轻丝
60	又	叶底寻花春欲暮	解蝶躞	候馆丹枫吹尽	还京乐	禁烟近
61	红罗袄	酒熟微红生眼尾	少年游	并刀如水	解连环	怨怀无托
62	少年游	画烛寻欢去	庆春宫	云接平冈	绮寮怨	上马人扶残醉
63	又	并刀如水	醉桃源	冬衣初染远山青	玲珑四犯	秋阴时晴渐向暝
64	又	樯牙缥缈小倡楼	第二	菖蒲叶老水平沙	丹凤吟	迤逦春光无赖
65	又	南都石黛扫晴山	点绛唇	孤馆迢迢	忆旧游	记愁横浅黛
66	又	朝云漠漠散轻丝	夜游宫	叶下斜阳照水	拜星月慢	夜色催更
67	还京乐	禁烟近	第二	客去车尘未敛	倒犯	霁景对霜蟾乍升

续表

序号	强焕辑溧水官本《周美成词》		《清真词》		《清真诗余》	
	调名	首句	调名	首句	调名	首句
68	解连环	怨怀无托	诉衷情	堤前亭午未融霜	解语花	风销绛蜡
69	绮寮怨	上马人扶残醉	伤情怨	枝头风信渐小	过秦楼	（原词已佚）
70	玲珑四犯	秾李夭桃	红林檎近	高柳春才软	又	水浴清蟾
71	丹凤吟	迤逦春光无赖	第二	风雪惊初霁	解蹀躞	候馆丹枫吹尽
72	忆旧游	记愁横浅黛	满路花	金花落烬灯	蕙兰芳引	寒莹晚空
73	拜星月慢	夜色催更	解语花	风销绛蜡	六幺令	快风收雨
74	倒犯	霁景对霜蟾乍升	六幺令	快风收雨	红林檎近	高柳春初羿
75	减字木兰花	风鬟雾鬓	倒犯	霁景	又	风雪惊初霁
76	木兰花令	歌时宛转绕风措	大酺	对宿烟收	满路花	金花落烬灯
77	蓦山溪	楼前疏柳	玉烛新	溪源新腊后	又	谷烘泪雨干
78	又	江天雪意	花犯	粉墙低	氐州第一	波落寒汀
79	青玉案	良夜灯光簇如豆	丑奴儿	肌肤绰约真仙子	尉迟杯	隋堤路
80	一剪梅	一剪梅花万样娇	水龙吟	素肌应怯余寒	塞翁吟	暗叶啼风雨
81	南柯子	宝合分时果	六丑	正单衣试酒	绕佛阁	暗尘四敛
82	又	腻颈凝酥白	虞美人	金闺平帖春云暖	庆春宫	云接平冈
83	关河令	秋阴时晴渐向暝	第二	廉纤小雨池塘遍	满江红	昼日移阴
84	鹊桥仙令	浮花浪蕊	兰陵王	柳阴直	丁香结	苍藓沿阶

序号	强焕辑谋水官本《周美成词》		《清真词》		《清真诗余》	
	调名	首句	调名	首句	调名	首句
85	花心动	符卷青楼	蝶恋花	爱日轻明新雪后	三部乐	浮玉飞琼
86	双头莲	一抹残霞	第二	桃笙新春梅落后	西河	佳丽地
87	长相思	举离觞	第三	蠢蠢黄金初脱后	一寸金	州夹苍崖
88	又	马如飞	第四	小阁阴阴人寂后	瑞鹤仙	悄郊原带郭
89	又	好风浮	西河	佳丽地	浪淘沙	晓阴重
90	又	沙棠舟	归去难	佳约人未知	西平乐	稚柳苏晴
91	大有	仙骨清羸	三部乐	浮玉飞琼	玉烛新	溪源新腊后
92	万里春	千红万翠	菩萨蛮	银河宛转三千曲	南乡子	晨色动妆楼
93	鹤冲天	梅雨霁	品令	夜阑人静	望江南	歌席上
94	又	白角簟	玉楼春	玉琴虚下伤心泪	又	游妓散
95		卷下	黄鹂绕碧树	双阙笼嘉气	浣溪纱	不为萧娘旧约寒
96	解语花	风销绛蜡	满路花	帘烘泪雨干	又	翠葆参差竹径成
97	锁阳台	山崦笼春		后集	又	宝幄轻圆浅画缯
98	又	花扑鞭鞘	绮寮怨	上马人扶残醉	又	薄薄纱厨望似空
99	又	白玉楼高	拜星月	夜色催更	又	争挽桐花两鬓垂
100	过秦楼	水浴清蟾	尉迟杯	隋堤路	又	雨过残红湿未飞
101	又	(原词已佚)	绕佛阁	暗尘四敛	又	日薄尘飞官路平

续表

序号	强焕辑溧水官本《周邦彦词》		《清真词》		《清真诗余》	
	调名	首句	调名	首句	调名	首句
102	解蝶踬	候馆丹枫吹尽	一寸金	州夹苍崖	又	贪向津亭拥去车
103	蕙兰芳引	寒莹晚空	蝶恋花	月皎惊乌栖不定	又	楼上晴天碧四垂
104	六么令	快风收雨	如梦令	尘满一缾文绣	又	日射欹红蜡蒂香
105	红林檎近	高柳春才软	第二	门外迢迢行路	点绛唇	孤馆迢迢
106	又	风雪惊初霁	月中行	蜀丝趁日染干红	又	辽鹤归来
107	满路花	金花落烬灯	浣溪沙	日薄尘飞官路平	又	征骑初停
108	又	帘烘泪雨干	第二	贪向津亭拥去车	又	台上披襟
109	氐州第一	波落寒汀	第三	不为萧娘旧约寒	夜游宫	客去车尘未敛
110	尉迟杯	隋堤路	点绛唇	辽鹤归来	又	叶下斜阳照水
111	塞翁吟	暗叶啼风雨	少年游	檀牙漂缈小倡楼	诉衷情	出林杏子落金盘
112	绕佛阁	暗尘四敛	望江南	歌席上	又	堤前亭午未融霜
113	庆春宫	云接平冈	意难忘	衣染莺黄	一落索	眉共春山争秀
114	满江红	昼日移阴	迎春乐	人人花艳明春柳	又	杜宇催归声苦
115	丁香结	苍藓沿阶	定风波	莫倚能歌敛黛眉	迎春乐	清池小圃开云屋
116	三部乐	浮玉飞琼	红罗袄	画烛寻欢去	又	桃溪柳曲闲踪迹
117	西河	佳丽地	玉楼春	当时携手城东道	又	人人花艳明春柳
118	又	长安道	第二	大堤艳艳隗郎目	虞美人	灯前欲去仍留恋

续表

序号	强焕辑溧水官本《周美成词》 调名	首句	《清真词》 调名	首句	《清真诗余》 调名	首句
119	一寸金	州夹苍崖	第三	玉径收起新妆了	又	廉纤小雨池塘遍
120	瑞鹤仙	悄郊原带郭	第四	桃溪不作从容住	又	疏篱曲径田家小
121	又	暖烟笼细柳	夜飞鹊	河桥送人处	又	玉骢才掩朱弦悄
122	浪淘沙慢	晓阴重	早梅芳	花竹深	又	金闺平帖春云暖
123	又	万叶战	第二	缭墙深	醉桃源	冬衣初染远山青
124	西平乐	稚柳苏晴	凤来朝	逗晓看娇面	又	菖蒲叶老水平沙
125	玉烛新	溪源新腊后	芳草渡	昨夜里	凤来朝	逗晓看娇面
126	南乡子	晨色动妆楼	感皇恩	露柳好风标	垂丝钓	缕金翠羽
127	又	秋气绕城闉	虞美人	灯前欲去仍留恋	芳草渡	昨夜里
128	又	寒夜梦初醒	第二	疏篱曲径田家小	琴调相思引	生碧香罗粉兰香
129	又	户外井桐飘	第三	玉骢才掩朱弦悄		
130	又	轻软舞时腰				
131	望江南	歌席上				
132	又	游妓散				
133	浣溪纱	不为萧娘旧约寒				
134	又	翠葆参差竹径成				
135	又	宝扇轻圆浅画缯				

续表

序号	强焕辑溧水官本《周美成词》		《清真词》		《清真诗余》	
	调名	首句	调名	首句	调名	首句
136	又	薄薄纱厨望似空				
137	又	争挽桐花两鬓垂				
138	又	雨过残红湿未飞				
139	又	日薄尘飞官路平				
140	又	贪向津亭拥去车				
141	又	楼上晴天碧四垂				
142	又	日射欹红蜡蒂香				
143	浣溪纱慢	水竹旧院落				
144	点绛唇	孤馆迢迢				
145	又	辽鹤归来				
146	又	征骑初停				
147	又	台上披襟				
148	夜游宫	客去车生未敛				
149	又	叶下斜阳照水				
150	又	一阵斜风横雨				
151	诉衷情	出林杏子落金盘				
152	又	堤前亭午未融霜				

续表

序号	强焕辑裸水官本《周美成词》		《清真词》		《清真诗余》	
	调名	首句	调名	首句	调名	首句
153	又	当时选舞万人长				
154	一落索	眉共春山争秀				
155	又	杜宇催归声苦				
156	迎春乐	清池小圃开云屋				
157	又	桃溪柳曲闲踪迹				
158	又	人人艳色明春柳				
159	虞美人	灯前饮去仍留恋				
160	又	廉纤小雨池塘遍				
161	又	疏篱曲径田家小				
162	又	浓云笼月松溪路				
163	又	玉觞才掩未弦情				
164	又	金围平帖春云暖				
165	醉桃源	冬衣初染远山青				
166	又	菖蒲叶老水平沙				
167	凤来朝	逗晓看娇面				
168	垂丝钓	缕金翠羽				
169	粉蝶儿慢	宿雾藏春				

续表

序号	强焕辑溧水官本《周美成词》		《清真词》		《清真诗余》	
	调名	首句	调名	首句	调名	首句
170	红窗迥	几日来				
171	念奴娇	醉魂乍醒				
172	黄鹂绕碧树	双阙笼佳气				
173	芳草渡	昨夜里				
174	归去难	佳约人未知				
175	燕归梁	帘底新霜一夜浓				
176	南浦	浅带一帆风				
177	醉落魄	革金细弱				
178	留客住	嗟乌兔				
179	长相思慢	夜色澄明				
180	看花回	秀色芳容明眸				
181	又	蕙风初散轻暖				
182	月下笛	小雨收尘				
183	琴调相思引	生碧香罗粉兰香				
	182首（阙一首）		127首		128首（阙一首）	

加上前说仅见于《百家词·片玉集抄补》中《玉团儿》(妍姿艳态腰如束)、《无闷》(云作重阴)、《青房并蒂莲》(醉凝眸),得出的结论是周词今存185首,笔者《清真集校注》所考不误。

第二节　周邦彦文学作品的宋朝评价

周邦彦生活于北宋中后期,他是书斋化时代有极重书卷气的词人,这与诗坛江西诗派厥风大盛紧密相关。苏轼是江西派的先声,黄庭坚有出蓝之胜。其诗在当朝就获得宗主地位:"搜猎奇书,穿穴异闻,作为古律,自成一家,虽只字半句不轻出,遂为本朝诗家宗祖。"[①] 清人赵翼说:"北宋诗推苏、黄两家,盖才力雄厚,书卷繁富……山谷则书卷比坡更多数倍,几于无一字无来历。"[②]周邦彦的诗作,苏门学士晁补之、张耒"皆自叹以为不及"[③],正如苏轼、黄庭坚、秦观词作深受江西诗风濡染,周词创作,也烙上了鲜明的时代印记。

一、周邦彦超拔于时流的诗词文赋

周邦彦诗文特别是词作,在他生前就颇得好评(李清照《词论》未置臧否是为特例[④]),南宋初期开始,赞誉节节攀升。以时人序跋

① 刘克庄《江西诗派小序》,中华书局1985年,第1页。
② 赵翼著,霍松林、胡主佑校点《瓯北诗话》,人民文学出版社1963年,第168页。
③ 陈郁《藏一话腴》,《景印文渊阁四库全书》(第865册),第559页。
④ 李清照《词论》没有论及符合标准但生活于同时的周邦彦,邓子勉推测《词论》为其父李格非所作。参见邓子勉《〈词论〉作者小议》,《古典文学知识》2008年第5期,第52—58页。笔者认为,正如张炎词作对王碧山推许备至,但《词源》无一语及之情形相似。参见蔡嵩云《词源疏证》,中国书店1985年,卷下第28页。

结合当时评价,足见美成在当朝已经颇具影响。

(一)周邦彦诗文集序跋

宋朝周邦彦诗文集序跋(涉及词体)有楼钥《〈清真先生文集〉序》:

班孟坚之赋两都,张平子之赋二京,不独为五经鼓吹,直足以佐大汉之光明,诚千载之杰作也。国家定都大梁,虽仍前世之旧,当四通五达之会,贡赋地均,不恃险阻,真得周家有德易以王之意。祖宗仁泽深厚,承平百年,高掩千古,异才间出,曾未有继班、张之作者。神宗稽古有为,鼎新百度,文物彬彬,号为盛际。钱唐周公,少负庠校隽声,未及三十,作为《汴都赋》,凡七千言,富哉壮哉! 极铺张扬厉之工,期月而成,无十稔之劳;指陈事实,无夸诩之过。赋奏,天子嗟异之,命近臣读于迩英阁,由诸生擢为学官,声名一日震耀海内,而皇朝太平之盛观备矣。未几,神宗上宾,公亦低徊不自表襮。哲宗始置之文馆,徽宗又列之郎曹,皆以受知先帝之故,以一赋而得三朝之眷,儒生之荣莫加焉。公之殁,距今八十余载,世之能诵公赋者盖寡,而乐府之词,盛行于世,莫知公为何等人也。公尝守四明,而诸孙又寓居于此,尝访其家集而读之,参以他本,间见手稿,又得京本《文选》,与公之曾孙铸裒为二十四卷。中更兵火,散坠已多,然足以不朽矣。……盖其学道退然,委顺知命,人望之如木鸡,自以为喜,此尤世所未知者。乐府播传,风流自命,又性好音律,如古之妙解,"顾曲"名堂,不能自已。人必以为豪放飘逸,高视古人,非攻苦力学以寸进者。及详味其辞,经史百家之言,盘屈于笔下,若自己出,一何用功之深,而致力之精耶? 故见所上献赋之书,然后知一赋之机杵；见《续秋兴赋后序》，然后知平生之所安；磬镜乌几之铭，可与郑圃漆园相周旋；而祷神之文，则送穷、乞巧之流亚也。骤以此语人，未必遽信，惟能细读之者，始知斯言之不为溢美耳。居闲养疴，为之校雠三数过，犹未敢以为尽。方淇水李左丞读赋上前，多以偏旁言之，因为考之群书，略为音释，阙其未知者，以俟博雅之君子，非敢自比张载、刘逵，为《三都》之训诂也。①

　　楼钥协同周邦彦孙辈周铸编辑《清真先生文集》二十四卷，并为《汴都赋》古文奇字作了音释。楼序主要评价了文集中的赋铭、散文包括词体高超的艺术造诣。对于为美成带来三朝恩顾之《汴都赋》，楼钥拟诸班固《两都赋》、张衡《二京赋》，又以为文势如汉赋汪洋恣肆，铺张扬厉，备述皇朝太平盛观，以及神宗朝新政实施后的国力强盛和气势声威。也如汉赋铺采摛文，多古文奇字，楼钥考之群书，尚有所未知以俟博雅君子者。对于铭文，因其学道退然而比之列子、庄子之寓言。对于散文，则比之韩愈、柳宗元《送穷》《乞巧》之属。对于词体，除了精通音律之外，风格的豪放飘逸，看似不出于攻苦力学，其实"经史百家之言，盘屈于笔下，若自己出"，正是学养所致。

　　陈振孙《直斋书录解题》佐证了楼序的相关记载，又记载了溧水刊刻周邦彦在邑所作文、记、诗、歌各类题材的《清真杂著》三卷，以及超出《清真先生文集》《清真杂著》之外的《操缦集》五卷。

　　　　《清真集》二十四卷，徽猷阁待制钱塘周邦彦美成撰。元丰七年，进《汴都赋》，自诸生命为太学正。邦彦博文多能，犹

---

①《攻媿集》，第 707—708 页。

长于长短句自度曲,其提举大晟府亦由此,既盛行于世而他文
未传。嘉泰中,四明楼钥,始为之序,而太守陈杞刊之,盖其子
孙家居于明故也。《汴都赋》已载《文鉴》。世传赋初奏,御诏
李清臣读之,多古文奇字,清臣诵之,如素所习熟者,乃以偏傍
取之耳。钥为音释附之卷末。①

　　《清真杂著》三卷,邦彦尝为溧水令,故邑有词集,其后有
好事者,取其在邑所作文、记、诗、歌,并刻之。②

　　《操缦集》五卷,周邦彦撰,亦有前集中所无者。③

陈郁《藏一话腴》虽非序跋但对其赋、诗、词等也有论及:

　　(周邦彦)二百年来以乐府独步,贵人学士、市儇妓女知美
成词为可爱,而能知美成为何如人者,百无一二也。盖公少为
太学内舍选,年未三十作《汴都赋》,铺张扬厉,凡七千言,奏
之,天子命近臣读于迩英阁,遂由诸生擢太学正,声名一日震
耀海内。神宗上宾,哲宗置之文馆,徽宗列之郎曹,皆自文章
而得。至于诗歌,自经史中流出,当时以诗名家如晁、张,皆自
叹以为不及。④

　　宋人评说柳永词"惟是浅近卑俗,自成一体,不知书者尤好
之"⑤,与之相比,"贵人学士、市儇妓女知美成词为可爱",表明美

① 《直斋书录解题》,第 487—488 页。
② 同上书,第 488 页。
③ 同上书,第 563 页。
④ 《藏一话腴》,《景印文渊阁四库全书》(第 865 册),第 559 页。
⑤ 王灼著、岳珍校正《碧鸡漫志校正》,巴蜀书社 2000 年,第 36 页。

成词是借书卷气与音乐性在雅俗听众、读者群体中得到广泛传播。其诗歌一如苏门文人"自经史中流出",然苏门学士晁补之、张耒等门下名流"皆自叹以为不及"。《困学纪闻》(卷十八)载:"后山云:'苏公之门有客四人,黄鲁直、秦少游、晁无咎则长公之客也,张文潜则少公之客也。'鲁直诗云:'晁子智囊可以括四海,张子笔端可以回万牛。'文潜诗云:'长公波涛万顷陂,少公巉秀千寻麓。黄郎萧萧日下鹤,陈子峭峭霜中竹。秦文倩丽舒桃李,晁论峥嵘走珠玉。'可以见一时文献之盛。"①苏门诗文彬彬济济,皆当时翘楚,美成超拔其上,足见风流文采,亦一时秀出。

(二)周邦彦词集序跋

周邦彦既为博雅君子,当时也有为词集序跋与解题者。宋朝流传下来的有强焕、陈振孙、刘肃三家。强焕《题周美成词》:

> 文章政事,初非两涂。学之优者,发而为政,必有可观;政有其暇,则游艺于咏歌者,必其才有余刃者也。溧水为负山之邑,官赋浩穰,民讼纷沓,似不可以弦歌为政。而待制周公,元祐癸酉春中为邑长于斯,其政敬简,民到于今称之者,固有余爱。而其尤可称者,于拨烦治剧之中,不妨舒啸。一觞一咏,句中有眼,脍炙人口者,又有余声,声洋洋乎在耳,则其政有不亡者存。余慕周公之才名有年于兹,不谓于八十余载之后,踵公旧踪,既喜而且愧,故自到任以来,访其政事,于所治后圃,得其遗政,有亭曰"姑射",有堂曰"萧闲",皆取神仙中事,揭而名之,可以想象其襟抱之不凡;而又睹"新绿"之池,"隔浦"之莲,依然在目。抑又思公之词,其抚写物态,曲尽其妙。方

---

① 王应麟撰,孙通海校点《困学纪闻》,辽宁教育出版社1998年,第339页。

思有以发扬其声之不可忘者,而未能及乎? 暇日从容式燕嘉宾,歌者在上,果以公之词为首唱,夫然后知邑人爱其词,乃所以不忘其政也。余欲广邑人爱之之意,故哀公之词,旁搜远绍,仅得百八十有二章,厘为上下卷,乃辍俸余,鸠工锓木,以寿其传,非惟慰邑人之思,亦薪传之有所托,俾人声其歌者,足以知其才之优于为邑如此,故冠之以序,而述其意云。公讳邦彦,字美成,钱塘人也。淳熙岁在上章困敦孟陬月围赤奋若,晋阳强焕序。①

此序有较大信息量,一是周词辑集时间是淳熙七年庚子(1180),薛瑞生师考证:"强焕其人无考,既谓'淳熙岁在上章困敦孟陬月围赤奋若',太岁在庚曰'上章',在子曰'困敦',在丁曰'围',在丑曰'赤奋若','孟陬'即正月,故知《强题》写于孝宗淳熙七年庚子(1180)正月丁丑。"② 时在周邦彦逝世后六十年,邑人不忘其政,仍然"以公之词为首唱"。二是辑集地点是周邦彦曾为邑长的溧水县,郡守雅集,官妓仍以周词为首唱,可见是弦歌为政,政有遗爱。三是词集上下二卷,录词182首。此本久佚,前文通过梳理,特别是与晚宋著名词家陈允平《西麓继周集》对比,不仅可以看到周词直至宋末仍流播不衰,并且可以反推强本的基本样貌,还知此本因毛晋汲古阁本《片玉词》幸得流传。强焕总结美成词特点,一是"一觞一咏,句中有眼,脍炙人口者,又有余声,声洋洋乎在耳,则其政有不亡者存",二是"抚写物态,曲尽其妙"。

陈振孙《直斋书录解题》称赞美成为数一数二的词人:

① 强焕《题〈周美成词〉》,《宋六十名家词》,第177—178页。
②《周邦彦别传》,第6—7页。

　　《清真词》二卷，《后集》一卷。周邦彦美成撰，多用唐人
诗语隐括入律，浑然天成，长调尤善铺叙，富艳精工，词人之甲
乙也。①

　　解题言简意赅地总结出美成词特点，至今仍不失为深刻的见
解：一是隐括唐诗入律，浑然天成。在周美成之前，隐括唐诗，仅为
现象，不足以形成特点；《清真集》标志着词体受江西诗学影响，进
入字字有来历的书卷化时代。二是长调尤善铺叙，富艳精工。长
调铺叙以柳永为标竿，所谓"铺叙展衍，备足无余"②。而铺叙又使
此前有妙语而破碎的词体进展为有句有篇的精美艺术体式③。刘肃
《陈元龙集注〈片玉集〉序》：

　　　辞不轻措，辞之工也。阅辞必详其所措，工于阅者也。措
之非轻，而阅之非详，工于阅而不工于措，胥失矣，亦奚胥望
焉？是知雌霓之诵，方脱诸口，而见谓知音；白题八滑之事既
陈，而当世之疑已释。楛矢萍实，苟非推其所从，则是物也，弃
物耳。谁欤能知？触物而不明其原，睹事而莫征所自，与冥行
何别。故曰无张华之博，则孰知五色之珍；乏雷焕之识，则孰
辨冲斗之灵。况措辞之工，岂不有待于阅者之笺释耶？周美
成以旁搜远绍之才，寄情长短句，缜密典丽，流风可仰。其征

----

① 《直斋书录解题》，第585页。
② 李之仪《跋吴思道小词》，《姑溪居士全集》（第4册），中华书局1985年，第
　310页。
③ 王国维说："唐五代之词，有句而无篇。南宋名家之词，有篇而无句。有篇
　有句，唯李后主降宋后之作，及永叔、子瞻、少游、美成、稼轩数人而已。"《人
　间词话》，《王国维文集》，第27页。

辞引类，推古夸今；或借字用意，言言皆有来历，真足冠冕词林。欢筵歌席，率知崇爱，知其故实者，几何人斯！殆犹属目于雾中花、云中月，维意其美，而皎然识其所以美则未也。漳江陈少章家世以学问文章为庐陵望族，涵泳经籍之暇，阅其词，病旧注之简略，遂详而疏之，俾歌之者究其事达其意，则美成之美益彰，犹获昆山之片珍，琢其质而彰其文，岂不快夫人之心目也。因命之曰《片玉集》云。时嘉定辛未杪腊（原本无，朱孝臧据黄荛圃藏本补）。庐陵刘肃必钦序。①

这篇序文，一方面，作为注本序的题中应有之义，强调了注出语典、事典等对于阅读、传唱有极浓书卷气的美成词的重要性。笺注也证明了这一点。如陈注《瑞龙吟》各句如次：

"吟笺赋笔，犹记燕台句"：李义山诗序：柳枝，洛中里娘也，年十七，涂妆绾髻，未尝竟已。余从昆让山比柳枝居。他日，春阴，让山咏二燕台诗。柳枝问曰："谁人为是？"让山曰："此吾少年叔耳。"柳枝乃手断其带结，让山为赠叔乞诗。明日，余策马出其巷，柳枝丫鬟靓妆抱立扇下，风障一袖。指曰："若叔何深望之，愿与郎俱。"余因诺之。后不果留，但怅望耳。有诗："长吟远下燕台句，惟有花香染未消。"

"知谁伴、名园露饮，东城闲步"：杜诗：名园依绿水。《笔谈》：石曼卿露顶而饮。杜牧佐沈传师幕在江西时，张好好以善歌入籍。一年，镇宣城，复置好好宣籍。又二年，沈著作以双鬟纳之。又二年，往东城纵步，复见之。

---

① 刘肃《片玉集·序》，孙虹校注《清真集校注》（下册），第 501 页。

　　"事与孤鸿去"：杜牧：恨如春草多,事逐孤鸿去。

　　"探春尽是,伤离意绪。官柳低金缕"：杜甫：官柳著行新。温庭筠：不似垂杨惜金缕。

　　"归骑晚,纤纤池塘飞雨。断肠院落,一帘风絮"：张景阳：飞雨洒朝兰。晏元献：梨花院落溶溶月,柳絮池塘淡淡风。①

　　确实能使阅者琢质彰文、歌者究事达意,无疑助力了周词的进一步传播。

　　另一方面,刘序还举证以僻典作比。如"雌霓之诵"由四声中平入的不同拟诸词律,典见《梁书·王筠传》："(沈)约制《郊居赋》,构思积时,犹未都毕,乃要筠示其草,筠读至'雌霓(五激反)连蜷',约抚掌欣抃曰:'仆常恐人呼为霓(五鸡反)。'……约曰:'知音者希,真赏殆绝,所以相要,政在此数句耳。'"② 白题、八滑是边远国名。《南史·裴松之传(附裴子野)》："时西北远边有白题及滑国遣使由岷山道入贡,此二国历代弗宾,莫知所出。子野曰:'汉颍阴侯斩胡白题将一人。服虔注云:"白题,胡名也。"又汉定远侯击虏,八滑从之,此其后乎?'时人服其博识。"③ 楛矢、萍实是古代名物。《国语·鲁语下》："仲尼在陈,有隼集于陈侯之庭而死。楛矢贯之,石砮其长尺有咫。"韦昭注曰:"楛,木名;砮,镞也;以石为之。"④ 刘向《说苑》(卷十八)："楚昭王渡江,有物大如斗,直触王舟,止于舟中。昭王大怪之,使聘问孔子。孔子曰:'此名萍实,令剖而食之。惟霸王者能获之,此吉祥也。'……孔子曰:'异时

① 陈元龙《详注〈片玉集〉》,《彊村丛书》(第 2 册),第 1300 页。
② 姚思廉《梁书》(第 2 册),中华书局 1973 年,第 485 页。
③ 李延寿《南史》(第 3 册),中华书局 1975 年,第 866 页。
④ 左丘明撰,韦昭注《国语》,商务印书馆 1958 年,第 73 页。

小儿谣曰:"楚王渡江得萍实,大如斗,赤如日,剖而食之美如蜜。"此楚之应也。'……故圣人非独守道而已也,睹物记也,即得其应矣。"① "知五色之珍""辨冲斗之灵"都是说晋朝张华博物洽闻。《晋书·张华传》:"陆机尝饷华鲊,于时宾客满座,华发器,便曰:'此龙肉也。'众未之信,华曰:'试以苦酒濯之,必有异。'既而五色光起。机还问鲊主,果云:'园中茅积下得一白鱼,质状殊常,以作鲊,过美,故以相献。'"② "初,吴之未灭也,斗牛之间常有紫气,道术者皆以吴方强盛,未可图也,惟华以为不然。及吴平之后,紫气愈明。……焕曰:'仆察之久矣,惟斗牛之间颇有异气。'……焕到县,掘狱屋基,入地四丈余,得一石函,光气非常,中有双剑,并刻题,一曰龙泉,一曰太阿。其夕,斗牛间气不复见焉。……焕卒,子华为州从事,持剑行经延平津,剑忽于腰间跃出堕水。使人没水取之,不见剑,但见两龙各长数丈,蟠萦有文章,没者惧而反。须臾光彩照水,波浪惊沸,于是失剑。"③结合许尹为任渊所作黄庭坚、陈师道诗集序言,知此时词作渐同诗歌用事:"其用事深密,杂以儒佛、虞初稗官之说,隽永鸿宝之书,牢笼渔猎,取诸左右。"④陈元龙注释美成词生僻的事典、语典、制度、典章、器物等,引导了后人对周词的深度理解,与任渊注黄、陈诗如出一辙。各家词序中"一觞一咏,句中有眼""多用唐人诗语隐括入律,浑然天成""其征辞引类,推古夸今;或借字用意,言言皆有来历",都已豁然可见江西诗风对周

① 刘向撰,赵善诒疏证《说苑疏证》,华东师范大学出版社1985年,第546—547页。

② 《晋书》(第4册),第1075页。

③ 同上书,第1075—1076页。

④ 许尹《黄陈诗注原序》,黄庭坚撰,任渊等注,黄宝华点校《山谷诗集注》(上册),上海古籍出版社2003年,第4-5页。

词的渗透，显示出词体渐与诗体同流共趋的局势。

二、宋人注宋词与集注周词现象

宋人注宋诗当时已经蔚成风气，著名的有李壁注王荆公诗，任渊注黄山谷、陈后山诗，王十朋、施元之注苏东坡诗。然而，宋人虽胸有万卷也颇叹注疏之难，因为这实质上是声气相求、学问相埒的灵魂对话。《侯鲭录》（卷一）："东坡在黄州日，作雪诗云：'冻合玉楼寒起粟，光摇银海眩生花。'人不知其使事也。后移汝海，过金陵，见王荆公论诗及此，云：'道家以两肩为玉楼，以目为银海，是使此否？'坡笑之。退谓叶致远曰：'学荆公者，岂有此博学哉！'"①宋人注宋词则极为罕见，因为读者对笺释者与作者有着同样的学养期待。陈元龙详注周邦彦词之前，尚有傅干《注坡词》，但颇受学识不足之讥议，洪迈竟与可付一焚的蕲春士子注坡诗相提并论。《容斋续笔》（卷十五）："政和初，蔡京禁苏氏学，蕲春一士独杜门注其诗，不与人往还。钱伸仲为黄冈尉，因考校上舍，往来其乡，三进谒然后得见。首请借阅其书，士人指案侧巨编数十，使随意抽读，适得《和杨公济梅花十绝》：'月地云阶漫一尊，玉奴终不负东昏。临春结绮荒荆棘，谁信幽香是返魂。'注云：'玉奴，齐东昏侯潘妃小字。临春、结绮者，陈后主三阁之名也（孙按：另有望仙阁）。'伸仲曰：'所引止于此耳？'曰：'然。'伸仲曰：'唐牛僧孺所作《周秦行纪》，记入薄太后庙，见古后妃辈，所谓"月地云阶见洞仙"，东昏以玉儿故，身死国除，不拟负他，乃是此篇所用，先生何为没而不书？'士人恍然失色，不复一语，顾其子然纸炬悉焚之。伸仲劝使姑留之，竟不可。曰：'吾枉用工夫十年，非君几贻士林嗤笑。'伸仲

①赵令畤《侯鲭录》，中华书局1985年，第9—10页。

每谈其事,以戒后生。……绍兴初,又有傅洪秀才注坡词,镂板钱塘,至于'不知天上宫阙,今夕是何年',不能引'共道人间惆怅事,不知今夕是何年'之句;'笑怕蔷薇胃''学画鸦黄未就',不能引《南部烟花录》,如此甚多。"①

值得注意的是,宋人注周词,经历了简注、圈法、详注阶段,陈元龙详注本,实际上是汇辑诸家的"集注","集注"在宋人注宋诗过程中也属偶见的现象,却出现在注释周邦彦词集的过程中,不得不说,宋人注释清真词意及唱法并加以汇集,本身就包含了隐在的褒扬,极大地促进了周词在当朝的传播。

(一)曹杓简注、杨缵圈法周词

陈元龙嘉定年间集注周词之前,已有曹杓《注〈清真词〉》二卷、杨缵《圈法美成词》,三种注本对周词流播都起到了较大推进作用。前考曹本首次合成《清真词》二卷及《后集》一卷,其注应较陈本简略,虽然是按类编排的歌本,但无涉唱法。

杨缵,字继翁,号守斋,又号紫霞翁。其《圈法美成词》则是专门的唱法注本。杨氏为南宋后期著名音乐家,曾制《紫霞琴谱》(又称《紫霞洞谱》)。常与当时另一音乐流派的领军人物张枢等人探讨音乐。张炎记载:"昔在先人侍侧,闻杨守斋、毛敏仲、徐南溪诸公商榷音律。"② 杨缵还是当时词坛盟主:"近代杨守斋精于琴,故深知音律,有《圈法周美成词》;与之游者周草窗、施梅川、徐雪江、奚秋崖、李商隐,每一聚首,必分题赋曲。但守斋持律甚严,一字不苟作,遂有《作词五要》。"③ 杨氏《作词五要》精当扼要,涉及

---

①《容斋随笔》(上册),第402页。
②《词源注》,第9页。
③ 同上书,第31页。

作词音律、立意等方面：

> 作词之要有五。第一要择腔。腔不韵则勿作；如《塞翁吟》之衰飒，《帝台春》之不顺，《隔浦莲》之寄煞，《斗百花》之无味是也。第二要择律。律不应月则不美；如十一月调须用正宫，元宵词必用仙吕宫为宜也。第三要填词按谱。自古作词，能依句者已少，依谱用字者百无一二。词若歌韵不协，奚取焉！或谓善歌者融化其字则无疵，殊不知详制转折，用或不当则失律，正、旁、偏、侧，凌犯他宫，非复本调矣。第四要随律押韵。如越调《水龙吟》、商调《二郎神》，皆合用平入声韵。古词俱押去声，所以转折怪异，成不祥之音。昧律者反称赏之，是真可解颐而启齿也。第五要立新意。若用前人词意为之，则蹈袭无足奇者，须自作不经人道语。或翻前人意，便觉出奇；或只能炼字，诵才数过，便无精神。不可不知也。更须忌三重四同，始为具美。①

杨缵还是能够吹箫度曲填词的赏音者。周密《木兰花慢》题序："西湖十景尚矣。张成子尝赋《应天长》十阕夸余曰：'是古今词家未能道者。'余时年少气锐，谓此人间景，余与子皆人间人，子能道，余顾不能道耶？冥搜六日而词成。成子惊赏敏妙，许放出一头地。异日霞翁见之曰：'语丽矣，如律未协何。'遂相与订正，阅数月而后定。是知词不难作，而难于改；语不难工，而难于协。翁往矣，赏音寂然。姑述其概，以寄余怀云。"《采绿吟》题序："甲子夏，霞翁会吟社诸友逃暑于西湖之环碧。琴尊笔研，短葛練巾，放舟于

①《词源注》，第32页。

荷深柳密间。舞影歌尘,远谢耳目。酒酣,采莲叶,探题赋词。余得《塞垣春》,翁为翻谱数字,短箫按之,音极谐婉,因易今名云。"

杨缵亲作《圈法美成词》,可见对周词的重视。但此书并非如论者所说,是大晟词乐对南宋词坛的共时性影响,而是准以门派内所制新谱对周词唱法的重新审定。郑文焯《清真词校后录要》:"玉田《词源》言:'杨守斋有《圈法周美成词》,盖取其词中字句融入声谱,一一点定,如《白石歌曲》之旁谱,特于其拍顿加一墨围,故云圈法耳。'"① "圈法"看似仅"于其拍顿加一墨围",但并非简单把"字句融入声谱",这种唱法见于沈括《梦溪笔谈》:

> 凡曲止是一声清浊高下如萦缕耳,字则有喉、唇、齿、舌等音不同,当使字字举本皆轻圆,悉融入声中,令转换处无磊块,此谓"声中无字",古人谓之"如贯珠",今谓之"善过度"是也。如宫声字,而曲合用商声,则能转宫为商歌之,此"字中有声"也。善歌者谓之"内里声"。不善歌者,声无抑扬,谓之"念曲";声无含韫,谓之"叫曲"。②

前引杨氏《五要》并不同意"善歌者融化其字则无疵"的说法,而更为严苛地要求不能因"转折怪异"而"正旁偏侧,凌犯他宫",从而逸出本制调宫商之外。其圈法是音乐体系及思想的反映,与大晟府别派。元人袁桷论《紫霞琴谱》源流甚详:

---

① 《大鹤山人词话》,第358—359页。
② 沈括著,胡道静校注《梦溪笔谈校证》(上册),古典文学出版社1957年,第231页。

　　自渡江来,谱之可考者,曰"阁谱",曰"江西谱"。"阁谱"由宋太宗时渐废,至皇祐间,复入秘阁。……方"阁谱"行时,别谱存于世良多。至大晟乐府证定,益以"阁谱"为贵,别谱复不得入,其学浸绝。绍兴时,非入"阁本"者,不得待诏。私相传习,媚熟整雅,非有亡臲偾遽之意,而兢兢然国小而弱。百余年间。盖可见矣。曰"江西"者,由"阁"而加详焉。其声繁以杀,其按抑也,皆别为义例。秋风巫峡之悲壮,兰皋洛浦之靓好,将和而愈怨,欲正而愈反。故凡骚人介士,皆喜而争慕之,谓不若是,不足以名琴也。……后悉得广陵张氏谱而加校焉,则蔡氏五弄,司农号为精加紬绎,皆张氏所载,独杨氏隐抵不述耳。今世琴调,清商号为最多。郭茂倩记古乐府琴辞,亦莫盛于清商。杜佑氏叙论雅乐,谓楚汉旧声,犹传于琴家,蔡氏五弄、楚调四弄,至唐犹存,则今所谓五弄非杨氏私制明甚,议者悉去之不可也。按广陵张氏,名岩,字肖翁,嘉泰间为参预。居雪时,尝谓阁谱非雅声,于韩忠献家得古谱,复从五市密购,与韩相合,定为十五卷,将锓于梓。以预韩氏边议罢去。其客永嘉,郭楚望独得之,复别为调曲,然大抵皆依蔡氏声为之者,楚望死,复以授刘志芳,志芳之传愈尊而失其祖愈远。①

　　也就是说,大晟乐属于江西谱、秘阁谱系列,缺陷是与音乐和正逆行:"秋风巫峡之悲壮,兰皋洛浦之靓好,将和而愈怨,欲正而愈反。"而杨氏一派传自楚汉旧声之蔡氏五弄、楚调四弄。明初王祎也如此说:"又如《紫霞琴谱》,虽时变新调,而古意终在,有得乎

---

① 袁桷《琴述赠黄依然》,袁桷《清容居士集》,中华书局 1985 年,第 756—757 页。

汉、魏之音为多,是可谓情辞俱至,足以自名其家者也。"①《圈法美成词》显然是要把大晟乐纳入杨氏门派的唱法,并且取得了成功。南渡之初,大晟乐还有流传,毛开《樵隐笔录》云:"绍兴初,都下盛行周清真'咏柳'《兰陵王慢》,西楼南瓦皆歌之,谓之《渭城三叠》。以周词凡三换头,至末段声尤激越。惟教坊老笛师能倚之以节歌者,其谱传自赵忠简家。忠简于建炎丁未九日南渡,泊舟仪真江口,遇宣和大晟乐府协律郎某,叩获九重故谱,因令家伎习之,遂流传于外。"②后人对所谓"三换头"即如《瑞龙吟》为双曳头,共三叠,前两叠字数相同(已见前引)有不同看法③,但为大晟乐则无异议。至南宋中晚期,大晟乐谱失坠之后,周词仍在合乐可歌的行列,所得益者正在于南宋中晚期杨缵、张镃两个流派对词乐的校订。因为大晟乐与北宋灭亡相先后,有亡国之音之嫌,此时音乐流派欲复汉魏中原古音,重建盛世新调。中原雅音不绝如缕,除张氏一派的努力外,《圈法美成词》作为周词专门唱本功不可没。据强焕、吴文英、张炎、王沂孙等人记载,南宋乃至入元后,溧水县官妓、吴江小妓、杭妓沈梅娇、王沂孙的轻鬟歌姬等皆能歌清真词,甚至张炎也能自歌其词,其《桂枝香》题序有"余歌美成词"之句,显然

---

① 王祎《盛修龄诗集序》,《王忠文公集》(第2册),中华书局1985年,第100页。

② 冯金伯《词苑萃编》引毛开《樵隐笔录》,《词话丛编》(第3册),第2270页。

③ 戈载《宋七家词选》杜文澜批语:"或谓此调应分四段,第一段为双曳头,'柳阴直'与'望故国'相对,惟多'登临'二字,为换头所增。又三段之'闲寻旧踪迹'与四段之'凄恻,恨堆积'亦逐句相对,惟后结三字较'望人在天北'句少二字耳。此说甚新,果为双曳头,则'谁识'为六字句,非叶矣。"戈载辑,杜文澜校注《宋七家词选》,清光绪乙酉(1885)曼陀罗华阁重刊本,卷1第17—18页。夏承焘先生同意此说。参见夏承焘《唐宋词论丛·唐宋词字声之演变》,《夏承焘集》(第2册),浙江古籍出版社、浙江教育出版社1997年,第67页。

所合者已非大晟乐，而是南宋新声。

曹本久佚，无以得见其注。但从陈本对"旧注"的纠谬，或可得见曹注残留。例举如下：

《风流子》："寄将秦镜，偷换韩香。"陈注："《乐府》云：'盘龙明镜饷秦嘉，辟恶生香寄韩寿。'美成全用此对，秦镜决非始皇事。"①也就是说，旧时曹注或误秦镜为秦始皇照胆镜，事见《西京杂记》（卷三）："有方镜，广四尺，高五尺九寸，表里有明，人直来照之，影则倒见。以手扪心而来，则见肠胃五脏，历然无硋。人有疾病在内，则掩心而照之，则知病之所在。又女子有邪心，则胆张心动。秦始皇常以照宫人，胆张心动者则杀之。"②《风流子》是爱情主题，注释为秦始皇照胆镜虽合字面，但殊为不伦。

《西河》："想依稀、王谢邻里。燕子不知何世。入寻常、巷陌人家，相对如说兴亡，斜阳里。"陈注："今乃引唐王榭航海遇风，抵一所，见乌衣国王，以女妻之。后榭思归，取飞云轩，令榭入其中，闭目少息，至其家，视之梁上，双燕呢喃。后寄诗曰：'误到华胥国里来，主人终日独怜才。云轩漂去无消息，洒泪春风几百回。'女答曰：'昔日相逢冥数合，今时暌远若生离。来年纵有相思字，三月天南无雁飞。'此小说虚诞，何可信也。"③《西河》是金陵旧都怀古题材，所用熟典为刘禹锡《金陵五题·乌衣巷》，陈注驳斥原注所引用的笔记稗说。

陈注还略有校句，如《解语花·元宵》"望千门如昼"，陈注："易斋云：旧本作'千门如画'者误也。虽有妙手，安能画其明

①陈元龙《详注〈片玉集〉》，《彊村丛书》（第2册），第1303页。
②《西京杂记》，第19页。
③陈元龙《详注〈片玉集〉》，《彊村丛书》（第2册），第1378页。

耶?"① 知旧本因"畫""書"形近而讹。方千里、杨泽民和词《解语花》此句各作"况人如图画""对芳时堪画",从侧面说明所据之本与旧注本同源。

(二)陈元龙详注《片玉集》

陈注本旨在琢质彰文、究事达意。陈振孙说周词"多用唐人诗语隐括入律"(已见前引),张炎称其词"浑厚和雅,善于融化诗句"②;周密指出周词曾不易一字纯用唐人成句:"周美成长短句,纯用唐人诗句,如'低鬟蝉影动,私语口脂香',此乃元、白全句。"③ 郑文焯《与张孟劬书》:"宋人有隐括唐诗之例。玉田谓:'取字当从温、李诗中来。'今观美成、白石诸家,嘉藻纷缛,靡不取材于飞卿、玉溪,而于长爪郎奇隽语,尤多裁制。"④

以今天的眼光看,陈元龙所注未尽确当,但在当时书籍流通并不广泛的时代,陈注本对周词整理流传的作用不言而喻。特点如下:

其一,抓住了周词隐括唐诗的特点,以卷一为例,撮要摘录整首词注出唐诗者如下(陈注体例多为单句,且不出诗题,或有误记作者、字句,也或有异文,以下引文一仍其旧):

> 《瑞龙吟》:杜诗:频来语燕定新巢。李贺:宫人面靥黄。刘禹锡《再题》云:种桃道士知何处,前度刘郎今独来。李义山诗:长吟远下燕台句,惟有花香染未消。杜诗:名园依绿水。杜牧:恨如春草多,事逐孤鸿去。杜甫:官柳著行新。温庭筠:

---

① 陈元龙《详注〈片玉集〉》,《彊村丛书》(第2册),第1361页。
②《词源注》,第9页。
③《浩然斋雅谈》,第47页。
④《大鹤山人词话》,第217—218页。

不似垂杨惜金缕。①

　　《琐窗寒》：杜甫：沙上草阁柳新暗。李贺：杨柳伴啼鸦。温庭筠《舞衣曲》诗：回鸾笑语西窗客。杜甫：风起春灯乱，江鸣夜雨悬。杜甫云：自伤迟暮眼。元稹诗：初过寒食一百六，店舍无烟宫树绿。李贺：旗亭下马解秋衣，请贳宜阳一壶酒。李贺：浓眉笼小唇。又，晚奁妆秀靥。②

　　《风流子》：刘禹锡：旧时王谢堂前燕。李贺：三十六宫土花碧。王建诗：水中荷叶土中花。杜甫：清觞异味情屡极。③

　　《渡江云》：杜甫：庭春入眼浓。李白：陌头杨柳黄金色。孟郊：杨柳织别愁，千条万条丝。杜甫：清江转山急。杜甫：浪足浮纱帽。又，百过落乌纱。杜甫诗：云掩初弦月。杜甫：微冥水驿孤。④

　　《应天长》：欧阳獬《燕诗》：长到春秋社前后，为谁去了为谁来。温飞卿：油壁车轻金犊肥。韩翃诗：春城无处不飞花，寒食东风御柳斜。日暮汉宫传蜡烛，青烟散入五侯家。杜甫诗：市桥官柳细。⑤

　　《荔枝香》：虞世南：照水百花然。韩偓诗：小梅飘雪杏方红，测测轻寒剪剪风。李贺诗：帐底吹笙香雾浓。王维：飞飞燕新乳。李白云：当时楼下水。杜甫：片帆在郴岸。李贺诗：蜜炬千枝烂。⑥

---

① 陈元龙《详注〈片玉集〉》，《彊村丛书》（第 2 册），第 1299—1300 页。
② 同上书，第 1301—1302 页。
③ 同上书，第 1302 页。
④ 同上书，第 1303—1304 页。
⑤ 同上书，第 1304—1305 页。
⑥ 同上书，第 1305—1306 页。

第二：乐天：潇潇暗雨洒窗声。杜甫云：人生在世间，聚散亦暂时。李商隐：花须柳眼各无赖，紫蝶游蜂俱有情。①

《还京乐》：李贺：忆君清泪如铅水。杜甫：却寄双愁眼，相思泪点悬。李白：当时楼下水，今日知何处。②

《扫花游》：李贺：暗黄着柳宫漏迟。李涉诗：不必如丝千万缕。乐天诗：柳似舞腰池似镜。韩愈：春余几许时。《元和圣德诗》：泪落入俎。杜甫诗：感时花溅泪。杜甫：且将棋度日。李贺《伤心行》：咽咽学楚吟，病骨伤幽素。李益诗：分明似把文君恨，万怨千愁弦上鸣。于武陵：月落满城钟。③

其二，笔记、经史甚至笺注本也在收罗范围之内。如：

《琐窗寒》："桐花半亩，静锁一庭愁雨。洒空阶、夜阑未休，故人剪烛西窗语。"陈注《渔隐诗话》：嘉祐中，有渔人于江心，网得片石，有绝句："雨滴空阶晓，无心换夕香。井桐花落尽，一半在银床。"④

《塞垣春》："念多材、浑衰减，一怀幽恨难写。"陈注《书·金縢》云：周公多材多艺。⑤

《解连环》："信妙手、能解连环。"陈注《战国策》始皇遗齐君王后玉连环曰：齐多智也，解此环否？ 以示群臣，群臣不知

---

① 陈元龙《详注〈片玉集〉》，《彊村丛书》（第 2 册），第 1306 页。
② 同上书，第 1307 页。
③ 同上书，第 1308 页。
④ 同上书，第 1301 页。
⑤ 同上书，第 1347 页。

解。君王后引椎椎破之,谢秦使曰:谨以解矣。①

《西平乐》:"重慕想、东陵晦迹,彭泽归来。……多谢故人,亲驰郑驿,时倒融尊。"陈注《史记》:召平者,故东陵侯,秦破,为布衣,种瓜卖。《史记》:郑当时为太子宾客,置驿马诸郊,请谢宾客。《后汉》:孔融拜大中大夫,宾客日盈其门。常叹曰:坐上客常满,尊中酒不空。②

《兰陵王》:"柳阴直,烟里丝丝弄碧。"陈注:魏野《柳》诗:丝丝能系别离情。③(孙按:此为魏野逸诗,不见收于《全宋诗》,但见于宋人傅干注东坡《浣溪沙》"柳丝那解系行人"句,引魏野《柳诗》:"映渡临桥绕客亭,丝丝能系别离情。"④可见宋人得见魏野此诗)

　　其三,通过注释可以看出周词与宋诗相同的点化典故、夺胎换骨的特点。《扫花游》:"信流去、想一叶怨,题今在何处。"陈注:"《青琐高议》:曾闻叶上题红怨,叶上题诗寄与谁。韩氏:一联佳句题流水,十载相思满素怀。今日却成鸾凤友,方知红叶是良媒。"⑤庞元英《谈薮》以为这是词中首用流红典故,有夺胎换骨的翻新之妙:"本朝词人罕用此事,惟周清真乐府两用之。《扫花游》云:'信流去,想一叶怨题,今到何处。'《六丑·咏落花》云:'飘流处,莫趁

① 陈元龙《详注〈片玉集〉》,《彊村丛书》(第2册),第1309页。
② 同上书,第1314—1315页。
③ 同上书,第1373页。
④ 苏轼著,傅干注,刘尚荣校证《东坡词傅干注校证》,上海古籍出版社2016年,第393页。
⑤ 陈元龙《详注〈片玉集〉》,《彊村丛书》(第2册),第1308页。

潮汐,恐断水,上有相思字,何由见得.'脱胎换骨之妙极矣."[1] 意思是流红典在美成词中由红叶转为落花,再转出泛义的相思怨情,与江西诗法"夺胎换骨"有异曲同工之妙.《满江红》:"最苦是、蝴蝶满园飞,无人扑."陈注:"《杜阳杂编》:唐穆宗时,禁苑花开,有蝴蝶数万飞集花间,宫人争以罗巾扑之,卒无有获之者."[2] 反用故实也是由宋诗点化发展而来的手法(详后说).

其四,陈注偶能以"出处"贯通"立意".许尹序任渊注本曰:"暇日遂以二家诗为之注解,且为原本立意始末以晓学者,非若世之笺训,但能标题出处而已也."[3] 如《瑞龙吟》:"知谁伴、名园露饮,东城闲步."通过前引陈注所引儒臣名宦沈传师与乐妓张好好的关系,知词中乐籍痴小官妓也是居所流徙不定,所以词人十年后再至汴京时已不复再睹娇面.

当然,陈注本也略有不足.在陈注之前,宋朝笔记对美成词出典进行了广泛的讨论,但却没有被注本吸收.如《隔浦莲》:"水亭小、浮萍破处,帘花檐影颠倒."陈注:"杜甫云:檐影微微落."[4] 又,《丹凤吟》:"那堪昏暝,簌簌半檐花落."陈注:"杜甫:灯前细雨檐花落."[5] 胡仔《苕溪渔隐丛话》(前集)卷五十九:"按杜少陵诗'灯前细雨檐花落',美成用此'檐花'二字,全与出处意不相合,乃知用字之难矣."[6] 王楙《野客丛书》(卷十)驳斥说:"(苕溪渔隐

① 《谈薮》,第 5 页.

② 陈元龙《详注〈片玉集〉》,《彊村丛书》(第 2 册),第 1313 页.

③ 许尹《黄陈诗注原序》,《山谷诗集注》(第 1 册),第 1—2 页.

④ 陈元龙《详注〈片玉集〉》,《彊村丛书》(第 2 册),第 1330 页.

⑤ 同上书,第 1312 页.

⑥ 胡仔纂集、廖德明校点《苕溪渔隐丛话》(前集),人民文学出版社 1962 年,第 411 页.

谓）'檐花'二字,用杜少陵'灯前细雨檐花落',全与出处意不相合。又,赵次公注杜少陵诗,引刘邈'檐花初照日'之语。仆谓二说皆考究未至,少陵'檐花落'三字,元有所自,丘迟诗曰:'共取落檐花。'何逊诗曰:'燕子戏还飞,檐花落枕前。'少陵用此语尔,赵次公但见刘邈有此二字,引以证杜诗,渔隐但见杜诗有此二字,引以证周词,不知刘邈之先,已有'檐花落'三字矣。李白诗'檐花落酒中',李暇亦有'檐花照月莺对栖'之语,不但老杜也。详味周用'檐花'二字,于理无碍。"① 也有论者指周词用典不当,洪迈《容斋随笔》(卷十一):"近世周美成乐府《西河》一阕,专咏金陵,所云'莫愁艇子曾系'之语,岂非误指石头城为石城乎?"② 石城即郢州,今湖北钟祥县西有莫愁村,而金陵为石头城。陈注未引入洪说,仍注为:"乐府诗:莫愁在何处,住在石城西。艇子折两桨,催送莫愁来。韩偓诗:应是石城艇子来,两桨伊哑过花坞。又,郑谷诗:石城昔为莫愁乡,莫愁魂散石城荒。帆去帆来风浩渺,花开花谢春悲凉。"③ 是误石城为石头城,或未对石城、莫愁进行对接。

　　另外,陈注对较为生僻的典故多有误注,如《塞翁吟》:"梦远别、泪痕重。淡铅脸斜红。"前说"斜红"是古代复杂时尚的妆容,陈注为胭脂泪脸的残红:"谢翱《遇鬼诗》:'斜月照人今夜梦,落花啼雨去年春。'鬼云:'愁态上眉添浅绿,泪痕侵脸落残红。'"④ 陈注对除唐诗以外的先秦汉魏晋南北诗、宋诗重视不够,导致注释方面的一大疏漏。选择 127 首《片玉集》为底本而未见 182 首强焕本,宋人未能注释美成全部词作,也是词坛憾事。

① 王楙著,王文锦点校《野客丛书》,中华书局 1987 年,第 104—105 页。
②《容斋随笔》(下册),第 561 页。
③ 陈元龙《详注〈片玉集〉》,《彊村丛书》(第 2 册),第 1377 页。
④ 同上书,第 1334 页。

　　本章第一节中四种表格通过方千里、杨泽民、陈允平三家及所见其他宋人和词的对比，梳理出周词宋椠祖本仅有二源：一是陈振孙《直斋书录》所载《清真集》二卷、后集一卷，一是严州版不分卷本《清真诗余》，其余皆可各归于此二种祖本。方千里、杨泽民和词出自《清真集》，强焕淳熙官本与陈允平《西麓继周集》同出《清真诗余》。从宋朝的和词看，强本词数虽多但流传并不广泛。明朝毛晋《片玉词》在强本基础上辑补而成，除去辑补的伪词，毛本实得周词180首，基本留存了强本原貌，实属难能可贵。第二节通过各家对美成文赋诗词的序跋、词集简注与详注以及唱法圈注本，与上一节中的宋朝和词共同证明周词在文人圈与音乐圈受欢迎的程度。从中也可以看到，在宋朝学术背景下，美成受到的书卷熏陶，词体创作也受到江西诗学的深刻影响。另外，宋朝笔记中已经出现不少美成词"本事"记载，虽然事迹未必真实可靠，但无疑推助了周词流播。加上沈义父《乐府指迷》、张炎《词源》两种晚宋时期的词学专论，前者奉周词为词法圭臬，后者虽时有批评，但也认同其为"负一代词名"的宗匠。两种词论不仅总结了周词在宋代词坛的价值与地位，也为周词在当朝传播推波助澜，并为促成周词经典化、从而在宋朝之后的词坛发挥持续影响发挥了至关重要的作用。

第三章　多维聚焦中不逮杜甫的周词思想意趣

　　周邦彦词在思想意趣方面有所欠缺是宋朝以来的共识。黄升评姜夔"词极精妙,不减清真乐府,其间高处,有美成所不能及"[1]。张炎在评《甘州·赋众芳所在》《木兰花慢·用前韵呈王信父》二词中以"周情柳思""柳思周情",并称周邦彦、柳永,并且在《词源》中明确表达"惜乎意趣却不高远"[2]的不满;而又盛赞苏轼、姜夔"清空中有意趣"[3]。《词源》秦、周并称也非褒词。如张炎认为相对于苏轼等高出人表的意趣是"周、秦诸人所不能到"[4]。

　　近现代以来,对于周词意趣的看法,分为两类,一类认为他在新旧党争中选边站队,有强烈的反对旧党政治情绪,成为其词思想性的重要组成。持这种主张的有陈思、罗忼烈、吴熊和、刘扬忠、叶嘉莹、路成文等大家与专家。另一派坚决否认周邦彦词中有所谓政治寓意。谢桃坊先生的观点可为代表:"他的词在内容上不涉及时事,不选取较重要的社会性题材,局限于感离伤旧和羁旅情怀,表现出退避社会的心理;在情感的表达方面缺乏诚挚真切和深厚

---

[1]《花庵词选》,第279页。
[2]《词源注》,第30页。
[3] 同上书,第19页。
[4] 同上书,第30页。

热烈,而表现为一种淡漠、消闲、玩赏、厌倦的情愫;在艺术形式方面却又特别追求精整、典雅和法度,艺术技巧十分高超:这体现了北宋后期词人脱离现实的形式主义的普遍趋势。"① 持这种主张的前有王国维,后有薛瑞生、刘永翔等。笔者认为,周词有无政治寓意应在理清其生平事迹并为其词作大致编年的基础上,以有时间定位的词作为证据加以分析(本书前两章就是这方面的准备);并且,区分出周词中有无对旧党(有论者认为还涉及新党)怨恚的所谓政治寓意,与词体真正意义上的有寄托还是两回事。前者为事迹之实,更需要有说服力的证明,后者则可以是"作者之用心未必然,而读者之用心何必不然"② 文学阅读的再创造。本章拟在与柳永、王安石、苏轼、黄庭坚、晁补之、秦观、贺铸、晏几道、姜夔、史达祖、吴文英等人比较中,聚焦周词的思想意趣。

无庸讳言,与北宋前中期的著名词人相比,周词思想意趣有明显弱化的趋势,为其开脱的理由很多,如可以认为是词体在"以诗为词"破体之后,对词作体性的自觉回归,也可以认为其卷入新旧党争的漩涡而依违不定,但无论如何,其词都应归于宋朝词史上较少时代风云之气的篇章。下面在与前举北宋南宋词人的比较中,可以彰显这一特点。

第一节　党争中心与边缘的抒写歧异

李清照曰:"至晏元献、欧阳永叔、苏子瞻,学际天人,作为小歌

---

① 《周邦彦词的政治寓意辨析》,《宋词辨》,第 199—200 页。
② 《复堂词话·复堂词录序》,《词话丛编》(第 4 册),第 3987 页。

词,直如酌蠡水于大海,然皆句读不葺之诗尔。"①不仅指所举的词
人词作不协音律,也指三人词作吞吐豪气,表现的主旨与诗歌融而
未分,尤以苏词无一毫儿女子软媚气。陆游评苏轼《鹊桥仙·七
夕》:"昔人作七夕诗,率不免有珠栊绮疏惜别之意。惟东坡此篇,
居然是星汉上语,歌之曲终,觉天风海雨逼人。"②苏门词人黄庭
坚步武其后:"间作小词,固高妙,然不是当家语,自是着腔子唱好
诗。"③虽然秦七、黄九被并称为当代词手,但秦观却能"将身世之
感,打并入艳情"④,使词中深刻的思想因为回归词体本质而不再突
显。正如叶嘉莹先生所说:"就词之发展言之,秦观词有一种对词
之本质重新加以认定的意义。……就其未曾追随苏轼却反而远祖
温、韦言之,确是一种回流,然而却并不是一成不变的回归,而是在
回流中掌握了更为醇正的词之本质的特色,而同时也产生了就词
之本质加以拓新之作用的。"⑤

　　在北宋新旧党争中,不管论者是否认同周邦彦曾依附新党,但
一篇文采斐然的《汴都赋》至少让他成为了党争"边缘人",加上
他与新党蔡京、刘昺若即若离的关系,其仕途升迁多少与此略有瓜
葛。谢桃坊先生因此持其依附新党而非新政之说:"北宋熙宁九年
(1076)王安石第二次罢相,此后在神宗皇帝主持下依靠王珪、蔡
确、章惇等人继续推行新法。周邦彦约于元丰二年(1079)入太学

① 李清照《词论》,李清照撰,王学初校注《李清照集校注》,人民文学出版社
　　1979年,第195页。
② 陆游《跋东坡七夕词后》,陆游著,钱仲联、马亚中校注《陆游全集校注》(第
　　10册),浙江教育出版社2011年,第197页。
③《复斋漫录》引晁补之语,《苕溪渔隐丛话》(后集),第253页。
④《宋四家词选眉批》,《宋四家词选》,第24页。
⑤ 缪钺、叶嘉莹合撰《灵谿词说》,上海古籍出版社1987年,第241页。

学习，元丰六年（1083）他二十八岁时因进献《汴都赋》歌颂神宗的丰功伟绩和国家的升平富庶而很为神宗赏识，于是被特升为太学学正。邦彦由此跻入仕途，其政治命运便与后期变法派紧密地联系在一起，成为它的追随者。献赋一年多，神宗因内外交困忧瘁而死。元祐时期旧派执政，邦彦必然受到打击。绍圣元年（1094）哲宗亲政，变法派再度得势，邦彦也从外地还京任职。元符元年（1098）六月，哲宗为宣扬绍继神宗变法事业，命邦彦重进《汴都赋》。邦彦为此殊荣而特别感激，在《重进汴都赋表》中又大大赞颂神宗治迹，也顺便恭维哲宗的圣明。这两次献赋都属文人清客的行径，冀图以对统治阶级的歌颂而乞求仕进，谈不上是对王安石新政的支持，因为新政在王安石罢政之后已渐渐发生了质的变化。果然第二次献赋后，周邦彦仕途通显；到徽宗朝蔡京执政时，他又因两次献赋而受到徽宗的恩顾。从周邦彦献赋活动与其仕进情形来看，其政治态度是十分鲜明的，对后期变法派——包括蔡京集团的投靠也是十分确凿的事实。"[1]然而从下文对美成词的分析中看不出这种迹象，而是并未脱离传统"悲欢离合、羁旅行役"（已见前引）的主题。

一、从弘毅人格到名利倦客

　　宋朝前中期，特别是自范仲淹以来，士子以气节相高，有天下之事舍我其谁的现实担当与情怀，所谓"士不可以不弘毅，任重而道远"[2]。也就是说，他们仕途理想的一端维系着改变社会的努力，当达成理想的愿望不能实现时，归隐林泉的愿景是其高蹈现实浊流之外的精神腾飞，但宋代士子最为推崇的还是天性忠爱的杜甫，

---

① 《周邦彦词的政治寓意辨析》，《宋词辨》，第192—193页。
② 杨伯峻译注《论语译注》，中华书局1980年，第80页。

正如苏轼所说:"古今诗人众矣,而杜子美为首,岂非以其流落饥寒,终身不用,而一饭未尝忘君也欤?"①苏轼道德践履的轨迹也是接踵诗圣杜甫,张榕端《施注苏诗·序》:"少陵自许稷契,志不忘君,东坡忠规谠谕,挺挺大节,其人皆百世之师,光焰万丈,不可磨灭,所谓诗外尚有事在者。"②但至宋朝中后期,包括周邦彦在内,同样的归隐主题已经发生了关注自身穷达而少现实关怀的重点转移,与社会疏离感呼之欲出。

(一)不能归去的爱君谠臣

苏轼生活在礼乐涵养百余年之后,文武修备的和平年代。仁宗朝"君臣上下恻怛之心,忠厚之政,有以培壅宋三百余年之基"③。神宗也是积极进取、发扬蹈厉、致力比隆尧舜的君王④。苏轼身处新旧党争的政治漩涡中,与新党持有不同政见,他直露地批判神宗朝新政,并因"谤讪"罪名系狱,多次遭受贬谪。基于此,内心深处一直有超拔于现实之外的归隐冲动,因此"归去来兮"在词中出现频度最高,他甚至以《哨遍》词调隐括了陶渊明《归去来兮辞》。山林泉石、成都故乡、常州阳羡乃至神话月宫都是苏轼精神飞扬之所:

---

① 苏轼《〈王定国诗集〉叙》,苏轼撰,孔凡礼点校《苏轼文集》(第1册),中华书局1986年,第318页。

② 张榕端《施注苏诗序》,苏轼著,冯应榴辑注,黄任轲、朱怀春校点《苏轼诗集合注》(第6册),上海古籍出版社2001年,第2713页。

③《宋史》(第1册),第251页。

④《宋史·王安石传》:"熙宁元年四月,始造朝。入对,帝问为治所先,对曰:'择术为先。'帝曰:'唐太宗何如?'曰:'陛下当法尧、舜,何以太宗为哉?尧、舜之道,至简而不烦,至要而不迂,至易而不难。但末世学者不能通知,以为高不可及尔。'帝曰:'卿可谓责难于君,朕自视眇躬,恐无以副卿此意。可悉意辅朕,庶同济此道。'"《宋史》(第30册),第10543页。

《满江红》:君过春来纤组绶,我应归去耽泉石。

《行香子》:几时归去,作个闲人。对一张琴,一壶酒,一溪云。

《如梦令》:归去。归去。江上一犁春雨。

《减字木兰花》:不如归去。二顷良田无觅处。归去来兮。待有良田是几时。

《浣溪沙》:无可奈何新白发,不如归去旧青山。

《鹊桥仙》:乘槎归去,成都何在,万里江沱汉漾。

《满庭芳》:归去来兮,吾归何处,万里家在岷峨。

《满庭芳》:归去来兮,清溪无底,上有千仞嵯峨。

《水调歌头》:岁云暮,须早计,要褐裘。

《菩萨蛮》:买田阳羡吾将老。……有书仍懒著。水调歌归去。

《水调歌头》:我欲乘风归去,又恐琼楼玉宇,高处不胜寒。起舞弄清影,何似在人间。

《念奴娇》:起舞徘徊风露下,今夕不知何夕。便欲乘风,翻然归去,何用骑鹏翼。

归隐避世显然与宋朝士子淑世精神相左,所以苏轼一生并未真正归隐。李泽厚指为"却比前人任何口头上或事实上的'退隐''归田''遁世'要更深刻更沉重"①。宋朝读者就已经理解了苏轼疏狂飞扬背后忠爱怀君的沉重。如评价升腾月宫词,《岁时广

---

① 李泽厚《美的历程》,天津社会科学院出版社 2001 年,第 262—263 页。

记》(卷三十一)引《复雅歌词》:"东坡居士以丙辰中秋欢饮达旦,
大醉,作《水调歌头》,兼怀子由,时丙辰熙宁九年也。元丰七年,
都下传唱此词。神宗问内侍,外面新行小词。内侍录此进呈,读至
'又恐琼楼玉宇,高处不胜寒'。上曰:'苏轼终是爱君。'"①《苕溪
渔隐丛话》(后集)卷三十九引《古今词话》:"东坡在黄州,中秋夜
对月独酌,作《西江月》词曰:'……中秋谁与共孤光,托盏凄凉北
望。'坡以谗言谪居黄州,郁郁不得志,凡赋诗缀词,必写其所怀,然
一日不负朝廷,其怀君之心,末句可见矣。"②

　　苏门词人都是不忍归去的爱君说臣,《敬斋古今黈》(卷九)论
及黄庭坚《水调歌头》与苏轼同调词的思想共鸣:"东坡《水调歌
头》:'我欲乘风归去,只恐琼楼玉宇,高处不胜寒。起舞弄清影,何
似在人间。'一时词手,多用此格。如鲁直云:'我欲穿花寻路,直
入白云深处。浩气展虹蜺,只恐花深里,红露湿人衣。'盖用坡语
也。"③晁补之和韵苏轼的词作,可以视为持相同政见者的对话,也
能更为清楚地看到他们在归与不归之间的矛盾纠结。如《八声甘
州·扬州次韵和东坡钱塘作》:

　　　　谓东坡、未老赋归来,天未遣公归。向西湖两处,秋波一
　　种,飞霭澄辉。又拥竹西歌吹,僧老木兰非。一笑千秋事,浮
　　世危机。　　　应倚平山栏槛,是醉翁饮处,江雨霏霏。送孤鸿
　　相接,今古眼中稀。念平生、相从江海,任飘蓬、不遣此心违。
　　登临事,更何须惜,吹帽淋衣。

① 陈元靓《岁时广记》(第3册),中华书局1985年,第353页。
②《苕溪渔隐丛话》(后集),第321页。
③ 李治撰,刘德权点校《敬斋古今黈》,中华书局1995年,第122页。

　　词可以分为三层。一是东坡虽然屡赋归去来,但丹心淑世未忍归去,而是曾在扬州、杭州两个都有西湖的地方担任有仁心遗爱的牧守。二是两代文章太守欧阳修、苏轼与扬州平山堂的渊源以及表现出人生如梦的感慨,并隐含了欧阳修、苏轼二人的词意,欧阳修《朝中措·送刘仲原甫出守维扬》:"平山阑槛倚晴空。山色有无中。手种堂前垂柳,别来几度春风。　　文章太守,挥毫万字,一饮千钟。行乐直须年少,尊前看取衰翁。"苏轼《西江月·平山堂》:"三过平山堂下,半生弹指声中。十年不见老仙翁。壁上龙蛇飞动。　　欲吊文章太守,仍歌杨柳春风。休言万事转头空。未转头时皆梦。"也赅括王播、李白诗意,《题木兰院》:"三十年前此院游,木兰花发院新修。而今再到经行处,树老无花僧白头。"《金陵城西楼月下吟》:"月下沉吟久不归,古来相接眼中稀。"词写于重阳时,因而用孟嘉龙山落帽典,并用韩愈《醉后》语典:"淋浪身上衣,颠倒笔下字。"三是表达相随苏轼,不忘归隐初心。苏轼有《八声甘州·寄参寥子》:"约他年、东还海道,愿谢公、雅志莫相违。"化用《晋书·谢安传》事典:"安虽受朝寄,然东山之志始末不渝,每形于言色。及镇新城,尽室而行,造泛海之装,欲须经略粗定,自江道还东。雅志未就,遂遇疾笃。"[1]词中友于古人,豪情万丈,探讨人生,勋业趁年少,欲在功成之后,长揖而归。晁补之一生除遭受贬谪归居之外,也未实现真正意义上的归隐,最终卒于泗州任上。《宋史·晁补之传》载其河中府任之后:"徙湖州、密州、果州,遂主管鸿庆宫。还家,葺归来园,自号归来子,忘情仕进,慕陶潜为人。大观末,出党籍,起知达州,改泗州,卒,年五十八。"[2]《摸

---

①《晋书》(第 7 册),第 2076 页。
②《宋史》(第 37 册),第 13111—13112 页。

鱼儿·东皋寓居》写于寓居归来园时,下阕曰:"青绫被,莫忆金闺故步。儒冠曾把身误。弓刀千骑成何事,荒了邵平瓜圃。君试觑。满青镜、星星鬓影今如许。功名浪语。便似得班超,封侯万里,归计恐迟暮。"虽以儒冠为误身,功名为浪语,而"满青镜"二句暗用杜甫诗意,表达行藏倚楼、勋业看镜的淑世情愫。

（二）仕途受阻的倦游行子

项安世《拟对学士院试策》:"自太平兴国以来,科名日重,实用日轻,以至于今。二百余年,举天下之人才一限于科目之内……一出其外,而有所取舍,则上蓄缩而不安,下睥睨而不服。"[1] 通过第一章周邦彦词传,已经考知美成虽然在太学时献《汴都赋》歌颂新法,成为其入仕途的"推助器",并不自觉成为新旧党争的"边缘人"。然而,作为非科第而为太学出身的士子,薛瑞生师考证:"选人出任远州为宋制之常,且必须经亲民之职。"[2] 其仕途起始阶段外任庐州教授、溧水县令等职都是正常循例 [3]。

史料有一段周邦彦在太学时、汲汲于仕途记载:"经德斋诸同舍,因岁暮群集围炉,有张序云:'人从生处乐。'以同舍各有思归之意。周邦彦对曰:'谁向死前休。'谓四方士子群居于此,皆为功名

---

[1] 马端临《文献通考》(上册),中华书局1986年,第301页。

[2]《周邦彦别传》,引论第20页。

[3] 薛瑞生《周邦彦并未"流落十年"考辨》亦曰:"据宋代官制,考中进士后先为选人,尚未正式进入仕途。而选人除个别特恩者外,一律不能在京任职,必须先到地方去任幕职官。即如邦彦是旧党中坚人物,也不能越制而留京;即如他是新党人物,其时仍是新党执政,他也必须经一任或两任外任之后方能再内调。这是宋代官制所使然,不是人力所能改变的。"《文学遗产》,2005年第3期,第28—37页。

所迫,未能恝然也。"①美成也热衷仕途而不能恝然置之,当其自认为仕途不得志时,往往以"倦游"表达疏离政治社会的愿望,与苏轼"归去来兮"相比,看似少了决绝,但其中忠爱内核也由此被抽离,表达的是不遇于明时的小我怨恚。仕途上的身心疲倦在周词中出现的频率也相当高。如:

　　《兰陵王·柳》:登临望故国。谁识。京华倦客。
　　《满庭芳·夏日溧水无想山作》:且莫思身外,长近尊前。憔悴江南倦客,不堪听、急管繁弦。
　　《蝶恋花·咏柳》:何日隋堤萦马首。路长人倦空思旧。
　　《绮寮怨》:去去倦寻路程。江陵旧事,何曾再问杨琼。
　　《蓦山溪》:十载却归来,倦追寻、酒旗戏鼓。
　　《蕙兰芳引·秋怀》:倦游厌旅,但梦绕、阿娇金屋。
　　《宴清都》:地僻无钟鼓,残灯灭,夜长人倦难度。
　　《绕佛阁·旅况》:倦客最萧索,醉倚斜桥穿柳线。
　　《西平乐》:多谢故人,亲驰郑驿,时倒融尊,劝此淹留,共过芳时,翻令倦客思家。

　　倦游、倦客,犹言"倦游客"。此特指仕途中身心疲惫之人。语出《史记·司马相如列传》:"昆弟诸公更谓(卓)王孙曰:'有一男两女,所不足者非财也。今文君已失身于司马长卿,长卿故倦游,虽贫,其人材足依也,且又令客,独奈何相辱如此!'"②裴骃《集

---

① 不著撰人《古杭杂记诗集》,丁丙撰辑《武林掌故丛编》(第1册),京华书局1967年,第99页。
② 司马迁《史记》(第9册),中华书局1959年,第3000—3001页。

解》引郭璞曰："(倦游)厌游宦也。"① 周邦彦熙宁四年(1071)十六岁时开始游学,元丰五年(1082)入太学,直至宣和三年(1121)逝世,一直跋涉于仕途,辛苦营营,甚至旅死赴任途中。虽然是汲汲功名者,但对其身心疲惫可以有同情之理解。这种倦游情绪也源于京华漂泊的寄食之感,可与杜甫《奉赠韦左丞丈二十二韵》对参:"骑驴三十载,旅食京华春。朝扣富儿门,暮随肥马尘。"抑或以天涯倦客作为表达:

> 《南浦》:吾家旧有簪缨,甚顿作天涯,经岁羁旅。
> 《浪淘沙》:念珠玉、临水犹悲感,何况天涯客。
> 《还京乐》:堪嗟误约乖期,向天涯、自看桃李。
> 《西河》:对此景、无限愁思。绕天涯、秋蟾如水。
> 《瑞鹤仙》:到而今、鱼雁沉沉无信,天涯常是泪滴。

可以例举美成青壮年、中晚年时期的溧水、睦州、晚年过天长词作为例证,考察其心理变化轨迹。先看溧水词《满庭芳·夏日溧水无想山作》:

> 风老莺雏,雨肥梅子,午阴佳树清圆。地卑山近,衣润费炉烟。人静乌鸢自乐,小桥外、新渌溅溅。凭阑久。黄芦苦竹,拟泛九江船。　　年年。如社燕,飘流瀚海,来寄修椽。且莫思身外,长近尊前。憔悴江南倦客,不堪听、急管繁弦。歌筵畔,先安簟枕,容我醉时眠。

---

① 司马迁《史记》(第9册),中华书局1959年,第3002页。

前考周邦彦在元祐八年（1093）至绍圣三年（1096）任溧水县令，无想山在溧水县南，此词即写于溧水任上。词开头三句，连续化用杜牧、杜甫、刘禹锡等人的诗句，融成了新的写景佳句，因为映带了原诗的含义，大有"如今风摆花狼藉，绿叶成阴子满枝"的迟暮感觉，奠定了全词的基调。接二句写景叙事中蕴含沦落之恨与上阕结韵中的"黄芦苦竹"化用白居易《琵琶行》之句："住近湓江地低湿，黄芦苦竹绕宅生。""人静"三句，因"自"字而欲成无我之境，鸟乐水渌，是自在惬意之景；以景物衬托出个中人的不适感。"凭阑久"三句表明前文所写皆是凭栏所见，这种倒插成为表达情感的顿挫之笔。沦谪江城，"拟泛九江船"而终未泛者，其中有多少说不出或不欲说出的深衷。欲隐不能，倍觉伤情，用笔再作顿挫。下阕首四句化用欧阳澥《燕诗》："长向春秋社前后，为谁归去为谁来。"以社燕自喻，暗与上阕"鸟鸢"作对比，鸟鸢有自在之乐，社燕却迁徙自苦，南来北往。喻写漂泊不定，寄身之地如社燕所栖之屋橡。这也是上阕生发拟泛九江船的深层原因。接二句化用杜甫《绝句漫兴九首》（之四）："莫思身外无穷事，且尽尊前有限杯。"梁启超评曰："最颓唐语，却最含蓄。"[1]含蓄在不愿如此，却只能如此；含蓄在万般苦楚，只以"莫思""尊前"淡化与消解。下三句以"憔悴"二字委婉地写出屈原、李白才高不遇的深悲。前引《至正金陵新志》载"周美成会客题名"，则溧水尊前急管繁弦为实录，声促音哀，愁人自会，故云"不堪听"。最后三句，词人预知在急管繁弦的热闹歌宴中，由于不甚得志，因而受不了强烈繁复有悲哀之感的音乐刺激，只能在醉酒酣睡中，暂时忘却仕途的不愉快。黄苏评全词内容："前三句见春光已去。'地卑'至'九江船'，言其地之僻

---

[1] 梁令娴《艺蘅馆词选》引梁启超语，中华书局1935年，第69页。

也。'年年'三句,见宦情如逆旅。'且莫思'句至末,写其心之难遣也。"① 杨铁夫谓其体物细致:"溧水县署为负山而筑,故曰'地卑山近',卑近则'潮','潮'则'衣润','费炉烟'者,薰之也。"②

前考建中靖国元年(1101),周邦彦四十七岁前后曾至睦州(由新定郡改置)。不妨举证业已考出的赴任睦州词《一寸金·新定作》:

> 州夹苍崖,下枕江山是城郭。望海霞接日,红翻水面,晴风吹草,青摇山脚。波暖凫鹥作。沙痕退、夜潮正落。疏林外、一点炊烟,渡口参差正寥廓。　　自叹劳生,经年何事,京华信漂泊。念渚蒲汀柳,空归闲梦,风轮雨楫,终孤前约。情景牵心眼,流连处、利名易薄。回头谢、冶叶倡条,更入渔钓乐。

睦州是古越地,文人至此,多有左迁之感。此词写途经地桐庐、建德一带的桐江风光景色怡人,又是高士严子陵的隐居之地(有严陵濑、严陵钓坛,皆见前引)。经过长时间仕途的颠簸劳顿,再体味严子陵看待名利的态度,往往会产生了然的彻悟。词上阕写景。首六句写新定处于壁立的山峰之中,浮于流动的江河之上,这是"吴楚东南坼,乾坤日夜浮"的壮阔景象。山川的远景及动态,也写得流光泛彩,既开阔壮观,又色彩明艳。"波暖"六句,浴凫飞鹥何等悠然,夜潮涨退又何等自在,何况此处水木相映,泉石争晖,足能净化人心。更有炊烟袅袅,渡口无人,黄昏归家的温馨晚景,

---

① 黄苏《蓼园词评》,《词话丛编》(第4册),第3067—3068页。
② 周邦彦著,杨铁夫笺释《清真词选笺释》,上海医学书局1932年,第38页。

自然会勾起惆怅的情怀。下阕写在这种心境下的深刻自省。首三句回顾自己的一生，如断梗飞蓬，即使在都城为官，也是客子漂泊。"念渚蒲"四句写风雨凄凄，行役未已，自叹空有归隐林泉的梦想，实际情况却是风里雨里奔波行役，最终辜负了很久之前就暗自立下的山林之约。"情景"三句谓受此地风景吸引触动，流连忘返时，淡薄了欲罢不能的名利牵心，从而超脱世事的纷争。末三句表示将断然改变以前留恋红尘名利的生活方式，去体悟隐逸闲适的人生至乐。

最后看其晚年赴任途中再过天长词《西平乐》：

> 稚柳苏晴，故溪渴雨，川迥未觉春赊。驼褐寒侵，正怜初日，轻阴抵死须遮。叹事逐孤鸿去尽，身与塘蒲共晚，争知向此征途，伫立尘沙。追念朱颜翠发，曾到处、故地使人嗟。　　道连三楚，天低四野，乔木依前，临路欹斜。重慕想、东陵晦迹，彭泽归来，左右琴书自乐，松菊相依，何况风流鬓未华。多谢故人，亲驰郑驿，时倒融尊，劝此淹留，共过芳时，翻令倦客思家。

此词是周邦彦词中不多见的有题序之作（已见前引），提示此词写于宣和三年（1121）正月。天长对词人来说是个有特殊意义的地方，非常巧合的是，几乎在他仕途的起点和终点，都曾经此地，正可借此对仕途上的身心交违作了反省和总结。首三句以一组工整对句领起，意颇丰厚，初春重过少年行经地，虽然雨少春迟，然而故地亲切，词人还是从稚柳枝头的活泛中感到春天即将来临。接三句写人老畏寒，又身在旅途，厚厚的驼褐已不耐寒侵，正喜初日融寒，天公偏不作美，转成阴冷天气，羁旅老况凄凄可怜。"叹"字以下七句是说往事象孤鸿一样逝去无痕,身体象秋天蒲柳一样感受到衰老气息。"争知"二句写眺望漫漫征途,不免忆起往事而心生嗟叹。至上阕结处,均由这两句一气转下,晚年羁旅途中骤遇故地,景情相生,感叹无端,以"沙""发""嗟"落韵,声平音颤,如闻鸣咽。上阕后九句均为抒情,过片四句顿断写景,是以自然之永恒,衬人生之短暂,物是人非的感觉非常强烈。接六句写当年慕此景,曾动东陵种瓜、彭泽归隐之念;现在双鬓已华,远志未了,追悔难及。"多谢"三句写故人殷切,劝酒款留。用郑当时、孔融典。《史记·郑当时列传》:"孝景时,(郑当时)为太子舍人。每五日洗沐,常置驿马长安诸郊,存诸故人,请谢宾客,夜以继日,至其明旦,常恐不遍。"[①]《后汉书·孔融传》:"(孔融)性宽容少忌,好士,喜诱益后进。及退闲职,宾客日盈其门。常叹曰:'坐上客恒满,尊中酒不空,吾无忧矣。'"[②]末三句写不止希望在天长度过春天繁华时节,而且此地是他安放倦游之心的精神家园。遗憾的是,词人以天长为隐居之乡成了永远的梦想:因为本年五月以前,词人就旅死在赴任处州的途中。

二、从词心到词才的悲感构成

秦观以"士"为国之重器,其《袁绍论》曰:"士,国之重器,社稷安危之所系,四海治乱之所属也。是故师士者王,友士者霸,臣士者强,失士者辱,慢士者危,杀士者亡。"[③]秦观也以"士"自任,芮晔《题莺花亭》曰:"淮海秦郎天下士,一生怀抱百忧中。"就词

①《史记》(第 10 册),第 3112 页。

②《后汉书》(第 8 册),第 2277 页。

③秦观撰,徐培均笺注《淮海集笺注》(中册),上海古籍出版社 1994 年,第714 页。

言之，清人冯煦评秦观是以词写心："他人之词，词才也，少游，词心也。得之于内，不可以传。"① "故所为词，寄慨身世，闲雅有情思，酒边花下，一往而深，而怨悱不乱，悄乎得《小雅》之遗，后主而后，一人而已。"② 冯煦又并称秦观与晏几道为"古之伤心人"③。秦观、周邦彦在宋朝就被并称，如《花庵词选》载陈造《竹屋痴语·序》，称高观国"与史邦卿皆秦、周之词，所作要是不经人道语，其妙处少游、美成，若唐诸公亦未及也。"④ 杨铁夫则认为清真出自小晏："梦窗之词出清真，知之者多，清真之词出自何人，知之者少。今细心潜玩，知于小山为近，不独语摹句仿，即神气亦在即离之间，然则谓清真之小令源出小山可也。至合吴周晏三家而通之，譬之于河，清真者，梦窗之龙门；小山者，清真之星宿海欤？"⑤ 若此，则美成亦可拟诸"词心""伤心"之淮海秦郎，也就是说，词中表现出深刻的悲怆感，以及汲汲用世的热切与追寻梦想的执念有相似之同。然而，秦观是婉约词人之宗，他的大部分词作或多或少都有艳情成份，他在艳情中寓入的不仅有身世感，还有生命的感悟。王国维说："后主之词，真所谓以血书者也。宋道君皇帝《燕山亭》词亦略似之。然道君不过自道身世之戚，后主则俨有释迦、基督担荷人类罪恶之意，其大小固不同矣。"⑥ 秦、周二人的艳情词承载之轻重也各有大小之异。

（一）天下之士的百忧怀抱

略以时间为序考察秦观的著名词作。先看会稽词《满庭芳》：

① 冯煦《蒿庵论词》，《词话丛编》（第 4 册），第 3587 页。

② 同上书，第 3586 页。

③ 同上书，第 3587 页。

④《花庵词选》，第 288 页。

⑤《清真词选笺释》，序言第 1—2 页。

⑥《人间词话》，《王国维文集》，第 7 页。

山抹微云,天连衰草,画角声断谯门。暂停征棹,聊共引
离尊。多少蓬莱旧事,空回首、烟霭纷纷。斜阳外,寒鸦万点,
流水绕孤村。　　销魂。当此际,香囊暗解,罗带轻分。谩赢
得、青楼薄幸名存。此去何时见也,襟袖上、空惹啼痕。伤情
处,高城望断,灯火已黄昏。

胡仔《苕溪渔隐丛话》(后集)卷三十三:"《艺苑雌黄》云:程
公辟守会稽,少游客焉,馆之蓬莱阁。一日,席上有所悦,自尔眷
眷,不能忘情,因赋长短句,所谓'多少蓬莱旧事,空回首、烟霭纷
纷'是也。"[1] 据《秦观年谱》:"元丰二年己未,先生年三十一,正月
十五日……将如越,省大父承议公及叔父定于会稽。会苏公(轼)
自徐徙知湖州,遂与偕行。……至吴兴,泊西观音院,端午日,同公
遍游诸寺,寻别苏公,……遂如越。"[2] 也就是说,元丰二年(1079)
五月初,秦观前往会稽省侍祖父,是时其叔秦定任会稽通判。秦观
到会稽以后,受到郡守程公辟(师孟)的礼遇。此词是秦观三十一
岁赴会稽(北宋越州府治所,古称会稽,与山阴县同城而治)省亲回
高邮后所作。

词中"蓬莱"是蓬莱阁,此为越州府治最著名的建筑之一。
府治建筑群中,多有太守馆客之所,南宋时尚存。《宝庆续会稽
志》(卷一):

蓬莱阁。在设厅后,卧龙之下。章楶作《蓬莱阁诗序》云:

[1]《苕溪渔隐丛话》(后集),第 248 页。
[2] 秦瀛《淮海先生年谱》,北京图书馆编《北京图书馆藏珍本年谱丛刊》(第
20 册),北京图书馆出版社 1999 年,第 550 页。

不知谁氏创始。按：阁乃吴越钱镠所建，粢偶不知尔。淳熙元
年，其八世孙端礼重修，乃特揭于梁间，云定乱安国功臣、镇东
镇海两军节度使、检校太师、侍中兼中书令、食邑一万户、实封
六百户、越王镠建。……钱公辅诗云"后人慷慨慕前修，高阁
雄名由此起"，故云。自元祐戊辰，章粢修之。又八十七年，钱
端礼再修。又四十八年，汪纲复修。①

　　（延桂阁）之下为寝处、燕坐之所，便房夹室悉备，盖馆士所寓
之地也。汪纲更新之，且添创他屋及庖、湢之所，居者颇以为便。②

　　引词还涉及临别赠妓。徐培均先生考证："少游于元丰二年己
未（1079）五月如越，省大父承议公及叔父秦定，与郡守程公辟相
得甚欢。《谢程公辟启》：'从游八月，大为北客之美谈；酬唱百篇，
永作东吴之盛事。'《别程公辟给事》诗又云：'裘敝黑貂霜正急，书
传黄犬岁将穷。'可见他离越时已届岁暮，与词中'衰草''寒鸦'
等景象恰相符合。该诗复云'月下清歌盛小丛''回首蓬莱梦寐
中'，则可证词中所谓'蓬莱旧事'者，乃与一歌妓之恋情也。盛小
丛系唐时越地歌妓，少游借指'席上有所悦'之人。故知此词作于
元丰二年岁暮。"③ 此词末句又用欧阳詹与太原妓故实，见《初发太
原途中寄太原所思》："高城已不见，况复城中人。"秦词胜出之处，
在于能在涉及歌妓的艳情词中寓入身世之感。此词下阕用杜牧
《遣怀》语典："十年一觉扬州梦，赢得青楼薄幸名。"秦观词中屡见
杜牧诗意，尤以《遣怀》《赠别》两首为最，足见用意所在。秦观化

① 张淏《宝庆会稽续志》，《宋元浙江方志集成》（第5册），第2163页。
② 同上书，第2162页。
③ 秦观撰，徐培均校注《淮海居士长短句》，上海古籍出版社1985年，第37页。

用这两首诗意的词句很多,略举数例如下:

> 无端天与娉婷。夜月一帘幽梦,春风十里柔情。——《八六子》
> 花发路香,莺啼人起,珠帘十里东风。——《望海潮》
> 青门同携手,前欢记、浑似梦里扬州。——《风流子》
> 觞酒为花,十载因谁淹留。——《梦扬州》
> 开尊待月,掩箔披风,依然灯火扬州。——《长相思》
> 豆蔻梢头旧恨,十年梦、屈指堪惊。——《满庭芳》

秦观这是引杜牧为异代知音,杜牧曾注曹操所定的《孙武》十三篇,秦观则"读兵家书与己意合"①。因此,《满庭芳》不仅仅是饯别、赠妓之作,而是包含了希望用世(秦观登焦蹈榜进士则是在六年之后)、却只能在风花雪月中消磨岁月的忧思怀抱。

再看贬谪词《千秋岁》:

> 水边沙外。城郭春寒退。花影乱,莺声碎。飘零疏酒盏,离别宽衣带。人不见,碧云暮合空相对。　　忆昔西池会。鹓鹭同飞盖。携手处,今谁在。日边清梦断,镜里朱颜改。春去也,飞红万点愁如海。

此词是绍圣二年(1095)少游被贬处州时所作。《花庵词选》题下注:"少游谪处州日作。今郡治有莺花亭,盖因此词取名。"② "花影"二句语出李峤《莺诗》:"芳树杂花红,群莺乱晓空。"

---

① 《宋史》(第37册),第13112页。
② 《花庵词选》,第73页。

西池,即金明池。《能改斋漫录》(卷十七):"少游词云:'忆昔西池会,鸳鹭同飞盖',亦为在京师与毅甫同在于朝,叙其为金明池之游耳。"[1] 西池是秦观官秘阁时屡游之地:"元祐中,秘阁上巳日集西池。王仲至有诗,张文潜和最工。云:'翠浪有声黄伞动,春风无力彩衫垂。'秦少游云:'帘幕千家锦绣垂'。王笑曰:'又待入小石调也'。"[2] 苏门及与苏门相关的文人追和少游《千秋岁》的词作最多,由黄庭坚和词可以看到西池雅集的香红围绕实际上是回顾苏门政治生涯的全盛时期:"苑边花外。记得同朝退。飞骑轧,鸣珂碎。齐歌云绕扇,赵舞风回带。严鼓断,杯盘狼藉犹相对。"苏轼和词则有句曰:"一万里。斜阳正与长安对。""君命重,臣节在。新恩犹可觊。旧学终难改。"是师友们看出了秦观原唱"超然自得、不改其度之意"[3]。由此可知,孔平仲(毅甫)和词"孤馆静,愁肠碎。泪余痕在枕,别久香销带。新睡起。小园戏蝶飞成对",李之仪和词"天幕迥,云容碎。地偏人罕到,风惨寒微带。初睡起,翩翩戏蝶飞成对",都不能仅以艳情浅视。

再看绍圣四年(1097)写于被贬经郴州时的《踏莎行》:

> 雾失楼台,月迷津渡。桃源望断无寻处。可堪孤馆闭春寒,杜鹃声里斜阳暮。　　驿寄梅花,鱼传尺素。砌成此恨无重数。郴江幸自绕郴山,为谁流下潇湘去。

黄庭坚跋此词认为神似刘禹锡被贬楚蜀时的诗意:"秦少游发

① 吴曾《能改斋漫录》(下册),中华书局1960年,第488页。
② 孔平仲《孔氏谈苑》,中华书局1985年,第51页。
③《能改斋漫录》(下册),第487页。

郴州,回横州,多顾有所属而作,语意极似刘梦得楚蜀间诗也。"①
王桤先解释说:"刘禹锡'楚蜀间诗',指刘禹锡永贞元年(805)至
元和十年(815)被贬朗州(今湖南常德)时十年间所作之诗。由于
政治和自然环境等因素,诗作中凝聚着诗人的孤独、悲伤和近乎绝
望,处处体现着诗人生命的荒废感与强烈的生命意识。……(少
游)接二连三的被贬,以羁旅行役之身,住于料峭春寒的寂寞孤馆,
所见到的是日暮夕阳,使少游心中的绝望与痛苦达到极致,故此词
发出杜鹃啼血般的悲苦哀鸣。"②苏轼极爱此词末韵,事见《苕溪
渔隐丛话》(前集)卷五十引《冷斋夜话》:"东坡绝爱其尾两句,自
书于扇曰:'少游已矣,虽万人何赎。'"③释圆至以为二句出自戴叔
伦《湘南即事》:"卢橘花开枫叶衰,出门何处望京师。沉湘日夜东
流去,不为愁人住少时。"并注云:"身不得去,故怨水之去,所以深
伤己不能去也。盖叔伦事曹王于湖湘,故有是作。秦少游谪郴州
有词云:'郴江幸自绕郴山,为谁流下潇湘去'正用此意。"④叶嘉莹
先生评此二句:"有类似《天问》的深悲沉恨的问语,写的这样的沉
痛,是他过人的成就,是词里的一个进展。"⑤前引苏轼和《千秋岁》
"斜阳正与长安对",与此词"杜鹃声里斜阳暮"皆有"长安不见使
人愁"之忠爱,可知艳情中的深刻意蕴,苏轼心有戚戚,故赏爱不能
已已。

---

① 黄庭坚著,刘琳、李勇先、黄蓉贵校点《黄庭坚全集》(第3册),四川大学出
　版社2001年,第1636页。
② 王桤先《对传统与新兴的矛盾认同——黄庭坚词学理论新探》,《文艺评论》
　2011年第4期第60页。
③《苕溪渔隐丛话》(前集),第339页。
④ 周弼选,释圆至注《笺注唐贤绝句三体诗法》,明刻本,现藏中国国家图书
　馆,卷1第6页。
⑤ 叶嘉莹《唐宋词十七讲》,河北教育出版社2000年,第249页。

（二）伤时感遇的如歌行板

王灼最早提出周词得《离骚》遗意，《碧鸡漫志》（卷二）："前辈云：'《离骚》寂寞千年后，《戚氏》凄凉一曲终。'《戚氏》，柳所作也，柳何敢知世间有《离骚》？惟贺方回、周美成时时得之。贺《六州歌头》《望湘人》《吴音子》诸曲，周《大酺》《兰陵王》诸曲最奇崛。或谓深劲乏韵，此遭柳氏野狐涎吐不出者也。"①

陈思《年谱》亦拟美成情词为屈宋楚辞："集中令、慢，固儿女情多，然楚雨含情，意别有托，亦复不少……其志洁行芳，已可见矣。"②之后，罗忼烈、叶嘉莹两位先生极力证成此说；然而，谢桃坊先生却指出，学者认为《离骚》遗意即与党争相关的政治寄托是误解："王灼所谓周邦彦得《离骚》之意是指其作品所表现的忧郁怨抑情调和铺采摛文模写物态的特点，而不是香草美人的寄托。不仅王灼和其他宋人关于周词的评论从未发现有政治寓意，甚至清代专以寄托论词的张惠言在《词选》里虽选了四首周词，也未找出有何政治寓意来。"③仅举《瑞龙吟》的各家阐释，就可以看到两种针锋相对的观点。先引词如下：

　　章台路。还见褪粉梅梢，试花桃树。愔愔坊陌人家，定巢燕子，归来旧处。　　黯凝伫。因念个人痴小，乍窥门户。侵晨浅约宫黄，障风映袖，盈盈笑语。　　前度刘郎重到，访邻寻里，同时歌舞。惟有旧家秋娘，声价如故。吟笺赋笔，犹记燕台句。知谁伴、名园露饮，东城闲步。事与孤鸿去。探春尽

---

①《碧鸡漫志校正》，第36—37页。
②《清真居士年谱》，《丛书集成续编》（第37册），第517页。
③《周邦彦词的政治寓意辨析》，《宋词辨》，第192页。

是,伤离意绪。官柳低金缕。归骑晚,纤纤池塘飞雨。断肠院落,一帘风絮。

词中回忆的痴小歌妓虽然没有留下姓名,但美成事迹却可以寻按。前考这是他初次外任庐州、溧水等地再入汴京第二年即元符元年(1098)所作。罗忼烈先生以为是系乎政事的寄托之词:"看似章台感旧,而弦外之音,实寓身世之感,则又系乎政事沧桑者也。惟词情惝恍迷离,言近意远,若不迹其生平及仕宦得失而寻绎之,诚如周止庵所谓'不过桃花人面,旧曲翻新耳'。"[1] "而论者不考其行谊,徒观其香草美人之态,悲欢离合之语,终不知其'有《离骚》'也。"[2] 吴熊和先生深同此感:"这首词似乎寄托着周邦彦对熙、丰新政恋恋不忘而又旧梦难追、无可补救的孤独心情。此词吐属芳悱,情致缠绵,词境惝恍迷离,言近而旨远,借章台感旧写出政事沧桑,达到了沉郁顿挫的境地。"[3] 谢先生针对罗先生自相矛盾之处予以了坚决驳斥:

> 于是整首词便是寄寓变法派在哲宗亲政后再度得势,"其中如'定巢燕子,归来旧处',比喻变法派像燕子一样,昔年离开政治老巢远去,现在又回来了",而且"这个'归来旧处'的燕子同时又比喻自己,从前是'年年。如社燕,飘流翰海,来寄修椽',现在终于'定巢'了";"'吟笺赋笔,犹记燕台句'两句,表面上是用李商隐《柳枝》诗的典故,实则指他的《汴都

---

[1]《清真集笺注》(上册),第152页。
[2]《周清真词时地考略》,《两小山斋论文集》,第51页。
[3]《负一代词名的集大成者周邦彦》,《十大词人》,第101页。

赋》……词中的'旧家秋娘'亦隐约指拟当权的人,按绍圣四年章惇独任宰相,不知道是否指此人。"像这样毫无根据的比附,不仅词意弄复杂了,而且留下不少破绽。比如,那"燕子"归来的"旧处"坊曲人家即歌楼妓馆,若以燕子喻变法派,则将歌楼妓馆喻为朝廷了,岂不荒谬!而且"燕子"既指变法派,变法派重回朝廷亦好似刘郎重到,则他曾经恋爱过的"个人痴小"又指谁呢?难道会是神宗皇帝吗?《燕台诗》为李商隐少年时赠洛中女子柳枝而作,周邦彦重到京都坊曲因怀念旧情而有感于《燕台诗》是很自然的联想,但将它喻为《汴都赋》,则神宗皇帝就会成为柳枝一类的人物了,而风韵犹存的秋娘当然就成为章惇宰相的比喻了。神宗绍述时期变法派得势,周邦彦如果要歌颂变法完全可以理直气壮,根本没有必要去采用隐晦曲折的寄托方式。他如果真的用寄托的方法而将闺帏之语影射朝廷政治,不伦不类,荒唐可笑,必定会犯下大不敬之罪的。①

　　笔者基本同意谢先生的观点,但此词或隐然有党争"边缘人"的怨悱。《瑞龙吟》写于宋哲宗绍圣四年(1097)邦彦入朝归班后。前文考出周邦彦被擢为试太学正后,哲宗元祐三年(1088),按宋时官制初仕及"选人"外任远州的常例,初任庐州教授,再任溧水县令。周邦彦彼时为"选人"即候选官员,所以外任并没有违背宋代的官制之常,但他私心认为仕途延迁或与旧党有关,因而常怀天涯沦落、孤愤莫伸之怨。周邦彦还京为国子主簿的第二年春天,重游故地,他把政治上的失意寄寓于爱情传说——"人面不知何处

---

① 《周邦彦词的政治寓意辨析》,《宋词辨》,第194—195页。

在,桃花依旧笑春风"的旧曲翻新中。首三句写景,"还见"两字宕开,表明当年与情人相会也是春花次第开放的季节,并且"章台柳"典故中已明确对方的歌妓身份,此典已经暗伏爱情之事不谐。"愔愔"三句由景及人,但人去楼空,只有旧时燕子归来,以有情燕子,反衬出情人无情,略写怨怀。第二阕首句以"黯"字收束上阕的哀怨情怀;"凝伫"下启第二阕,过渡至追忆。"因念"五句泼墨如水,写小歌女娇憨的神情姿态如画,爱怜之情流溢其中。第三阕首句的含义比较丰富。表面指词人如刘晨、阮肇重返仙境,深层寓唐代诗人刘禹锡事。刘禹锡因参加政治改革被贬朗州司马,十年后承召回京,他以玄都观看花一事,写了《戏赠看花诸君子》一诗讽刺当权新贵——"玄都观里桃千树,尽是刘郎去后栽",旋即又被贬,十四年后回京担任主客郎中,又写了《再游玄都观》,其中有"种桃道士归何处,前度刘郎今又来"二句。刘诗有强烈的政治色彩,"种桃道士"与"前度刘郎"都有明显的政治指代。词人以"前度刘郎"自居,稍微申明了政治倾向。此句合用两典,契密无间,并且关合了首阕"桃花"之景。"访邻"二句,是赋水则赋水之前后左右的笔法,宕开写当年与伊人同歌同舞的姐妹,"寻""访"二字,情意殷殷。接三句写色衰的美人们,尚且身价如故;伊人若在,定会歌舞一曲,缠头无数。"吟笺"二句写伊人爱慕自己的才华,是红粉知己;她当年喜欢自己所写的诗句,现在却只能抚迹忆人。接三句写名花已经易主,"露饮"写名士疏狂,"闲步"写情好甚笃,既是悬想伊人近况,也暗寓当年情事。"事与"句隐括杜牧诗句,虽然只用了此联诗中的后句,但前句"恨如春草多"的意思尽在其中;并借此回应春景,怨情也由曲而深。接三句明写探春,暗应寻伊人芳踪。"官柳"句与首阕章台杨柳关合,亦表达依依情怀。结处叙事未了顿断写景,暮色凄迷,情寓其中,悠悠不尽。在这个背景中伊人不见的怅惘,越显得邈绵凄迷。词的首阕暗写柳,明写梅粉桃花,终阕仅写柳,而梅桃亦暗含其中。可见布局匠心。

持美成卷入新旧党争、有寄托说的学者又屡屡因为疏于背景考证,因而产生理解误差并陷入"迷局"。如罗忼烈先生评前引睦州词《一寸金》:"建中靖国元年,清真四十六岁,自太学正至是,偃塞薄宦,已十九年,故下阕归欤之叹,情见乎辞。'冶叶倡条'一语,极堪寻味,盖其时新党之人,偷乐贪婪,竞奔名利,不知操守为何物,如章台杨柳之因风动止也。《尉迟杯》之'冶叶倡条俱相识'亦同此意。今不欲同流合污,故曰'回头谢'也。"① 前说《一寸金》是美成赴任睦州途中,途经高士严子陵隐居处,触景生情,决绝地表示不再留恋京城中歌儿舞女环绕、灯红酒绿的生活,将要离开仕途渔隐于山水之中。

叶嘉莹先生甚至推衍了罗忼烈寄托说,如《渡江云》一首,罗先生并未入寄托之列,叶先生推衍为说:

　　这首词是什么时候写的呢?他说"晴岚低楚甸"。岚,是山上的烟霭。天气晴朗的时候,远山有时好像是有一层淡黄色的烟霭迷濛的样子。他说在晴天之下远山的烟岚低低地笼罩在楚地的一片原野之上。楚甸说的是哪里呢?原来旧党用事之时,他曾被贬到庐州,后到过荆州、溧水。可是,等到哲宗执政了,把当时赞美新政的人召回来,他也被召回汴京了。当他要回到汴京去的时候,罗忼烈先生以为他曾经一度从溧水又重游了旧地——荆州。可能就是这次行程,他本来是被召,应该要回京了,而在重游荆州时写的这首词。……这个表面

①《清真集笺注》(上册),第167页。

上看起来,都是写的春光。可是看到后半首,看到"愁宴阑"那个饮宴的比喻你才知道,这里所写的春天的回来,正是代表政局的转变,是新党的重新得势。这样说,大家可能不相信,就是罗忼烈先生也没有把这首词讲成有政治的托喻。但是这首词其实才是最能证明他有政治托喻的一首词。他所说的雁的飞起,春光的在眼,都是写新党的人慢慢地又起来了。"借问何时,委曲到山家?"这个山家不是泛指,而是暗喻他自己,说我一个不被注意的人居然也蒙召要回汴京去了。①

又说其中"愁宴阑、风翻旗尾,潮溅乌纱"三句:

　　"指长安日下",这是指首都,是明显的。乌纱,是乌纱帽,托喻也是很明显的。这是一个语码,是一个暗示的语码。而且他说"风翻旗尾",什么是旗? 旗,一个党派的、一个军队的、一个标举的旗号,一个标志。他说我所忧愁的,现在好像是开一个很好的宴会,大家都是"阵势起平沙",都觉得是好了,都升上来了,回到首都,都去做官了。有一日安知这一个党派不再倒下去吗? 我就预先忧愁有一天宴阑、风翻旗尾,把作为标志的旗吹翻了。"潮溅乌纱",政海波澜的潮水就打湿了你的乌纱帽。你安知不再有一次政海波澜? ②

　　叶先生是论词大家,缪钺先生曾称赞其"兴发感动"惠泽词林:"诗人之感受,最初虽或出于一人一事,及其发为诗歌,表达为幽美

①《唐宋词十七讲》,第262页。
②《唐宋词十七讲》,第263页。

之意象,则将如和璧随珠,精光四射,引起读者丰融之联想,驰骋无限之遐思,又不复局限于一人一事矣。此种联想又应具有'通古今而观之'之眼光,因此,评赏诗歌者之能事,即在其能以此'通古今而观之'之遐思远见启发读者,使之进入更深广之境界,而诗歌之生命遂亦由此得到生生不已之延续。此种灵心慧解实为善读诗与善说诗者应具之条件。叶君论诗之要旨大抵如此。"[①] 叶嘉莹先生的"兴发感动"说,是在常州词派理论基础上,结合对西方现代理论的认知,更加看重作品在读者创造空间重新生成的内在力量,以及读者对生成意境的感动程度,并且注重评赏者在其中所起的媒介作用。但这种方法最忌过于坐实陷入迂阔,上引对周邦彦《渡江云》的分析就是如此。这种分析与词人生平行谊凿枘不合:前已考得美成仅在年青时游学荆州,中晚年没有再过荆州的经历;前又考此词写于政和二年(1112)二月初自河中府入长安、陆行之后即将水行的饯祖宴会上。"指长安日下"为实录。当时蔡京任宰相,是新党执政的又一"黄金时期",而美成知河中府也是手握重权的官吏。美成若此时还对执政新党持批判态度,那已经就是新党冷眼旁观的局外人了,这岂不又"反转"为旧党立场了?

《渡江云》表面上看是春天纪行之作,实际上还是身世寄慨之篇。前考词人此行外任河中府之前,有十年时间一直在朝为官,是一生中官运最为显达的时期。此次外任地河中府,是他为官后可考行迹所至最西的荒远之地,周邦彦在词中称之为"天涯",所以很自然地寓有了去国远行的怨恨。只是词人在表现时,有意识地尽力调适淡化这种情感,使词中怨恨化为闪烁明灭的雾中之花。尝

[①] 缪钺《〈迦陵论诗丛稿〉题记》,叶嘉莹《迦陵论诗丛稿》,中华书局1984年,第2页。

试分析如后：词上阕以南北方的春景进行对比，南方早已是春光骀荡，北方春色珊珊来迟，但毕竟还是春风能度，与唐人"春风不度玉门关"相比，弱化了哀怨。下阕主要表达的是行程中的预愁。词人自河中府入长安，必须先走一段陆路，然后沿渭河西行。进入水程之前，官员送往迎来举行了词中所写的钱别宴会。故词中有"愁宴阑"之句，此句以下都是行程预设：预愁画舸西流时的风潮，预愁晚宿水驿时的对月挑灯，正因为是虚提预愁而非实景实情，所以能使词中哀怨似深实浅。但是，尽管词人使用虚提预愁化解了所要表达的去国远行之恨，而这种感情还是在被人为淡化的描写中隐隐然可以感知。

通过上述词作的论争，可以看到美成词中虽然没有正大之气、百忧怀抱的高远意趣，也没有多少直接的政治寓意，但却有以闺帏、羁旅表现出屈宋以来伤春悲秋感慨不遇的怨情，这也是生命之如歌行板，与秦观寓身世于艳情机杼相似，是抒情文学发泄内心苦闷的有效途径。

三、怀古咏史议论煌煌

前说宋朝前中期礼乐文武大备，随着寒族士子走上政治舞台中心，议论成为诗歌最为出彩的亮点，因为咏史诗蕴含的深刻历史见解，宋朝的咏史诗受到特别关注，西昆诗人集体咏史、王安石《明妃曲》得到广泛唱和就是明证。《朱子语类》（卷一百三十九）："欧公文字锋刃利，文字好，议论亦好。尝有诗云：'玉颜自古为身累，肉食何人为国谋！'以诗言之，是第一等好诗！以议论言之，是第一等议论！"[①]宋人议论是由学养、识见以及对社会关注的厚积薄

---

① 黎靖德编，王星贤点校《朱子语类》（第 8 册），中华书局 1986 年，第 3308 页。

发,正所谓"开口揽时事,议论争煌煌"。宋词体性特点,锋芒虽然收敛,但在怀古题材中,通过与唐宋咏史诗的对比还是能够偶见其峥嵘气象,而周邦彦的怀古词也颇能显示其他类型词作所欠缺的关注社会的担当。

(一)凭吊古迹追述兴亡

宋朝前期诗词可以分为城市怀古与遗迹怀古两个系列,当时最为著名的城市怀古词是王安石的《桂枝香·金陵怀古》:

> 登临送目。正故国晚秋,天气初肃。千里澄江似练。翠峰如簇。归帆去棹残阳里,背西风、酒旗斜矗。彩舟云淡,星河鹭起,画图难足。　　念往昔、繁华竞逐。叹门外楼头,悲恨相续。千古凭高,对此谩嗟荣辱。六朝旧事随流水,但寒烟、芳草凝绿。至今商女,时时犹唱,后庭遗曲。

引词写景中蕴含郁郁葱葱的金陵王气。下阕写六朝更替,"门外楼头",写陈朝亡国的历史瞬间,隐括杜牧《台城曲》"门外韩擒虎,楼头张丽华"诗句。《能改斋漫录》(卷三):"陈后主张贵妃名丽华,尤见宠幸;隋遣韩擒虎平陈,后主与丽华俱被收。"[1]《后庭花》即《玉树后庭花》,被认为是亡国之音。许浑诗有"玉树歌残王气终"。刘禹锡《金陵五题·台城》:"台城六代竞豪华,结绮临春事最奢。万户千门成野草,只缘一曲后庭花。"《韵语阳秋》(卷十五):"《后庭花》,陈后主之所作也。主与幸臣各制歌辞,极于轻荡,男女唱和,其音甚哀。故杜牧之诗云:'烟笼寒水月笼沙,夜泊秦淮近酒家。商女不知亡国恨,隔江犹唱后庭花。'"胡曾《陈宫》

---

[1]《能改斋漫录》(上册),第60页。

（内容）

诗曰:"陈国机权未有涯,如何后主恣娇奢。不知即入宫前井,犹自听吹玉树花。"王安石词作矛头指向六朝荒淫误国的亡国之君,"至今"三句,可以参看李山甫《石头城故事》:"南朝诸国爱风流,尽守江山不到头。总是战争收拾得,却因歌舞破除休。尧行道德终无敌,秦把金汤可自由。试问繁华何处有,雨莎烟草石城秋。"写温山软水中歌舞升平的氛围,正是对当下朝野耽于安逸奢华风气的警醒启发,表现出居安思危的深邃政治眼光。《景定建康志》(卷三十七):"《古今词话》云:金陵怀古寄词于《桂枝香》凡三十余首,独介甫最为绝唱。"①

秦观的城市怀古词有《望海潮》三首,一为广陵怀古,一为越州怀古,一为洛阳怀古。以广陵怀古为例:

星分牛斗,疆连淮海,扬州万井提封。花发路香,莺啼人起,珠帘十里东风。豪俊气如虹。曳照春金紫,飞盖相从。巷入垂杨,画桥南北翠烟中。　　追思故国繁雄。有迷楼挂斗,月观横空。纹锦制帆,明珠溅雨,宁论爵马鱼龙。往事逐孤鸿。但乱云流水,萦带离宫。最好挥毫万字,一饮拚千钟。

上阕借杜牧诗句"春风十里扬州路,卷上珠帘总不如",写繁华的扬州今天还是拖金曳紫的高官、气势如虹的豪杰的乐游之地。下阕写隋炀帝广陵离宫。迷楼是宫中著名建筑,见《南部烟花记》。月观是建于大海中或起或灭的机械装置,见《大业杂记》。隋炀帝御龙舟南幸,轴舻联绵,锦帆过处,香闻十里,见《开河记》。炀帝又命宫女龙舟洒明珠,拟雨雹之声,见《隋遗录》。足见极尽骄奢淫逸。鲍照《芜城赋·登广陵故城》又载其古代繁华："吴蔡齐秦之声,鱼龙爵马之玩,皆薰歇烬灭,光沉响绝。"①吕延济注："鱼龙爵马,皆假为饰,以为玩乐。而今皆芳香已歇,化为灰烬,华光以沉,歌乐绝矣。"② 唐宋也有不少专咏之作。如鲍溶《隋宫》："零落池台势,高低禾黍中。"李商隐《隋宫》："紫泉宫殿锁烟霞,欲取芜城作帝家。玉玺不缘归日角,锦帆应是到天涯。""春风举国裁宫锦,半作障泥半作帆。"刘敞《芜城闲望二首》(之一):"隋宫变芜蔓,楚分失端倪。"苏轼《往年宿瓜步梦中得小绝录示谢民师》:"吴塞兼葭空碧海,隋宫杨柳只金堤。春风自恨无情水,吹得东流竟日西。"薛祥生、王静芬考证,此词作于《满庭芳》(山抹微云)词之后:"宋神宗元丰三年庚申(1080),秦观《与李乐天简》云:'自(会稽)还家来,比会稽时人事差少,杜门却扫,日以文史自娱。时复扁舟,循邗沟而南,以适广陵。泛九曲池,访隋氏陈迹,入大明寺,饮蜀井,上平山堂,折欧阳文忠所种柳,而诵其所赋诗,为之喟然以叹。遂登摘星寺。寺,迷楼故址也。……仆每登此,窃心悲而乐之。'可证本篇作于此时。"③ 所谓"悲而乐之",是乐其景而悲其亡也,此中教训有不可胜言者。越州怀古词中的"泛五湖烟月,西子同游。茂草台荒,苎萝村冷起闲愁",洛阳怀古词中的"金谷俊游,铜驼巷陌,新晴细履平沙。长记误随车。正絮翻蝶舞,芳思交加",也有深沉的历史反省意识,与其喜读兵书,以策论见长的经历相合。

　　遗迹怀古有苏轼名篇《念奴娇·赤壁怀古》:

---

① 鲍照《芜城赋》,《六臣注文选》,第 215 页。
② 同上。
③ 刘扬忠等主编《唐宋词精华分卷》,朝华出版社 1991 年,第 401 页。

　　大江东去,浪淘尽、千古风流人物。故垒西边人道是,三国周郎赤壁。乱石穿空,惊涛拍岸,卷起千堆雪。江山如画,一时多少豪杰。　　遥想公瑾当年,小乔初嫁了,雄姿英发。羽扇纶巾谈笑间,强虏灰飞烟灭。故国神游,多情应笑,我早生华发。人间如梦,一尊还酹江月。

　　苏轼所咏是黄州赤壁,非三国古战场。《墨庄漫录》(卷九):"然黄之赤壁,土人云:本赤鼻矶也。故东坡长短句'故垒西边人道是,三国周郎赤壁'则亦是传疑而云也。今岳阳之下嘉鱼之上有乌林赤壁。盖公瑾自武昌列舰,风帆便顺,泝流而上,遇战于赤壁之间也。牡牧有《寄岳州李使君》诗云:'乌林芳草远,赤壁健帆开。'则此真败魏军之地也。"[1]《韵语阳秋》(卷十三):"谓之'人道是',则心知其非矣。"[2]心知其非、以疑传疑,都不影响东坡借地表达对三国群雄纷争、正义之师建立奇功的看法。杜牧《赤壁》历史见解最为精辟:"折戟沉沙铁未销,自将磨洗认前朝。东风不与周郎便,铜雀春深锁二乔。"胡曾《赤壁》:"烈火西焚魏帝旗,周郎开国虎争时。交兵不假挥长剑,已挫英雄百万师。"苏辙也有《赤壁怀古》:"新破荆州得水军,鼓行夏口气如云。千艘已共长江崄,百胜安知赤壁焚。嘴距方强要一斗,君臣已定势三分。古来伐国须观衅,意突成功所未闻。"张耒《偶书三首》(之三)也是赤壁怀古之作:"周郎战处沧江回,鱼龙荡潏山石摧。荆州艨艟莫举楫,走君不劳一炬灰。当年雄豪谁复在,乔木荒烟忽千载。蕲州截竹作笛材,一写山川万古哀。"

_____

① 张邦基《墨庄漫录》,商务印书馆 1939 年,第 105—106 页。
② 葛立方《韵语阳秋》,中华书局 1985 年,第 100 页。

　　而以词体咏史怀古,苏轼于王安石未遑多让。"羽扇纶巾谈笑间,强虏灰飞烟灭",赤壁之战,以少胜多,保全江东基业与民生,是正义之师、仁义之师。苏轼一以贯之、以民为本的治国理念在凭吊古战场时表现出来。所以张炎称道此词与王安石《桂枝香》皆是"清空中有意趣,无笔力者未易到"①。

　　贺铸《凌歊》(铜人捧露盘引)也是遗迹怀古:

　　　　控沧江。排青嶂,燕台凉。驻彩仗、乐未渠央。岩花礓蔓,妒千门、珠翠倚新妆。舞闲歌悄,恨风流、不管余香。　　繁华梦,惊俄顷,佳丽地,指苍茫。寄一笑、何与兴亡。量船载酒,赖使君、相对两胡床。缓调清管,更为侬、三弄斜阳。

　　《太平寰宇记》(卷一百五):"(太平州当涂县)黄山在县西北五里,上有宋凌歊台。周回五里一百步,高四十丈。石碑见存。"②李白《凌歊台》:"旷望登古台,台高极人目。叠嶂列远空,杂花间平陆。闲云入窗牖,野翠生松竹。欲览碑上文,苔侵岂堪读。"许浑《凌歊台·当涂县西,宋高祖筑,今太平州》:"宋祖凌高乐未回,三千歌舞宿层台。湘潭云尽暮山出,巴蜀雪消春水来。行殿有基荒荠合,寝园无主野棠开。百年便作万年计,岩畔古碑空绿苔。"刘宋高祖刘裕所建凌歊台,也被认为是不能励精图治,安逸嬉乐误国的例证。下阕也有"古今多少事,渔唱起三更"之意,令人泪泫。

---

① 《词源注》,第 19 页。
② 《太平寰宇记》(第 5 册),第 2081 页。

（二）以史为鉴宣寄情志

周邦彦是诗词文赋都有成就的全能作家,他的诗歌对历史事件有鲜明看法,并且不乏对时事的关注。陈郁列举周邦彦诗《薛侯马》《天赐白》等诗作,并说其诗作度越晚唐,能够表达不平之鸣,后人应学美成的词外工夫:"若此凡数百篇,岂区区学晚唐者可及耶? 楼攻媿谓其'《古镜》《玉几》之铭,可与郑圃、漆园相周旋,而《祷神》之文,则《送穷》《乞巧》之流亚。'不为溢美矣。拟清真者又当于乐府之外求之。"① 其咏史诗也是如此。《永乐大典》(卷之八千八百四十四)记事:"《南部新书》:'唐明皇末年,在华清宫,值正月望,欲夜游。陈玄礼奏曰:宫外即是旷野,须有预备。若欲夜游,愿归城阙。'宋周美成清真集《开元夜游图并序》:'唐景龙中,明皇自潞州别驾来朝,遂留京师。中夜发策,引万骑以安宗社,易如振臂。其英睿之姿,凛然可想。当是时,如王毛仲、李宜德皆以骑奴执箙房从事。一旦乘天威,相附丽以起韦、杜之间,猎师酒官,封官赐第,赏赉华渥,后宫游燕,未尝不与。然皆庸人崛起,不得与佐命中兴之士比。宠荣极矣,犹鞅鞅觖望,其后多被诛,或贬以死。向使君臣无忘艰难,以相戒敕,则诸臣各保世宠。而天宝之祸,必不至鱼烂如此。古人以燕安为酖毒,岂虚也哉? 此本李公麟所摹。乃欧阳氏旧物也。'"② 美成选择这个题材,与宣政时期士风靡烂腐败相关。蔡絛《铁围山丛谈》"(范温)又尝与吾论时事及开元、天宝之末流。元实曰:'不然。天宝之势,土崩瓦解,异乎今日鱼烂也。'时鲁公(笔者按,指蔡京)亦痛悔,一日喟然而叹,数谓吾曰:

①《藏一话腴》,《景印文渊阁四库全书》(第 865 册),第 560 页。
②解缙等编《永乐大典》,国家图书馆出版社 2004 年,卷之 8844 第 15 页。

'今复得陈瓘、刘器之来,意若可救药乎?'"① 美成《开元夜游图》
诗曰:

　　潞州别驾年十八,弯弓射鹿无虚发。真龙绝水鱼鳖散,参
军后骑兔鸥没。咸原瑞气映壶关,城南书生知阿瞒。解鞍下
马日向夕,炙驴行酒天为欢。坐上何人识天意,撇帽破靴朝邑
尉。旄头夜转紫垣开,太白光芒黄钺利。万骑齐呼左右分,将
军夜披玄武门。鏖兵三窟尽妖党,问寝五门朝至尊。羽林萧
萧参旗折,太极瑶光净烟雪。杀身志在攀龙鳞,唾手成功探虎
穴。麾下且侯李与王,轻形玉带持箙房。晋文赏功从悉录,汉
光道旧情无忘。与宴宫中张秘戏,复道晴楼过李骑。连催羯
鼓汝阳来,一抹鲲弦薛王醉。玉阶凄凄微有霜,天鸡唤仗参差
光。宜春列炬散行马,长乐疏钟严晓妆。清丝急管欢未毕,瑶
池八马西南出。扪参历井行道难,失水回风永相失。君不见
当时韦杜间,呼鹰走狗去不还。坐间年少莫大语,临淄郡王天
子父。

　　欧阳修《新五代史·伶官传》:"岂得之难而失之易欤?抑本
其成败之迹而皆自于人欤?《书》曰:'满招损,谦得益。'忧劳可以
兴国,逸豫可以亡身,自然之理也。"②"夫祸患常积于忽微,而智勇
多困于所溺,岂独伶人也哉!"③引诗同其感叹。《随园诗话》(卷
二):"读史诗无新义,便成《廿一史弹词》。虽着议论,无隽永之味,

① 蔡絛撰,冯惠民、沈锡麟点校《铁围山丛谈》,中华书局1983年,第55页。
② 欧阳修撰,徐无党注《新五代史》(第2册),中华书局1974年,第397页。
③ 同上。

又似史赞一派,俱非诗也。"①此诗忽略人所共知的与中兴世臣所缔造的开元盛世,主要对比明皇唾手之间的成败,描写明皇亲近觇望庸人,日夜行乐,招致安史之乱。"宜春"六句,虽无直接议论,但骤然产生的落差,意味深长,治国者从中可以明得失、知兴替。

周邦彦有三首城市(含古迹)怀古词,两首《西河》一为金陵怀古,一为长安怀古,还有一首《青房并蒂莲·维扬怀古》。其中以《西河·金陵怀古》最为著名,前考此词元祐八年(1093)至绍圣三年(1096)之间写于溧水任上,此时人生阅历趋于丰富。录词如下:

> 佳丽地。南朝盛事谁记。山围故国绕清江,髻鬟对起。怒涛寂寞打孤城,风樯遥度天际。　　断崖树,犹倒倚。莫愁艇子曾系。空余旧迹郁苍苍,雾沉半垒。夜深月过女墙来,赏心东望淮水。　　酒旗戏鼓甚处市。想依稀、王谢邻里。燕子不知何世。入寻常、巷陌人家,相对如说兴亡,斜阳里。

溧水宋时属江宁府,府治即在金陵。与王安石、苏轼等人用典聚焦于某事不同,引词是炫才耀学式的发散用典。村上哲见说:"这是一首以刘禹锡的《金陵五题咏》为底文,并随处融入六朝的乐府(莫愁)和谢朓的诗等,而典雅地咏古都金陵(江宁府,今南京)、缅怀往昔的佳作。虽然几乎每一句都是根据六朝和唐代的诗歌,却丝毫不使人有不协调感,而通过联想可以将形象扩大。这样一种用典的效果,在这首词里发挥得很出色,同时天衣无缝地构成了一个其自

---

① 袁枚著,顾学颉校点《随园诗话》(上册),人民文学出版社1982年,第58页。

身具有完整性的诗的世界。"①杨铁夫评曰:"题是金陵,自离不了吊古,更离不了南朝。看他避熟就生,人详我略,说古事止拣莫愁、王谢之无关国事者说,而人物消沉,自饶感慨,说到末了,止将'兴亡'字面点过,仍从'燕子'边出,真是虚之又虚,始觉王半山之'门外楼头',陈允平之'后庭玉树',犹是粗材,知此开人无数法门。"②"即从唐人诗'旧时王谢堂前燕,飞入寻常百姓家'语化出。曰'不知何世',曰'为说兴亡',其沉痛比《哀江南赋》之从实处写者,又别具一格。"③而陈允平和美成此调有句曰:"乌衣巷陌几斜阳,燕闲旧垒。后庭玉树委歌尘,凄凉遗恨流水。"咏金陵还是集中于刘禹锡《金陵五题》中的石头城、乌衣巷以及陈后主《玉树后庭花》,至南宋后期,已成熟滥之调。前引洪迈《容斋三笔》认为美成误指石头城为石城,实际上,美成并非不知石城鄞州是莫愁的故乡,前引有写于鄞州的《长相思》:"艇子扁舟来莫愁。石城风浪秋。"但诗中莫愁除石城之外,还有洛阳莫愁,金陵也有莫愁湖的民间传说。《乾隆江宁新志》:"莫愁烟雨,在三山门外之右偏,即今水西门外。古云石城女子名莫愁,又云卢家字莫愁,是盖不可考。然此湖得名久,湖特澄泓如新拭镜。虽天大晴朗,觉烟雨迷蒙,上与清凉山气相吞吐,正如楚泽悲风,眉纹双结时,不知何谁爱其湖,而拟似名之也。"④

　　词中"赏心东望淮水"表明当时登眺地在秦淮河赏心亭,水西门外莫愁湖应在视线以内。虽然此句一作"伤心",但宋人就已经确定是"赏心"之误。陈鹄《耆旧续闻》(卷九):"又如周美成《西

<hr />

① 村上哲见著,杨铁婴译《唐五代北宋词研究》,陕西人民出版社1987年,第317—318页。

②《清真词选笺释》,第87页。

③ 同上书,第87—88页。

④ 袁枚纂修《乾隆江宁新志》,清乾隆13年(1748)刻本,卷1第16页。

河》词'赏心东畔淮水',今作'伤心',如此之类甚多。"①《景定建康志》(卷二十二):"赏心亭,在下水门之城上,下临秦淮,尽观览之胜,丁晋公谓建(《旧志》)。"②又,同书卷二十一:"横江馆,在水西门内赏心亭侧,马公光祖鼎创以待四方之宾客。"③附近有白鹭亭,同书卷二十二:"白鹭亭,接赏心亭之西,下瞰白鹭洲,柱间有东坡留题(《旧志》)。"④美成写于溧水任上《菩萨蛮》词中有白鹭洲之景:"银河宛转三千曲,浴凫飞鹭澄波渌。"赏心亭是登眺怀古胜地,《景定建康志》记载十数名诗人题诗。有王安石《次韵舍弟赏心亭即事二首》:"槛折檐倾野水旁,台城佳气已消亡。难披草莽寻千古,独倚青冥望八荒。坐觉尘沙昏远眼,忽看风雨破骄阳。扁舟此日东南兴,欲望江流万里长。""霸气消磨不复存,旧朝台殿只空村。孤城倚薄青天近,细雨侵寻白日昏。稍觉野云成晚霁,却疑山月是朝暾。此时江海无穷兴,醒客无言醉客喧。"

　　正如苏轼《念奴娇》借黄州赤壁为载体,美成既写及城西莫愁湖,不妨想象当然之理而兼及莫愁艇子,这也是怀古词"亦须略用情意,或要入闺房之意"⑤的写法,正如王安石之用唱曲商女、苏轼之用初嫁小乔相同,以江山美人,相映成画。莫愁艇子,见前引《旧唐书·音乐志》,清江,写城西望见的长江,并用谢朓《之宣城出新林浦向板桥》"天际识归舟,云中辨江树"诗意;断崖倒倚老树曾系莫愁艇子,是千年古都英雄美人的长卷;郁苍苍,暗写金陵王气;半垒旧迹,金陵是地分南北开天险的军事要冲,战事频仍,多有遗

① 陈鹄《西塘集耆旧续闻》,中华书局1985年,第61页。
②《景定建康志》(第2册),第533页。
③ 同上书,第530页。
④ 同上书,第536页。
⑤《乐府指迷笺释》,第71页。

址,如有韩擒虎垒、白石垒、新亭垒、侯景故垒等。此地也是赏月胜
地,王安石诗有"却疑山月是朝暾",张瑰《题赏心亭》也有"洲围
淮口江形狭,亭上城头月色多。"《诗林广记》(卷四)引《谢叠山诗
话》评刘禹锡《石头城》《乌衣巷》:"二诗之妙,有风人遗意。意在
言外,寄有于无。二诗皆用旧时字,绝妙。"[1] 美成金陵怀古词深得
刘诗精髓,不写兴亡而借燕子、斜阳,实景虚处写出古今兴亡之感。
金陵为六朝古都,南朝衣冠缙绅的聚集之地。此词于南朝盛事,
只以"佳丽地"三字概括言之(出自谢朓《入朝曲》:"江南佳丽地,
金陵帝王州。"),以"谁记"二字轻轻带过。往事已矣,唯余可供凭
吊之旧地。"山围故国"三句,写登高远览,尽收眼底的是历史陈
迹——六朝故都印象可以媲美自然界的不老青山、长存流水。接
着写岁月虽然把沧桑刻进了断崖倒树,但是与之相比,红颜更不可
恃,人物风流也销磨无痕。断崖倒树体现了盘亘在自然深处的不
可抗拒的力量,衬托出了人生的渺茫可悲。"空余"四句移步换形,
悬想傍晚和深夜之景,历史与自然的遗迹,在烟月笼罩中,显得神
密而苍凉。那方高挂中天的明月,似乎怀着感伤注视着东流的秦
淮河,这里曾是南朝士女游宴的场所,如今,灯红酒绿、纸醉金迷的
繁华,都化为昨梦前尘。第三阕写目前景物。远处戏鼓声声,酒旗
飘动,东晋王谢两姓豪族居住的乌衣巷遗址就在那一带。可是旧
时王谢堂前筑巢的燕子,已入寻常巷陌的寻常人家。夕阳斜照,巢
中双燕呢喃,似乎也在诉说着这人世间的兴亡无凭。《五代诗话》
卷四引《词品》曰:"哀感顽艳,都与此词末句一例。"[2] 卓人月《古

① 蔡正孙撰,常振国、降云点校《诗林广记》,中华书局1982年,第71页。
② 王士禛原编,郑方坤删补,李珍华点校《五代诗话》,书目文献出版社1989年,第197页。

今词统》卷十四引徐士俊评语："介甫《桂枝香》独步不得。"①

　　另一首《西河·长安怀古》第二阕："到此际。愁如苇。冷落关河千里。追思唐汉昔繁华,断碑残记。未央宫阙已成灰,终南依旧浓翠。"《侯鲭录》(卷七)载东坡评柳永《八声甘州》"霜风凄紧,关河冷落,残照当楼"数句"于诗句,不减唐人高处"②,周词长安怀古也颇气韵沉雄,笔力豪迈。

　　姜夔自度曲《扬州慢》咏调名,也是怀古词。姜词也如周词写法,寄有于无。史梅溪词的兴亡之感,原因之一是不得科举功名空有报国之志,不得已降志辱身,成为权相韩侂胄堂吏,其词也是在写景中运化典故,虚处传情。明显都受美成怀古词影响(第五章第二节将有详述)。

第二节　虚拟艳迹与实录情史的传疑传信

　　本节主要涉及的问题有二,一是典丽派词人摇笔即美人,动墨即香草,虽然无意求寄托,但因承载了身世之感,加上物我两化的处理方式,虽然可能"未必然"但却"不得不然"地被视为有寄托的载体。词体也由此化俗为雅而成为高格调。二是据第一章考证,周邦彦寄内赠妓词多为爱情纪实,苏门及当时词人已经创作不少此类情词,周词的不同在于没有词序对此加以说明,反而在当朝就出现了数首"被本事"的词作,这些词作的记事经不起推敲、有显而易见的杜撰色彩。"杜撰本事"与"实有本事"的区别是,前者是

---

① 卓人月汇选,徐士俊参评,谷辉之校点《古今词统》(第2册),辽宁教育出版社2000年,第542页。
②《侯鲭录》,第69—70页。

情词的另类阐释,后者则因是情感轨迹的实录而蔚成宋朝情词的一大类型。

一、香草美人寓意浸成

前引王灼比并贺方回、周美成,证说周美成《大酺》《兰陵王》、贺方回《六州歌头》《望湘人》《吴音子》诸曲得《离骚》遗意。王灼之前,张耒《东山词·序》已经评说贺词有美人香草之屈宋遗意:"夫其盛丽如游金、张之堂,而妖冶如揽嫱、施之袪,幽洁如屈、宋,悲壮如苏、李,览者自知之。"[①] 美成词虽然不能动辄坐实为有新旧党争的政治寓意,以至于"楚天云雨尽堪疑"。然而,文学源头在《诗》《骚》,词体与楚辞为近,是词坛共识。厉鹗《论词绝句十二首》(之一)有"美人香草本《离骚》,俎豆青莲尚未遥"之句。与诗歌相比,词体缘情绮靡,更不可能脱离香草美人的传统,其象征喻意的形成具有历史性与当下性的双重指向:既得自楚《骚》以来的深厚积淀,也得自于读者与作者心灵沟通的双向建构。

(一)云端美人如隔天路

词体继承了《离骚》以男女之情喻君臣大义的传统,用以推明君臣始终之义理。不妨先以贺铸的《小梅花》切入分析:

> 思前别。记时节。美人颜色如花发。美人归。天一涯。娟娟姮娥,三五满还亏。翠眉蝉鬓生离诀。遥望青楼心欲绝。梦中寻。卧巫云。觉来珠泪,滴向湘水深。　　愁无已。奏绿绮。历历高山与流水。妙通神。绝知音。不知暮雨朝云、

---

① 张耒《东山词序》,贺铸著,钟振振校注《东山词》,上海古籍出版社 1989年,第 549 页。

何山岑。相思无计堪相比。珠箔雕阑几千里。漏将分。月窗明。一夜梅花忽开、疑是君。

　　此词隐括唐人卢仝名诗《有所思》,贺词取唐诗遗意是宋人的普遍看法。王铚《默记》(卷下):"贺方回遍读唐人遗集,取其意以为诗词。然所得在善取唐人遗意也。"[1] 卢仝《有所思》非常著名,录之如下:

　　　当时我醉美人家,美人颜色娇如花。今日美人弃我去,青楼珠箔天之涯。天涯娟娟姮娥月,三五二八盈又缺。翠眉蝉鬓生别离,一望不见心断绝。心断绝,几千里。梦中醉卧巫山云,觉来泪滴湘江水。湘江两岸花木深,美人不见愁人心。含愁更奏绿绮琴,调高弦绝无知音。美人兮美人,不知为暮雨兮为朝云。相思一夜梅花发,忽到窗前疑是君。

　　卢诗题出古乐府,又运化汉代张衡《四愁诗》。《四愁诗》创作缘起显然有美人香草的寄托,解题曰:"时天下渐弊,郁郁不得志。为《四愁诗》。屈原以美人为君子,以珍宝为仁义,以水深雪雾为小人,思以道术相报贻于时君,而惧谗邪不得以通。"[2]《唐音遗响》(卷之五)注卢诗:"美人,以拟君上也。美人家,朝廷也。"[3] 其中姮娥、青楼、朱箔、翠眉、巫山云、湘江水、绿绮琴、暮雨、朝云、蝉鬓等都是与美人相关的意象。《小梅花》是笛曲,《乐府诗集》(卷

---

① 王铚《默记》,中华书局 1981 年,第 46 页。
② 张衡《四愁诗》,《六臣注文选》,第 545 页。
③ 杨士弘编选,张震辑注,顾璘评点,陶文鹏等点校《唐音评注》(下册),河北大学出版社 2010 年,第 698 页。

二十四）"梅花落"解题："本笛中曲也。按唐大角曲亦有《大单于》
《小单于》《大梅花》《小梅花》等曲,今其声犹有存者。"① 则《小梅
花》是乐府遗音、唐诗遗意,抒写"美人在云端,天路隔无期"的间
关阻隔。

两相比较,同中有异,词体更加缠绵缱绻、艳冶妩媚。诗的大
意是,还记得之前与美人离别的时节,那是悲莫悲兮的生别离,"美
人颜色如花发","花发"形容夭夭灼灼盛世美颜,何况还有翠眉蝉
鬓的丰容装饰。美人离开之后岁月,多少次月圆月缺,嫦娥见证着
两处思念。美人所归在天涯之远的豪华高楼,遥不可及的空间距
离使相爱之人不能相见,让人悲痛欲绝。美人多次出现在我的梦
境中,她好像在朝云暮雨的巫山之阳,又似乎在舜妃洒泪的潇湘
之畔。我恍惚看到她愁忧无端,如湘灵弹奏起华贵的绿绮琴,又
能听见流淌出高山流水的琴声。可惜我们精神相通,但却不能成
为世间知音。我醒来时只见枕席,梦中烟霞已经消散。但我记得
她珠泪滴入深澄的湘水,却遗忘了她轻盈的身姿如彩云萦绕在哪
座山峦。无计消解我的相思之情,"美人迈兮音尘阙,隔千里兮共
明月",那明媚月光中窗边绽放的一树梅花与她的容颜神采略可比
拟,凝视梅花略能缓解我相思之痛。相比之下,卢诗美人有"弃我
去"之绝决,贺词也有"调高弦绝无知音"之怨悱,与宋玉以来谲谏
传统有些偏离。

贺词在宋朝地位很高,尤以《青玉案》义兼比兴,最称名篇。
《诗人玉屑》(卷二十一):"贺方回妙于小词,吐语皆蝉蜕尘埃之
表。晏叔原、王逐客俱当溟涬然第之。山谷尝手写所作《青玉案》

---

① 《乐府诗集》(第2册),第349页。

者，置之几研间，时自玩味。"①《鹤林玉露》(乙编卷一)："贺方回云：'试问闲愁知几许，一川烟草，满城风絮，梅子黄时雨。'盖以三者比之愁多也，尤为新奇，兼兴中有比，意味更长。"②清代以来，贺词与楚骚有渊源也是共识，贺铸笔涉香花的咏物词更有湘灵楚艳之思。陈廷焯《白雨斋词话》："方回词，胸中眼中，另有一种伤心说不出处；全得力于楚骚，而运以变化，允推神品。"③"方回《踏莎行·荷花》云：'断无蜂蝶慕幽香，红衣脱尽芳心苦。'下云：'当年不肯嫁东风，无端却被秋风误。'此词《骚》情《雅》意，哀怨无端，读者亦不自知何以心醉，何以泪堕。"④前引王灼所举贺词中，《望湘人》也获得了相同评价。黄苏《蓼园词评》："(《望湘人》)张文潜称其乐府，妙绝一世，幽索如屈宋，悲壮如苏李，断推此种。"⑤

　　贺铸是可以颉颃苏门的文人之一，词作尤为翘楚。刘克庄《徐总管汝乙诗卷》："元祐间最为本朝文章盛时，荐之于郊庙、刻之于金石、被之于歌弦者，何其众也！惟贺方回、刘季孙不缘师友，颉颃其间，虽坡、谷亦深嘉屡叹，所谓豪杰奋兴者耶？"⑥苏门词人也乐于引为同调。晁补之也有《洞仙歌·填卢仝诗》，对于卢诗贺词既是注脚，也有扩容：

　　　　当时我醉，美人颜色，如花堪悦。今日美人去，恨天涯离
　　别。青楼朱箔，婵娟蟾桂，三五初圆，伤二八、还又缺。空伫

① 魏庆之《诗人玉屑》(下册)，上海古籍出版社 1959 年，第 472 页。
② 罗大经撰，王瑞来点校《鹤林玉露》，中华书局 1983 年，第 127 页。
③《白雨斋词话》，第 15 页。
④ 同上。
⑤ 黄苏《蓼园词话》，《词话丛编》(第 4 册)，第 3088 页。
⑥ 刘克庄《跋徐总管诗卷汝乙》，《全宋文》(第 330 册)，第 68 页。

立,一望一见心绝。心绝。　　顿成凄凉,千里音尘,一梦欢
娱,推枕惊巫山远,洒泪对湘江阔。美人不见,愁人看花,心乱
含愁,奏绿绮、弦清切。何处有知音,此恨难说。怨歌未阕。
恐暮雨收、行云歇。窗梅发。乍似睹、芳容冰洁。

　　宋人公认苏轼词中有不少美人香草寓意的词作,如《贺新郎》
《蝶恋花》《卜算子》等。项安世《项氏家说》(卷八):"苏公'乳燕
飞华屋'之词,兴寄最深,有《离骚》经之遗法。盖以兴君臣遇合之
难,一篇之中,殆不止三致意焉。瑶台之梦,主恩之难常也;幽独之
情,臣心之不变也;恐西风之惊绿,忧谗之深也;冀君来而共泣,忠
爱之至也。……余又谓'枝上柳绵吹渐少,天涯何处无芳草',此意
亦深切。余在会稽,尝作《送春诗》曰:'堕红一片已堪疑,吹到杨
花事可知。借问春归谁与伴,泪痕都付石榴枝。'盖兼用两词之意,
书生此念,千载一辙也。"[1]陈鹄《耆旧续闻》(卷二):"鲁直跋东坡
道人黄州所作《卜算子》词云:'语意高妙,似非吃烟火食人语。'此
真知东坡者也。盖'拣尽寒枝不肯栖',取兴鸟择木之意,所以谓
之高妙。而《苕溪渔隐诗话》乃云:'鸿雁未尝栖宿树枝,惟在田
野苇丛间,此亦语病。'当为东坡称屈可也。"[2]鲷阳居士直接解读
为政治谠论。《词苑丛谈》(卷三)引曰:"鲷阳居士云:'缺月',
刺明微也。'漏断',暗时也。'幽人',不得志也。'独往来',无助
也。'惊鸿',贤人不安也。'回首',爱君不忘也。'无人省',君不

① 项安世《项氏家说》,中华书局 1985 年,第 96 页。
②《西塘集耆旧续闻》,第 8 页。东坡词句有异文,陈鹄校曰:"赵右史家,有
　顾禧景蕃著《补注东坡长短句》真迹云:'……余顷于郑公实处,见东坡亲迹,
　书《卜算子》断句云:"寂寞沙汀冷",今本作"枫落吴江冷",词意全不相属
　也。'"同书第 8—9 页。

察也。'拣尽寒枝',不偷安于高位也。'枫落吴江冷',非所安也。与《考槃》诗相似。"①

概言之,《贺新郎》"石榴半吐红巾蹙。待浮花、浪蕊都尽,伴君幽独。秾艳一枝细看取,芳心千重似束。又恐被、秋风惊绿",《蝶恋花》"枝上柳绵吹渐少,天涯何处无芳草",宋人或以为是寓写君主之恩遇难以长久,但臣子不改忠爱初衷,并在一篇之中屡致此意,可谓性情之至。而《卜算子》以"惊鸿"喻"幽人"也即君子。鸿雁夜宿田野苇丛间,不合择木而栖的良禽本性,却同自甘寂寞的君子秉赋。

(二)风雨花草渐浸有托

王灼以贺铸、周邦彦并称,例举周词有《离骚》遗意的是《大酺》《兰陵王》,二词都是咏物之作,一咏春雨,一咏杨柳,合乎《离骚》"依诗取兴,引类譬喻"②,风雨花草,不窘于物象,又深通物理,缠绵绮丽,令人凄怆。

咏物诗南朝就开始兴起,唐朝达到一定高度,但与宋朝咏物诗相比,因立意不够明显而被指为"乱云敷空,寒月照水,虽千变万化,而及物之功亦少"③。缪钺先生曾比较李商隐《细雨》与陈与义《秋雨》,评说李诗"妙处在体物入微",陈诗"务以造意胜"④。也就是说,唐诗从不同侧面勾写细雨形态,宋诗则遗貌写神,旨在表达

---

① 徐釚编著,王百里校笺《〈词苑丛谈〉校笺》,人民文学出版社1988年,第164页。
② 王逸《离骚经序》,郭绍虞主编,中华书局上海编辑所编辑《中国历代文论选》(上册),中华书局1962年,第121页。
③《黄陈诗注原序》,《山谷诗集注》(第1册),第1页。
④ 缪钺《论宋诗》,《缪钺全集》(第2卷),河北教育出版社2004年,第162页。

繁华京城中斯人憔悴的意态。北宋咏物小令也多有寓意,如晏殊
咏荷、苏轼咏梅都是这样。如苏轼咏红梅《定风波》就是隐括自己
的诗作《红梅三首》(之一)而成。由诗词同体可知,对赋咏对象而
言,这是遗貌取神更类似于现代意义上的象征而非比兴,咏梅诗词
着重礼赞的是与士大夫高雅人格同构的精神而非红梅形色。

宋朝前中期并不多见的慢词咏物则停留在模写物态即写形的
层面,不太看重传神。如柳永咏本调《黄莺儿》词:

园林晴昼春谁主。暖律潜催,幽谷暄和,黄鹂翩翩,乍迁
芳树。观露湿缕金衣,叶映如簧语。晓来枝上绵蛮,似把芳
心、深意低诉。　　　无据。乍出暖烟来,又趁游蜂去。恣狂踪
迹,两两相呼,终朝雾吟风舞。当上苑柳秾时,别馆花深处。
此际海燕偏饶,都把韶光与。

黄莺也称黄鹂、黄鸟。宇野直人说:"如果仔细品味柳词,就
会发现由于他频繁援引前代作品,所以也可以将其称之为'知识
主义的文学'(雅文学)。"①柳永咏物也有此特征,词中用了不少黄
莺典故。较为明显的有:李商隐《早起》:"莺啼花又笑,毕竟是谁
春。"《诗经·小雅·伐木》:"出自幽谷,迁于乔木。"《开元天宝遗
事》(卷上):"明皇每于禁苑中见黄莺,常呼之为金衣公子。"②《诗
经·小雅·绵蛮》:"绵蛮黄鸟,止于丘隅。"唐诗:"莺掷金梭织柳
丝。"叶梦得所见《禽经》有"流莺不解语,啼莺解语"之句。李白

_____

① 宇野直人著,张海鸥、羊昭红译《柳永论稿——词的源流与创新》,上海古籍
　出版社1998年,第4页。
② 王仁裕《开元天宝遗事》,中华书局1985年,第9页。

《侍从宜春苑奉诏赋龙池柳色初青听新莺百啭歌》:"新莺飞绕上林苑,愿入箫韶杂凤笙。"《李太白集分类补注》(卷七):"笙,正月之音,十三簧,象凤身,盖其簧十二以象十二律,其一以象闰。"[①] 词写黄莺是皇家上林苑春光灿烂中花柳之主,但至柳秾花深的初夏,只能无奈让位于渡海归来的燕子。这是自然现象体物浏亮的赋笔铺排,柳永甚至流露出嘲谑黄莺的意味。至苏轼《水龙吟·次韵章质夫杨花词》则用比体,杨花思妇水乳交融,难分彼此,类似于代言体,也较少词人托兴的成份。

　　而王灼举证周邦彦咏物如《兰陵王》《大酺》之所以被拟为《离骚》,路成文认为是由于创作主体深度介入所咏之物中:"因此在周邦彦的词中,咏物词不单纯是为了咏物,而是更多地借咏物以传达主体自我的深切的刻骨铭心的悲欢离合之情、羁旅行役之感。'我'咏物,'我'观物,我之意绪、情感投射于外物之上,故'物物皆着我之色彩',所创造者既为'常人之境界',更是'有我之境界'。更进一步,'我'还要直接站出来与物进行交流、对话,创作主体不再是简单地浅层次地咏物、观物,而是深层次地介入其中,'我'与'物'一样,成了作品表现的'主体'(主要表现对象)! ……周邦彦的咏物词则通过主体的深层次介入,对'物'的绝对主体性发出了挑战。"[②] 唯其如此,周词所咏之物在不脱离写形本位的基础上,反而被"我"之身世、心理等深度激发出神韵,从而物我合一,即物即我,因此在当朝就获得高度赞赏。然究其实,其中也经历了从赋笔代言到物我两化的过程。不妨结合词人生平进行分析。先看代言

---

① 李白撰,杨齐贤集注,萧士赟删补《李太白集分类补注》,吉林出版集团有限责任公司2005年,第106页。
② 路成文《论周邦彦的咏物词》,《文学遗产》2004年第4期,第61页。

体咏柳《兰陵王》：

> 柳阴直。烟里丝丝弄碧。隋堤上、曾见几番，拂水飘绵送行色。登临望故国。谁识。京华倦客。长亭路，年去岁来，应折柔条过千尺。　　闲寻旧踪迹。又酒趁哀弦，灯照离席。梨花榆火催寒食。愁一箭风快，半篙波暖，回头迢递便数驿。望人在天北。　　凄恻。恨堆积。渐别浦萦回，津堠岑寂。斜阳冉冉春无极。念月榭携手，露桥闻笛。沉思前事，似梦里，泪暗滴。

前考此词写于初入汴京时期，词人尚在青壮年时期。柳与"留"谐音，折柳赠别，有惜别之意，是一种文化意味很重的行为艺术。词以柳为对象，采用赋笔铺排，写普泛意义上、可以是朋友也可以是男女的京城送别，而非一己之愁怨，正如周济所说，此词是"客中送客，一'愁'字代行者设想"[1]。与苏词相比，不是纯为所咏对象代言，而是融情入柳，为行者、留者（"京华倦客"）代言，类似于六朝《恨赋》《别赋》等抒情小赋。词分三阕，首阕前五句以"烟里丝丝弄碧""拂水飘绵送行色"，准确地刻划出水滨堤上烟柳之形，柳丝垂曳，别有幽愁。"登临"三句是一篇之主。把前五句的景物收入"登临"二字，情感收入"京华倦客"四字。陈洵故而有首阕"全为'京华倦客'四字出力"[2]之语。"长亭路"三句，写杨柳年年赠离别，万千离恨，情系柔枝，亦柳亦情，传达久客淹留之感。次阕首四句，欲寻旧踪以慰离情，未曾料想又见离歌别酒送行客，又是

---

①《宋四家词选眉批》，《宋四家词选》，第 7 页。

② 罗忼烈《陈洵〈海绡说词〉说周清真词校录》引《海绡说词》，罗忼烈《词曲论稿》，中华书局香港分局 1977 年，第 117 页。

灯影幢幢、人影参差之黄昏,且是杨柳梨花时节,层层推进,曲曲传递出倦游之人情不能堪的苦况。"愁一箭"三句,行者水路南行,转眼迢递,望留者在天北,由留者望之,唯觉寒水茫茫。双面着笔,更觉别情无限。所以周济说"一'愁'字代行者设想,以下不辨是情是景,但觉烟霭苍茫。"[1] 由此倒逼出第三阕"悽恻,恨堆积"二句,"积"字变无形愁思为有形实体,可触可感。接三句补写送别之后情景,"冉冉"二字尤妙,不辨是水、是斜阳、是乡愁、是别情?人去津浦茫茫,绿水斜阳皆萦情,何等凄迷!结处五句写文期酒会,夜游豪兴,历历如昨,但同游者水逝云飞,用侧笔写京华倦游之人透心的孤寂,无怪乎细思沉恨、有泪如倾。

再看形神兼备、物我两化的咏春雨《大酺》:

> 对宿烟收,春禽静,飞雨时鸣高屋。墙头青玉旆,洗铅霜都尽,嫩梢相触。润逼琴丝,寒侵枕障,虫网吹黏帘竹。邮亭无人处,听檐声不断,困眠初熟。奈愁极频惊,梦轻难记,自怜幽独。　　行人归意速。最先念、流潦妨车毂。怎奈向、兰成憔悴,卫玠清羸,等闲时、易伤心目。未怪平阳客,双泪落、笛中哀曲。况萧索、青芜国。红糁铺地,门外荆桃如菽。夜游共谁秉烛。

这是一首风雨花草渐浸有托的词作。前考词写于河中府任上,词人已经五十七岁,逐渐步入暮年。上阕写春雨连绵,满眼是弥漫的湿气与寒意。昨夜水气氤氲,化作今晨风雨,敲打屋瓦门窗。春笋解箨,新竹节上白粉被连日的雨水冲刷殆尽,新竹的嫩

---

①《宋四家词选眉批》,《宋四家词选》,第7页。

梢则在风中摇曳相触。雨前的潮湿涩滞琴丝、沾惹枕屏,庭院中的蛛网被吹破后黏在门帘与竹枝上。驿馆静无人声,滴沥的檐溜催人入眠,又惊醒轻梦。四望静寂,油然而生彻骨的孤独。下阕写春雨中在客舍思归不得。第一层是积水成流潦,会妨碍归途的车轮,第二层是身心憔悴瘦羸,平常情景也能触目惊心,何况眼下的情景是:有甚于马融离开京师逾年,独卧鄙地平阳邬驿馆暂闻笛声,"甚悲而乐之"①。其青少年时初入长安词《月下笛》也有"阑干四绕,听折柳徘徊,数声终拍。寒灯陋馆,最感平阳孤客"之句。所闻也许就是笛曲《折杨柳》之类的悲音。第三层是风吹雨打,春天花庭忽成青芜国,枝头如米粒大小的花苞尚未完全绽放就被风吹落,露出初结樱桃。然而,自己形单影只,没有谁能结伴秉烛作残花下的一年中最后的春游。

　　陈洵分析引词说:"自'宿烟收'至'相触'六句,屋外景;'润逼'至'帘竹'三句,屋内景。'困眠初熟'四字,逆出。'听檐声不断',是未眠熟前情景。'邮亭'上九句,是惊觉后情事。'困眠'则听,惊觉则愁。'邮亭'一句,作中间停顿,'奈愁极'二句,作两边照应。曰'烟收',曰'禽静',则不特无人。'虫网吹黏''铅霜'洗尽,静中始见。总趋归'幽独'二字。'行人归意速',陡接;'最先念、流潦妨车毂',倒提。复以'怎奈向'三字钩转,将上阕所有情事,总纳入'伤心目'三字中。'未怪平阳客'垫起'况萧索、青芜国',跌落'共谁秉烛'与'自怜幽独'。顾盼含情,神光离合,乍阴乍阳,美成信天人也。"②

① 马融《长笛赋序》,《六臣注文选》,第325页。
②《陈洵〈海绡说词〉说周清真词校录》引《海绡说词》,《词曲论稿》,第127—128页。

　　至此,宋朝咏物词因兼及"体物入微"与"以造意胜"而臻于成熟,美成写于河中府的咏蔷薇《六丑》,写于真定的咏梨花《水龙吟》都属此类。值得一提的是他青壮年时写于溧水七首咏白梅词。周邦彦之所以对溧水白梅情有独钟,是因为梅品高洁,雪中白梅品节被认为更在红梅之上。周邦彦屡咏此物,蕴含了自身品质与此梅有某种同构的期许。周邦彦写白梅淡极之色、浓幽之香、愁悴之情,无不寓进了自己的姿质才情,两相对照,更见宦情落漠、怀才不遇之恸。已经显示出主体深层次地介入所咏之物的先兆。

　　周济曾说:"初学词求有寄托,有寄托则表里相宣,斐然成章。既成格调,求无寄托,无寄托则指事类情,仁者见仁,知者见知。"[①]宋朝咏物慢词创作进程是,北宋渐传物态形神兼及身世,无意求寄托,但有很强的代入感;南宋始有意求寄托,虽然形神兼备,但物我分离,为所咏之物腾挪出较大的承载空间。蒋敦复《芬陀利室词话》:"唐、五代、北宋人词,不甚咏物,南渡诸公有之,皆有寄托。"[②]宋翔凤《乐府余论》:"南宋词人,系情旧京,凡言归路,言家山,言故国,皆恨中原隔绝。"[③]南宋咏物词至南宋沦亡时达到极盛。可为标榜的是南宋遗民集体创作的咏物选集《乐府补题》,所咏为龙涎香、白莲、莼、蟹、蝉诸物。清人陈维崧跋曰:"此则飞卿丽句,不过开元宫女之闲谈;至于崇祯新编,大都才老梦华之轶事也。"[④]可见咏物寄寓之深刻。

---

①《介存斋论词杂著》,第 4 页。

② 蒋敦复《芬陀利室词话》,《词话丛编》(第 4 册),第 3675 页。

③ 宋翔凤《乐府余论》,《词话丛编》(第 3 册),第 2502 页。

④ 陈维崧《乐府补题序》,陈维崧著,陈振鹏标点,李学颖校补《陈维崧集》(上册),上海古籍出版社 2010 年,第 401 页。

二、情感"本事"重新定义

四库馆臣提要孟棨《本事诗》:"皆采历代词人缘情之作,叙其本事。分情感、事感、高逸、怨愤、征异、征咎、嘲戏七类。……论者颇以为失实,然唐代诗人轶事,颇赖以存,亦谈艺者所不废也。"[①]宋人笔记稗说中虽然多有爱情本事词,但多为附益其说的"无稽本事",其作用主要在于推助了词作传播。北宋前中期自张先特别是苏门词人开始以小序标明情词的"实有本事",但典丽派词人周邦彦、姜夔、史达祖、吴文英等词人却很少以题序显示情感生活中"实有本事",隐私化似乎成为集体选择,有时甚至还有意在题序中顾左右而言他、故加掩饰。夏承焘先生说:"温柳情词无本事,可肆言无忌;姜词有本事,而三首题序皆乱以他辞;见其有不可见谅于人而婉转不能自已之情。"[②]指的就是这种情形。

(一)"无稽本事"另类阐释

这里所谓"无稽本事"是在词作流传后,由词意延伸强加的附会之说,如张先赠晏殊家妓的《碧牡丹》、秦观赠营妓的一些词作。《道山清话》载晏殊遣歌姬事:"晏文献公为京兆,辟张先为通判。新纳侍儿,公甚属意。先字子野,能为诗词。公雅重之,每张来,即令侍儿出侑觞,往往歌子野所为之词。其后王夫人寖不容,公即出之。一日,子野至,公与之饮。子野作《碧牡丹》词,令营妓歌之。有云'望极蓝桥,但暮云千里。几重山、几重水'之句。公闻之怃然,曰:'人生行乐耳,何自苦如此。'亟命于宅库支钱若干,复取前所出侍儿。既来,夫人亦不复谁何也。"[③]《苕溪渔隐丛话》(前集)

---

①《四库全书总目》(下册),第1780页。

② 夏承焘《姜白石系年·白石怀人词考》,《夏承焘集》(第1册),第449页。

③ 不著撰人《道山清话》,中华书局1985年,第12页。

卷五十载秦少游则赠妓本事:"《高斋诗话》云:少游在蔡州,与营妓娄婉字东玉者甚密,赠之词云'小楼连苑横空',又云'玉佩丁东别后'者是也。又赠陶心儿词云'天外一钩横月,带三星'谓心字也。"①《碧牡丹》虽然是写贵家出姬之事,但主家未必是晏殊;后者虽然是赠妓之作,但未必是娄东玉、陶心儿。但这些无可考稽的"本事"词,总会因其中看似合理的成份令人信以为"真",从而以疑传疑地加强了流播的力度。

　　美成情词在宋朝就非常有名,是无可考稽的"本事"流传最多的词人之一。王国维指出原因所由起:"自士大夫以至妇人女子,莫不知有清真,而种种无稽之言,亦由此以起。"②最为离奇的是往往与事主事迹完全不符,属于传写者随意推衍。如关于汴京名妓李师师。张端义《贵耳集》(卷下):

　　　　道君幸李师师家,偶周邦彦先在焉。知道君至,遂匿于床下。道君自携新橙一颗,云:"江南初进来。"遂与师师谑语。邦彦悉闻之,隐括成《少年游》(词略)。李师师因歌此词,道君问谁作,李师师奏云:"周邦彦词。"道君大怒,坐朝宣谕蔡京云:"开封府有监税周邦彦者,闻课额不登,如何京尹不按发来?"蔡京罔知所以,奏云:"容臣退朝,呼京尹叩问,续得复奏。"京尹至,蔡以御前圣旨谕之。京尹云:"惟周邦彦课额增羡。"蔡云:"上意如此,只得迁就将上"。得旨:"周邦彦职事废弛,可日下押出国门。"隔一、二日,道君复幸李师师家,不见李师师,问其家,知送周监税。道君方以邦彦出国门为喜,既

————————

①《苕溪渔隐丛话》(前集),第338页。
②《人间词话》,《王国维文集》,第33页。

至不遇,坐久,至更初,李始归,愁眉泪睫,憔悴可掬。道君大
怒,云:"尔去那里去?"李奏:"臣妾万死,知周邦彦得罪,押出
国门,略致一杯相别,不知官家来。"道君问:"曾有词否?"李
奏云:"有《兰陵王》词。"今"柳阴直"者是也。道君云:"唱一
遍看。"李奏云:"容臣妾奉一杯,歌此词,为官家寿。"曲终,道
君大喜,复召为大晟乐正,后官至大晟乐乐府待制。①

周密《浩然斋雅谈》也有记载,但与上文义有两歧,并从《少年
游》《兰陵王》扩展至《少年游》《大酺》《六丑》《望江南》,竟然衍
生出"本事词群":

宣和中,李师师以能歌舞称。时周邦彦为太学生,每游其
家。一夕,值祐陵临幸,仓卒隐去。既而赋小词,所谓"并刀如
水,吴盐胜雪"者,盖纪此夕事也。未几,李被宣唤,遂歌于上
前。问谁所为,则以邦彦对。于是遂与解褐,自此通显。既而
朝廷赐酺,师师又歌《大酺》《六丑》二解,上顾教坊使袁綯问,
綯曰:"此起居舍人新知潞州周邦彦作也。"问《六丑》之义,莫
能对,急召邦彦问之。对曰:"此犯六调,皆声之美者,然绝难
歌。昔高阳氏有子六人,才而丑,故以比之。"上喜,意将留行。
且以近者祥瑞沓至,将使播之乐府,命蔡元长微叩之。邦彦
云:"某老矣,颇悔少作。"会起居郎张果与之不咸,廉知邦彦
尝于亲王席上作小词赠舞鬟云(词略),为蔡道其事。上知之,
由是得罪。……朱希真有诗云:"解唱《阳关》别调声,前朝惟

_____

① 张端义《贵耳集》,中华书局 1985 年,第 46 页。

有李夫人。"即其人也。①

　　王国维按《贵耳集》:"此条所言,尤失实。《宋史·徽宗纪》:'宣和元年十二月,帝数微行,正字曹辅上书极论之,编管郴州。'又《曹辅传》:'自政和后,帝多微行,乘小轿子,数内臣导从,置行幸局。局中以帝出日,谓之'有排当'。次日未还,则传旨,称疮痍不坐朝。始,民间犹未知,及蔡京谢表,有'轻车小辇,七赐临幸',自是邸报闻四方。'是徽宗微行,始于政和,而极于宣和。政和元年,先生已五十六岁,官至列卿,应无冶游之事。所云开封府监税,亦非卿监侍从所为。至大晟乐正与大晟乐府待制,宋时亦无此官也。"② 又按《浩然斋雅谈》:"此条失实,与《贵耳集》同。云'宣和中'先生'尚为太学生',则事已距四十余年。且苟以少年致通显,不应复以《忆江南》词得罪,其所自记,亦相牴牾也。师师未尝入宫,见《三朝北盟会编》。"③《忆江南》与《望江南》同调异名。

　　再如前引王明清《挥麈录》载《风流子》(新绿小池塘)与色而慧的溧水县主簿之室相关,后人纷然驳之:前引刘宰即断为"世方邮其词,附益其说"。王国维亦驳曰:"明清记美成事,前后牴牾者甚多。此条疑亦好事者为之也。《御选历代诗余》词话,引此条作'主簿之姬',疑所见别有善本也。"④罗忼烈先生也驳斥说:"新绿池名,而以为亭轩名,其牴牾一也。既常款洽于尊席间矣,而词所言则为屋外人不得入见之苦,其牴牾二也。新绿、待月为县圃中物,当属邑令所有,安得为主簿之厅亭轩? 其牴牾三也。古者官吏尊

① 《浩然斋雅谈》,第 46—47 页。
② 《清真先生遗事》,《王国维文集》,第 189 页。
③ 同上书,第 190 页。
④ 同上书,第 192 页。

卑之分甚严,主簿为邑令之属员,以其妻款洽其上,固无此理,即姬妾亦不当也。此盖应歌之作耳,因新绿、待月而附会成词事,亦《少年游》(并刀如水)之类也。王明清父铚,以后辈与清真相识,故《挥麈录》记清真事较多。然宋人笔记每多信手记录,不复考核,此所以往往失实也。"①

对照前文美成生平,知与师师相关的本事词是把互不相关的汴京词嵌入频见错位的"异度时空"。这可能是因为美成身份虽高于柳永,而低于晏殊、苏轼等,知名度不显,传疑者屡以其词本事与宋徽宗、某亲王、蔡京联系,不得不说是试图以"捆绑宣传"制造出"圈晕效应"。此类本事不外乎望词生事,或以美成仕履穿凿附会,求圆其说,资为谈助。

然而,无可稽考的情感"本事"扩大了流传度,读者根据"本事"也得到了与本词或不相关的另类阐释,这甚至不失为一种增加词作"宽度"的阐释。如王国维驳斥周词所谓"本事"最为有力,但之后不仅推翻前说,又且加入扩展"本事词群"行列,以为《诉衷情》也是赠歌妓李师师之作。词曰:"当时选舞万人长,玉带小排方。喧传京国声价,年少最无量。　　　花阁迥,酒筵香。想难忘。而今何事,伴向人前,不认周郎。"王氏考曰:

> 曩作《清真先生遗事》,颇辨《贵耳集》《浩然斋雅谈》记李师师事之妄,今得李师师"金带"一事,见于当时公牍,当为实事。案《三朝北盟会编》(三十):"靖康元年正月十五日,圣旨:'应有官无官诸色人,曾经赐金带,各据前项所赐条数,自陈纳官。如敢隐蔽,许人告犯,重行断遣。'后有尚书省指挥

云：'赵元奴、李师师、王仲端曾经祇候倡优之家,（中略）曾经赐金带者,并行陈纳。'"当时名器之滥如是,则玉带排方亦何足为怪？颇疑此词或为师师作矣。然当时制度之紊,实出意外。……以公服而犹若是,则便服之僭侈更何待言。"国家将亡,必有妖孽",殆谓是欤！①

可见无可稽考的"本事"流传已经成为"再创作"式阅读理解的途径之一,与此同时,也不可避免地因过于主观的阐释而误导读者。

（二）"实有本事"用情专深

论者较少关注的是,周词中确然存在的"实有本事"。这原本是苏门词人对词体作出的改变。苏轼不少寄内、赠友人家姬词多为纪实之作,移用了诗体的题序、题注,或有好友解题。如寄内词《江神子·乙卯正月二十日夜记梦》,傅干题下注："公之夫人王氏先卒。味此词,盖悼亡也。"②此为凭悼发妻王弗而作。《冷斋夜话》（卷一）："又作梅花词曰'玉骨那愁瘴雾'者,其寓意为朝云作也。"③此为侍妾王朝云而作。赠友人家姬词多以题序纪事,如《姏人娇·王都尉席上赠侍人》《南歌子·楚守周豫出舞鬟,因作二首赠之》《减字木兰花·赠徐君猷三侍人妩卿、胜之、庆姬》《浣溪沙·赠楚守田待制小鬟》《南乡子·用前韵赠田叔通家舞鬟》等等。值得注意的是,此类词作涉及自己或朋友妻妾,不仅泯灭调笑痕迹,更融入了士大夫情志。如《定风波》题序："王定国歌儿曰柔

---

① 王国维撰,邬国义点校,谢方复校《庚辛之间读书记》,《王国维全集》（第2卷）,浙江教育出版社、广东教育出版社2010年,第441—442页。
②《东坡词傅干注校证》,第211页。
③ 释惠洪《冷斋夜话》,中华书局1985年,第3页。

奴,姓宇文氏。眉目娟丽,善应对。家世住京师,定国南迁归。余
问柔,广南风土应是不好? 柔对曰:此心安处,便是吾乡。因为缀
词云。"《能改斋漫录》(卷八)谓语典出自白居易:"白《吾土》诗
云:'身心安处为吾土,岂限长安与洛阳。'又《出城留别》诗云:
'我生本无乡,心安是归处。'又《重题》诗云:'心泰身宁是归处,故
乡独可在长安。'又《种桃杏》诗云:'无论海角与天涯,大抵心安
即是家。'"① 白居易是宋朝文人景仰的达者,宇文柔奴 "笑时犹带
岭梅香",正是文人世界观的投射,苏轼对于柔奴所言,心有戚戚。
又《水龙吟》题序:"时太守闾丘公显已致仕居姑苏,后房懿卿者,
甚有才色,因赋此词。" 词有句曰:"为使君洗尽,蛮风瘴雨,作霜天
晓。" 这些后房妻妾是能为赏音者净化身心的灵魂歌者。胡仔、张
炎各评为 "绝去笔墨畦径间,直造古人不到处,真可使人一唱而三
叹" ②,"清丽舒徐,高出人表" ③。

　　晁补之词题也常标明寄内及赠妓本事,如《御街行·待命护
国院,不得入国门。寄内》《满江红·寄内》《胜胜慢·家妓荣奴
既出有感》《绿头鸭·韩师朴相公会上观佳妓轻盈弹琵琶》《紫玉
箫·过尧民金部四叔位见韩相家姬轻盈所留题》《行香子·赠轻
盈》《江城子·赠次膺叔家娉娉》《青玉案·伤娉娉》《斗百花·汶
妓阎丽》《斗百花·汶妓褚延娘》等等。黄庭坚仅赠衡阳妓陈湘的
词作就有三首,两首调寄《蓦山溪》,一首为《阮郎归》。晏几道的
某些情词又可与词集自序相互印证:"始时沈十二廉叔,陈十君宠
家有莲鸿蘋云,品清讴娱客。每得一解,即以草授诸儿。吾三人持

---

① 《能改斋漫录》(上册),第 235—236 页。
② 《苕溪渔隐丛话》(后集),第 193 页。
③ 《词源注》,第 30 页。

酒听之,为一笑乐而已。"① 因此,也是"实有本事"。如《临江仙》:
"记得小蘋初见,两重心字罗衣。"又"云鸿相约处,烟雾九重城。"
《鹧鸪天》:"手捻香笺忆小莲。欲将遗恨倩谁传。"

词作题序显然是宋诗长篇题序对词体的渗入,前此后此的大
部分词作除后人按类编排添加的"春情""秋思"等泛标题之外,很
少以题叙事。前考美成词集中有数十首寄内、赠妓词,与苏门此类
词作相同,虽然都是"实有本事",但不再有题序、自注等,以周邦彦
为代表,不再把私密的感情生活以题序的方式呈现给世人(或者说
大众对其私生活不感兴趣),但与苏门词人相同之处在于,周词也
是与赠予对象之间或进行平等对话,或表达自我诉求,情词因之而
能化俗为雅。

前考宋朝流传的周词本事除前引王灼《碧鸡漫志》岳楚云之
事可资扬州歌妓的考证之外,另有不少词篇寄内、赠妓。如他与三
任妻子,与荆州歌妓(杨琼)、长安歌妓(萧娘)、扬州岳楚云(桃叶)、
临潼舞妓(惊鸿)等有过交往,此后又有而持续不断的回忆,这些词
篇构成了美成情词的主体。因为不再以题序揭橥赠词对象的写作
方式的改变,反而使一己隐私被普泛化,而歌唱者也可不拘本事增
加选择的自由度。换言之,美成词的"实有本事"往往要由以词作
内证、史料外证结合,综合考察并以系列组词作求圆其说。这样,
北宋应歌之"无谓"情词具有了与身世相关的纪实性。不妨先以
略有外证记载、与歌妓岳楚云的交往为例。

笔者曾经考证出,美成一生至少四过扬州,其十一首与扬州
有关词作除《玉楼春》(玉琴虚下伤心泪)、《青房并蒂莲·维扬怀

---

① 晏几道《小山词序》,晏几道著,李明娜笺注《小山词校笺注》,文津出版社
　1981年,第183页。

古》和《瑞鹤仙》（悄郊原带郭）三首与歌妓岳楚云无涉，另外八首可作如下排序：一过扬州，写《一剪梅》（一剪梅花万样娇），二过扬州写《少年游》（檐牙缥缈小倡楼）《玉楼春》（当时携手城东道）。三过扬州写《品令·梅花》和《蓦山溪》（江天雪意），此行过苏州词《点绛唇》（辽鹤归来）可以作为曾至扬州的旁证。词人入太学后与三过扬州之间写有三首忆念扬州歌妓词《三部乐·梅雪》《无闷·冬》及《解连环》（怨怀无托）。时间长达三十年的始终不渝，周邦彦实现了"须作一生拚"的爱情承诺。汴京忆扬州词足见美成对于曾经交往歌妓的用情专深，录《解连环》全词如下：

> 怨怀无托。嗟情人断绝，信音辽邈。信妙手、能解连环，似风散雨收，雾轻云薄。燕子楼空，暗尘锁、一床弦索。想移根换叶。尽是旧时，手种红药。　　汀洲渐生杜若。料舟依岸曲，人在天角。漫记得、当日音书，把闲语闲言，待总烧却。水驿春回，望寄我、江南梅萼。拚今生，对花对酒，为伊泪落。

前考扬州词八首词最为醒目的标志是扬州风物梅花与被称为"情人"的桃叶，忆扬州词不仅有城市辨识度最高的红药，更以"江南梅萼"贯穿。词人元丰三年（1080）初过扬州，至大观三年（1109）在苏州太守席见其妹而"凭仗桃根，说与相思意"，从二十五岁到五十四岁其间三十年的年龄跨度，镌刻着怎样没齿不渝的爱情，不能不说，这种"实有本事"的爱情，是情词中的风流高格调。此词不能准确系年，但基本上可以确定是忆念扬州歌妓的作品。这位扬州歌妓在周邦彦入汴京后，离开了扬州（此歌女后来辗转到苏州，但词人并不知情）。开篇三句是说悲怨的情怀无法寄托，因为与所爱的人失去了联系。接四句写纵然有能解开连环的巧手,也不能捕风捉影、收拾起如风过云散的爱情。以下四句写她离开了曾经居住的小楼,抚过的乐器上想必已经蒙上厚厚的灰尘。上阕末韵写如今春天在她住处换叶开花的,都是她亲手移植的芍药。下阕三句写江边水驿渐渐生长起香草,载着她的船儿,正沿芳草岸渐行渐远,芳踪渺茫难觅。"漫记得""拚今生"六句写今生看到花看到酒,就会想到和她在一起的日子,就会落泪,虽然痛苦,但我心甘情愿。张相《诗词曲语辞汇释》解释"拚"字:"判,割舍之辞,甘愿之辞。自宋以后多用捹字或拚字,而唐人则多用判字。""望寄我"三句,词中"红药""杜若""梅萼"均为香草奇树,采兰赠芍是我国诗词中常用的表现方法,从《诗经》到《古诗十九首》,形成了创作者与阅读者双方共同建构的心理基础。这些意象传递的意义在于,植物花卉的美形丽质象征了双方友谊或情感坚贞,传递出无法言说的美好祈愿。这首词把多情男性的怨情写得回环缠绵,特别是下阕中章法结构采用了反接法。反接是作者有意识地逆转情感流向、制造情感落差而蓄势,使情感处在将欲爆发但尚未爆发的饱满张力之中,因之而具有了穿透力极强的感人力量。"漫记得"四句,何其绝决!若一味绝决,便会因说尽而转觉无味。词人反接"水驿"二句寄希望于绝望,波澜回溯,转觉意厚,正因为如此,末韵甘愿以一生为代价的至情至性语,才具有从肺腑中流出的心理积淀。

再看一首与江陵杨姓歌妓相关的词作《绮寮怨》:

> 上马人扶残醉,晓风吹未醒。映水曲、翠瓦朱帘,垂杨里、乍见津亭。当时曾题败壁,蛛丝罩、淡墨苔晕青。念去来、岁月如流,徘徊久、叹息愁思盈。　　去去倦寻路程。江陵旧事,何曾再问杨琼。旧曲凄清。敛愁黛、与谁听。尊前故人如

在,想念我、最关情。何须渭城。歌声未尽处,先泪零。

所记之事是自己在苏州重逢年青时在荆州与之交往的歌女;前文已经考证出《少年游·荆州作》就是在荆州怀念这位刚离开不久的歌女。荆州宋属江陵府。此歌女熙宁四年(1071)春天曾在荆州与词人同游,熙宁五年(1072)春天之前离开荆州,至此年重逢,又是时隔三十五、六年的邂逅与奇遇。词人之所以指此歌女为“杨琼”,最大的可能是这位江陵歌女姓杨。其与苏州的联系,前引元稹《和乐天示杨琼》有句曰:“我在江陵少年日,知有杨琼初唤出。”“去年十月过苏州,琼来拜问郎不识。”

开篇二句写通宵饮酒,犹带残存的醉意,就被人扶上了马背,经过户外晨风吹拂,还是没有完全清醒。接三句的意思是,当年曾在荆州墙壁上题诗,现在时隔几十年,想必墙壁已经破败剥落,上面罩满了蜘蛛网、爬满了苔藓,肯定也使字迹模糊难辨了。上阕末韵四句写年去岁来,时间象流水一样过去;我曾多次在题诗处流连忘返,激起满怀的愁绪。下阕首三句写我早已倦怠了屡问前路、行役不已的生活。杨姓歌妓还是唱着曾在江陵歌席上唱过的《渭城》别曲,曲调悲怨,她因愁怨而皱起黛眉。但这次不是象上次离别时那样,当时杨姓歌妓是行者,唱曲留别;这次我成了行者。接三句写当年宴席上的荆州故人如果也在席上,想必只有我象江州司马白居易一样下泪最多,我与“杨琼”惺惺相惜,都有“可能俱是不如人”的悲哀。末三句退而言之,其实不听《渭城曲》这样伤心离别曲,我也早就涕泣涟涟了。因为离歌还没唱完,就触及了当年往事。

词人还以江陵杨琼为契机,隐括元稹诗《和乐天示杨琼》。周词与元诗相比各有相同点和不同点。相同点是元诗中的歌女十六七岁时在与荆州与元、白交往,头白时才在苏州重见。不同点是：第一，词人并不象元稹一样倾听歌女诉说江陵人事的变化，而是并不向她打听荆州故人的情况，这不是冷漠，而是明知世事沧桑，不忍问也不必问，从而使内心葆有对美好往事的一份追念和怆然。第二，元稹与杨琼会见虽然也在过访苏州时，但并不是立刻又有别离。而词人与杨姓歌女恰相逢在昨日饯别之宴席，又唱当年荆州离别曲，席上却没有了当年的荆州故人，唱曲人依旧，行者角色互换，有感于"变者"和"不变者"，此时《渭城》别曲更寓进世事变迁的内涵，词中的时间跨度，再次见证了美成一往而深的用情态度。

柳永《迷仙引》被引为尊重女性的词作："已受君恩顾。好与花为主。万里丹霄，何妨携手同归去。永弃却、烟花伴侣。免教人见妾，朝云暮雨。"但柳词又有太多"愿奶奶、兰心蕙性，枕前言下，表余深意。为盟誓。今生断不孤鸳被"（《玉女摇仙佩》）闺门淫媟的轻薄语。两相比较，高下立辨。姜夔、史达祖、吴文英的艳情词都沿美成一路，或无题序，或题序"乱以他辞"，都是后人通过排比词作、考证出的"实有本事"。并且"实有本事"已经成为南宋词坛情词写作的主流，也是美成导源的情词入雅途的路径（第五章第二节中有详说）。

《杜诗补注》卷下"诸家论杜"条："陶开虞说杜曰：尝见注杜诗者不下百余家，大约苦于牵合附会，反晦才士风流。少陵一饭不忘君，固也；然兴会所及，往往在有心无心之间，乃注者遂一切强符深揣，即梦中叹息、病里呻吟，必曰关系朝政，反觉少陵胸中多少凝滞，没却洒落襟怀矣。"①阐释文学作品的思想意趣都应秉持这一态

---

① 仇兆鳌《杜诗详注・杜诗补注》，《景印文渊阁四库全书》（第 1070 册），第 1067—1068 页。

度,即便如此,但也要充分认知研究对象在某一文体思想史的可持续发展中所作的贡献。龙榆生先生论柳永词:"而体势拓展,可藉以发抒抑塞磊落纵横豪放之襟怀。有能者出,乃出以堂堂之阵,正正之旗,一扫妖淫艳冶之风,充分表现作者之人格个性。此亦势所必至。"[1] 周美成与苏门诸家、贺铸等人相比,思想意趣弱化是无庸讳言的事实,但他以"常人之境"抒发感怀,咏史词寓历史思考、咏物浸有寄托、情史"实有本事",涓流相汇,至南宋末年,记录重大事件的"实有其事"最终定型为词体应有之义。宋元之际李鹤田跋遗民汪元量《湖山类稿》:"纪其亡国之戚,去国之苦,艰关愁叹之状,备见于诗,微而显,隐而彰,哀而不怨,欷歔而悲,甚于痛哭,岂《泣血录》所可并也? 唐之事纪于草堂,后人以'诗史'目之,水云之诗,亦宋亡之诗史也。"[2] 汪元量《水云词》亦宋亡之词史。此章描述可以看到,周词从北宋蜕变而出,意趣与宋季词相比,尚未臻于高远,但如柳永拓展体势,作为"前收苏、秦之终,复开姜、史之始"的词家宗匠,从此开启了南宋婉约词承载思想意趣的无限可能,为"词亦有史"[3] 奠定了基础。

---

[1] 龙榆生《东坡乐府综论》,《龙榆生词学论文集》,上海古籍出版社 2009 年,第 277 页。

[2] 李珏《书汪水云诗后》,汪元量撰,孔凡礼辑校《增订湖山类稿》,中华书局 1984 年,第 188 页。

[3]《介存斋论词杂著》,第 4 页。

第四章 "词中老杜"开先集成的
词学法度与审美规范

周邦彦被誉为词史上具有特殊地位的重要词人,取得这一地位,得自于其词艺术上结北开南的集成与开新,正如杜甫于唐诗。秦观《韩愈论》、叶燮《原诗》(内篇上)对于杜诗地位的阐述如下:

> 犹杜子美之于诗,实积众家之长,适当其时而已。昔苏武、李陵之诗长于高妙,曹植、刘公干之诗长于豪逸,陶潜、阮籍之诗长于冲淡,谢灵运、鲍照之诗长于峻洁,徐陵、庾信之诗长于藻丽。于是杜子美者,穷高妙之格,极豪逸之气,包冲淡之趣,兼峻洁之姿,备藻丽之态,而诸家之作所不及焉。然不集诸家之长,杜氏亦不能独至于斯也。……呜呼,杜氏、韩氏,亦集诗文之大成者欤![1]
>
> 自甫以前,如汉魏之浑朴古雅,六朝之藻丽秾纤、澹远韶秀,甫诗无一不备。然出于甫,皆甫之诗,无一字句为前人之诗也。自甫以后,在唐如韩愈、李贺之奇巉,刘禹锡、杜牧之雄杰,刘长卿之流利,温庭筠、李商隐之轻艳,以至宋、金、元、明

---

① 秦观撰,徐培均笺注《淮海集笺注》(中册),上海古籍出版社2000年,第751—752页。

之诗家,称巨擘者,无虑数十百人,各自炫奇翻异;而甫无一不为之开先。[1]

杜甫以一人之力,其法度规范如美轮美奂的天地奇观。沈德潜说:"少陵歌行如建章之宫,千门万户;如钜鹿之战,诸侯皆从壁上观,膝行而前,不敢仰视;如大海之水,长风鼓浪,扬泥沙而舞怪物,灵蠢毕集。"[2] 美成的创作也建立了后人奉为圭臬的创作法度,同时也在不自觉中大致规定出词体审美的基本走向。虽然周词思想性较为薄弱,但郑文焯、王国维却誉为"词中之老杜""词中老杜"(已见前引),陈廷焯甚至断言"后之为词者,亦难出其范围"[3],刘扬忠先生认为这是得益于周词语言方面的成就:"王国维以清真为'词中老杜',如从思想内容、社会意义和风格意境诸方面比,周词是远不如杜甫诗的;但在'为人性僻耽佳句,语不惊人死不休'这种惨淡经营的精神方面,二人却有相似之处。由于清真'用功之深,而致力之精',勤于探索和总结,故能汇众长于一炉,在语言运用上取得了他以前的大多数词家都不及的多方面成就。"[4] 究其实质,美成词不仅仅取得了极高的语言成就,而在建立法度与审美规范的层面,也可与杜甫争锋(风格意境的浑成也堪并比,此点在下章有专论)。正如诗史上李杜、苏黄并称,但杜甫、黄庭坚因诗法可学,而被奉为宗主,周邦彦被尊为"前收苏、秦之终,复开姜、史之始"的词之大宗,多在于词学法度、审美规范方面的所取得的成就。下面以宋朝特别是晚宋如沈义父《乐府指迷》、张炎《词源》等词

[1] 叶燮撰,霍松林校注《原诗》,人民文学出版社1979年,第8页。
[2] 沈德潜著,孙之梅、周芳批注《说诗晬语》,凤凰出版社2010年,第102页。
[3]《白雨斋词话》,第16页。
[4]《清真词的艺术成就及其特征》,《文学遗产》1982年第3期,第95页。

学理论为参照,结合当时更为成熟的江西诗学理论,探讨周邦彦所建立的词体法度与引领的审美规范所显示出的与宋诗合流的特殊价值。

第一节　从破体到辨体的词法建立

唐五代肇端的词体入宋后,经历了相当长时间从破体到辨体、再到形成典型、定于一尊的过程。李清照《词论》曾有描述:

> 　逮至本朝,礼乐文武大备。又涵养百余年,始有柳屯田永者,变旧声作新声,出《乐章集》,大得声称于世。虽协音律,而词语尘下。又有张子野、宋子京兄弟、沈唐、元绛、晁次膺辈继出,虽时时有妙语,而破碎何足名家。至晏元献、欧阳永叔、苏子瞻,学际天人,作为小歌词,直如酌蠡水于大海,然皆句读不葺之诗尔……乃知别是一家,知之者少。后晏叔原、贺方回、秦少游、黄鲁直出,始能知之。又晏苦无铺叙;贺苦少典重;秦即专主情致,而少故实,譬如贫家美女,虽极妍丽丰逸,而终乏富贵态;黄即尚故实,而多疵病,譬如良玉有瑕,价自减半矣。①

李清照认为柳永因词语尘下而不入流,前期词家或有句无篇,或不合词体音乐格律;稍后词家则因无铺叙、不典重、少故实、多疵病而各有缺陷。在晏殊、欧阳修、苏轼等人创作"句读不葺之诗"的词作并受到易安强烈批评之后,这一以诗为词的现象并没

---

① 李清照《词论》,《李清照集校注》,第194—195页。

有完全受到遏制。苏门词人黄庭坚、秦观创作成就较高,当时词坛并称秦七、黄九。陈师道说:"今代词手,唯秦七、黄九尔,唐诸人不迨也。"[1] 苏门晁补之以及南宋词论家,开始关注二人词风的不同:"近世以来作者,皆不及秦少游,如'斜阳外,寒鸦万点,流水绕孤村',虽不识字,亦知是天生好言语。(黄鲁直间作小词,固高妙,然不是当家语,自是着腔子唱好诗。)"[2] 《苕溪渔隐丛话》(后集)卷三十三:"自今观之,鲁直词亦有佳者,第无多首耳。少游词虽婉美,然格力失之弱。"[3] 苏籀《书三学士长短句新集后》:"黄太史纤秾精稳,体趣天出,简切流美,能中之能。投弃锜斧,有佩玉之雍容。秦校理落尽畦畛,天心月胁,逸格超绝,妙中之妙。议者谓前无伦而后无继。……概考其才识,皆内重而外物轻,淳至旷达,学无所遗。水镜万象,谢遣势利,溰被陈俚,发为新雅,有谓寓言,罕能名之。"[4] 明代张綖亦曰:"然词尚丰润,山谷特瘦健,似非秦比。"[5] 以其本质言之,就是此时词坛尚不能辨体甚或破体为词,更未能建立定于一尊的法度。

周邦彦则以"浑厚和雅""富艳精工"汇合词体中"着腔子唱好诗""妍丽丰逸而乏富贵态"的二水分流,在辨体的畛域中实现了与江西诗学的秘响相通。

柳永被认为是美成建立词法的先导,前人有"自屯田出而词

---

① 陈师道《后山居士诗话》,中华书局 1985 年,第 6 页。

②《苕溪渔隐丛话》(后集),第 253 页。

③《苕溪渔隐丛话》(后集),第 253 页。

④ 苏籀《双溪集》(第 3 册),中华书局 1985 年,第 152 页。

⑤ 张綖《淮海长短句跋》,周义敢、周雷《秦观资料汇编》,中华书局 2001 年,第 173 页。

法立,清真出而词法密"①之定评,柳、周之间,秦观实为周词辨体的先导,陈廷焯《白雨斋词话》卷一:"秦少游自是作手,近开美成,导其先路;远祖温、韦,取其神不袭其貌,词至是乃一变焉。然变而不失其正,遂令议者不病其变,而转觉有不得不变者。后人动称秦柳,柳之视秦,为之奴隶而不足者,何可相提并论哉!"②其实,不仅是秦词之变,柳永赋笔为词、苏轼以诗为词都为美成所取法,只是周词严格控制在"辨体"的范围内建立作词法度,虽然词作命意旨趣、布局章法、句法字法(词眼)乃至音乐格律都受到江西诗学的影响,但却强化了"别是一家"的本体特征,使词体成为真正意义上一代之文学的独特体式。

一、江西诗质与体制既成

文化鼎盛时期以诗歌为代表的宋代文学一开始就对前朝文学资源采取"历览遗编,研味前作,挹其芳润,发于希慕"③的立场,从西昆诗体到江西诗派的跨跃,是基于夺胎换骨、点铁成金的化腐朽为神奇,文学资源由此蜕变而成创新的表述与主旨。

词体作为与宋诗在相同思潮中产生的另一种文学样式,对于前人文学资源也经历了这一演进:由于诗歌从先秦以来一直处于中心地位,词体在宋朝则是边缘文体的中心化创作,经历了初始阶段与诗体融而未分,再到整合诗质、为我所用的过程。秦少游词相对于黄山谷词,无疑是"破体"格局下的"辨体"回溯,至周邦彦,建立词法推尊词体,其规模体制在当时词坛风行一时。张炎《词源·序》甚至对这一词坛普遍学周的风气提出了批评:

①蔡嵩云《柯亭词论》,《词话丛编》(第5册),第4902页。
②《白雨斋词话》,第13页。
③杨亿等《西昆酬唱集》,中华书局1985年,第1页。

美成负一代词名,所作之词,浑厚和雅,善于融化诗句,而于音谱且间有未谐,可见其难矣。作词者多效其体制,失之软媚而无所取。此惟美成为然,不能学也。所可仿效之词,岂一美成而已![1]

张炎之前,沈义父正是在相同背景下极力推崇周邦彦:"凡作词,当以清真为主。盖清真最为知音,且无一点市井气,下字运意,皆有法度,往往自唐宋诸贤诗句中来,而不用经史中生硬字面,此所以为冠绝也。"[2] 并大量例举清真词句作为制度之法的表征。下面从布置安排、精思书卷两方面结合江西诗学加以论述。

(一)布置谨严思力安排

江西诗派注重构思布局与立意之间的关系。蔡梦弼《草堂诗话》卷上:

《诗眼》曰:"黄鲁直谓文章必谨布置。以此概考古人法度,如杜子美《赠韦见素》诗云:'纨袴不饥死,儒冠多误身。'此一篇立意也,故使人静听而具陈之耳。自'甫昔少年日'至'再使风俗淳',皆言儒冠事业也。自'此意竟萧条'至'蹭蹬无纵鳞',言误身事也。则意举而文备,故已有是诗矣。然必言其所以见韦者,于是以'厚愧''真知'之句。所以真知者,谓传诵其诗也。然宰相职在荐贤,不当徒爱人而已,士固不能无望,故曰'窃效贡公喜,难甘原宪贫'。果不能荐贤,则去之可也,故曰'焉能心怏怏,只是走踆踆',又将入海而去秦也。

然其去也，必有迟迟不忍之意，故曰'尚怜终南山，回首清渭滨'。则所知不可以不别，故曰'常拟报一饭，况怀辞大臣'。夫如此，是可以相忘于江湖之外，虽见素亦不得而见矣，故曰'白鸥波浩荡，万里谁能驯'终焉。此诗布置最得正体，如官府甲第，厅堂房室，各有定处，不可乱也。"又云："诗有一篇命意，有句中命意。如老杜《上韦见素》诗，布置如此，是一篇命意也。至其道迟迟不忍去之意，则曰'尚怜终南山，回首清渭滨'；其道欲与见素别，则曰'常拟报一饭，况怀辞大臣'。此句中命意也。盖如此，然后可以顿挫高雅矣。"①

　　《苕溪渔隐丛话》（前集）卷四十二对杜甫与苏轼作了比较："《吕氏童蒙训》云：'老杜歌行最见次第，出入本末。而东坡长句，波澜浩大，变化不测，如作杂剧，打猛诨入却打猛诨出也。'"②黄庭坚是诗歌出场打诨理论的倡导者与实践者："作诗正如作杂剧，初时布置，临了须打诨，方是出场。"③这是说在末尾翻空而出，延展意境，使诗歌呈整体开放之势的方法。黄庭坚《王充道送水仙花五十枝欣然会心为之作咏》尾联是"打诨"名句："坐对真成被花恼，出门一笑大江横。"翁方纲《七言诗三昧举隅》评曰："不特'山矾是弟梅是兄'是着色相语也，即'含香体素欲倾城'亦已是着色相语也。惟其用此等着色相语，所以末二语，更觉破空而行，点睛飞去

① 蔡梦弼《草堂诗话》，丁福保《历代诗话续编》，中华书局1983年，第196—197页。
②《苕溪渔隐丛话》（前集），第285页。
③ 王直方《王直方诗话》，郭绍虞辑《宋诗话辑佚》（上册），中华书局1980年，第14页。

耳。"① 也就是说,宋诗的结尾是对唐诗经营布局延展拓新,宋词同
其轨辙。

北宋词经历了"破碎何足名家"——有警句而无名篇时期,柳
永词虽有铺叙却基本是平铺直叙,叶嘉莹先生说周邦彦则以严谨
的布局改变了这一现状:

> 在中国词史上,周邦彦是一个"结北开南"的人物。结北
> 开南的转变,差别在哪里呢? 就在于以前的作者大多是以直接
> 的传达、直接的感发来写作的,而周邦彦是以"思力为词"的。②

> 周邦彦的第二个特色是不平铺直叙。他的时间和空间常
> 常是跳接。③

> 第三点是什么样的影响呢? 就是开始在词里边用思索做
> 一种有心用意的托意安排。④

> 他的词在长调里边,除了他安排思索的写作方法,是与他
> 的音乐性和写赋的习惯有关系以外,我们还要说,他在安排思
> 索之中,为长调开拓了另外一种写法。关于长调的写法,柳永
> 是平顺直接的去写,周邦彦则变化出来很多的转折,很多的跳
> 接。他不再是直接的写景跟抒情了,他的词中间就造成了一
> 种传奇意味的故事性。⑤

第三章第二节所引咏柳名篇《兰陵王》就是赋笔为之,论者以

---

① 翁方纲《小石帆亭著录》,中华书局 1991 年,第 67 页。
②《唐宋词十七讲》,第 295 页。
③ 同上书,第 306 页。
④ 同上书,第 307 页。
⑤ 同上书,第 258 页。

为"以赋为诗拓展了诗歌的疆域,使诗歌用铺张扬厉世界的物态变化,缠绵悱恻的曲转旁达,波澜壮阔的巨丽来感染读者"①。赋笔为词也是如此。第三章也已说明美成咏物词因创作主体悲欢离合之情、羁旅行役之感的深度介入,同时成为了词中立意,也就是安排思索的收纵聚集、精光四射的点晴之笔(诗词理论称之为"眼")。所谓赋笔最为直接的表述就是赋水则水之前后左右而广言之,以咏物词最为显证。

先以苏轼咏笛词、黄庭坚咏茶词为例,他们赋咏了对象,但基本上是平面展开,看不出任何纵横穿插、转折跳接,并且在平顺的结构中结束词篇。《贵耳集》(卷下)评苏轼咏笛词:

> 东坡《水龙吟·笛词》八字谜:"楚山修竹如云,异材秀出千林表",此笛之质也;"龙须半剪,凤膺微涨,玉肌匀绕",此笛之状也;"木落淮南,雨晴云梦,月明风袅",此笛之时也;"自中郎不见,将军去后,知孤负,秋多少",此笛之事也;"闻道岭南太守,后堂深绿珠娇小",此笛之人也;"绮窗学弄,凉州初试,霓裳未了",此笛之曲也;"嚼徵含宫,泛商流羽,一声云杪",此笛之音也;"为史君洗尽,蛮烟瘴雨,作霜天晓",此笛之功也。五音已用其四,乏一"角"字。"霜天晓"歇后一"角"字。②

再看黄庭坚咏茶《品令》:"凤舞团团饼。恨分破、教孤令。金渠体净,只轮慢碾,玉尘光莹。汤响松风,早减了、二分酒病。 味

① 黄小平《中国古典诗歌互文修辞结构研究》,《北方论丛》2014 年第 3 期,第64 页。
② 《贵耳集》,第 53—54 页。

浓香永。醉乡路、成佳境。恰如灯下,故人万里,归来对影。口不
能言,心下快活自省。"黄苏评其已入所咏对象的"性情",但这一
主体介入的特征并没有从根本上改变平铺直叙的布局:

> 首阕"凤舞"至"玉尘",言茶之形象也。"汤响"二句,言
> 茶之功用也。二阕味浓三句,言茶之味也。"恰如"以下至末,
> 言茶之性情也。凡着物题,止言其形象则满,止言其味则粗。
> 必言其功用及性情,方有清新刻入处。苕溪称结末三四句,良
> 是。以茶比故人,奇而确。细味过,大有清气往来。①

前人对周邦彦《兰陵王》以结构多维度表现立意多有阐述,
如陈廷焯《白雨斋词话》(卷一)、陈洵《海绡说词》就是以"吞
吐""挽合""留""复""脱""倒提""逆挽""虚挽""虚提""实
证""遥接"等结构布局,展示周词以思力安排的特点:

> 美成词,极其感慨,而无处不郁,令人不能遽窥其旨。如
> 《兰陵王》(柳)云:"登临望故国,谁识京华倦客。"二语是一
> 篇之主。上有"隋堤上,曾见几番,拂水飘绵送行色"之句,暗
> 伏'倦客'之根,是其法密处。故下接云:"长亭路,年去岁来,
> 应折柔条过千尺。"久客淹留之感,和盘托出。他手至此,以下
> 便直抒愤懑矣。美成则不然,"闲寻旧踪迹"二叠,无一语不吞
> 吐。只就眼前景物,约略点缀,更不写淹留之故,却无处非淹
> 留之苦。直至收笔云:"沉思前事,似梦里,泪暗滴。"遥遥挽

---

① 《蓼园词评》,《词话丛编》(第 4 册),第 3055—3056 页。

合,妙在才欲说破,便自咽住,其味正自无穷。①

　　托柳起兴,非咏柳也。"弄碧"一留,却出"隋堤";"行色"一留,却出"故国";"长亭路"复"隋堤上","年去岁来"复"曾见几番","柔条千尺"复"拂水飘绵",全为"京华倦客"四字出力。第二段"旧踪"往事,一留,"离席"今情,又一留,于是以"梨花榆火"一句脱开。"愁一箭"至"数驿"三句倒提,然后以"望人在天北"一句,复上"离席"作歇拍。第三段"渐别浦"至"岑寂",证上"愁一箭"至"波暖"二句。盖有此"渐",乃有此"愁"也。"愁"是倒提,"渐"是逆挽,"春无极"遥接"催寒食"。"催寒食"是脱,"春无极"是复。结则所谓"闲寻旧踪迹"也。"踪迹"虚提,"月榭""露桥"实证。②

　　实际上,此词的思力布置还有一个特点。前说此词类似于《恨赋》《别赋》等抒情小赋,此词立足点是"客中送客",表达倦游的情怀,就是上引陈洵所说"全为'京华倦客'四字出力"。结构安排是不仅为行者代言,亦为留者"京华倦客"代言,借柳表达离别的悲哀。此词与其说是咏物,不如说是具体而微的抒情小赋。与小赋不同的是,词有杨柳作为全面覆盖的背景。在我国文学作品中,杨柳是具有特殊文化意味的意象。"柳""留"谐音,折柳赠别即有惜别之意。而柳的形体婀娜低垂,摇曳时似乎就流动着悲哀。阿恩海姆说:"一棵垂柳之所以看上去是悲哀的,并不是因为它看上去像是一个悲哀的人,而是因为垂柳枝条的形状、方向和柔软性本身

①《白雨斋词话》,第16—17页。
②《陈洵〈海绡说词〉说周清真词校录》引《海绡说词》,《词曲论稿》,第117—118页。

就传递了一种被动下垂的表现性；那种将垂柳的结构与一个悲哀的人或悲哀的心理结构所进行的比较，却是在知觉到垂柳的表现性之后才进行的事情。"①词以"柳阴""烟里""丝丝""弄碧""隋堤""拂水""飘绵""柔条""千尺"等极力渲染悲哀的情绪，主体活动则贯穿其间，如"柳阴直"的"直"字，是宋元用语，谓视线所及；"弄""送""折""过"等都是词人眼中或意中之柳。这就在客观外物中寄寓了人生中有种种万不得已的、被动别离之哀感，从而对外物的表现性和人与物的同构性进行了发掘。萦回别浦、斜阳冉冉宽展了离愁，念月榭携手、露桥闻笛，则以回忆增益了离愁梦幻般的凄美。结构的回环往复，增强了咏柳词的低徊不尽之意。

词人采用赋笔写别离之意，其实是站在超抒情的层面，从留者和行者双方设辞，虽然其中不无词人与友人（或者爱人）的情意，但是，在某种意义上，人生活动轨迹不外乎分为留者和行者两类，基于此，"惜别"就是人类别离的共同情怀。江淹《别赋》的夫妻之别就是以行子、居人结构篇章：

> 是以行子肠断，百感凄恻。风萧萧而异响，云漫漫而奇色。舟凝滞于水滨，车逶迤于山侧。棹容与而讵前，马寒鸣而不息。掩金觞而谁御，横玉柱而沾轼。居人愁卧，恍若有亡。日下壁而沉彩，月上轩而飞光。见红兰之受露，望青楸之雁霜。巡层楹而空掩，抚锦幕以虚凉。知离梦之踯躅，意别魂之飞扬。②

---

① 鲁道夫·阿恩海姆著，滕守尧、朱疆源译《艺术与视知觉》，四川人民出版社1998年，第619页。
② 江淹著，胡之骥注，李长路、赵威点校《江文通集汇注》，中华书局1984年，第35页。

小赋的抒情方式,一般选择打破时空的方法铺陈所赋对象的各种情状,《兰陵王》也是如此。在汴京运河隋堤上,视线所及满眼杨柳,它是人类各种恨别的见证者,长亭送别地总有杨柳被攀折,丝丝缕缕,岁岁年年,延绵而不止于千尺。京华倦客,登高思乡;重寻曾经的别离祖饯地,又见一番送别的情景;在梨花榆火的寒食节气,又有人趁春汛水程;行役一帆风顺,瞬间就驶离京城,送别之人似乎已远在天际;送别地荡漾着涟漪,甚至路过的水驿也业已恢复了平静;行者与留者在京城曾经有过风雅集会,想必此时都在临风洒泪,美丽的过往已如昨梦前尘。值得称道的是,虽然赋笔为词,但却不蹈袭赋体结构的平行展开,而是把杨柳背景与行者、留者的行为、心理穿插腾挪,以"悽恻。恨堆积"绾结,写得非常具象感性,却又是高度概括的别离共感。人工思力安排的结构布置谨严,却如风生水上自然成文。如沈义父称赞《瑞龙吟》《扫花游》:"结尾句须要放开,含有余不尽之意,以景结情最好。如清真之'断肠院落,一帘风絮',又'掩重关,遍城钟鼓'之类是也。"[1] 另如《六丑·蔷薇谢后作》结韵:"漂流处、莫趁潮汐。恐断红、尚有相思字,何由见得。"徐士俊评为"'漂流'一段,节起新枝,枝发奇萼,长调中不多得也。"[2] 刘扬忠先生总结周词结构特点:"为了更生动地描述情事和人物,达到寄托作者丰富感情的目的,清真采用了腾挪跌宕、穿插变化的多种曲折复杂的章法。他的词不管小令或长调,都在章法上讲究变化,力避平直、呆板或单一。讲究脉络以使首尾呼应、前后关合。讲究层次和波澜以使人物和事件摇曳多姿。擅长

---

①《乐府指迷笺释》,第 56 页。

②《古今词统》(第 2 册),第 605 页。

对照映衬以淋漓尽致地宣泄感伤的主调。"①

　　前人尚未论及的是,周邦彦也把江西诗人的"打诨"方法运用于词体,词作末韵多为破空点睛的神来之笔。陈廷焯《白雨斋词话》(卷一):"美成词,操纵处有出人意表者。如《浪淘沙慢》一阕,上二叠写别离之苦,如'掩红泪,玉手亲折'等句,故作琐碎之笔。至末段云:'罗带光销纹衾叠,连环解,旧香顿歇。怨歌永,琼壶敲尽缺。恨春去不与人期,弄夜色,香余满地梨花雪。'蓄势在后,骤雨飘风,不可遏抑。歌至曲终,觉万汇哀鸣,天地变色。老杜所谓'意惬关飞动,篇终接混茫'也。"② 也与江西诗的"打诨"相同,并且与结构融合得更加紧密,没有人工斧凿痕迹。

(二)灵丹一粒夺胎换骨

　　换骨夺胎、点铁成金是黄庭坚诗论的精髓。惠洪《冷斋夜话》(卷一)转载其语:"山谷云:诗意无穷而人之才有限,以有限之才,追无穷之意,虽渊明、少陵不得工也。然不易其意而造其语,谓之换骨法。窥入其意而形容之,谓之夺胎法。"③ 黄庭坚《答洪驹父书》亦曰:"自作语最难。老杜作诗,退之作文,无一字无来处。盖后人读书少,故谓韩杜自作此语耳。古之能为文章者,真能陶冶万物,虽取古人之陈言入于翰墨,如灵丹一粒,点铁成金也。"④ 由此可见,江西诗派的自创新意,在很大程度上,就是以"己意"作为灵丹一粒,对已有文学资源的进行夺胎换骨,实现"意旨"的点铁成金。

　　《冷斋夜话》举出例证说明苏轼、黄庭坚、王安石等如何对前人诗作进行"夺胎换骨":

---

① 《清真词的艺术成就及其特征》,第93页。
② 《白雨斋词话》,第18页。
③ 《冷斋夜话》,第5页。
④ 黄庭坚《答洪驹父书》,《黄庭坚全集》(第2册),第475页。

　　如郑谷《十日菊》曰："自缘今日人心别,未必秋香一夜衰。"此意甚佳,而病在气不长。西汉文章雄深雅健者,其气长故也。曾子固曰："诗当使人一览语尽而意有余,乃古人用心处。"所以荆公菊诗曰："千花万卉凋零后,始见闲人把一枝。"东坡则曰："万事到头终是梦,休休。明日黄花蝶也愁。"又如李翰林诗曰："鸟飞不尽暮天碧。"又曰："青天尽处没孤鸿。"然其病如前所论。山谷作《登达观台》诗曰："瘦藤拄到风烟上,乞与游人眼界开。不知眼界阔多少,白鸟去尽青天回。"凡此之类,皆换骨法也。顾况诗曰："一别二十年,人堪几回别。"其诗简拔而立意精确。舒王作与故人诗云："一日君家把酒杯,六年波浪与尘埃。不知乌石江边路,到老相逢得几回。"乐天诗曰："临风杪秋树,对酒长年身。醉貌如霜叶,虽红不是春。"东坡《南中作》诗云："儿童误喜朱颜在,一笑那知是醉红。"凡此之类,皆夺胎法也。①

　　这些例证除苏轼《南乡子·重九涵辉楼呈徐君猷》"万事"三句外,都是诗作,并且其诗《九日次韵王巩》也有与《南乡子》末句相同的"明日黄花蝶也愁"。从所举例证可以看到,换骨法是用前人句意加以点化,使意旨得到升华式突显,如对于重阳次日菊花迅速成为过气之物,郑谷仅认为这一现象不合物理,苏轼从蜂蝶转至庄生梦蝶,运化潘阆《尊前勉兄长》"万事到头都是梦"句意,谓世间美好稍纵即逝,不如尽情享受当下佳节,这就对十日菊花进行了哲理层面的提升。黄诗与李诗相比,则是把李白罗列的现象作为了登高眼界的参照。夺胎法是因人之意,触类而长,前人意思因而

———————
① 《冷斋夜话》,第5—6页。

通体透彻,四照玲珑。如《诚斋诗话》所举例句即属夺胎法:"唐人云:'因过竹院逢僧话,又得浮生半日闲。'坡曰:'殷勤昨夜三更雨,又得浮生尽日凉。'杜《梦李白》云:'落月满屋梁,犹疑照颜色。'山谷《簟》诗云:'落日映江波,依稀比颜色。'"①苏诗与唐人李涉诗相比,看似有"浮生半日""浮生尽日"之同,但雨之"凉"是对过访偶逢之"闲"的颠覆。黄诗与李白诗相比,"颜色"已经淡化了其中"颜值"的成份,成为蕲竹"寒光不染着,复与尘泥隔"高风亮节的比拟。

但苏轼、黄庭坚作词尚不究心于诗法,周邦彦则是较早采用江西诗法的词人。前引陈振孙各有"多用唐人诗语隐括入律"、张炎"善融化诗句"、周密"纯用唐人诗句"之说。虽然宋朝隐括即略为剪裁或增损前人成句并不始自周邦彦,前此如有欧阳修《采桑子》"野岸无人舟自横",苏轼《南乡子》"尽是刘郎去后栽",晏几道《临江仙》"落花人独立,微雨燕双飞",秦观《临江仙》"曲终人不见,江上数峰青",贺铸隐括唐人成句与周邦彦并重,但较少有出于己意的夺胎换骨。如贺词《雁后归》:"人归落雁后,思发在花前。"《杵声齐》:"寄到玉关应万里,戍人犹在玉关西。"《清平乐》:"小桃初谢。双燕还来也。"基本是整句或增减一二字,分别出自薛道衡《人日思归》、唐诗《寄边衣》、郑谷《杏花》。贺词名句也复如此。胡仔引《潘子真诗话》:"世推方回所作'梅子黄时雨'为绝唱,盖用寇莱公语也,寇诗云:'杜鹃啼处血成花,梅子黄时雨如雾。'"②几乎没有从根本上改变原诗立意。

---

① 杨万里《诚斋诗话》,王大鹏等《中国历代诗话选》(第2册),岳麓书社1985年,第730页。
②《苕溪渔隐丛话》引《潘子真诗话》,《苕溪渔隐丛话》(前集),第254页。

贺铸整首词隐括也有相同的特点。如《菩萨蛮·闺思》：

> 章台游冶金龟婿。归来犹带醺醺醉。花漏怯春宵。云屏无限娇。　　绛纱灯影背。玉枕钗声碎。不待宿醒销。马嘶催早朝。

词作整体化用李商隐《为有》："为有云屏无限娇，凤城寒尽怕春宵。无端嫁得金龟婿，辜负香衾事早朝。"词作仅补足了相关场景、情节、心理等：情人章台游冶晚归，沉醉醺醺。闺中春寒袭人，深宵尤为娇怯。卸妆入枕难以为怀，凝想不待醉人醒透，门外就会传来催促早朝的马嘶声。内容更为丰满但不改立意。又如《替人愁》：

> 风紧云轻欲变秋。雨初收。江城水路漫悠悠。带汀洲。　　正是客心孤回处，转归舟。谁家红袖倚津楼。替人愁。

整体化用杜牧《南陵道中》："南陵水面漫悠悠，风紧云轻欲变秋。正是客心孤回处，谁家红袖凭江楼。"除字面"南陵"改为"江城"之外，仅每句下各增一个三字句，这是歌唱中的"和声"。王灼曾论及于此："今黄钟商有《杨柳枝》曲，仍是七字四句诗，与刘白及五代诸子所制并同。但每句下各增三字一句，此乃唐时和声，如《竹枝》《渔父》，今皆有和声也。"[①]《替人愁》是《添声杨柳枝》的同调异名。每句下所增三字正是对上句内容的"找补"而非创意。

宋人已经总结出周邦彦隐括数量多，但却能避免江西诗人"特

①《碧鸡漫志校正》，第132页。

剽窃之黠者"① 的诟病,就是因为能出己意,清人薛雪说:"用前人字句,不可并意用之。语陈而意新,语同而意异,则前人之字句,即吾之字句也。"② 蔡桢(嵩云)《词源疏证》亦云:"彼美成采唐诗,融化如自己者。……无非善于脱化,或翻前人意耳。"③ 以《意难忘》为例:

> 衣染莺黄。爱停歌驻拍,劝酒持觞。低鬟蝉影动,私语口脂香。檐露滴,竹风凉。拚剧饮淋浪。夜渐深,笼灯就月,子细端相。　　知音见说无双。解移宫换羽,未怕周郎。长颦知有恨,贪耍不成妆。些个事,恼人肠。试说与何妨。又恐伊、寻消问息,瘦减容光。

前引周密所举"低鬟"一联,采用元稹《会真诗三十韵》、白居易《江南喜逢萧九彻因话长安旧游戏赠五十韵》诗中全句,元、白原诗皆为冶游之作,引录长诗的部分诗句如下:

> 名情推阿轨,巧语许秋娘。风暖春将暮,星回夜未央。宴余添粉黛,坐久换衣裳。结伴归深院,分头入洞房。彩帷开翡翠,罗荐拂鸳鸯。留宿争牵袖,贪眠各占床。绿窗笼水影,红壁背灯光。索镜收花钿,邀人解袷裆。暗娇妆靥笑,私语口脂香。怕听钟声坐,羞明映缦藏。眉残蛾翠浅,鬟解绿云长。
> 　　因游李城北,偶向宋家东。戏调初微拒,柔情已暗通。低

① 王若虚《滹南诗话》,中华书局1985年,第17页。
② 薛雪《一瓢诗话》,王夫之等《清诗话》(下册),上海古籍出版社1978年,第686页。
③《词源疏证》(卷下),第74—75页。

鬖蝉影动,回步玉尘蒙。转面流花雪,登床抱绮丛。鸳鸯交颈舞,翡翠合欢笼。眉黛羞频聚,朱唇暖更融。气清兰蕊馥,肤润玉肌丰。无力慵移腕,多娇爱敛躬。汗光珠点点,发乱绿松松。

美成之前,韩偓《佳人》已经隐括元、白成句:

> 佳人坐临镜,未晓已成妆。翠袖洗朱粉,玉笼熏绣裳。低鬖蝉影动,私语口脂香。昨夜鸳鸯梦,邀欢讵可忘。

韩诗仍写沉浸于昨夜梦境而辗转难眠的佳人,侵晨严妆已成,平面而且静态地描写服饰与妆容,因无悦己者,隐括元白诗句主要写镜中的孤芳自赏,立意甚至比原诗还狭窄。周词隐括元白全句则是在凉荷风竹的衬托下,以入时服饰妆容,刻画其痴憨可掬、眼波灵动:暂停拍板和歌唱,拿着酒杯前来劝酒,低头向我亲密低语,耳鬓厮磨中能感受到打扮入时的蝉鬓颤动,嗅到唇膏散发出香味。隐括的诗句妆容呈现动作,动作呈现性格,性格展开了词人纠结于是否告知将要离别的心理矛盾。江弱水先生评曰:"他守定'艳词'的一方欲望空间,以一种享乐主义的文学姿态,坚拒历史、道德、真理之类话语,而苦心孤诣地在语言中染织语言。他使出拆天借海的本领,弥云缝月的手段,将残丝碎锦一一罗织进自己的作品,且能灭尽针线迹而终归于浑化。真是难以想象,元稹《会真诗三十韵》的'低鬖蝉影动,回步玉尘蒙',白居易《江南喜逢萧九彻因话长安旧游戏赠五十韵》的'暗娇妆靥笑,私语口脂香',怎么就让慧眼、灵心兼一副好记性的周邦彦挑了出来,配成一阕《意难忘》中佳偶天成的'低鬖蝉影动,私语口脂香'? 在这样的时刻,我们首先应该钦佩白居易和元稹的原创工夫呢,还是应该赞赏周邦彦的融裁手段？恐怕后者的本领更难以企及罢。"①

再看金陵词《齐天乐》：

> 绿芜雕尽台城路，殊乡又逢秋晚。暮雨生寒，鸣蛩劝织，深阁时闻裁剪。云窗静掩。叹重拂罗裀，顿疏花簟。尚有练囊，露萤清夜照书卷。　　荆江留滞最久，故人相望处，离思何限。渭水西风，长安乱叶，空忆诗情宛转。凭高眺远。正玉液新篘，蟹螯初荐。醉倒山翁，但愁斜照敛。

前考这首词是周邦彦年轻时从荆州回故乡钱唐途经金陵时写的名篇。这是一篇重九词。古代以九为阳数之极，九月九日故称"重九"或"重阳"。魏晋开始，形成登高游宴的习俗，唐宋时相沿不改。词中主要化用的诗作有韩偓《倚醉》："分明窗下闻裁剪，敲遍阑干唤不应。"贾岛《忆江上吴处士》："秋风生渭水，落叶满长安。"杜牧《九日齐安登高》："但将酩酊酬佳节，不用登临恨落晖。"韩诗写爱而不见，贾诗寄江上的友人，杜诗写登高狂饮以应节景。在周词中，时闻裁剪镶嵌于"暮雨"六句，写秋天的感觉和声音：雨生寒，蛩初鸣，深闺静掩的高窗内传出清晰可闻的剪裁声，细腻准确地表达出季节的推移，又深寓了对家室的思念。再回忆夏秋之交，一"拂"一"疏"，写罗裀蒙幸，花簟见弃，背面写来，隐含妻子的哀怨。"渭水"三句写曾在长安、咸阳两度经秋，触景生情，油然想起当年朋友们登高狂欢时的作诗才情。结处四句运化毕卓特别是山简（当时都督荆州等地为征南将军）豪饮典故，悬想荆州故人值此重阳佳节，定然又会持螯对酒，尽日狂欢；但从杜牧的不恨落晖，

---

① 江弱水《古典诗的现代性》，生活·读书·新知三联书店2010年，第212页。

翻转为远地主宾可能尚未尽欢,希望佳节夕阳延长余辉斜照。因此,周词虽然高密度隐括前人诗句,但能出于己意,融裁创新,为我所用。

　　另如《尉迟杯·离恨》上阕:"隋堤路。渐日晚、密霭生深树。阴阴淡月笼沙,还宿河桥深处。无情画舸,都不管、烟波隔前浦。等行人、醉拥重衾,载将离恨归去。"词上阕对宋人郑文宝《柳枝词》推陈出新:"亭亭画舸系春潭,直待行人酒半酣。不管烟波与风雨,载将离恨过江南。"前考周邦彦政和二年(1112)暮秋从长安回到汴京,此次因刘昺举荐他自代户部尚书事未果,不久,也就是在深秋近冬时节再次外任,出知隆德府。别汴京赴任,先走汴河,从汴口入黄河,《尉迟杯》写于宿汴河河桥时。写此词时,汴京尚在咫尺之间;词人内心极不愿意离开帝京,但又不得不赴外任,所以,词题非儿女友朋之"离情",而是饱含心恋魏阙的感情。对郑诗的脱化之功,还在于拓展了郑诗"不管"的宽度,以画舸无情与离人有情,人自离别,却怨画舸,画舸本是无情物,却强移情于画舸,先视其为有情,再责其无情,以侧笔刻划出词人的浓重离绪。

　　周词的夺胎换骨甚至与艾略特新建经典理论暗合:"现存的艺术经典本身就构成一个理想的秩序,这个秩序由于新的(真正新的)作品被介绍进来而发生变化。这个已成的秩序在新作品出现以前本是完整的,加入新花样以后要继续保持完整,整个的秩序就必须改变一下,即使改变得很小;因此每件艺术作品对于整体的关系、比例和价值就重新调整了;这就是新与旧的适应。"[①] 这也就是前引村上哲见所说的"构成了一个其自身具有完整性的诗的世

---

① 艾略特著,王恩衷编译《艾略特诗学文集》,国际文化出版公司1989年,第2页。

界"。正是出于己意、夺胎换骨的改造,周词因此具有了重建经典的意义。

二、读书万卷富艳精工

宋朝是最为重视读书的时代,而以苏轼、黄庭坚、陈师道为代表。刘克庄《江西诗派小序》:"豫章稍后出……搜猎奇书,穿穴异闻,作为古律,自成一家,虽只字半句不轻出,遂为本朝诗家宗祖。"[①] 清人赵翼说:"北宋诗推苏、黄两家,盖才力雄厚,书卷繁富……山谷则书卷比坡更多数倍,几于无一字无来历。"[②] 而任渊评黄、陈二家曰:"本朝山谷老人之诗,尽极骚雅之变,后山从其游,将寒冰焉。故二家之诗,一句一字有历古人六七作者,盖其学该通乎儒释老庄之奥,下至于医卜百家之说,莫不尽摘其英华,以发之于诗。"[③] 前人评周邦彦也有"涉猎书史""博涉百家之书""经史百家之言,盘屈于笔下,若自己出"的说法,然而,与当时词坛并称的黄庭坚、秦观相比,周词书卷气的体现方式并不相同,其"圆美流转如弹丸"的特点,是扬弃了山谷生硬、少游婉弱,呈现出圆美雍容的特殊形态。

(一)博涉群书圆美雍容

黄庭坚胸中万卷经过季锻月炼形成了诗歌生新瘦硬的特色,但"生硬"却是词体语言的大忌,沈义父、张炎都对此有所强调:

　　　　凡作词,当以清真为主。……往往自唐宋诸贤诗句中来,

---

① 《江西诗派小序》,第 1 页。
② 《瓯北诗话》,第 168 页。
③ 任渊《〈黄陈诗集注〉序》,《山谷诗集注》(上册),第 3 页。

　　而不用经史中生硬字面,此所以为冠绝也。①

　　姜白石清劲知音,亦未免有生硬处。②

　　初赋词,且先将熟腔易唱者填了,却逐一点勘,替去生硬及平侧不顺之字。久久自熟,便觉拗者少,全在推敲吟嚼之功也。③

　　句法中有字面,盖词中一个生硬字用不得。④

　　黄庭坚曾教导后辈作诗应多读书避免生硬语:"所送新诗,皆兴寄高远,但语生硬,不谐律吕,或词气不逮初造意时,此病亦只是读书未精博耳。'长袖善舞,多钱善贾',不虚语也。"⑤山谷也颇知词作语言更需熔铸无痕,其《醉落魄》题序曰:"旧有'醉醒醒醉'一曲云:'醉醒醒醉。凭君会取些滋味。浓斟琥珀香浮蚁。一入愁肠,便有阳春意。　须将席幕为天地。歌前起舞花前睡。从他兀兀陶陶里。犹胜醒醒、惹得闲憔悴。'此曲亦有佳句,而多斧凿痕,又语高下不甚入律。或传是东坡语,非也。"王灼《碧鸡漫志》较早提出词中庄语易生硬的问题,指出与黄庭坚同属江西三宗的陈师道有此弊端:"陈无己作《浣溪沙》曲云:'暮叶朝花种种陈,三秋作意问诗人。安排云雨要新清。　随意且须追去马,轻衫从使着行尘。晚窗谁念一愁新。'本是'安排云雨要清新',以末后句'新'字韵,遂倒作'新清'。世言无己喜作庄语,其弊生硬是也。"⑥这是以颠倒语句的约定俗成为病,但却在宋诗中极为屡见不鲜。

――――――――――

① 《乐府指迷笺释》,第 44—45 页。

② 同上书,第 48 页。

③ 同上书,第 86 页。

④ 《词源注》,第 15 页。

⑤ 黄庭坚《与王观复书》,《黄庭坚全集》(第 2 册),第 470 页。

⑥ 《碧鸡漫志校正》,第 50 页。

《苕溪渔隐丛话·后集》(卷二十七):"《艺苑雌黄》云：'古人诗押字，或有语颠倒，而于理无害者。如韩退之以"参差"为"差参"，以"玲珑"为"珑玲"是也。比观王逢原有《孔融》诗云："虚云座上客常满，许下惟闻哭习脂。"黄鲁直有《和荆公西太一宫》六言诗云："啜羹不如放麑，乐羊终愧巴西。"按《后汉史》有"脂习"而无"习脂"，有"秦西巴"而无"巴西"，岂二公之误邪？'《汉皋诗话》云：'字有颠倒可用者，如罗绮、绮罗，图画、画图，毛羽、羽毛，白黑、黑白之类，方可纵横。惟韩愈、孟郊辈才豪，故有湖江、白红、慨慷之句，后人亦难仿之。若不学矩步而学奔逸，诚恐麟麒、凰凤、木草、川山之句纷然矣。'"①在不影响原意的前提下，诗语颠倒限于作者才气是否能够驾驭奔突旁出的语义，否则最易生硬，故而为词家所忌用。

前人评述黄庭坚词，有"不是当行家语""着腔子唱好诗""瘦健"②，都是对其以江西诗质破体为词的委婉表述；这种破体对于词而言，就是李清照所谓"多疵病"。黄庭坚是江西诗派的宗主之一，其词中的诗质当然指与唐诗犁然可分的宋诗。严羽《沧浪诗话》："盛唐诸人，惟在兴趣，羚羊挂角，无迹可求，故其妙处，透彻玲珑，不可凑泊，如空中之音，相中之色，水中之月，镜中之象，言有尽而意无穷。近代诸公，乃作奇特解会。遂以文字为诗，以才学为诗，以议论为诗，夫岂不工，终非古人之诗也。"③以才学文字为诗虽然生新，但无唐诗水深林茂的雍容气象，以之为词遂不免有佶屈聱牙之生硬。极端表现是有意采用经史子集中不顺硬语或民间俚

---

① 《苕溪渔隐丛话》(后集)，第 202—203 页。
② 张綖《淮海长短句跋》，《秦观资料汇编》，第 173 页。
③ 严羽《沧浪诗话》，中华书局 1985 年，第 6—7 页。

谚。如：

《醉落魄》："割爱金荷，一碗淡莫托。"莫托，或作"不托""不拓"。唐宋方言，指汤面。

《新五代史·李贞茂传》："昭宗谓茂贞曰：'朕与六宫皆一日食粥，一日食不托，安能不与梁和乎？'"①

《木兰花令》："庾郎三九常安乐。使有万钱无处着。"

《南史·庾杲之传》："庾杲之，字景行，新野人也。……清贫自业，食唯有韭菹、瀹韭、生韭杂菜，或戏之曰：'谁谓庾郎贫，食鲑常有二十七种。'言三九也。"②此指三种含"韭"字的菜蔬，与"九"谐音，此中"三九"不是年龄，"九"是被乘数、"三"是乘数。

《采桑子》："醉玉东西。少个人人暖被携。"玉东西，指酒杯。

张邦基《墨庄漫录》："王禹玉丞相寄程公辟诗云：'舞急锦腰迎十八，酒酣玉盏照东西。'乐府《六么曲》有《花十八》，古有玉东西杯，其对甚新也。"③

《惜余欢·茶词》："芳酒载盈车，喜朋侣簪合。"簪合，《历代诗余》《词谱》作"簪盍"，盍，同"合"。指朋友的聚合很快。

《周易·豫卦·九四》："由豫，大有得。勿疑，朋盍簪。"王弼注："夫不信于物，物亦疑焉。故勿疑，则朋合疾也。盍，

---

①《新五代史》（第 2 册），第 432 页。
② 萧子显《南齐书》（第 2 册），中华书局 1972 年，第 615 页。
③《墨庄漫录》，第 37 页。

合也。篸,疾也。"① 杜甫《杜位宅守岁》有"盍簪喧栎马,列炬散林鸦"之句。

《江城子》:"一贯一文跷十贯,千不足、万不足。"跷,即跷垫。唐时内外用钱,每千文扣除若干,谓之跷垫。即后世所谓扣串。

《事物纪原》(卷十):"宪宗朝,吴元济、王承宗拒命,经费尽竭。皇甫镈建议,内外用钱,每缗垫二十。民间垫陌至七十。穆宗即位来,米盐每陌钱垫七八,所在用钱垫不一,诏从风俗所宜。则跷之起,自唐皇甫镈也。今俗谓明除者为跷,暗跷者为垫。"②

山谷有的词句甚至需要当时笔记的解释才能明晓意义。《能改斋漫录》(卷十七):"其曰'安乐春泉,玉醴荔枝绿'者,亲贤宅四酒名也。其曰'家里乐天,村里谢安石'者,盖石曼卿自嘲云:'村里黄翻绰,家中白侍郎'。"③

至周邦彦时代,词坛显然受到江西诗人鼓荡书卷、语有来历的渗透,但由于文学体式的差异,两者对书卷的选用却大相径庭。周词已经在词体畛域内进行有效选择,就是沈义父所谓"不用经史中生硬字面"。这里的"经史"是经、史、子、集的省称,还包含舆地、杂纂乃至注疏等。于词体而言,经史语字面偏于雄深雅健,极易不

---

① 王弼、韩康伯注,孔颖达等正义《周易正义》,阮元校刻《十三经注疏》(上册),中华书局 1980 年,第 32 页。

② 高承撰,李果订,金圆、许沛藻点校《事物纪原》,中华书局 1989 年,第541 页。

③《能改斋漫录》(下册),第 494 页。

协律吕。然而美成非不用经史语,而是多取用与词体内容相宜,读之音律谐畅的字面,既能以雅避俗,又能不涉生硬。如:

《风流子》:"亭皋分襟地,难堪处、偏是掩面牵衣。""多少暗愁密意,唯有天知。"

《史记·司马相如传》引《上林赋》:"亭皋千里,靡不被筑。"《集解》引郭璞注"为亭候于皋隰,皆筑地令平,贾山所谓'隐以金椎'也。"①

《后汉书·杨震列传》:"(王)密曰:'暮夜无知者。'(杨)震曰:'天知,神知,我知,子知。何谓无知!'"②

《锁窗寒》:"似楚江暝宿,风灯零乱,少年羁旅。""旗亭唤酒,付与高阳俦侣。"

《左传·庄公二十二年》:"齐侯使敬仲为卿。辞曰:'羁旅之臣……敢辱高位,以速官谤。'"③杜预注:"羁,寄也。旅,客也。"④

《史记·郦生陆贾列传》:"初,沛公引兵过陈留,郦生踵军门上谒曰:'高阳贱民郦食其,窃闻沛公暴露,将兵助楚讨不义,敬劳从者,愿得望见,口画天下便事。'……郦生瞋目案剑叱使者曰:'走!复入言沛公,吾高阳酒徒也,非儒人也。'"⑤

---

① 裴骃《史记集解》,《景印文渊阁四库全书》(第 246 册),第 334 页。
②《后汉书》(第 7 册),第 1760 页。
③ 左丘明著,杜预集解《春秋左传集解》(第 1 册),上海人民出版社 1977 年,第 179—180 页。
④ 同上书,第 181 页。
⑤《史记》(第 8 册),第 2704 页。

《蓦山溪》:"周郎逸兴,黄帽侵云水。"

《汉书·佞幸传》:"邓通,蜀郡南安人也,以濯船为黄头郎。"师古注:"濯船,能持濯行船也。土胜水,其色黄,故刺舡之郎皆着黄帽,因号曰黄头郎也。"①

《齐天乐》:"荆江留滞最久,故人相望处,离思何限。"

《史记·太史公自序》:"是岁天子始建汉家之封,而太史公留滞周南,不得与从事,故发愤且卒。"②

或有意选择温软字面,或更以诗句、本事等增益经史语的温软倾向,如:

《六丑·蔷薇谢后作》:"钗钿堕处遗香泽。乱点桃蹊,轻翻柳陌。"

《新唐书·杨贵妃传》:"(杨)国忠既遥领剑南,每十月,帝幸华清宫,五宅车骑皆从,家别为队,队一色,俄五家队合,烂若万花,川谷成锦绣,国忠导以剑南旗节。遗钿堕舄,瑟瑟玑琲,狼藉于道,香闻数十里。"③

《意难忘》:"知音见说无双。解移宫换羽,未怕周郎。"

《三国志·吴书·周瑜传》:"瑜时年二十四,吴中皆呼为周郎。"

---

① 班固《汉书》(第 11 册),中华书局 1962 年,第 3722 页。
②《史记》(第 10 册),第 3295 页。
③ 欧阳修、宋祁《新唐书》(第 11 册),中华书局 1975 年,第 3494 页。

又，"瑜少精意于音乐，虽三爵之后，其有阙误，知之必顾，故时人谣曰：'曲有误，周郎顾。'"（以上二条出自《三国志·吴书·周瑜传》，已见前注）

《水龙吟》："朱铅退尽，潘妃却酒，昭君乍起。"

《后汉书·南匈奴传》："昭君丰容靓饰，光明汉宫，顾影裴回，竦动左右。"①

《南史·王茂传》："时东昏妃潘玉儿有国色……及见缢，洁美如生。"②

《齐天乐》："云窗静掩。叹重拂罗裀，顿疏花簟。"

《南史·王摛传》："（王）俭尝使宾客隶事多者赏之，事皆穷。唯庐江何宪为胜。乃赏之五花簟，白团扇。"③ 合用语典：徐陵《走笔戏书应令诗》："片月窥花簟，轻寒入锦巾。"

《瑞龙吟》："章台路。还见褪粉梅梢，试花桃树。""探春尽是，伤离意绪。官柳低金缕。"

《汉书·张敞传》："然敞无威仪，时罢朝会，过走马章台街，使御吏驱，自以便面拊马。"④ 孟康曰："（章台）在长安中。"⑤ 薛瓒曰："在章台下街也。"⑥ 合用典：韩翃赠歌妓《章台柳》诗语。

---

①《后汉书》（第 10 册），第 2941 页。
②《南史》（第 5 册），第 1352 页。
③《南史》（第 4 册），第 1213 页。
④《汉书》（第 10 册），第 3222 页。
⑤同上书，第 3223 页。
⑥同上。

《晋书·陶侃传》:"(陶侃)尝课诸营种柳,都尉夏施盗官柳植之于己门。"① 合用语典:刘禹锡《有所嗟二首》(之一):"庾令楼中初见时,武昌春柳似腰肢。"

《侧犯》:"携艳质、追凉就槐影。""谁念省。满身香、犹是旧荀令。""见说胡姬,酒垆寂静。"

《方言·第二》:"娃、嫷、窕、艳,美也。吴楚衡淮之间曰'娃',南楚之外曰'嫷',宋卫晋郑之间曰'艳',陈楚周南之间曰'窕'。自关而西秦晋之间,凡美色或谓之'好',或谓之'窕'。"② 合用语典:白居易《冬至夜怀湘灵》:"艳质无由见,寒衾不可亲。"

《三国志·魏书·荀彧传》:"天子拜太祖(曹操)大将军。进彧为汉侍中,守尚书令。"③ 合用语典:徐陵《乌栖曲二首》(之二):"风流荀令好儿郎,偏能傅粉复熏香。"

《左传·哀公六年》:"乃受盟。使胡姬以安孺子如赖。"④ 注曰:"胡姬,(齐)景公妾也。"⑤ 合用语典:辛延年《羽林郎》:"胡姬年十五,春日独当垆。"

如采用"周郎"典,美成词中除上引两例外,还有《六幺令·重阳》:"华堂花艳对列,一一惊郎目。歌韵巧共泉声,间杂琮琤玉。惆怅周郎已老,莫唱当时曲。"与苏轼《念奴娇·赤壁怀古》"故垒

①《晋书》(第 6 册),第 1778 页。
② 扬雄记,郭璞注《方言》,中华书局 1985 年,第 13—14 页。
③《三国志》(第 2 册),第 310 页。
④《春秋左传集解》(第 5 册),第 1743 页。
⑤ 同上书,第 1745 页。

西边人道是,三国周郎赤壁"相比,既与典源相合,也更符合以香艳
为美的体性特征。黄升评美成咏梅词《花犯》:"此只咏梅花,而纡
余反复,道尽三年间事。昔人谓:'好诗圆美流转如弹丸。'余于此
词亦云。"①其词以书卷为底色的圆美流转也自有雍容华贵的仪态。

(二)富艳精工如自己出

秦观则偏于婉弱。李清照评秦观"专主情致,而少故实,譬如
贫家美女",然而,同处盛行读书的文学潮流中,著名文人不可能出
现"少故实"的文学作品,区别仅在于用典的方法不同。张镃《仕
学规范》(卷三十九)引用了相关阐述:"《名贤诗话》言杜少陵云:
作诗用事,要如释语水中着盐,饮水乃知盐味。此说诗家秘密藏
也。如'五更鼓角声悲壮,三峡星河影动摇',人徒见凌轹造化之
工,不知乃用事也。《祢衡传》:挝渔阳掺,声悲壮。《汉武故事》:
星辰影动摇,东方朔谓民劳之应。则善用故事者,如系风捕影,岂
有迹耶?"②又引《复斋漫录》:"用故事当如己出,如杜甫寄人诗云:
'径欲依刘表,还疑厌祢衡。'此是用王粲依刘并曹公厌祢衡事。却
点化只做杜甫欲去依他人,恐他厌之语。此便是如己出也。"③然而
在北宋末期,词作熔铸不留痕迹,反被认为是"乏富贵态",不唯李
清照,宋人对秦词的评价都有类似倾向。

张芸叟品评本朝诗人,说秦诗"如时女步春,终伤婉弱"④。秦
词如晁补之所评,同样也是"虽婉美,然格力失之弱"⑤。一览便知
的被化用诗语在秦词中极其少见,这被认为因少书卷气而骨力偏

①《花庵词选》,第114—115页。
② 张镃《仕学规范》,《景印文渊阁四库全书》(第875册),第194—195页。
③ 同上书,第197页。
④ 敖陶孙《臞翁诗评》,郭绍虞主编《中国历代文论选》(上册),第454页。
⑤《诗人玉屑》(下册),第467页。

弱并乏富贵气象。实际上,秦观词作看似平白如话,自然清丽,其实如杜诗有熔铸无迹之功,涉猎不广的读者往往"不知乃用事也"。其以《满庭芳》"斜阳外"三句最受称赞,很多名句也是其来有自。《苕溪渔隐丛话·后集》(卷三十三):"(《满庭芳》)中间有'寒鸦万点,流水绕孤村'之句,人皆以为少游自造此语,殊不知亦有所本。予在临安,见平江梅知录云:'隋炀帝诗云:寒鸦千万点,流水绕孤村。少游用此语也。'予又尝读李义山《效徐陵体赠更衣》云:'轻寒衣省夜,金斗熨沉香。'乃知少游词'玉笼金斗,时熨沉香'与夫'睡起熨沉香,玉腕不胜金斗',其语亦有来历处。"①再如前文已述《满庭芳》除化用炀帝诗之外,还用欧阳詹赠太原妓诗、杜牧《赠别》《遣怀》语典,并用越地歌妓盛小丛、绍兴府治蓬莱阁等本地事典,其中"寒鸦"同时也是绍兴本地风光。王十朋《会稽风俗赋》:"鸥浮鹬浴,鸦寒魦瘦。"周世则注:"越多寒鸦。秦少游词'寒鸦万点'。黄岩叟词'寒鸦如豆'。"②但以上这些语典事典都被秦观点化成为符合"红梅作花"③"如花初胎,故少重笔"④语言风格的写景名句。《诗人玉屑》(卷二十一)载晁无咎评"斜阳外"三句:"虽不识字亦知是天生好言语。"⑤贺贻孙《诗筏》:"盖少游之妙,在'斜阳外'三字,见闻空幻。又'寒鸦''流水',炀帝以五言划为两景,少游词用长短句错落,与'斜阳外'三景合为一景,遂如一幅佳图。

①《苕溪渔隐丛话》(后集),第248页。
②王十朋《会稽三赋》,《景印文渊阁四库全书》(第589册),第263页。
③楼俨《书秦淮海词后》,楼俨《襄笠轩仅存稿·洗砚斋集》,清康熙刻本(今藏国家图书馆),第37页。
④周济《宋四家词选目录序论》,《宋四家词选》,第2页。
⑤《诗人玉屑》(下册),第467页。

此乃点化之神。必如此,乃可用古语耳。"①

　　宋人对秦词中名句的出处持不同看法,也可见其对书卷的涵茹熔铸。仅举以水为喻的句例。如《千秋岁》:"春去也,飞红万点愁如海。"《野客丛书》(卷二十):"《后山诗话》载王平甫子旂谓秦少游'愁如海'之句出于江南李后主'问君还有几多愁,恰似一江春水向东流'之意。仆谓李后主之意,又有所自。乐天诗曰:'欲识愁多少,高于滟滪堆。'刘禹锡诗曰:'蜀江春水拍山流,水流无限似侬愁',得非祖此乎?则知好处前人皆已道过,后人但翻而用之耳。"②《鹤林玉露》(乙编卷一):"有以水喻愁者,李颀云:'请量东海水,看取浅深愁。'李后主云:'问君都有几多愁,恰似一江春水向东流。'秦少游云:'落红万点愁如海'是也。"③《藏一话腴·内编》(卷上):"太白云:'请君试问东流水,别意与之谁短长。'江南后主曰:'问君还有几多愁,恰似一江春水向东流。'略加融点,已觉精彩。至寇莱公则谓'愁情不断如春水',少游云'落红万点愁如海'青出于蓝而青于蓝矣。"④

　　再如《江城子》:"飞絮落花时候、一登楼。便做春江都是泪,流不尽,许多愁。"杨慎批《草堂诗余》:"此结语又从坡公结语转出,更进一步。"⑤"坡公结语"指《江城子》结韵:"寄我相思千点泪,流不到,楚江东。"《水龙吟·次韵章质夫杨花词》结韵:"春色三分,二分尘土,一分流水。细看来,不是杨花点点,是离人泪。"词作也化用了上引李白

---

①　贺贻孙《诗筏》,《丛书集成续编》(第157册),第163页。

②《野客丛书》,第230页。

③《鹤林玉露》,第127页。

④《藏一话腴》,《景印文渊阁四库全书》(第865册),第545页。

⑤　杨慎《批点草堂诗余》,葛渭君《词话丛编补编》(第1册),中华书局2013年,第292页。

诗"请君"一联句意,意思是春江日夜流淌,不如离愁别恨绵绵无尽。

美成词熔铸前人诗语也如己出,但开始自觉采用江西诗派"活法"理论为创作原则,不再象秦观过于熔铸而柔弱无骨,而是如花落草中,点缀映媚,明灭可见。词中唐前人诗句是背景影像,灵动流转,一览即知,却能如光景常见而能常新。刘克庄曰:"谢元晖有言:'好诗流转圆美如弹丸。'此真活法也。……余以宣城诗考之,如锦工机锦,玉人琢玉,极天下巧妙。"[①]周词能如工匠织丝成锦绣、琢璞见美玉。举显证如下:

《南柯子》:宝合分时果,金盘弄赐冰。晓来阶下按新声。恰有一方明月、可中庭。　露下天如水,风来夜气清。娇羞不肯傍人行。扬下扇儿拍手、引流萤。

刘禹锡《生公讲堂》:"高坐寂寥尘漠漠,一方明月可中庭。"杜牧《秋夕》:"银烛秋光冷画屏,轻罗小扇扑流萤。天阶夜色凉如水,坐看牵牛织女星。"

《夜游宫》:叶下斜阳照水。卷轻浪、沉沉千里。桥上酸风射眸子。立多时,看黄昏,灯火市。　古屋寒窗底。听几片、井桐飞坠。不恋单衾再三起。有谁知,为萧娘,书一纸。

李贺《金铜仙人辞汉歌》:"魏宫牵车指千里,东关酸风射眸子。"杨巨源《崔娘诗》:"风流才子多春思,肠断萧娘一纸书。"

《隔浦莲近拍·中山县圃姑射亭避暑作》:新篁摇动翠葆。曲径通深窈。夏果收新脆,金丸落、惊飞鸟。浓蔼迷岸草。蛙声

①《江西诗派小序》,第6页。

闹。骤雨鸣池沼。　　　水亭小。浮萍破处,檐花帘影颠倒。纶巾羽扇,困卧北窗清晓。屏里吴山梦自到。惊觉。依前身在江表。

韩愈《李花》:"冰盘夏荐碧实脆,斥去不御惭其花。"李白《少年子》:"金丸落飞鸟,夜入琼楼卧。"韩愈《答柳柳州食虾蟆》:"鸣声相呼和,无理只取闹。"张先《题西溪无相院》:"浮萍断处见山影,野艇归时闻草声。"杜甫《醉时歌》:"清夜沉沉动春酌,灯前细雨檐花落。"温庭筠《春日》:"屏上吴山远,楼中朔管悲。"

《塞垣春》下阕:"追念绮窗人,天然自、风韵娴雅。竟夕起相思,谩嗟怨遥夜。又还将、两袖珠泪,沉吟向寂寥寒灯下。玉骨为多感,瘦来无一把。"

张九龄《望月怀远》:"情人怨遥夜,竟夕起相思。"李商隐《别薛岩宾》:"还将两袖泪,同向一窗灯。"又,《偶成转韵七十二句赠四同舍》:"天官相吏府中趋,玉骨瘦来无一把。"

还有融化唐诗虽然细碎仍灼然可见者,陈能群举例如下:

其融化诗句处语若己出,如《应天长·寒食》云"又见汉宫传烛,飞烟五侯宅";《绮寮怨》云"樽前故人如在,想念我最关情,何须渭城歌声,未尽处、先泪零";《西河·金陵怀古》云"想依稀、王谢邻里。燕子不知何世,向寻常巷陌人家,相对如说兴亡,斜阳里",是皆自我融会,琅然可诵。①

张炎说美成"善于融化诗句,如自己出",其实是包含了唐诗以

————————————

① 陈能群《词源笺释》,读者书店1940年(今藏国家图书馆),第44页。

外,如先秦汉魏、六朝、乃至宋诗 ①,也是融化而见典源。以六朝诗为例:

《鹤冲天》:"小园台榭远池波。鱼戏动新荷。"——谢朓《游东田》:"鱼戏新荷动。"

《月中行》:"团围四壁小屏风,泪尽梦啼中。"——萧绎《代秋胡妇闺怨诗》:"泪尽梦啼中。"

《玉楼春》:"酒边谁使客愁轻。帐底不教春梦到。"——刘孺《至大雷联句》:"讵使客愁轻。"

《蝶恋花》:"月皎惊乌栖不定。更漏将阑,辘轳牵金井。"——吴均《行路难五首》(之四):"城上金井牵辘轳。"

《渔家傲》:"拂拂面红新着酒。沉吟久。昨宵正是来时候。"——庾信《咏画屏风诗二十五首》(之二十三):"面红新着酒。"

美成词还把相同语典融化成与语境相合的不同新句,如化用李商隐《夜雨寄北》:"何当共剪西窗烛,却话巴山夜雨时。"有《锁窗寒》"洒空阶、夜阑未休,故人剪烛西窗语",《荔枝香近》"何日迎门,小槛朱笼报鹦鹉。共剪西窗蜜炬"。化用梁简文帝《金乐歌》"杨柳正藏鸦",有《渡江云》"千万丝、陌头杨柳,渐渐可藏鸦",《蝶

---

① 罗忼烈先生《清真集笺注·卷首语》对此看法是:"又沈义父《乐府指迷》,谓清真词'往往自唐宋诸贤诗句中来',殊不尽然。盖其词多用汉、魏、六朝、三唐之诗,用宋诗者绝尟,偶有之,亦稍用欧、梅、荆公三数老辈之诗而已。陈注屡以苏、黄为言,非也;此大抵为沈氏所本。盖东坡、山谷虽稍长于清真,而两家之诗,当时犹未结集刊行,清真无由据为典要也。至若字面之偶合,人皆有之,举以印证则可,谓此出于彼则非是。"《清真集笺注》(上册),第6—7页。

恋花》"叶暗藏鸦,冉冉垂亭牖"。化用《清商曲·襄阳乐》"大堤
诸女儿,花艳惊郎目",有《玉楼春》"大堤花艳惊郎目。秀色秾华
看不足",《六幺令》"堂花艳对列,一一惊郎目"。不胜枚举。

　　清真用僻典也能不露痕迹。前引注释中有吴世昌先生辨清真
《浪淘沙慢》中"珠玉"应为"宋玉"之误,所用为宋玉《楚辞·九
辩》"悲哉秋之为气也""登山临水兮送将归"句意。然而晚清词
学大家郑文焯却不以此句为非:"'念珠玉、临水犹悲感,何况天涯
客。'语义崒崒有奇气,又极凄宛幽艳之致。……昨偶于病榻散帙
得《说苑》一卷,阅至'赵简子游于河而乐之,叹曰:安得贤士而
与处焉。舟人古乘跽而对曰:夫珠玉无足,去此数千里而所以
能来者,人好之也。今士有足而不来者,此是吾君不好之乎。'
乃叹美成隶事属辞,有羚羊挂角之妙。盖托诸隐秀以伤其不遇
也。"①"羚羊挂角"正是区别宋诗与唐诗特点,但其中又自有书
卷的才学文字,形成宋词独有的富艳精工,从而开启后之为词者
的不二法门。

第二节　与诗合流的审美取向

　　诗庄词媚之说,得自文体的内在规定,但以气骨为胜、生新瘦劲
的诗歌审美,也是传承自江西之祖杜甫的审美取向。沈德潜说:"老
杜以宏才卓识,盛气大力胜之。读《秋兴八首》《咏怀古迹五首》《诸
将五首》,不废议论,不弃藻缋,笼盖宇宙,铿戛韵钧,而横纵出没中,复
含酝藉微远之致;目为"大成",非虚语也。"② 黄庭坚《答洪驹父书》也

①黄墨谷《〈词林翰藻〉残璧遗珠》引郑文焯语,《词学》第7辑,第219页。
②《说诗晬语》,第108页。

说到了宋诗崇尚壮美的风气："至于推之使高如泰山之崇,崛如垂天之云,作之使雄壮如沧江八月之涛,海运吞舟之鱼,又不可守绳墨,令俭陋也。"① 然而,就词体而言,一方面,晏殊、欧阳修、苏轼、贺铸等人以典则高雅提高词品,另一方面,号称当代词手的黄庭坚、秦观,复沿柳永俚俗一路,山谷不免受"以笔墨劝淫,于我法中当下犁舌之狱"② 之讥,秦观"其诗似词"③,而词如诗"待入小石调"④ "绮丽太胜"⑤,更会在柔若无骨中沉沦而品格愈卑。

　词至周邦彦,随着江西诗学理论与创作实践的成熟,在共同的文学思潮驱动下,词学法度因之而立,诗词审美逐渐合趋。夏敬观、蔡嵩云都强调周词对词法的贡献:"耆卿多平铺直叙,清真特变其法,一篇之中,回环往复,一唱三叹。"⑥ "自屯田出而词法立,清真出而词法密,词风为之丕变。"⑦ 词法也导源审美取向随之改变。前文分析可以看到,周词审美已非一味秾艳软媚。本节我们将详尽比较北宋前期柳永与北宋后期的周邦彦(略及北宋相关词人),这两位在北宋词史上处于两极的重要词人:从柳词平铺直叙到周词章法拗折,从柳词骈散别行到周词整饬拗涩,从柳词音律谐婉到周词乐声拗怒,对比中可以看到北宋审美取向的变化。俞平伯引

①《黄庭坚全集》(第 2 册),第 475 页。
② 黄庭坚《小山集序》,《黄庭坚全集》(第 1 册),第 413 页。
③ 汤衡《张紫微雅词序》,张惠民《宋代词学资料汇编》,汕头大学出版社 1993年,第 223 页。
④《诗人玉屑》(上册),第 222 页。
⑤ 同上。
⑥ 夏敬观《映庵词评》,《词话丛编补编》(第 5 册),第 3446 页。
⑦《柯亭词论》,《词话丛编》(第 5 册),第 4902 页。

夏孙桐评语:"清真平写处与屯田无异,至矫变处自开境界。"① 这是因为,至周美成,江西诗派生新瘦硬的审美取向也逐渐演变成为词体的美学灵魂,其词具有品高调侧的峭劲美质。周邦彦在词史上的特殊地位,使他能够象杜甫改变唐体而为宋调的审美取向一样②,改变了宋词的审美流向。

一、平铺直叙到章法拗硬

宋词经近百年涵咏,至仁宗朝结束了苦无铺叙的小令时代,迎来铺排展衍的慢词时期。宋翔凤《乐府余论》:"其慢词盖起宋仁宗朝。中原息兵,汴京繁庶,歌台舞席,竞赌新声。耆卿失意无俚,流连坊曲,遂尽收俚俗语言,编入词中,以便伎人传习。一时动听,散播四方。其后东坡、少游、山谷辈,相继有作,慢词遂盛。"③ 然而,处于初发轫时期的慢词,伴随着内容、音律种种不合规范而勉力前行,正如龙榆生先生所说,这一过程标志着词体由"变"而"正"的发展,与此同时,也因为借重慢词,为推尊词体带来了可能性:

> 自《乐章》盛行,创调既多,慢词遂盛。耆卿诸作,既多为应歌之词,杂以淫哇,不免为当世士大夫所诟病;而体势拓展,可藉以发抒抑塞磊落纵横豪放之襟怀。有能者出,乃出以堂堂之阵,正正之旗,一扫妖淫艳冶之风,充分表现作者之人格

① 俞平伯《清真词释》引夏孙桐语,俞平伯《论诗词曲杂著》,上海古籍出版社1983年,第630页。
② 钱锺书《谈艺录》:"唐诗、宋诗,亦非仅朝代之别,乃体格性分之殊。""夫人禀性,各有偏至。发为声诗,高明者近唐,沉潜者近宋,有不期然而然者。"钱锺书《谈艺录》,中华书局1984年,第2页、第3页。
③ 《乐府余论》,《词话丛编》(第3册),第2499页。

个性。①

就章法而言,柳永平铺直叙;周邦彦则思力安排,并且努力摒弃平直,代之以拗折瘦硬。柳永词叙事方法与白居易非常相似,周邦彦则源于杜甫。苏辙《诗病五事》讨论叙事方法时,赞赏《诗经》有意使行文不相连属,但气象脉络浑然一体的方法,并以《诗经·绵》为例阐明了这一观点。《绵》共分九个章节,一至七章仅写"太王迁豳,建都邑,营宫室而已",第八章涉及昆夷(殷周时的西北少数民族)之怨,第九章才写文王受命,诸侯归服。九章之间"事不接,文不属,如连山断岭,虽相去绝远,而气象联络,观者知其脉理之为一也。盖附离不以凿枘,此最为文之高致耳。"②苏辙认为杜甫很好地继承了《诗经》这一叙事方法。表面上看,杜诗意思陡起陡接,跳宕不定,实际上忧国忧民的情感是贯穿全诗的脉理。并且称赞此种叙事方法"如百金战马,注坡蓦涧,如履平地,得诗人之遗法"③。并且指出这种方法与白居易斤斤凿凿、文意过于连属的叙事方法相比,自有优劣之分:"如白乐天诗,词甚工,然拙于纪事,寸步不遗,犹恐失之。此所以望老杜之藩垣而不及也。"④从叙事方面说,白居易与杜甫的不同,正可拟诸词中柳永与周邦彦的区别。

(一)铺叙展衍起结完备

宋人对柳永词章法结构多有正面评述,这种结构一方面是形容承平气象的表征,另一方面却是在刻意迎合社会下层的俚俗口

---

① 《东坡乐府综论》,《龙榆生词学论文集》,第 277 页。
② 苏辙《诗病五事》,《苏辙集》(第 3 册),中华书局 1990 年,第 1228—1229 页。
③ 同上书,第 1229 页。
④ 同上。

味。例举宋人评价如下：

> 至柳耆卿，始铺叙展衍，备足无余，形容盛明，千载如逢当日。①（李之仪）
>
> 柳三变游东都南北二巷，作新乐府，骫骳从俗，天下咏之，遂传禁中。②（陈师道）
>
> 柳耆卿《乐章集》，世多爱赏，其实该洽，序事闲暇，有首有尾，亦间出佳语，又能择声律谐美者用之。惟是浅近卑俗，自成一体，不知书者尤好之。予尝以比都下富儿，虽脱村野，而声态可憎。③（王灼）
>
> （柳三变）喜作小词，然薄于操行……柳之乐章，人多称之，然大概非羁旅穷愁之词，则闺门淫媟之语；若以欧阳永叔、晏叔原、苏子瞻、黄鲁直、张子野、秦少游辈较之，万万相辽。彼其所以传名者，直以言多近俗，俗子易悦故也。④（严有翼）

"骫骳从俗"，是以调侃顽皮的文笔迎合低俗，取悦南北二巷的歌妓与不识字的俗子；就此竟然还提高了歌柳词妓者的身价。《醉翁谈录》（丙集卷之二）："耆卿居京华，暇日遍游妓馆。所至，妓者爱其有词名，能移宫换羽；一经品题，声价十倍。妓者多以金物资给之。"⑤ 这也是形成柳永词"铺叙展衍"也就是"序事闲暇，有首有尾"结构的外在原因。戴名世《丁丑房书·序》："铺叙者，循题

---

① 李之仪《跋吴思道小词》，《宋代词学资料汇编》，第 200 页。
②《后山居士诗话》，第 7 页。
③《碧鸡漫志校正》，第 36 页。
④ 严有翼《艺苑雌黄》，《苕溪渔隐丛话》（后集），第 319 页。
⑤ 罗烨《醉翁谈录》，古典文学出版社 1957 年，第 32 页。

位置,自首及尾,不敢有一言之倒置。"① 这正是前此苏辙所批评的
"寸步不遗"的纪事方法。也就是直陈其事,按照时空或事理布置
篇章,叙述虽然也能曲折委婉,但重平直而轻倒逆,倾困倒廪,淋漓
尽致。主要表现在两个方面:

首先,柳永慢词采用铺排展衍、有首有尾的闲暇序事方法。陈
匪石是研究柳永的专家,曾透彻地分析了名篇《雨霖铃》的叙事
线索:

> 味词意,当是话别之作。"寒蝉"句点明秋令。"长亭"是
> 启行之地。"骤雨"未歇,舟不能发,"初歇"则为下文"催发"
> 张本也。此三句虽未言行事,已微含别意。"都门帐饮",借
> 用二疏事,点出别筵,即词所由作。"无绪"近影"凝咽",远影
> "伤离别"。"留恋"是不忍别,"催发"是不得不别,半句一转。
> 清真之"掩重关、遍城钟鼓",实青出于蓝。"执手"两句,"留
> 恋"情状。"相看""无语",形容极妙。"念去去"二句,于"无
> 语"之时想到别后之望而不见。"烟波"之上,又有"暮霭",
> "沉沉"字、"阔"字,皆"凝咽"之心理。话别正面,至此说尽
> 矣。过变推开,先作泛论,见离别之情不自我始。"更那堪",
> 用时令拍合,上应首句,于此处则为进一层。"今宵"以下,亦
> 推想将来。其与前结不同者,"千里烟波",不过四顾苍茫之
> 象,此则由"帐饮"想入。"杨柳岸"七字,千古名句,从魏承班
> 之"帘外晓莺残月"化出;而少游之"酒醒后、残阳乱鸦",则
> 又由柳词出。细细咀嚼,当知其味。盖不独写景工致,而一宵
> 之易过,乍醒之情怀,说来极浑脱且极深厚也。"此去经年"四

---

① 戴名世著,王树民编校《戴名世集》,中华书局1998年,第93页。

句,尽情倾吐,老笔纷披,北宋人拙朴本色,不得以率笔目之。
至由"今宵"以推到"经年",亦见层次。①

　　这是一篇留别之作。行者与留者分别的时间在秋天的傍晚,
身处送别地长亭。之所以迟留未行,是因为一场突如其来的暴雨。
但骤雨不终朝,不会太久长。双方在汴京城外郊野张设帷帐宴饮,
宴饮本该有的欢愉气氛因离别而变得闷闷不乐,正缱绻难分,因
雨势停歇,兰舟催促启程。行者临别执子之手,竟哽咽到无法说
话。登上兰舟,就是千里水程。通过沉沉暮霭,看不见在千里之外
的辽阔天际楚地,那里是此行前往的目的地。自古以来,悲莫悲兮
生别,何况是在萧瑟寂寞的秋天。今晚还可以趁酒力入睡,但侵晨
醉梦朦胧之际忽忽不知身在何方。然而,可以预见的是,在行船上
酒力减退,乍然醒来,已经看不到所爱之人,失落涌上心头,映入眼
帘的岸边杨柳树梢上悬挂着将落的残月助我凄凉。更令人神伤的
是,这一分离,将持续一年多时间。我们在汴京时,曾一起经历了
无数风花雪月的良辰美景,但是同样的风景在分离之后,就会黯然
失色,因为景物触发的雅情逸志,失去了心灵相通的诉说对象。此
词时空井然,随步换景:都门送别、祖馔宴席、催发兰舟、执手临岐、
去程遥远、酒醒惊心、经年失落等等。是亲历者通过详实的情节乃
至细节复述连贯发生的完整事件,有开始、过程与结局,从头到尾,
不敢倒置一言,有很强的故事性与现场感,能引人入胜,加上内容
语言浅显明白,对演唱歌妓的学识要求不高。

　　再看三段词《夜半乐》,陈廷焯说"此篇层折最妙"②。陈匪石分

---

①《宋词举(外三种)》,第171—172页。
②陈廷焯《词则》(下册),上海古籍出版社1984年,第582页。

析其"总以平叙见长"的结构时说:"第一段只说'扁舟'远渡所过之地。……第二段写途中所见。……第三段'到此因念'一语拍转。'此'字结束上两段之景,'念'字引起本段离怀,而遥顾'乘兴',近开'泪眼',运掉空虚,且见草蛇灰线之妙。……若合全篇观之,前两段纡徐为妍,为末段蓄势;末段卓荦为杰,一句松不得,一字闲不得,为前两段归结。"① 《夜半乐》是游越州一带水域的词作,通过山阴本地典故,也可见地理空间"序事闲暇"的特点。录《夜半乐》前二段如下:

> 冻云黯淡天气,扁舟一叶,乘兴离江渚。渡万壑千岩,越溪深处。怒涛渐息,樵风乍起,更闻商旅相呼。片帆高举。泛画鹢、翩翩过南浦。　　望中酒旆闪闪,一簇烟村,数行霜树。残日下,渔人鸣榔归去。败荷零落,衰杨掩映,岸边两两三三,浣沙游女。避行客、含羞笑相语。

柳永有睦州推官的仕历,引词应是赴睦州任或在任上过访越州的词作。胡宿《送柳先辈从事桐庐》就是送柳永之睦州任,诗中"后夜严陵台上望,紫云西北是神京",与词作第三段中的"凝泪眼、杳杳神京路"都是表达外任远郡的心态。此次行程起点在越州,先写镜湖中所见山川之状。《晋书·顾恺之传》:"(恺之)还至荆州,人问以会稽山川之状,恺之云:'千岩竞秀,万壑争流,草木蒙茏,若云兴霞蔚。'"② 樵风、若邪溪(也称若耶溪、五云溪)也在此地。《会稽志》(卷十):"樵风泾,在县东南二十五里。旧经云:汉郑弘少

①《宋词举(外三种)》,第 166—167 页。
②《晋书》(第 8 册),第 2404 页。

时采薪,得一遗箭。顷之,有人觅箭,问弘何所欲。弘识其神人也,答曰:'尝患若邪溪载薪为难,愿朝南风,暮北风。'后果然,世号樵风。……刘长卿诗云:'仙客常因一箭赠,樵风长到五云间。'"①若邪溪是西施采莲之地,同书同卷:"若邪溪,在县南二十五里。溪北流,与镜湖合。……遂改为五云溪。李白诗云:'若邪溪边采莲女,笑隔荷花共人语。'李公垂诗云:'倾国佳人妖艳远,凿山良冶铸炉深。'自注云:'若邪溪乃西子采莲、欧冶铸剑之所。'"②浣纱游女,代指越地美女,杜甫有"越女天下白"之句,《补注杜诗》引《风俗记》:"梁援曰:天下之女白,不如越溪之女肌皙。"③江渚、怒涛,指曹娥江及海涛潮汐。《会稽志》(卷十):"曹娥江,在(会稽)县东南七十里。源出上虞县,经县界四十里,北入海。……潘逍遥题诗云:'曹娥庙前秋草平,曹娥庙里秋月明。扁舟一夜炯无寐,近听潮声似哭声。'"④乘兴,用与曹娥江水相连的剡溪典。同书同卷:"剡溪,在(嵊)县南一百五十步。溪有二源,一出天台,一出婺之武义。西南流至东阳入县,一百四十里,东北流入上虞县界,以达于江。晋王子猷居山阴,夜雪初霁,四望皓然,独酌酒,咏左思《招隐》诗。忽忆戴逵,时在剡,便乘小舟诣之。造门不前而返,曰:'本乘兴而行,兴尽而返,何必见安道耶?'"⑤词写初冬的水程行役,起于镜湖,途经若邪溪、曹娥江、剡溪,得利樵风,鼓帆而行,游兴遄飞。行程井然,纹丝不乱。

---

① 《嘉泰会稽志》,《南宋会稽二志点校》,第178—179页。
② 同上书,第178页。
③ 杜甫著,黄希、黄鹤补注《补注杜诗》,《景印文渊阁四库全书》(第1069册),第235页。
④ 《嘉泰会稽志》,《南宋会稽二志点校》,第178页。
⑤ 同上书,第181页。

其次，柳永《乐章集》中占比最高的悲秋词多采用固定不变的眼前—回忆—眼前的章法结构。以《曲玉管》《玉蝴蝶》为例：

陇首云飞，江边日晚，烟波满目凭阑久。立望关河萧索，千里清秋。忍凝眸。　　杳杳神京，盈盈仙子，别来锦字终难偶。断雁无凭，冉冉飞下汀洲。思悠悠。　　暗想当初，有多少、幽欢佳会，岂知聚散难期，翻成雨恨云愁。阻追游。每登山临水，惹起平生心事，一场消黯，永日无言，却下层楼。

望处雨收云断，凭阑悄悄，目送秋光。晚景萧疏，堪动宋玉悲凉。水风轻、蘋花渐老，月露冷、梧叶飘黄。遣情伤。故人何在，烟水茫茫。　　难忘。文期酒会，几孤风月，屡变星霜。海阔山遥，未知何处是潇湘。念双燕、难凭远信，指暮天、空识归航。黯相望。断鸿声里，立尽斜阳。

周曾锦《卧庐词话》："柳耆卿词，大率前遍铺叙景物，或写羁旅行役；后遍则追忆旧欢，伤离惜别，几乎千篇一律，绝少变换，不能自脱窠臼。"[1] 这种结构特征最注重完整性。从眼前回到眼前是螺旋式上升、略呈开放的圆形，这本是千古悲秋之祖宋玉的抒写模式。宋玉《九辩》（其一）登高临水表达悲秋情感：

悲哉，秋之为气也！萧瑟兮草木摇落而变衰。憭栗兮，若在远行。登山临水兮，送将归。泬寥兮，天高而气清。寂寥兮，收潦而水清。憯凄增欷兮，薄寒之中人。怆怳懭悢兮，去

---

[1] 周曾锦《卧庐词话》，张璋等《历代词话续编》（上册），大象出版社2005年，第553页。

故而就新。坎廪兮，贫士失职而志不平。廓落兮，羁旅而无友
生。惆怅兮，而私自怜。燕翩翩其辞归兮，蝉寂漠而无声。雁
雍雍而南游兮，鹍鸡啁哳而悲鸣。独申旦而不寐兮，哀蟋蟀之
宵征。时亹亹而过中兮，蹇淹留而无成。①

　　明人陈第注曰："一岁之运，至秋则阳气向衰，阴气用事，有叔
世之象。故遭放逐者尤有感于秋也。萧瑟，秋风貌。憭栗，犹凄
怆，远行在客也。又登高望远，临流叹逝，以送将归之人，因别绪而
动乡心，是以悲耳。秋气似之。"②　"怆怳懭悢，失意貌。去故就新，
言时改也。坎廪，不平也。廓落，空寂也。皆秋气感人之状。"③"亹
亹，进而不已之意，过中，向衰也。"④柳永是宋玉的异代知音。他出
身儒学世家，至景祐元年（1034）五十一岁时才考取进士，贫士悲
秋的感受极为强烈；柳永悲秋词与《九辩》同一机杼，他以这种固
定不变的章法模式，引发出最为源始的悲秋感怀。《曲玉管》分为
三段，第一段除末句为过遍，其中"陇首"五句写秋天傍晚在北地
远望陇首、关河秋景，"每登山"五句回到凭阑层楼。中间部分回忆
汴京时冶游。《玉蝴蝶》"望处"九句皆写秋景，"断鸿"二句归至眼
前。中间部分回忆曾经的文人雅集与家中妻室。柳永登高临流，
铺写感受到的秋气萧瑟，目力所及的摇落衰败，表达人到中年淹蹇
无成的感怀，采用程式化的眼前—回忆—眼前的结构，旨在通过过
去快乐与目下失落的对比，表达出选择可能失误的困惑以及对坚

①　王逸章句，洪兴祖补注，夏剑钦校点《楚辞章句补注》，岳麓书社2013年，第
　　179—181页。
②　陈第《屈宋古音义》，中华书局1985年，第203页。
③　同上书，第204页。
④　同上。

持兼济理想的怀疑。其词结构单一中也有变化。如《曲玉管》"忍凝眸""思悠悠"结处唤起下阕,"断雁"二句,插入眼前景物。《玉蝴蝶》中"遣情伤""难忘"唤起下文,"几孤"四句,回忆中有眼前景物。故而蔡嵩云评柳词:"慢曲尤善铺叙,曲折委婉,而中具浑沦之气。"①

(二)顺逆抑折常山之蛇

柳永叙事结构虽然平直,但也能略见草蛇灰线、钩勒提掇之匠心,秦观则兼采柳永平铺直叙、有首有尾单式布局以及苏轼的直抒胸臆,发展为眼前—回忆—眼前—回忆—眼前复式布局,但其中有张炎称作"清丽中不断意脉"的刻意为之②。周邦彦慢词章法结构是在秦词基础上,泯灭斧痕,又把"意脉"显化为度人金针的制曲之法:"命意既了,思量头如何起,尾如何结,方始选韵,而后述曲。最是过片不要断了曲意,须要承上接下。"③ "一段意思,全在结句,斯为绝妙。"④ 因而得到宋朝以来的普遍赞誉。陈振孙说"长调尤善铺叙","尤善"显然是与柳永比较而言,周济认为其词笔章法是集北宋之大成:"诗笔不外顺逆反正,尤妙在复在脱。复处无垂不缩,故脱处如望海上三山,妙发温、韦、晏、周、欧、柳,推演尽致,南渡诸公,罕复从事矣。"⑤

蒋哲伦先生对此作出具体归纳:"周邦彦善于运用复杂的联想来表现情绪发展的曲折过程。他舍弃了柳永平铺直叙和苏轼直抒胸臆的抒情方式,充分施展点染、勾勒、顺逆、离合等艺术技巧,往

---

① 《乐府指迷笺释》,第48页。
② 《词源注》,第31页。
③ 同上书,第13页。
④ 同上书,第20页。
⑤ 《宋四家词选目录序论》,《宋四家词选》,第4页。

往突破时间和空间的限制,将不同时地的情景交叉杂揉,进行多层次、多侧面的叙写。"①笔者认为这种章法结构反而泯灭了人工刻意的痕迹:"最大程度上还原成能汇入生活之流而非刻意艺术的'原生态',即交谈式的回忆——眼前的结构方式。但在周邦彦的笔下,这种方法恰恰又是最为理性和最为艺术的回忆中有眼前、眼前中有回忆,盘空而行,浑化无迹的章法形式;并且写出了感情实际存在的如烟似雾、融而未明,以及有波澜、有回流、有转折的浑沌状态。"②综合言之,周词这是在柳永、秦观甚至苏轼诸位词家基础上,采用杜甫诗法并有所创新。

首先,周词采用杜诗歌行中倒插、反接、突接、顿断四法并加以创新。前引苏辙《诗病五事》认为杜甫继承了《诗经》行文不相连属、气象脉络浑然一体的结构方法,沈德潜总结为倒插、反接、突接、顿断四种具体方法:

> 少陵有倒插法,如《送重表侄王砅评事》篇中,上云"天下乱"云云,次云"最少年"云云,初不说出某人,而下倒补云:"秦王时在座,真气惊户牖。"此其法也。《丽人行》篇中,"赐名大国虢与秦""慎莫近前丞相嗔"亦是此法。又有反接法,《述怀篇》云:"自寄一封书,今已十月后。"若云'不见消息来',平平语耳,此云:"反畏消息来,寸心亦何有。"斗觉惊心动魄矣。………又有突接法,如《醉歌行》突接"春光澹沲秦东亭",《简薛华醉歌》突接"气酣日落西风来",上写情欲尽未

---

①《周邦彦集》,第4页。
②孙虹《北宋词风嬗变与文学思潮》,上海古籍出版社2009年,第304—305页。

尽,忽入写景,激壮苍凉,神色俱王,皆此老独开生面处。①

五言长篇,固须节次分明,一气连属。然有意本连属,而转似不相连属者:叙事未了,忽然顿断,插入旁议,忽然联续,转接无象,莫测端倪,此运《左史》法于韵语中,不以常格拘也。②

杜工部《送人从军》诗:"今君度沙碛,累月断人烟",和平矣,下接云:"好武宁论命? 封侯不计年。"《泊岳阳城下》诗:"岸风翻夕浪,舟雪洒寒灯",和平矣,下接云:"留滞才难尽,艰危气益增。"如此拓开,方振得起。③

倒插、反接、突接、顿断都是杜诗中以气贯注的结构方法,周词继承诸种方法并有所创新。最为明显的是,周词的倒插,是回忆与眼前穿插而行;他的反接,感情的顺流与逆流尽含其中;他的突接,景中含情,情中有景;他的顿断,是景物、事件、情感、议论之似断实连。因此,周词章法是顺逆抑折的振起拓开,忽然断续的转接无痕,连山断岭的脉理相连,而不是柳永以来的"流行"样式,就是谭献所说的"非时世妆"④。

谭献以为周邦彦慢词《六丑》《大酺》采用的是七言古诗长篇即歌行章法。钱基博也以《六丑》词为歌行章法:"此阕一笔驶折,有转无竭,颇得歌行以气承转之意。"⑤《说诗晬语》曾解释此种章法:"长律所尚,在气局严整,属对工切,段落分明,而其要在开

---

① 《说诗晬语》,第 102—103 页。
② 同上书,第 99 页。
③ 同上书,第 106 页。
④ 谭献《重辑复堂词话》,《词话丛编补编》(第 2 册),第 1197 页。
⑤ 钱基博撰,曹毓英校订《中国文学史》(上册),第 499 页。

阖相生,不露铺叙、转折、过接之迹,使语排而忘其为提排,斯能事矣。"①究其实际,就是采用倒插、反接、突接、顿断之法。《大酺》全词已见前引,下录《六丑》,并结合前人评价对两词加以分析:

　　正单衣试酒,恨客里、光阴虚掷。愿春暂留,春归如过翼。一去无迹。为问花何在,夜来风雨,葬楚宫倾国。钗钿堕处遗香泽。乱点桃蹊,轻翻柳陌。多情为谁追惜。但蜂媒蝶使,时叩窗槅。　　东园岑寂。渐蒙笼暗碧。静绕珍丛底,成叹息。长条故惹行客。似牵衣待话,别情无极。残英小、强簪巾帻。终不似一朵,钗头颤袅,向人欹侧。漂流处、莫趁潮汐。恐断红、尚有相思字,何由见得。

　　谭献评《六丑》《大酺》平逆断连、一步一态就是结构的顺逆抑折:

　　但以七言古诗长篇法求之自悟;"愿春暂留,春归如过翼,一去无迹"三句,逆入平出,亦平入逆出;"为问家何在,夜来风雨,葬楚宫倾国"三句,搏兔用全力。下片"静绕珍丛底,成太息。长条故惹行客。似牵衣待话,别情无极"五句,处处断,处处连;"残英小、强簪巾帻。终不似一朵,钗头颤袅,向人欹侧"四句,"愿春暂留";"漂流处、莫趁潮汐。恐断红、尚有相思字,何由见得"三句,"春归如过翼",仍用逆挽,此片玉所独。②

　　"墙头青玉旆,洗铅霜都尽,嫩梢相触"三句,辟灌皆有赋

心,前周后吴,所以为大家也。下片"行人归意速。最先念、流
潦妨车毂"二句,此亦新亭之泪;"况萧索、青芜国"至末,一句
一折,一步一态,然周昉美人,非时世妆也。①

前已考得《六丑》写于春暮自长安归河中府时,美成中晚年再
入长安词《锁窗寒》有"到归时、定有残英,待客携尊俎","残英"就
是指蔷薇枝上的殚花残瓣。此词兑现了长安词的期诺。美成此年
五十七岁,远宦于"天涯"之河中府,开篇"正单衣"三句叙事,既回
忆汴京朝官试酒,又有眼前河中府客地经春。"愿春"二句从叙事
顿断为抒情性议论(源于苏轼的"直抒胸臆")。"为问"三句倒插,
"夜来"二句倒补出昨夜风雨葬落花。至此章法跳荡,句句转折,不
拘常格。"钗钿"三句顺接,写花瓣飘散于桃蹊柳陌,如美人钗上镶
嵌的金、银、玉、贝等色泽闪烁,并散发出香气。"多情"三句以反接
拓开振起,不写人怜花,却以蜂蝶多情追香,衬起惜春之情。"东园"
四句,突接转入眼前园中首夏清和、绿肥红瘦的园庭气象。蔷薇珍
丛叶底寻花已难觅芳踪。"长条"三句反接,采用背面敷粉写出惜
春怜花之情。"残英"五句,是眼前实景,也是回忆,回忆盛开花朵
在妻子或所爱之人钗头颤袅的情景,看似寻常之景,但也有出处。
刘缓《看美人摘蔷薇诗》:"钗边烂熳插,无处不相宜。"眼前却是残
英羞上老人头的尴尬。末四句既是顿断,也是突接,此突接趁潮汐
漂流的落红,又从叙事顿断为叮咛式抒情,对飘流之落花作殷切之
嘱咐,尤为缠绵无已,耐人寻绎。这是一首著名的咏物词,所咏对象
是蔷薇花,而且是凋落殆尽的蔷薇,所以题为"蔷薇谢后作"。蔷薇
花谢春事了,此词实寓惜春之情怀,故首句即从惜春起笔。花院酒

---

① 谭献《重辑复堂词话》,《词话丛编补编》(第 2 册),第 1197 页。

库呈样试酒,本为季春的赏心乐事,但词人身在客中,憔悴人送寂寞春,不由得惊叹时节变迁之迅速,自然产生"光阴虚掷"的憾恨。接着用一"留"字写惜春人的无限深情,一"去"字写春若无情,去如飞鸿过翼,了无踪迹,惜春的情绪无可寄托。"为问花何在"与"恨客里"对读,是词人的乡关之思,似乎南宋《草堂诗余》本作"为问家何在"更为确切;然与"去"字对读,则犹言春归何处,笔致缠绵,奇情四溢。"夜来"二句,方落笔蔷薇,写枝条花朵在一夜风雨中纷纷凋谢。词人把满树蔷薇凋落比作倾国倾城的美人倏忽间的玉殒香消。不知春归何处,辞枝落花自无归宿,是无理有情的无解之问。下三句,把狼藉一片的落花景象写得凄美惨烈:风雨埋葬了满架美艳的蔷薇,那星星点点的飘落花瓣,如美人的钗钿,带着香泽,芳香入泥;已然褪去生命彩泽的寂寞红色,点缀翻飞于桃蹊柳陌。上阕结三句,写蜂蝶本是无情物,却能为花之媒使,如今"时叩窗槅",意欲入园寻花,惆怅不见昨日之红英,大有缱绻追惜之情。然蜂蝶但知惜花,却未解词人惜春之心。"东园"四句,蔷薇谢后,是绿叶成阴之境,"静绕"写叶底寻花的深情,"成叹息"用重笔,以惜春之心惜花。接三句以蔷薇拟人,"故惹""牵衣""别情",摹写入神,惜春感时之深心,全从背面写出,不说人惜花,却说花恋人,情浓意远。下五句,不从无花惜春,却从有花惜春;但小小残英簪于遮蔽白发之巾帻,何如蔷薇盛时生机勃勃之花朵簪于美人红颜翠发之钗头?此花非彼花矣,故而有花惜花比无花惜花更为惨痛。全阕结处,不惜枝头之残英,偏惜即将流逝之断红。款款叮嘱飘落无根之断红,实可谓情之所之,一往而深。此词咏物与抒情之间,诚如刘斯奋先生所言:"如百尺游丝,摇漾风前,柔韧到极处,也飘逸到极处。"[1]

---

[1] 刘斯奋《周邦彦词选》,广东人民出版社1984年,第91页。

其次,兼融江西诗派"活法"结构。李攀龙评《大酺》曰:"'自怜幽独',又'共谁秉烛',如常山蛇势,首尾自相击应。"① 意思是说,《大酺》上下阕的末韵都在渲染孤独,而上阕末韵"奈愁极频惊,梦轻难记,自怜幽独",是对下阕末韵"红糁铺地,门外荆桃如菽。夜游共谁秉烛"的回应。所谓结构如常山蛇势,是江西诗学的重要理论范畴"活法"。张元幹《跋苏诏君赠王道士诗后》:"文章盖自造化窟中来,元气融结胸次,古今谓之活法。所以血脉贯穿,首尾俱应,如常山蛇势,又如风行水上,自然成文。"② 《词旨》论词亦云:"制词须布置停匀,血脉贯穿,过片不可断曲意,如常山之蛇,救首救尾。"③ 常山蛇名率然,是兵家阵势的比喻,见《孙子》:"善用兵者,譬如率然。率然者,常山之蛇也。击其首则尾至,击其尾则首至,击其中则首尾俱至。"④ 这使词中用语常能自相击应。如听觉"飞雨时鸣高屋""檐声不断",视觉"对宿烟收""墙头青玉旆,洗铅霜都尽,嫩梢相触""虫网吹粘帘竹""红糁铺地,门外荆桃如菽",感觉"润逼琴丝,寒侵枕障",丰富的感觉共同营造出静谧而孤独的氛围:"邮亭无人处,听檐声不断,困眠初熟。奈愁极频惊,梦轻难记,自怜幽独。"由此又引发归路受阻的担心:"行人归意速。最先念、流潦妨车毂。"寻常时候就容易感伤的憔悴兰成、清羸卫玠等文人墨客,当然会"双泪落、笛中哀曲"。前文第三章第二节引陈洵以"逆出""停顿""照应""陡接""倒提""钩转""垫起""跌落""神光离合""乍阴乍阳"等评此词也是这个意思。

---

① 吴从先汇编,袁宏道增订,何伟然参校《新刻李于麟先生批评注释草堂诗余隽》,师俭堂萧少衢依京版刻,卷一第 39 页。
② 张元幹《芦川归来集》,上海古籍出版社 1978 年,第 177 页。
③《词旨》,第 3 页。
④ 孙武著,魏武帝注《孙子》,中华书局 1985 年,第 20 页。

再看溧水咏白梅词《花犯》：

> 　粉墙低，梅花照眼，依然旧风味。露痕轻缀。疑净洗铅华，无限佳丽。去年胜赏曾孤倚。冰盘同宴喜。更可惜，雪中高树，香篝熏素被。　　今年对花最匆匆，相逢似有恨，依依愁悴。吟望久，青苔上、旋看飞坠。相将见、脆丸荐酒，人正在、空江烟浪里。但梦想、一枝潇洒，黄昏斜照水。

这首咏梅词结构圆成而浑劲。"粉墙"三句中"旧"字暗伏三年情事，"露痕"三句，是"照眼"的内容，但却是前年赏梅之事。结合化用的徐陵《春情诗》"梅花奠酒盘"、杜甫《江梅》"雪树元同色"，知去年赏梅是在冰天雪地时。尊俎赏梅，梅花似有喜色；更令人欣喜的是，白雪梅花同色染香，就象熏香笼上覆盖着一床素淡的棉被。下阕"今年"三句，写眼下梅花将要飘落时节的赏花。"吟望"三句，是想像之辞。"相将见"四句，悬想时隔不久就要离开溧水，至青梅煮酒的时节，行人仍在山程水驿。末韵写行程中只能梦见"疏影横斜水清浅，暗香浮动月黄昏"的景象。陈洵评此词说："只'梅花'一句点题，以下却在题前盘旋。换头一笔钩转。'相将'以下，却在题后盘旋，收处复一笔钩转。往来顺逆，盘控自如。……'正在'应'相逢'；'梦想'应'照眼'，结构天成，浑然无迹。"[1] 又说："圆美不难，难在浑劲。"[2] 前引咏柳《兰陵王》也是如此。吴熊和先生说："长调则尚须章法绵密，布置停匀，浑厚而不废勾勒，转折而兼顾首尾，否则犹如零珠断线，顿成散乱。周邦彦的

----

① 《陈洵〈海绡说词〉说周清真词校录》引《海绡说词》，《词曲论稿》，第 126 页。
② 同上。

《兰陵王》在章法上尤显得波澜老成。"①《隔浦莲近拍·中山县圃姑射亭避暑作》还全篇采用逆入手法。此词从起句至换头第三句"帘花檐影颠倒",皆"惊觉"后所见,"纶巾"二句逆叙入睡梦之前,是第二层次的逆入,起落陡健,章法夭矫。

前引张炎有"作词者多效其体制,失之软媚而无所取。此惟美成为然,不能学也"②之说,就章法结构而言,后学不能臻其高境就会流于软媚。蔡嵩云指出:"清真慢词,沉郁顿挫处最难学,须有雄健之笔以举之。若无此笔,慎勿学清真,否则必流于软媚。"③周词结构顿挫抑折以及往来顺逆的布局为词体植入了宋诗瘦硬通神的美学品格。

二、骈散别行到整饬拗涩

沈德潜《说诗晬语》曰:"杜子美独辟畦径,寓纵横排奡于整密中,故应包涵一切。"④缜密整齐、奇偶相生是诗歌的基本形态,对仗则是整饬偶俪最为突出的体现。词为诗余,小令体性与诗相近,多有整饬骈句。慢词进一步长短其句,以气贯注,在其发轫之初,所谓调有定格,句有定数,字有定声尚未成型,因此柳永慢词多行散句,经过秦观"语工而入律"⑤的进化,对仗骈句明显增多,至周邦彦的"富艳精工",显然更推崇整饬精致的诗质,并进而成为南宋词风尚。

(一)篇无定字散行为主

《词谱》序曰:"夫词寄于调,字之多寡有定数,句之长短有定

---

①《负一代词名的集大成者周邦彦》,《十大词人》,第106页。
②《词源注》,第9页。
③《柯亭词论》,《词话丛编》(第5册),第4912页。
④《说诗晬语》,第105页。
⑤叶梦得《避暑录话》,中华书局1985年,第50页。

式,韵之平仄有定声,秒忽无差,始能谐合,否则音节乖舛,体制混
淆。"①柳永慢词还处在作始必简、尝试未成时期,虽精通音律,尚
未能够整齐划一。《乐章集》中不少自度新声,但其中一些同调自
度曲字句却有较大出入,所制之曲也成为无人续填的调式。如中
吕调《轮台子》,《词谱》注曰:"双调。一百十四字。前段八句四仄
韵,后段十一句六仄韵。"②录《词谱》韵、句、读如下:

　　　　一枕清宵好梦(句)可惜被(读)邻鸡唤觉(韵)匆匆策马登
途(句)满目淡烟衰草(韵)前驱风触鸣珂(句)过霜林(读)渐觉
惊栖鸟(句)冒征尘远况(韵)自古凄凉长安道(韵)行行又历孤
村(句)楚天阔(读)望中未晓(韵)　　念劳生(读)惜芳年壮岁
(句)离多欢少(韵)叹断梗难停(句)暮云渐杳(韵)但黯黯销魂
(句)寸肠凭谁表(韵)恁驱驰(读)何时是了(韵)又争似(读)却返
瑶京(句)重买千金笑(韵)

　　这是《词谱》所谓"宋人无填此体者"③的调式之一。《词谱》
所载同调又一体:"双调一百四十字,前后段各十三句,八仄韵。"④
同调词竟然相差二十六字、六韵句。其韵、句、读如下:

　　　　雾敛澄江(句)烟锁蓝光碧(韵)彤霞衬遥天(句)掩映断续
(句)半空残壁(韵)孤村望处人寂寞(韵)闻钓叟(读)甚处一声
羌笛(韵)九疑山畔才雨过(句)斑竹作(读)血痕添色(韵)感行

---

① 陈邦彦《御制词谱序》,《钦定词谱》(第1册),中国书店1983年,序言第3页。
②《钦定词谱》(第4册),第2554页。
③ 同上书,第2555页。
④ 同上。

客(韵)翻思故乡(句)恨因循阻隔(韵)路久沉消息(韵)　　正老松古柏青如织(韵)闻野猿啼(读)愁听得(韵)见钓舟初出(句)芙蓉渡头(句)鸳鸯滩侧(韵)干名利禄终无益(韵)念岁岁间阻(句)迢迢紫陌(韵)翠娥娇艳(句)从别经今(句)花开柳坼伤魂魄(韵)利名牵役(韵)又争忍(读)把光景抛掷(韵)

　　此词与上首同调异体同样也无人续填。《词谱》:"与'一枕清宵'词句读不同,亦无别首宋词可校。"①

　　再看出自律诗存留的《瑞鹧鸪》。《词谱》解题:"《宋史·乐志》:中吕调。元高拭词注'仙吕调'。《苕溪词话》云:唐初歌词多五言诗或七言诗。今存者止《瑞鹧鸪》,七言八句诗,犹依字易歌也。按《瑞鹧鸪》原本七言律诗,因唐人歌之,遂成词调。冯延巳词名《舞春风》,陈彭年词名《桃花落》,尤袤词名《鹧鸪词》,元丘长春词名《拾菜娘》,《乐府纪闻》名《天下乐》,《梁溪漫录》词有'行听新声太平乐'句,名《太平乐》。有'犹传五拍到人间'句,名《五拍》,此皆七言八句也。至柳永有添字体,自注'般涉调';有慢词体,自注'南吕宫',皆与七言八句者不同。"②《词谱》注柳

<hr>

① 《钦定词谱》(第4册),第2556页。
② 《钦定词谱》(第2册),第784页。《苕溪渔隐丛话》(后集)卷39:"唐初歌辞,多是五言诗,或七言诗,初无长短句。自中叶以后,至五代,渐变成长短句。及本朝,则尽为此体。今所存,止《瑞鹧鸪》《小秦王》二阕是七言八句诗、并七言绝句诗而已。《瑞鹧鸪》犹依字易歌,若《小秦王》必须杂以虚声乃可歌耳。其词云:'碧山影里小红旗,侬是江南踏浪儿,拍手欲嘲山简醉,齐声争唱浪婆词。　　西兴渡口帆初落,渔浦山头日未敧,侬送潮回歌底曲,樽前还唱使君诗。'此《瑞鹧鸪》也。'济南春好雪初晴,行到龙山马足轻,使君莫忘雪溪女,时作阳关肠断声。'此《小秦王》也。皆东坡所作。"《苕溪渔隐丛话》(后集),第323页。

永《瑞鹧鸪》"吴会风流"一首："双调。八十六字,前后段各九句,五平韵。"[1] 注同调"三吴嘉景占风流"一首为"又一体"："双调。六十四字,前后段各五句,三平韵。"[2] "此词前段起二句、结句,后段起句、结句,仍作七言,与《瑞鹧鸪》同,余则摊破句读,自度新声。"[3]

另如《尾犯》虽然同调字数相差仅四字,但韵句也各不同,"夜雨滴空阶"一首："双调。九十四字。前段十句,四仄韵,后段八句,四仄韵。"[4] "晴烟幂幂"一首："双调。九十八字。前段十句,五仄韵。后段十句,六仄韵。"[5] 柳永还有调名、宫调皆未定夺的词作,如《倾杯乐》,《词谱》注："柳永《乐章集》注宫调七,一名《古倾杯》,亦名《倾杯》。"[6] "此调柳永《乐章集》中凡七首,自一百四字至一百十六字,各注宫调。然亦有同一宫调而字句参差者,旧谱失传,不能强为论定也。"[7]

慢词初期,词坛对于工整对句多不以为然,甚至受到讥讽。《避暑录话》卷下："(东坡)故常戏云:山抹微云秦学士,露花倒影柳屯田。"[8]《老学庵笔记》(卷二):"赵明诚妻李氏嘲之曰:'露花倒影柳三变,桂子飘香张九成'。"[9] 都是对工整双起对句的调侃。柳句出自《破阵乐》"露花倒影,烟芜蘸碧",秦词出自《满庭芳》

①《钦定词谱》(第2册),第790页。

② 同上书,第786页。

③ 同上书,第787页。

④《钦定词谱》(第3册),第1551页。

⑤ 同上书,第1554页。

⑥《钦定词谱》(第4册),第2280页。

⑦ 同上书,第2281页。

⑧《避暑录话》,第50页。

⑨ 陆游撰,李剑雄、刘德权点校《老学庵笔记》,中华书局1979年,第17页。

"山抹微云，天连（或作'黏'）衰草"。沈祥龙《论词随笔》："诗重发端，惟词亦然，长调尤重。有单起之调，贵突兀笼罩，如东坡'大江东去'是。有对起之调，贵从容整炼，如少游'山抹微云，天黏衰草'是。"①即便如此，正如律诗颔联、颈联均为对仗，慢词也越来越重视对句。笔者曾比较柳永、秦观相同词调《八六子》《醉蓬莱》《木兰花慢》《满江红》（三首）、《促拍路满花》《河传》（二首）、《千秋岁》《望海潮》十一首词作。除二字豆领起的对句、同句自对相同外，柳永一字豆领起的对句二组，秦观五组；柳永一散句前领一组对句二组，秦观四组；柳永一散句后托一组对句五组，秦观七组。字数相等的两句自对，柳永有四组，秦观则十四组，足见增益演进之迹②。

张炎《词源》："词之语句，太宽则容易，太工则苦涩。"③柳永时代的对句多属宽易。如《满朝欢》："花隔铜壶，露晞金掌，都门十二清晓。""烟轻昼永，引莺啭上林，鱼游灵沼。"《凤栖梧》："牙板数敲珠一串，梁尘暗落琉璃盏。""坐上少年听不惯。玉山未倒肠先断。"《卜算子》："江枫渐老，汀蕙半凋，满目败红衰翠。""念两处风情，万重烟水。"《笛家弄》："帝城当日，兰堂夜烛，百万呼卢，画阁春风，十千沽酒。"

而柳永的名篇警句也以散行为主。如《雨霖铃》《凤栖梧》：

　　寒蝉凄切。对长亭晚，骤雨初歇。都门帐饮无绪，留恋处、兰舟催发。执手相看泪眼，竟无语凝咽。念去去、千里烟波，暮霭沉沉楚天阔。　　多情自古伤离别。更那堪、冷落清

① 沈祥龙《论词随笔》，《词话丛编》（第5册），第4051页。
② 参见《北宋词风嬗变与文学思潮》，第247页。
③《词源注》，第26页。

秋节。今宵酒醒何处,杨柳岸、晓风残月。此去经年,应是良
辰、好景虚设。便纵有、千种风情,更与何人说。

　　　　伫倚危楼风细细。望极春愁,黯黯生天际。草色烟光残
照里。无言谁会凭阑意。　　　拟把疏狂图一醉。对酒当歌,
强乐还无味。衣带渐宽终不悔。为伊消得人憔悴。

　　蔡嵩云指出:"长句最易流于生硬,欲求婉曲,端赖行气。不论
用于词中何处,皆须留意及此。其用于小令末句者,更须有悠扬不
尽之致乃佳。"[①] 柳永很多名句都是散行为主,《雨霖铃》基本没有
对句,而"今宵"三句是散行的千古警句。《凤栖梧》末韵一联被王
国维拈为治学的第二境界。不仅有风致,还有哲思,但也非对句。

(二)调有定格骈对工致

　　周邦彦创调略少于柳永,吴熊和先生说:"周邦彦知音识曲,
首先是善于创调。清真词共用了八十八个词调,其中创自周邦彦
的,即有四十调。两宋词人论创调之多,周邦彦仅次于柳永。"[②] 但
流传更为广泛:"每制一调,名流辄依律赓唱","所制诸调不独音之
平仄宜遵,即仄中上去入三音亦不容相混。所谓分刌节度,深契微
芒,故千里和词,字字奉为标准。"王国维就是从词调规范角度谓
其"创调之才多"[③]。据《词谱》,周词仅有数首真正意义上的创调,
如"《万里春》:双调,四十五字,前后段各四句,三仄韵。……此调
止此一词,无别首可校。"[④] 美成大部分创调"新声",并不象柳永
词孤调行世,由于无人续填终至湮灭,而是继有嗣响。如《大酺》:

───────────

①《乐府指迷笺释》,第 65 页。
②《负一代词名的集大成者周邦彦》,《十大词人》,第 102 页。
③《人间词话》,《王国维文集》,第 10 页。
④《钦定词谱》(第 1 册),第 327 页。

"双调。一百三十三字。前段十五句,五仄韵,后段十一句,七仄韵。……此调始自此词,有方千里、杨泽民、陈允平和词可校。"①《六丑》:"此调以此词为正体。方千里、杨泽民、陈允平俱有和词。若吴(文英)词、詹(正)词之句读不同,皆变格也。……此词平仄异同处,遍校诸家不过数字,可见古人声律之严。"②周词还有一部分是异于唐五代宋初所谓"正体"的"又一体",属于创格而非创调。周词无论小令、慢词,即使已有成调,周词创格一出,后人纷纷效仿或仅稍有变异。不妨举数例以证所说不诬。先看小令:

《秋蕊香》:双调。四十八字。前后段各四句,四仄韵。
此即晏词体。所异者,惟前段第一句第五字,前后段第三、四句第五字,俱用仄声耳。有方千里、杨泽民、陈允平和词及吴文英诸作可证。大概南宋人俱宗之,故采入以备参考。③

《迎春乐》:双调。五十二字。前段四句,四仄韵。后段五句,三仄韵。
此与贺词同,惟前段第三句添一字,作八字句,仍照柳永、晏殊体填。王元行词注"夹钟商"者,即此体也。宋人有方千里、杨泽民、陈允平和词可校。④

再看慢词,从者多按其谱式,或略有小异:

---

① 《钦定词谱》(第 4 册),第 2647—2648 页。
② 同上书,第 2691 页。
③ 《钦定词谱》(第 1 册),第 423—424 页。
④ 同上书,第 607—608 页。

　　《应天长》：双调。九十八字。前后段各十一句，五仄韵。

　　此调九十八字者，始于此词。前后段第七句以下，犹沿柳（永）词句读，宋元人俱依此填。若吴（文英）词之多押一韵，康（与之）词之句韵异同，王（沂孙）词之多押两韵，陈（允平）词之句读小异，皆变体也。①

　　《丹凤吟》：双调。一百十四字。前段十二句，四仄韵。后段十一句，五仄韵。

　　此调以此词为正体。方、杨、陈俱有和词。若吴词之句读小异，乃变格也。②

　　《选冠子》：双调。一百十一字。前段十二句，四仄韵。后段十一句，四仄韵。

　　此调以此词为正体。方、杨、陈俱有和词。其余或句读小异，或添字，或减字，皆变格也。③

　　《解连环》：双调。一百六字。前段十一句，五仄韵。后段十句，五仄韵。

　　此与柳词同，惟后结作七字一句、四字一句异，宋元词俱如此填。④

　　《一寸金》：双调。一百八字。前段十句，四仄韵。后段

---

①《钦定词谱》（第 1 册），第 497—498 页。
②《钦定词谱》（第 4 册），第 2567—2568 页。
③同上书，第 2509—2510 页。
④同上书，第 2410—2411 页。

十一句,四仄韵。

此调以此词为正体。吴文英、陈允平词俱如此填。若李(弥逊)词之多押两韵,曹(勋)词之句读参差,无名氏词之减字,皆变格也。①

《绮寮怨》:双调。一百四字。前段八句,四平韵。后段九句,七平韵。

此调以此词为正体。赵文、王学文词俱依此填。若陈(允平)词之前结减二字,鞠(华翁)词之后结减一字,皆变格也。②

较难填写的三段词也是如此:

《兰陵王》:三段。一百三十字。前段十一句,七仄韵。中段八句,五仄韵。后段十句,六仄韵。

此调以此词为正体,宋元人俱如此填。若辛(弃疾)词、刘(辰翁)词之添韵,陈(允平)词之句读小异,皆变格也。③

《西河》:三段。一百五字。前段六句,四仄韵。中段七句,四仄韵。后段六句,四仄韵。

此调以此词为正体。若辛(弃疾)词之少押一韵,陈(允平)词之句读小异,周词别首之少押一韵,又句读参差,刘(一

①《钦定词谱》(第 4 册),第 2441—2442 页。
②同上书,第 2316—2317 页。
③同上书,第 2640—2641 页。

止）词之添字，王（或）词之减字，皆变格也。①

与唐诗相比，宋诗对仗工致，在内容、字数等方面要求严苛。苏轼《次韵孔毅父集古人句见赠五首》（之一）："天边鸿鹄不易得，便令作对随家鸡。"是指对句内容轻重雅俗不相称的偏枯。《诗人玉屑》（卷七）"一字不苟"条引《西清诗话》："熙宁初，张掞以二府初成，作诗贺荆公，公和曰：'功落萧规惭汉第，恩从隗始诧燕台。'以示陆农师，农师曰：'萧规曹随，高帝论功，萧何第一，皆摭故实；而请从隗始，初无恩字。'公笑曰：'子善问也。韩退之《斗鸡联句》："感恩惭隗始。"若无据，岂当对'功'字也。'乃知前人以用事一字偏枯，为倒置眉目，反易巾裳，盖谨之如此。苕溪渔隐曰：荆公《春日绝句》云：'春风过柳绿如缲，晴日蒸红出小桃。'余尝疑'蒸红'必有所据。后读退之《桃源图》诗云：'种桃处处惟开花，川原远近蒸红霞'。盖出此也。"② 不仅字字有贴切出处，还要避熟就生，激发读者对惯常语言的新奇感受。《竹庄诗话》卷一引《复斋漫录》："韩子苍言作语不可太熟，亦须令生。近人论文，一味忌语生，往往不佳。东坡作《聚远楼》诗，本合用'青山绿水'对'野草闲花'，此二字太熟，故易以'云山烟水'，此深知诗病者。予然后知陈无己所谓'宁拙毋巧，宁朴毋华，宁粗毋弱，宁僻毋俗'之语为可信。"③

与注重颔联、颈联对仗的律诗相比，词作的骈对数量趋多，位

---

① 《钦定词谱》（第 4 册），第 2387—2388 页。周词别首指《西河》（长安道）。《钦定词谱》："此与'佳丽地'词同，惟前段起句不用韵，中段换头多押一韵异。"《钦定词谱》（第 4 册），第 2391 页。

② 《诗人玉屑》（上册），第 154—155 页。

③ 何汶撰，常振国、绛云点校《竹庄诗话》，中华书局 1984 年，第 9 页。

置也不固定。张炎《词源》:"如起头八字相对,中间八字相对,却须用功着一字眼,如诗眼亦同。"①美成词中整饬的骈对不胜枚举,形式多样,并且渐入宋诗对仗之法。举证如下:

《浣溪沙》:新笋已成堂下竹,落花都上燕巢泥。

《瑞龙吟》:褪粉梅梢,试花桃树。　　名园露饮,东城闲步。

《大酺》:润逼琴丝,寒侵枕障。　　兰成憔悴,卫玠清赢。

《西平乐》:稚柳苏晴,故溪歇雨。　　事逐孤鸿去尽,身与塘蒲共晚。　　道连三楚,天低四野。　　东陵晦迹,彭泽归来。　　亲驰郑驿,时倒融尊。

《广博物志》(卷二十九):"凡有四对:言对为易,事对为难,反对为优,正对为劣。言对者,双比空辞者也。事对者,并举人验者也;反对者,理殊趣合者也;正对者,事异义同者也。长卿《上林》云:'修容乎礼园,翱翔乎书圃。'此言对之类也。宋玉《神女赋》云:'毛嫱障袂,不足程式;西施掩面,比之无色。'此事对之类也。仲宣《登楼》云:'钟仪幽而楚奏,庄舄显而越吟。'此反对之类也。孟阳《七哀》云:'汉祖想枌榆,光武思白水。'此正对之类也。凡偶辞胸臆,言对所以为易也;微人乏学,事对所以为难也;幽显同志,反对所以为优也;并对苦心,正对所以为劣也。"②缪钺称赞宋诗对句:"意之轻重,力之大小,皆如五雀六燕,铢两悉称。"③宋诗无论何种作对句,都是乃炼乃铄以至于万辟千灌,讲究精审。周词对句

①《词源注》,第26页。
② 董斯张《广博物志》,岳麓书社1991年,第633—634页。
③《论宋诗》,《缪钺全集》(第2卷),第159页。

皆可作如此观。

《浣溪沙》以新竹、落花作对，一旧一新形成理殊趣合的反对，意同晏殊"无可奈何花落去，似曾相识燕归来"，看似不同事物，却共同显示出自然乃至人生哲理。《苕溪渔隐丛话·后集》卷十九引《艺苑雌黄》："反其意而用之者，非识学素高，超越寻常拘挛之见，不规规然蹈袭前人陈迹者，何以臻此。"① 在诗中已是高格，词中绝少为继。《瑞龙吟》《大酺》各有两个对句，一言对，一事对。或偶辞胸臆，或举人为验。夏敬观评《瑞龙吟》："词中对偶句，最忌堆砌板重。如此词'褪粉'二句，'名园'二句，皆极流动，所以妙也。"② 《西平乐》五组对句，三组言对，两组事对，首组被陆辅之《词旨》录入属对例证。《词旨》重南宋轻北宋，录入属对38则，北宋仅选3位词人，周词此条入选。杨铁夫释曰："起八字朴而老，极难学步，地理对花木，清真家法。"③ 第二组基本是采用前人成句的对句，分别出自杜牧《题安州浮云寺楼寄湖州张郎中》"事与孤鸿去"，李贺《还自会稽歌》"身与塘蒲晚"，改一"逐"字，变言对为写事，遂有流动天成的自然之趣。后两组是事对，其中"亲驰郑驿，时倒融尊"，用郑当时、孔融事典，沈义父曾批评周词明用人名："词中用事使人姓名，须委曲得不用出最好。清真词多要两人名对使，亦不可学他。如《宴清都》云'庾信愁多，江淹恨极'，《西平乐》云'东陵晦迹，彭泽归来'，《大酺》云'兰成憔悴，卫玠清羸'，《过秦楼》云'才减江淹，情伤荀倩'之类是也。"④ 然就江西诗法而言，人名对仗属于事对，比言对难为，但有学问者也能出好句。《苕溪渔隐丛

①《苕溪渔隐丛话》（后集），第 134 页。

②《映庵词评》，《词话丛编补编》（第 5 册），第 3470 页。

③《清真词选笺释》，第 22 页。

④《乐府指迷笺释》，第 79 页。

话·后集》(卷三十一):"前辈讥作诗多用古人姓名,谓之点鬼簿,其语虽然如此,亦在用之何如耳,不可执以为定论也。如山谷《种竹》云:'程婴杵臼立孤难,伯夷叔齐食薇瘦。'《接花》云:'雍也本犁子,仲由元鄙人。'善于比喻,何害其为好句也。"① 以山谷二句连用四人名的竹诗为例,《山谷内集诗注》(卷十三):"言竹之劲且秀如此。《史记·赵世家》:屠岸贾杀赵朔,朔妻成公姊,有遗腹,走公宫匿。赵朔客曰公孙杵臼,谓朔友人程婴曰:立孤与死孰难? 程婴曰:死易,立孤难耳。杵臼曰:子强为其难者,吾为其易者。请先死。《伯夷传》曰:伯夷叔齐义不食周粟,隐于首阳山,采薇而食之,遂饿死于首阳。"② 周词列用人名典实为对仗,实际上是示范经史中生硬语如何被柔化且能增强书卷气。

　　美成词中还有不少特殊属对句例,大多如宋诗,对句而作散行;挟单而行,气势流走,于整饬中见宽展。引句如下:

> 《浪涛沙》:南陌脂车待发,东门帐饮乍阕。
>
> 《绕佛阁》:楼观迥出,高映孤馆。
>
> 《忆旧游》:记愁横浅黛,泪洗红铅,门掩秋宵。
>
> 《绮寮怨》:蛛丝罩、淡墨苔晕青。念去来、岁月如流,徘徊久、叹息愁思盈。
>
> 《风流子》:望一川暝霭,雁声哀怨,半规凉月,人影参差。　　泪花销凤蜡,风幕卷金泥。　　砧杵韵高,唤回残梦,绮罗香减,牵起余悲。　　想寄恨书中,银钩空满,断肠声里,玉筋还垂。

---

① 《苕溪渔隐丛话》(后集),第232—233页。
② 《山谷诗集注》(第1册),第241页。

　　《浪涛沙》二句是严对,但却采用互文、错位两个修辞格,实际意思是"南陌东门帐饮乍阕脂车待发";《绕佛阁》是名词动词搓挪相对,即"楼观"对"孤馆","迥出"对"高映";《忆旧游》是有流水之势的鼎足对(领字、散句引出或托起的对句也是如此);《绮寮怨》是"蛛丝罩、淡墨苔晕青",与"徘徊久、叹息愁思盈"隔句宽对(其中"晕"字因平仄的需要有移位)。《风流子》"望"字领起四句扇面对,"泪花"一组五字对。"砧杵"四句扇面对。下阕又以"想"字领起一组四句扇面对。卓人月《古今词统》(卷十五)引徐士俊评:"'砧杵''银钩',四句扇对,魂芳魄艳。兼金石绮采之美,长篇不易。"[1]夏敬观评:"此词四句对偶凡三处,句调皆变换不同。通篇一气衔贯。"[2]再如:

　　《红林檎近》:高柳春才软,冻梅寒更香。暮雪助清峭,玉尘散林塘。那堪飘风递冷,故遣度幕穿窗。

　　《玉楼春》:桃溪不作从容住。秋藕绝来无续处。当时相候赤栏桥,今日独寻黄叶路。　　烟中列岫青无数。雁背夕阳红欲暮。人如风后入江云,情似雨余粘地絮。

　　《红林檎近》上阕基本由对句组成,更有甚者,《玉楼春》全篇八句皆作对仗,诗中此类名篇仅有杜甫《登高》。胡应麟评曰:"若风急天高,则一篇之中句句皆律,一句之中字字皆律,而实一意贯串,一气呵成。骤读之,首尾若未尝有对者,胸腹若无意于对者。细绎之,则锱铢钧两、毫发不差,而建瓴走坂之势,如百川东注于尾

①《古今词统》(第2册),第550页。
② 龙榆生《唐宋名家词选》引夏敬观评语,古典文学出版社1956年,第187页。

间之窟。至用句用字，又皆古今人必不敢道，决不能道者，真旷代
之作也。……此篇结句似微弱者。第前六句既极飞扬震动，复作
峭快。恐未合张弛之宜，或转入别调，反更为全首之累，只如此软
冷收之，而无限悲凉之意，溢于言外，似未为不称也。……益见此
超绝云。"① 美成《玉楼春》可称词中《登高》篇，八句全为严整工
对，却能锱铢轻重，毫发不爽。钱鸿瑛先生评为"本词四联全用对
偶，上半阕两联用流水对式，形式为对偶，意思上递进；下半阕两联
一景一情。全词虽全用对偶却于整齐中寓变化，而又富有其他修
辞手法，所以十分绚丽。"②

三、音律谐婉到乐声拗怒

声音之道与政治相通，是儒家礼乐文化思想的核心之一。卫
湜《礼记集说》（卷九十一）："凡音者，生人心者也。情动于中，
故形于声，声成文，谓之音。是故治世之音安以乐，其政和；乱世
之音怨以怒，其政乖；亡国之音哀以思，其民困。声音之道与政通
矣。"③ 又引孔氏语："治平之世，其乐音安静而欢乐，由君政和美，
而人心安乐故也。乱世乐音怨恨而恚怒，由君政乖辟而人心怨怒
故也。亡国谓将欲灭亡之国，乐音悲哀而愁思，由其人困苦哀思故
也。"④ 黄裳以"欢声和气"⑤ 称誉柳词，欢和声气正是治世的表征。
张九成传疏《孟子》曰："夫上自朝廷，下至田里，人人相庆，欢声和
气，充塞宇宙间，其风声谁不仰之如父母乎？此盖图画二帝、三王

---

① 胡应麟《诗薮》，中华书局 1958 年，第 92 页。
② 《周邦彦研究》，第 296 页。
③ 卫湜《礼记集说》，《景印文渊阁四库全书》（第 119 册），第 11 页。
④ 卫湜《礼记集说》，《景印文渊阁四库全书》（第 119 册），第 11 页。
⑤ 黄裳《书乐章集后》，《宋代词学资料汇编》，第 192 页。

之太平于数语之间也。"①

　　沈义父记载柳永、周邦彦词作的句中用韵也与歌唱相关："词中多有句中韵，人多不晓。不惟读之可听，而歌时最要叶韵应拍，不可以为闲字而不押。如《木兰花》云'倾城。尽寻胜去'，'城'字是韵。又如《满庭芳》过处'年年。如社燕'，'年'字是韵。不可不察也。其他皆可类晓。"②郑文焯认定柳词是民间古乐的遗存，也是美成雅乐的肇始："柳以善歌为北宋词家专诣，故所造独精，齐以亢坠，流韵红牙。当时殆亦工在寡双，足擅风谣之誉，匪若大晟官拍，纯用之法曲、大曲已也。近世所议其多俳体者，要皆出于乐府遗音，实倚声之当行本色，非专家不能为之。此意惟东坡知之深，故特举其雅词以示，或人拟于不伦，岂此三语掾足尽之耶？清真词中如柳体者亦复不少，正以卷帙零轶，所见故仅。其实周、柳宗派微别者，辟诗之有雅怨耳。"③实际上，二人所处时代政治兴盛与衰落不同，其间差异也不可不辨。柳永身处治世，其词被认为如史官的另类赞述，其音和美畅达；周邦彦所处时代，奢靡之风盛行，末世浮华下潜伏着亡国的危机，二帝北狩、五国城（今黑龙江省依兰县）惨祸已迫在眼前，声音之道感受风气而不得已有惨然改变。

（一）欢声和气盛世黼藻

　　柳永词音乐美听，当朝就传播众口，但对其评价，明显分为两种意见。一种是迎合俗耳，这种说法占主流。吴曾说："初进士柳三变好为淫冶讴歌之曲，传播四方。"④俞文豹说："柳郎中词，只好

①　张九成《孟子传》，《景印文渊阁四库全书》（第196册），第306页。
②《乐府指迷笺释》，第82页。
③《大鹤山人词话》，第57页。
④《能改斋漫录》（下册），第480页。

十七八女孩儿,执红牙拍板,唱'杨柳外、晓风残月'。"① 叶梦得说:
"柳永,字耆卿。为举子时,多游狭邪,善为歌辞。教坊乐工,每得
新腔,必求永为辞,始行于世,于是声传一时。……余仕丹徒,尝见
一西夏归明官,云:'凡有井水饮处,即能歌柳词。'言传之广也。"②
沈义父说:"康伯可、柳耆卿音律甚协,句法亦多有好处。然未免有
鄙俗语。"③ 前引陈师道、李清照、王灼也记录其词谐婉从俗。

　　另一种说法是礼赞盛世的华美乐章。《古今合璧事类备要》注
引纪事:"范蜀公镇,字景仁。少与柳耆卿同年,爱其才美,闻作乐,
尝嗟曰:'缪其用心。'谢事之后,亲旧闻盛唱柳词,后叹曰:'当仁
庙四十二年太平,吾身为史官二十年不能赞述,而耆卿能尽形容
之。'④ 李之仪说:"至柳耆卿,始铺叙展衍,备足无余,形容盛明,千
载如逢当日。"(已见前引)黄裳称誉:"予观柳氏乐章,喜其能道嘉
祐中太平气象,如观杜甫诗,典雅文华,无所不有。是时予方为儿,
犹想见其风俗,欢声和气,洋溢道路之间,动植咸若。令人歌柳词,
闻其声,听其词,如丁斯时,使人慨然所感。呜呼!太平气象,柳能
一写于乐章,所谓词人盛世之黼藻,岂可废耶?"⑤ 陈振孙的记载兼
有两种意见:"其词格固不高,而音律谐婉,语意妥帖,承平气象,形
容曲尽。尤工于羁旅行役,若其人则不足道也。"⑥

　　以上宋人所述都表明柳词作为治世之乐,和洽欢畅。今歌谱

---

① 俞文豹《吹剑续录》,俞文豹撰,张宗祥校订《吹剑录全编》,古典文学出版
　　社1958年,第38页。
②《避暑录话》(卷下),第49页。
③《乐府指迷笺释》,第46页。
④ 谢维新《古今合璧事类备要》,《景印文渊阁四库全书》(第940册),第
　　134页。
⑤ 黄裳《书乐章集后》,《宋代词学资料汇编》,第192页。
⑥《直斋书录解题》(第5册),第583页。

虽失,以格律仍有欢声和气之遗音。以龙榆生《唐宋词格律》所举柳永《曲玉管》为例:

> 仄仄平平,平平仄仄,平平仄仄平平仄。
> 陇首云飞,江边日晚,烟波满目凭阑久。
> 仄仄平平平仄,平仄平平,仄平平。
> 立望关河萧索,千里清秋,忍凝眸?
> 仄仄平平,平平平仄,仄平仄仄平平仄。
> 杳杳神京,盈盈仙子,别来锦字终难偶。
> 仄仄平平,仄仄平平平仄,仄平平。
> 断雁无凭,冉冉飞下汀洲,思悠悠。
>
> 仄仄平平,仄平仄、平平平仄,仄平仄仄平平,平平仄仄平平。
> 暗想当初,有多少、幽欢佳会,岂知聚散难期,翻成雨恨云愁!
> 仄平平。
> 阻追游。
> 仄平平平仄,仄仄平平平仄,仄平平仄,仄仄平平,仄仄平平。
> 每登山临水,惹起平生心事,一场消黯,永日无言,却下层楼。①

此词属于平仄韵通叶格。全词一百零五字,平声五十九字,仄声四十六字,以平声为主。共二十二句,十五律句(词体中认可的律句,如四字句中的“仄平平仄”),以律句为主。词中相同的句群,如“陇首”三句、“杳杳”三句,格律基本相似,回环往复中略有

---

① 龙榆生《唐宋词格律》,上海古籍出版社 2014 年,第 193—194 页。

变化。这些都能看出柳词和谐的倾向。仄声字中尤以去声于歌谱
至为关键。沈义父说："腔律岂必人人皆能按箫填谱？但看句中用
去声字最为紧要。"① 夏承焘先生举柳永《木兰花慢》三首的上下片
六七两句为例：

见新雁过,奈佳人自别阻音书。　　纵凝望处,但斜阳暮
霭满平芜。

尽寻胜去,骤雕鞍绀幰出郊坰。　　对佳丽地,信金罍罄
竭玉山倾。

近香径处,聚莲娃钓叟簇汀洲。　　况虚位久,遇名都胜
景阻淹留。

夏先生考评,第六句首字、第三、四字,第七句首字、第四字当
作去声,或以阳上作去,统计结果是："以上六句三十去声字中,越
畔者仅一'久'字而已。"②

《四库全书总目·乐章集提要》曰："盖词本管弦冶荡之音,而
永所作,旖旎近情,故使人易入,虽颇以俗为病,然好之者终不绝
也。"③ 好之者不绝,其中也不乏对"政和世理音洋洋,开元之人乐
且康"(白居易)盛世的景仰之情。迄至晚清近代,柳永仍被蔡嵩
云推为音乐巨匠："即以知音论,耆卿能变旧声作新声,《乐章集》
创调之多,前后殆无其匹。"④

柳词内容形容仁宗朝盛世景象,非为谀颂,亦词家之良史。

①《乐府指迷笺释》,第 67 页。
② 夏承焘《唐宋词论丛》,《夏承焘集》(第 2 册),第 57 页。
③《四库全书总目》(下册),第 1807 页。
④《乐府指迷笺释》,第 48 页。

《贵耳集》（卷上）："（项平斋）所训学诗当学杜诗，学词当学柳词，
扣其所云，杜诗、柳词皆无表德，只是实说。"[①] 不妨以柳永帝京词
《倾杯乐》《破阵乐》为例：

禁漏花深，绣工日永，蕙风布暖。变韶景、都门十二，元
宵三五，银蟾光满。连云复道凌飞观。耸皇居丽，嘉气瑞烟葱
蒨。翠华宵幸，是处层城阆苑。　　龙凤烛、交光星汉。对咫
尺鳌山开雉扇。会乐府两籍神仙，梨园四部弦管。向晓色、都
人未散。盈万井、山呼鳌抃。愿岁岁，天仗里，常瞻凤辇。

露花倒影，烟芜蘸碧，灵沼波暖。金柳摇风树树，系彩舫
龙舟遥岸。千步虹桥，参差雁齿，直趋水殿。绕金堤、曼衍鱼
龙戏，簇娇春罗绮，喧天丝管。霁色荣光，望中似睹，蓬莱清
浅。　　时见。凤辇宸游，鸾觞禊饮，临翠水、开镐宴。两两
轻舠飞画楫，竞夺锦标霞烂。声欢娱，歌鱼藻，徘徊宛转。别
有盈盈游女，各委明珠，争收翠羽，相将归远。渐觉云海沉沉，
洞天日晚。

先看描写汴京元宵佳节的《倾杯乐》。据孟元老自序，所作《东
京梦华录》是汴京风流的纪实篇什，柳词是以简赅丰美的文字、鼓
舞充沛的热情写出盛世元宵节大观。《东京梦华录》（卷六）记载
徽宗朝京城正月十四、十五、十六日的朝野狂欢，尚有盛世的礼乐
遗化：

面北悉以彩结山，杂上皆画神仙故事，或坊市卖药、卖卦

———————————

[①]《贵耳集》，第 16 页。

之人。横列三门,各有彩结。金书木牌,中曰"都门道",左右
曰"左右禁卫之门",上有大牌曰"宣和与民同乐"。彩山左右,
以彩结文殊、普贤,跨狮子、白象,各于手指出水五道,其手摇
动。用辘轳绞水上登山尖高处,用木柜贮之,逐时放下,如瀑
布状。又于左右门上各以草把缚成戏龙之状,用青幕遮笼,草
上密置灯烛数万盏,望之蜿蜒如双龙飞走。……宣德楼上,皆
垂黄缘,帘中一位乃御坐。用黄罗设一彩棚,御龙直执黄盖掌
扇,列于帘外。两朵楼各挂灯球一枚,约方圆丈余,内燃椽烛。
帘内亦作乐。宫嫔嬉笑之声,下闻于外。楼下用枋木垒成露
台一所,彩结栏槛,两边皆禁卫排列,锦袍幞头,簪赐花,执骨
朵子,面此乐棚。教坊钧容直、露台弟子,更互杂剧。近门亦
有内等子班直排立。万姓皆在露台下观看,乐人时引万姓山
呼。①

(十四日)每常驾出,有红纱帖金烛笼二百对,元宵加以琉
璃玉柱掌扇灯。快行家各执红纱珠络灯笼。②

十六日,车驾不出,自进早膳讫,登门乐作,卷帘。御座临
轩宣万姓。先到门下者,犹得瞻见天表。……诸幕次中,家妓
竞奏新声,与山棚、露台上下,乐声鼎沸。……于是华灯宝炬,
月色花光,霏雾融融,动烛远近。至三鼓,楼上以小红纱灯球
缘索而至半空,都人皆知车驾还内矣。③

《破阵乐》写春三月游乐于金明池、琼林苑。《东京梦华录》

① 孟元老《东京梦华录》,中华书局 1985 年,第 109—112 页。
② 同上书,第 113 页。
③ 同上书,第 115—116 页。

（卷七）记载了尚存的遗风：

> 池在顺天门外街北,周围约九里三十步,池西直径七里许。入池门内南岸,西去百余步,有西北临水殿,车驾临幸,观争标锡宴于此。往日旋以彩幄,政和间用土木工造成矣。又西去数百步,乃仙桥,南北约数百步,桥面三虹,朱漆栏楯,下排雁柱,中央隆起,谓之"骆驼虹",若飞虹之状。桥尽处,五殿正在池之中心,四岸石甃,向背大殿,中坐各设御幄,朱漆明金龙床,河间云水,戏龙屏风,不禁游人。……桥之南立棂星门,门里对立彩楼。每争标作乐,列妓女于其上。门相对街南有砖石甃砌高台,上有楼观,广百丈许,曰宝津楼。前至池门,阔百余丈,下瞰仙桥水殿。车驾临幸,观骑射百戏于此池之东岸。临水近墙皆垂杨,两边皆彩棚幕次,临水假赁,观看争标。……其池之西岸,亦无屋宇,但垂杨蘸水,烟草铺堤。①
> 驾先幸池之临水殿,锡宴群臣。……所谓小龙船,列于水殿前,东西相向,虎头、飞鱼等船,布在其后,如两阵之势。须臾,水殿前水棚上一军校以红旗招之,龙船各鸣锣鼓出阵,划棹旋转,共为圆阵,谓之"旋罗"。水殿前又以旗招之,其船分而为二,各圆阵,谓之"海眼"。又以旗招之,两队船相交互,谓之"交头";又以旗招之,则诸船皆列五殿之东面,对水殿排成行列。则有小舟一军校执一竿,上挂以锦彩银盌之类,谓之"标竿",插在近殿水中。又见旗招之,则两行舟鸣鼓并进,捷者得标,则山呼拜舞。并虎头船之类,各二次争标而止。其小

---

① 《东京梦华录》,第 127—130 页。

船复引大龙船入奥屋内矣。①

两相对照,汴京景物、风情、仪仗无甚殊异,但柳词与《东京梦华录》追忆繁华相比,更有即时颂赋赞述的史笔,加上润之欢声和气的音乐新声,被誉为乐章呈现的太平气象不为过誉。

(二)激越拗怒末世浮华

周邦彦基本生活于承平年代,身历元祐、宣和、政和风流,物质生活极为丰富,由周密对南宋的记载可以反推这一点:"乾道、淳熙间,三朝授受,两宫奉亲,古昔所无。一时声名文物之盛,号'小元祐'。丰亨豫大,至宝祐、景定,则几于政(和)宣(和)矣。"②美成《汴都赋》描写北宋市场兴旺、富足盈衍足可窥见一斑:

> 顾中国之阛阓,丛赀币而为市,议轻重以奠贾,正行列而平肆。竭五都之瑰富,备九州之货赂。何朝满而夕除,盖趋赢而去匮。萃驵侩于五均,扰贩夫于百隧。次先后而置叙,迁有无而化滞。抑强贾之乘时,摧素封之专利。售无诡物,陈无窳器。欲商贾之阜通,乃有廛而不税。销卓郑猗陶之殖货,禁乘坚策肥之拟贵。道无游食以无为,矧敢婆娑而为戏。其中则有安邑之枣,江陵之桔,陈夏之漆,齐鲁之麻。姜、桂、藁、谷、丝、帛、布、缕、鲐、鲞、鳜、鲍、酿、盐、醯、豉,或居肆以鼓炉橐,或鼓刀以屠狗彘。又有医无闾之珣玗,会稽之竹箭,华山之金石,梁山之犀象,霍山之珠玉,幽都之筋角,赤山之文皮。与夫沉沙栖陆,异域所至,殊形妙状,目不给视。无所不有,

①《东京梦华录》,第131—135页。
②《武林旧事》,序言第1页。

不可殚纪。①

与此同时，前引周邦彦、范温皆有语以"鱼烂"形容宣政士风，末世风气是来自内部的糜烂腐败。这无疑成为浮华盛世的"阴影"，周词内容与乐律都笼罩在了这片"阴影"之下。周邦彦是徽宗朝中央音乐机构大晟府的提举官，其词合乐可歌，但与柳永相比，周词有两点值得注意。一是从欢声和气变为拗怒之音。毛开《樵隐笔录》载《兰陵王慢》："绍兴初，都下盛行周清真'咏柳'《兰陵王慢》，西楼南瓦皆歌之，谓之《渭城三叠》。以周词凡三换头，至末段声尤激越，惟教坊老笛师能倚之以节歌者。"（已见前引）吴莱《张氏大乐玄机赋论后题》："今大晟之乐律太高，乐声急矣。"②"激越""太高"都是乐音的过动则荡。王国维《遗事》也认为有古音遗存，但和婉中有拗怒："惟词中所注宫调，不出'教坊十八调'之外。则其音非大晟乐府之新声，而为隋唐以来之燕乐，固可知也。今其声虽亡，读其词者，犹觉拗怒之中，自饶和婉。曼声促节，繁会相宣；清浊抑扬，辘轳交往。两宋之间，一人而已。"③从柳永改造古音的手法看，周词中定存有大晟新声。其词声音虽然美听，但激越拗怒的声音之道终究不是治世气象。二是周词非盛世黼藻，而是显露末世浮华。正如吴熊和先生所说："在荒淫昏庸的宋徽宗统治时期，东京的繁华掩盖不了政事日非，内忧外患，山雨欲来，已呈现出一派末世景象。……这时（邦彦卒年）下距 1126 年的靖康之

---

① 《周邦彦集》，第 124 页。
② 吴莱《渊颖吴先生文集》（3），《四部丛刊集部》，商务印书馆 1936 年，卷八第 8 页。
③ 《清真先生遗事》，《王国维文集》，第 207 页。

变、北宋沦亡,仅存五个年头了。"①

先看其词所合之大晟音乐。张炎《词源》曰:

> 古之乐章、乐府、乐歌、乐曲,皆出于雅正。粤自隋、唐以来,声诗间为长短句,至唐人则有《尊前》《花间》集。迄于崇宁,立大晟府,命周美成诸人讨论古音,审定古调,沦落之后,少得存者。由此八十四调之声稍传;而美成诸人又复增演慢曲、引、近,或移宫换羽为三犯、四犯之曲,按月律为之,其曲遂繁。②

清人考订大晟府讨论古音古调,涉及宋初音乐体制,而所谓八十四调搀杂俗乐,不是纯正雅乐。《御制律吕正义·后编》(卷八十七)、《钦定续通典》(卷九十)皆有论述:

> 徽宗欲制作以文太平,有方士魏汉津始破先儒累黍之非,用夏禹以身为度之说。请帝三指为黄钟之律度,铸帝鼐、景钟,谓之雅乐。赐名曰"大晟"。颁之天下,播之教坊。于是崇宁以来有魏汉津乐。《四朝史志·序》言宋乐:中兴以来,其制屡易,本末大概如此。然李照、阮逸、刘几之乐行而随废,范镇之乐元未尝行,至大晟乐既成,始尽弃旧乐,以其制颁行天下。盖建隆之乐,至崇宁而始尽变耳。③

燕乐自周以来用之,唐贞观增隋九部为十部,以张文收

① 《负一代词名的集大成者周邦彦》,《十大词人》,第 95 页。
② 张炎《词源序》,《词源注》,第 9 页。
③ 允祉、允禄等撰,故宫博物院编《御制律吕正义》(第 5 册),海南出版社 2000 年,第 113 页。

所制歌名燕乐而被之管弦。厥后，至坐伎部琵琶曲盛流于时。
宋初，置教坊，得江南乐，已汰其坐部不用，自后因旧曲创新
声，转加流丽。政和间，诏以大晟雅乐施于燕飨，御殿按试，补
徵、角二调，播之教坊，颁之天下。然当时乐府奏言，乐之诸
宫调多不正，皆俚俗所传。及命刘昺辑《燕乐新书》，亦惟以
八十四调为宗，非复雅音。①

邵瑞彭指出："尝谓词家有美成，犹诗家有少陵，诗律莫细乎
杜，词律亦莫细乎周。观夫千里次韵以长谣，君特依声而操缦，一
字之微，弗爽累黍，一篇之内，弗紊宫商，良由宋世大晟乐府创自庙
堂，而词律未造专书，即以清真一集为之仪堮，后之学者，所宜遵循
勿失者也。"② 实际上，大晟乐因与靖康之难相先后，在南宋曾被视
为不祥的亡国之音，因而不断遭到质疑。如姜夔《大乐议》《徵招》
题序就有此类批评，谓其不能合调谐协、音乐驳杂兼有落韵之嫌，
姜氏新制乐谱改进了这些不足：

　　　绍兴大乐，多用大晟所造，有编钟、镈钟、景钟，有特磬、
玉磬、编磬，三钟三磬未必相应。埙有大小，箫、篪、篴有长短，
笙、竽之簧有厚薄，未必能合度。琴、瑟弦有缓急燥湿，轸有旋
复，柱有进退，未必能合调。……乐曲知以七律为一调，而未
知度曲之义；知以一律配一字，而未知永言之旨。黄钟奏而声
或林钟，林钟奏而声或太簇。七音之协四声，各有自然之理。

① 嵇璜、刘墉等《钦定续通典》，上海图书集成局光绪 27 年(1901)，卷 90 第
　　2 页。
② 邵瑞彭《周词订律序》，《清真集笺注》（下册），第 633 页。

今以平、入配重浊,以上、去配轻清,奏之多不谐协。①

　　徵招、角招者,政和间大晟府尝制数十曲,音节驳矣。予尝考唐田畸《声律要诀》云:"徵与二变之调,咸非流美。"故自古少徵调曲也。徵为去母调,如黄钟之徵,以黄钟为母,不用黄钟乃谐,故隋唐旧谱不用母声,琴家无媒调、商调之类皆徵也,亦皆具母弦而不用。其说详于予所作琴书。然黄钟以林钟为徵,住声于林钟。若不用黄钟声,便自成林钟宫矣。故大晟府徵调兼母声,一句似黄钟均,一句似林钟均,所以当时有落韵之讥(孙按:均,为"韵"的古字)。予尝使人吹而听之,寄君声于臣民事物之中,清者高而亢,浊者下而遗,万宝常所谓"宫离而不附"者是已。因再三推寻唐谱并琴弦法而得其意:黄钟徵虽不用母声,亦不可多用变徵蕤宾、变宫应钟声。若不用黄钟而用蕤宾、应钟,即是林钟宫矣。余十一均徵调仿此,其法可谓善矣。然无清声,只可施之琴瑟,难入燕乐。故燕乐阙徵调,不必补可也。此一曲乃予昔所制,因旧曲正宫《齐天乐慢》前两拍是徵调,故足成之。虽兼用母声,较大晟曲为无病矣。此曲依《晋史》,名曰黄钟下徵调,角招曰黄钟清角调。②

　　姜氏新制乐谱特别针对周词"移宫换羽为三犯、四犯之曲",犯声"寄君声于臣民事物之中",被认为是臣民僭犯君主的政治谶兆,是君位之尊受到威胁在音乐上的体现。《乐书》(卷一百六十四):"乐府诸曲,自古不用犯声,以为不顺也。唐自天后末年,《剑气》入《浑脱》,始为犯声之始。《剑气》,宫调,《浑脱》,角调。以臣犯君,

①《宋史》(第5册),第3050页。
②姜夔《徵招·序》,《姜白石词编年笺校》,第73—74页。

故有犯声。明皇时,乐人孙处秀善吹笛,好作犯声,时人以为新意而效之,因有犯调,亦郑声之变。削而去之,则声细者不抑,大者不陵,而中正之雅,庶几乎在矣。"注曰:"五行之声,所司为正,所欹为旁,所斜为偏,所下为侧,故正宫之调,正犯黄钟宫,旁犯越调,偏犯中吕宫,侧犯越角之类。"①《新唐书·三宗诸子传》(卷八十一):"又凉州献新曲,帝御便坐,召诸王观之。(李)宪曰:'曲虽佳,然宫离而不属,商乱而暴,君卑逼下,臣僭犯上,发于忽微,形于音声,播之咏歌,见于人事,臣恐一日有播迁之祸。'"②大晟乐"为三犯、四犯之曲",犯调成为专门之曲。美成词集除注明的《玲珑四犯》《侧犯》《倒犯》《花犯》之外,《渡江云》《瑞龙吟》都是三犯曲,《六丑》则犯六调。靖康播迁之祸实有兆乎?

　　除音律外,周词格律也多拗体。夏承焘先生总结说:"清真《片玉》一编,承温、晏、秦、柳之流风,声容益盛,今但论其四声,亦前人所未有。《乐章集》中严分上去者,犹不过十之二三;清真则除《南乡子》《浣溪纱》《望江南》诸小令外,其工拗句、严上去者,十居七八。"③多仄声、重上去、工拗句是周词音乐拗怒的文学因素。笔者曾统计《浪涛沙慢》《兰陵王》平仄律拗。二词皆二十九句,前者十四个律句,三个特别律句,七个拗句,五个非律非拗句;后者十一个律句,六个特别律句,八个拗句,四个非律非拗句。律句略多于拗句,唇齿喉舌牙五音,辘轳交往,清音(包括全清次清)、浊音(包括全浊次浊),浮切抑扬,大得曼声促节、繁会相宣之美感④。但与柳词和雅之音相比,显然已入过动则荡的怨怒畛域。

---

① 陈旸《乐书》,《景印文渊阁四库全书》(第 211 册),第 755 页。
②《新唐书》(第 12 册),第 3599 页。
③ 夏承焘《月轮山词论集·姜夔的词风》,《夏承焘集》(第 2 册),第 63 页。
④ 参见《北宋词风嬗变与文学思潮》,第 285—288 页。

从周邦彦词作内容也能感受到末世浮华的拗怒之气。赵文《吴山房乐府·序》："观欧、晏词,知是庆历、嘉祐间人语,观周美成词,其为宣和、靖康也无疑矣。声音之为世道邪? 世道之为声音邪? 有不自知其然而然者矣。悲夫! 美成号知音律者,宣和之为靖康也,美成其知之乎? '绿芜凋尽台城路,渭水西风,长安乱叶',非佳语也。凭高眺远之余,蟹螯玉液,以自陶写,而终之曰:'醉倒山翁,但愁斜照敛。'观此词,国欲缓亡得乎?"[1] 前考赵文所举《齐天乐》是美成年青时的词作,但已经渗入末世光景的阴影,至其绝笔即写于扬州的《瑞鹤仙》"斜阳映山落。敛余红,犹恋孤城阑角"数句,无论其国其人,无不显露季世乃至即将下世的光景。

与柳永有较多著名帝京(包括其他繁华城市)篇什不同,周邦彦虽然有《汴都赋》赞述都城,但几乎没有完整的京城词,往往是在热情衰谢后的回忆之作。如《解语花·元宵》写在睦州某县令任上,词作开头至"暗尘随马"都是回忆汴京元宵佳节,词中主要笔墨都是追忆当年繁华:

> 风销焰蜡,露浥烘炉,花市光相射。桂华流瓦。纤云散,耿耿素娥欲下。衣裳淡雅。看楚女、纤腰一把。箫鼓喧,人影参差,满路飘香麝。　　因念都城放夜。望千门如昼,嬉笑游冶。钿车罗帕。相逢处,自有暗尘随马。年光是也。唯只见、旧情衰谢。清漏移,飞盖归来,从舞休歌罢。

这是受到张炎称赞的节序词:"不独措辞精粹,又且见时序风

物之盛,人家宴乐之同。"①首六句与上节所引《东京梦华录》所载
相同。接三句中的"楚女"是前引陈思《年谱》定在写于明州的原
因,但此处并非实写而是用《韩非子·二柄》"细腰"典:"楚灵王
好细腰,而国中多饿人。"②穿着淡雅是宋时元宵夜游风俗,至南
宋尚有遗风。《武林旧事》(卷二):"元夕节物,妇人皆戴珠翠、闹
蛾、玉梅、雪柳、菩提叶灯球、销金合蝉貂袖项帕,而衣多尚白,盖
月下所宜也。"③周邦彦佚诗中的《元夕》与《解语花》内容几乎完
全相同:"翠华临阙巷无人,曼衍鱼龙触眼新。羽蝶低昂万人醉,
木山彩错九城春。闲坊厌听粮鳇鼓,晓漏犹飞韀辘尘。谁解招邀
狂处士,掺挝惊倒坐中宾。"诗前六句写亲身经历的汴京元夕繁
华与《解语花》中"望千门"五句同一机杼。对于沉沦下僚的外
任,词以"年光"六句写颓唐不振,而诗则以"狂处士"祢衡自居,
典出《三国志》裴松之注引《平原祢衡传》,是已任京官再度外任
之时的心态。"谁解招邀"二句写狂士不改狂态,诗词从不同的侧
面表现相似的颓唐与狂狷。祢衡之狂,与此词写在四十六岁前后
时间相合。词从睦州、汴京元宵游乐的相激射中,设置一个大落
差——因为游赏情绪的衰减,词人主动从热闹人群、箫鼓鼎沸中
引退,这本身就是一种冷眼观世情的颓废,而正是这种颓废隐晦
地传达出了词人对自己正当盛年,却远离京师、失意外任的抑郁
不平。

　　另外还有一些汴京词不仅是零星笔墨,如《黄鹂绕碧树》:"双
阙笼嘉气,寒威日晚,岁华将暮。""犹赖是、上苑风光渐好,芳容将

①《词源注》,第22页。
②韩非著,蒋重跃注评《韩非子》,凤凰出版社2010年,第32页。
③《武林旧事》,第32页。

煦。"《垂丝钓》："向层城苑路。钿车似水,时时花径相遇。"《应
天长》："又见汉宫传烛,飞烟五侯宅。"《黄鹂绕碧树》更掺杂了与
柳词完全不同的不和谐因素,流露出颓废情绪："且寻芳、更休思
虑。这浮世、甚驱驰利禄,奔竞尘土。纵有魏珠照乘,未买得流年
住。"《垂丝钓》是追忆爱情之作："门掩风和雨。梁间燕语。问那
人在否。"《应天长》竟为悼亡之作。美成词乃至帝京词都始终弥
漫着事业、爱情不能实现的失落,本身就是末世衰惫心态的外在
呈现。

　　"美成词只当看他浑成处,于软媚中有气魄,采唐诗融化如自
己者,乃其所长。"① 周邦彦在江西诗学基础上,回归词体特征,建
立法度与审美规范,臻于软媚中有气魄的浑成之境,显然蕴含了江
西诗质。这种词品在南宋得到传承,至宋末尤有余烈。特别是姜
夔一类身兼诗人身份的词人更是有所拓展,《词源》以姜夔《齐天
乐》咏蟋蟀示例,可以看出过片处意脉的加强："最是过片不要断
了曲意,须要承上接下。如姜白石词云:'曲曲屏山,夜凉独自甚情
绪。'于过片则云:'西窗又吹暗雨',此则曲之意脉不断矣。"② 另如
姜夔的长篇词序,兼容诗歌交际功能,这也不失为"诗词合流"的
门径之一。但因后人忽略了姜词诗质对周词的传承,而认为是白
石词的独门秘诀,甚至是对周词弊端的纠正。此说以夏承焘为代
表:"以修辞一端来说,他从用唐诗成语辞汇走向用宋诗的造句铸
辞。"③ "白石的诗风是从江西派出来走向晚唐的,他的词正复相似,

---

① 《词源注》,第 30 页。
② 《词源注》,第 13 页。
③ 夏承焘《月轮山词论集·姜夔的词风》,《夏承焘集》(第 2 册),第 307 页。

也是出入于江西和晚唐的,是要用江西派诗来匡救晚唐温(庭筠)、韦(庄),北宋柳(永)、周(邦彦)的词风的。"①缪钺受此影响,以唐宋诗的美质拟诸周、姜之词:"周词华艳,姜词隽澹,周词丰腴,姜词瘦劲,周词如春圃繁英,姜词如秋林疏叶。姜词清峻劲折,格澹神寒,为周词所无。"②此论未公,周词已自华艳而隽澹,丰腴而瘦劲,具春花秋叶之双美,本节分析可见其概貌。

　　宋末周密词的诗化也很明显,如宋版《蘋洲渔笛谱》词题繁重,其中12首词作题序比后人所辑《草窗词》多出数十乃至数百字,朱彊村认为序繁者为宋元椠刻③。周密《一枝春》,学习东坡赠张先买妾诗的作法,全用张姓典故。这些例证表明,北宋陈师道及苏门词人皆认为以诗为词非本色语④,但至南宋特别是晚宋,清壮顿挫的诗思内化为词质,形成了别样的审美风致。但需要指出的是,江西诗风及审美引入词体的导夫先路者是清真而非白石,而白石、梅溪、草窗辈后出转精,特点更为彰显,这在下一章节中还有详述。

　　总体言之,词体从初期遣兴娱宾的小道末技至南渡特别是宋季发展而为承载重大主题的体式。王易评为:"情不囿于燕私,辞不限于绮语。上之可寻圣贤之名理,大之可发忠爱之热忱,寄慨于剩水残山,托兴于美人香草,合风雅骚章之轨,同温柔敦厚之归。"⑤也就是从"清切婉丽为宗"发展而为与苏轼开派的词中"变格"不

---

① 夏承焘《论姜白石的词风(代序)》,《姜白石词编年笺校》,序言第6页。
② 缪钺《论姜夔词》,《缪钺全集》(第3卷),第184页。
③ 参见朱孝臧校刊《梦窗词》,清光绪戊申(1908)无著庵刻本,札记第1页。
④《后山居士诗话》,第6页。
⑤ 王易《词曲史》,东方出版社1996年,第141—142页。

仅并行而不偏废[1]，而是泾渭同流，有容乃大。这不能不说美成开宗典丽词派受容诗文"异质"时，已经伏下了词诗合流的契机：这也是前引陈廷焯谓其"前收苏、秦之终"的真谛所在。

---

[1]《四库全书〈东坡词〉提要》："词自晚唐五代以来，以清切婉丽为宗。至柳永而一变，如诗家之有白居易。至轼而又一变，如诗家之有韩愈，遂开南宋辛弃疾等一派。寻源溯流，不能不谓之别格，然谓之不工则不可，故至今日，尚与《花间》一派并行而不能偏废。"《四库全书总目》(下册)，第1808—1809页。

第五章 "词中老杜"艺术风格创新与浑成范型的哲学意义

周邦彦词在宋朝就广为流传并受到贵人学士、市儈妓女等不同文化阶层的欢迎,但他最大的成功还是在文学层面树立了词史上至关重要的地位。如前所说,宋朝词论并不多见,以晚宋沈义父《乐府指迷》、张炎《词源》最为重要,但两种专论有着不同的批评走向。蔡嵩云指出:"《词源》论词,独尊白石。《指迷》论词,专主清真。张氏尊白石,以其古雅峭拔,特辟清空一境;沈氏主清真,则以其合乎上揭四标准也。"[1]《乐府指迷》对美成推崇备至:"凡作词,当以清真为主。"沈氏与梦窗异姓昆仲[2]共同商讨提出的"论词四标准"可以看作周词创作经验的总结。《词源》尽管对周词有所批评,但还是承认美成"负一代词名",词作"浑厚和雅""浑成""于软媚中有气魄",是南宋词人主要学习效仿的对象(皆见前引)。从某种意义上说,两种词论呈现出的是基本还原的宋朝词体创作的历史现场,它最大程度地保留了文学传统"过去的过去性"[3]痕迹,

---

[1] 蔡嵩云《乐府指迷笺释》引言,《乐府指迷笺释》,第41页。

[2] 周密《浩然斋雅谈》(卷下):"翁元龙,字时可,号处静,与吴君特为亲伯仲。作词各有所长,世多知君特,而知时可者甚少。"《浩然斋雅谈》,第43页。

[3] 艾略特著、卞之琳译《传统与个人才能》,《西方文论经典》(第4卷)《从唯美主义到意识流》,安徽文艺出版社2014年,第181页。

因此,在这一理论视野中探讨周词艺术风格,是历史意识与当下思考的结合,也是前人较少关注的视角。

"浑成"或"浑然天成",显然是哲学范畴。关于周词作为北宋范型的哲学阐释,钱鸿瑛先生曾经从道家立场略有涉及:"综观清真的文、诗、词,可以说,其美学思想扎根于其哲学思想中。'淡泊沉郁'是清真的哲学思想体现于其政治态度的一面,'学道委然,人望之如木鸡'是清真哲学思想表现于其为人的外貌一面,而其审美观则扎根于庄子的'天地与我并生,万物与我为一'(《齐物论》)的'天人合一'、齐物思想。"[①] 其实,美成艺术形式中表现出的"天人合一"的意味有着更为深刻的当朝哲学的思想根源,如洛学"性情"与蜀学"情性"两种观念冲突,后者对词体影响的逐渐深化,以及"潜气内转"在哲学与形式方面的双重指向,都是本章第二节讨论的主要内容。在晚宋词学及宋朝理学——文学与哲学的交叉视野中,有助于深入探讨周美成"词中老杜"——词史上无可撼动的泰斗地位。

第一节　晚宋词学视野中的
周词艺术风格创新

《续文献通考》(卷一百九十八)评《乐府指迷》:"是编只二十八条,寥寥不成卷帙,然其论词以周邦彦为宗,评解颇多中理。元明人之论词者,往往祖其说焉。"[②] 其中四标准是论词精髓:"盖音律欲其协,不协则成长短之诗。下字欲其雅,不雅则近乎缠令之

---

① 《周邦彦研究》,第 219 页。
② 稽璜等《钦定续文献通考》(下册),商务印书馆 1936 年,第 4365 页。

体。用字不可太露,露则直突而无深长之味。发意不可太高,高则
狂怪而失柔婉之意。"①以今人的眼光看,四标准就是词体本该有的
形态,殊不知,词体是在与诗歌、俗曲融合分离过程中逐渐形成的
"别是一家"体式。前文虽然强调词体对江西诗质的汲取,但与诗
合流并非与诗同体,其间差别不啻以道里计,与俗曲的关系也在即
离之间。正如陆辅之《词旨》所言:"正取近雅,而又不远俗。"②周
词合乎四标准,就是在词体畛域内卓然有以自立,是畛界限域中艺
术风格创新的标志;它符合时代文学思潮的特质,从而具备了建立
典范的价值与意义。

一、畛界限域卓然自立

严格意义上,论词四标准就是对周词卓然自立创新风格的概
括。词体作为别是一家的体式,合乎音律为首要之务。同时,这也
是针对南宋末期词坛堪忧的音乐现状。词人仇远指出了当时写词
唱词的率意恣行:

> 世谓词者诗之余,然词尤难于诗,词失腔犹诗落韵。诗不
> 过四五七言而止,词乃有四声、五音、均拍、重轻、清浊之别,若
> 言顺律舛,律协言谬,俱非本色。或一字未合,一句皆废;一
> 句未妥,一阕皆不光采,信戛戛乎其难!又怪陋邦腐儒,穷乡
> 村叟,每以词为易事,酒边兴豪,即引纸挥笔,动以东坡、稼轩、
> 龙洲自况,极其至四字《沁园春》,五字《水调》,七字《鹧鸪天》
> 《步蟾官》,拊几击缶,同声附和,如梵呗,如《步虚》,不知宫调

①《乐府指迷笺释》,第43页。
②《词旨》,第1页。

为何物。令老伶俊娼面称好而背窃笑,是岂足与言词哉! ①

刘过(号龙洲道人)词有发意狂怪之嫌,王士禛《居易录》(卷十七):"刘过改之《龙洲集》叫嚣排突,纯是子路冠雄鸡,佩豭豚气象,风雅扫地。"②为方便论述,不妨把四标准合并成协律下字、用字运意两大方面加以辨析。协律下字阐释词体与诗歌、俗曲的分别,用字发意则论述周词采用杜诗以"沉郁顿挫"的方法,抑制意趣的彰显高扬。并结合沈义父、张炎的观点,分辨下字、用字在宋朝词人认知中两者之间的细微差别。需要说明的是,四标准之间并非能截然分开,能够区分的仅是各自的侧重点。

(一)音律欲协下字欲雅

先看音律欲协。沈义父说"音律欲其协,不协则成长短之诗。下字欲其雅,不雅则近乎缠令之体",协律有两个指向:一是不同于诗,词合乐可歌,二是不同于曲,词乐是正宗雅乐的标志(周词"新声"有大晟乐的底色,虽然在南宋中后期受到訾议,但毕竟还是北宋中央音乐机构的嫡脉),周邦彦正是在诗与曲之间的词体畛域中富有创新意识的词人。

其一,周词与长短之诗犁然可分。宋诗已然是与音乐完全分离的纯案头文学"徒诗",李清照曾论及诗文名家所作小词皆不可歌唱甚至不可诵读:"至晏元献、欧阳永叔、苏子瞻,学际天人,作为小歌词,直如酌蠡水于大海,然皆句读不葺之诗尔。……王介甫、

---

① 仇远《山中白云词序》,张炎撰,孙虹、谭学纯笺证《山中白云词笺证》(下册),中华书局 2019 年,第 848 页。
② 王士禛《居易录》,袁世硕编《王士禛全集》(第 5 册),齐鲁书社 2007 年,第4006 页。

曾子固文章似西汉,若作一小歌词,则人必绝倒,不可读也。"①仅就音乐格律而言,词体要求比诗歌更加细化而严苛。李易安也论及于此:"盖诗文分平侧,而歌词分五音,又分五声,又分六律,又分清浊轻重。且如近世所谓《声声慢》《雨中花》《喜迁莺》,既押平声韵,又押上去声,又押入声。本押仄声韵,如押上声则协,如押入声则不可歌矣。"② 词体押韵不仅有韵脚的平上去入,还包括句中韵,前引沈义父就指出了柳词、周词的句中短韵。

　　《宋史》本传载美成"好音乐,能自度曲。制乐府长短句,词韵清蔚,传于世"。周词可歌,史有明载,美成流传的词集中有宋朝指不多屈的标明宫调的版本(另外仅有柳永、张先、姜夔、吴文英等数家)亦可印证。虽然大晟乐谱逐渐失传,但据毛开、强焕、吴文英、王沂孙、张炎等人记载,南宋乃至入元后,周词一直都可以歌唱,并保留了大晟乐的某些特质③。据前引毛开记载,绍兴初年(1131—1133),也就是美成逝世十年之后,咏柳《兰陵王慢》是南宋首都临安勾栏西楼南瓦最为流行的歌曲,因为歌唱难度高,特别是末阕有穿透行云的激越之音,只有音乐机构教坊老笛师能够依谱控制歌唱的节奏。毛开记载明确此曲是北宋宫廷大晟故谱在民间的遗存。

---

① 李清照《词论》,《李清照集校注》,第195页。
② 李清照《词论》,《李清照集校注》,第195页。
③ 袁桷《外祖母张氏墓记》:"又曰:音乐慎勿蓄,今世公卿女乐,皆俚野不足听。惟太傅婿赵崇王悉祖乐髓,景祐谱调八十四,穿心相通,尝曰:谱与《易》合。吾不知《易》何图可合,汝识之。又曰:丁抗掣曳,大住小住,为喉舌纲领,法曲散序,忠宣删正之。曲有均,犹韵也。累累贯珠,韵不绝也。声有尽,拍以度,非句断也。于时周待制邦彦、孙璘,于太傅为中外表。太师越忠定王,尝命谱清真词,手笔具在,今付汝,虽不解,慎勿坠也。"袁桷《清容居士集》,中华书局1985年,第578—579页。

　　淳熙七年（1180），在美成任溧水县令八十余载之后，溧水县令强焕宴饮雅集，席上官妓仍"以公之词为首唱"。嘉定四年（1211），陈元龙详注《片玉集》刊行，目的是"俾歌之者究其事达其意"。与此同时，南宋音乐家杨缵《圈法美成词》行世，这是专门指导唱法的歌本。此前此后，在台榭宴席上，美成的一些词作也在传唱。吴文英《惜黄花慢》题序："次吴江小泊，夜饮僧窗惜别。邦人赵簿携小妓侑尊，连歌数阕皆清真词。"词句有"仙人凤咽琼箫。怅断魂送远，《九辩》难招。醉鬟留盼，小窗剪烛，歌云载恨，飞上银霄。"是写故人剪烛话别的宴席上，在玉箫伴奏声中，小妓侑尊时选唱的都是美成词，响遏行云的激扬歌声中传达出深切的悲秋韵味，从中可以分辨出，曲调仍有前引吴莱所说大晟乐律高亢急促的特点。

　　甚至入元之后，张炎至元二十七年（1290）北上大都，遇南宋杭妓沈梅娇，她还能歌美成词。张炎《国香》题序："沈梅娇，杭妓也，忽于京都见之。把酒相劳苦，犹能歌周清真《意难忘》《台城路》二曲，因嘱余记其事。"词有句曰："凄凉歌楚调，袅余音不放，一朵云飞。"歌声高亢入云，但已成亡楚之哀音。张炎也能唱美成词，其《桂枝香》题序："如心翁置酒桂下，花晚而香益清，坐客不谈俗事，惟论文。主人欢甚，余歌美成词。"词曰："任萧散、披襟岸帻。叹千古犹今，休问何夕。发短霜浓，却恐浩歌消得。"江昱《山中白云词疏证》按曰："汲古阁刻《片玉集》无《桂枝香》调，惟《醉落魄》小令乃咏桂之作。兹所云歌者，或指是耶？"[1] 可见其词不是

----

[1] 江昱《山中白云词疏证》，《彊村丛书》（第6册），第5295页。张炎能歌词曲，能引听者入其情境，也见于友人戴表元记载："少焉，饮酣气张，取平生所自为乐府词自歌之，噫呜宛抑，流丽清畅，不惟高情旷度，不可袭企，而一时听之，亦能令人忘去穷达得丧所在。"戴表元《送张叔夏西游序》，张炎撰，龚翔麟等校刊《山中白云词》，清康熙中玉玲珑阁刊本。

稍纵即逝的流行曲,而是流传长久的经典。

至南宋,已经很少有能够品按箫笛的创作型词人,大多仅按四声填字,词坛也默认这种新方式,四声因而成为词学专论探讨的重要内容。沈义父说:

> 腔律岂必人人皆能按箫填谱,但看句中用去声字最为紧要。然后更将古知音人曲,一腔三两只参订,如都用去声,亦必用去声。其次如平声,却用得入声字替。上声字最不可用去声字替。不可以上去入尽道是侧声,便用得,更须调停参订用之。①

蔡嵩云注按此条:

> 此所谓按箫填谱,乃取已成之音谱填词,恐其清浊高下,有乖腔律,故下字时按箫以审之。据此,则填已成之音谱,亦非不解音律者所能。必如张蜕岩、松云子之流,然后可与言填谱也。若随意自作曲词,然后协以律吕,制为新谱,或自吹箫,令人歌以协之,其造诣又超出按箫填谱者之上。宋代词家如此深通音律者,白石外亦不多觏,合南北宋计之,不过屯田、美成、雅言、梦窗、紫霞、寄闲父子等数人而已。词至宋末元初,词家通音律者日少,即能按箫填谱之词人,亦属难能可贵。填谱者不能审用音字,则随在多与律迕。义父教人留意去声字,参订古知音人曲,及入可代平,去勿代上诸说,乃为协律者开一方便法门。清万红友祖其说而成《词律》一书,以后填词者,遂以

---

① 《乐府指迷笺释》,第67页。

守声家名作之四声,为尽协律之能事,法盖滥觞于此矣。①

正因为如此,美成词不是在按谱填词而是在四声宜遵的层面被词人奉为圭臬:"所制诸调不独音之平仄宜遵,即仄中上去入三音亦不容相混。所谓分刌节度,深契微芒,故千里和词,字字奉为标准"(已见前引)。第二章已经详述宋朝和美成词蔚成风气,不仅有杨泽民、方千里、陈允平三家和词别集、合集行世,另外南宋还有14位词人曾和周词25首,《百家词》另入《片玉集唱和词》录入28首(与前重合仅1首《玉团儿》),其中16首有宫调。

张炎认为,在宋末词坛,对于大多数不能制曲的创作者来说,先要精思词章合于四声,才能渐与律(乐谱)相合。《词源》曰:

> 词之作必须合律,然律非易学,得之指授方可。若词人方始作词,必欲合律,恐无是理,所谓"千里之程,起于足下",当渐而进可也。正如方得离俗为僧,便要坐禅守律,未曾见道,而病已至,岂能进于道哉!音律所当参究,词章先宜精思,俟语句妥溜,然后正之音谱,二者得兼,则可造极玄之域。今词人才说音律,便以为难,正合前说,所以望望然而去之。苟以此论制曲,音亦易谐,将于于然而来矣。②

夏承焘先生曾辨唐宋词字声演变之过程,分为六个阶段:一是温飞卿已分平仄;二是晏同叔渐辨去声,严于结拍;三是柳三变分上去,尤谨于入声;四是周清真用四声益多变化,其工拗句,严上去

---

① 《乐府指迷笺释》,第68页。
② 《词源注》,第26页。

者,十居七八;五是南宋方、杨诸家拘泥四声;六是宋季词家辨五音
分阴阳 ①。并总结说:"谓四声不能尽律,固是通言;而宋词之严三
仄,亦多显例。"② 前文已经划分出《浪涛沙慢》《兰陵王》二词的平
仄,不妨再进一步对仄声作分析。《兰陵王》一百三十字,六十九个
仄声字,上声去声四十六字;《浪涛沙慢》一百三十三字,七十三个
仄声字,上声去声高达五十三字。③ 周词拗句在词中已经占有相
当的比重,拗折还表现在可平可仄处多用仄声,仄声之中又特重上
去,音律反和谐的瘦雅体现了周词音律方面的总体风貌。沿四声
而溯词乐,也略可推知周词曲调"拗怒之中,自饶和婉,曼声促节,
繁会相宣"激越美听之声情。周邦彦词之所以被认为是大晟府九
重故谱,正是因为他以拗怒之声激起词调,力避过于谐婉导致的啴
缓软沓,并且拗怒而不乖戾,既曲尽北宋后期太平盛观,也反映出
由盛而衰之渐微,雍容和雅中自有精绽悠扬。

　　其二,周词与俗曲嘌唱也犁然可分。南宋以来词论视俗曲为
大防,当时好词不能被乐传唱,沈义父说:"前辈好词甚多,往往不
协律腔,所以无人唱。如秦楼楚馆所歌之词,多是教坊乐工及市
井做赚人所作,只缘音律不差,故多唱之。"④ 据《都城纪胜》可知
"市井做赚人"以民间乐曲"嘌唱、耍令、番曲、叫声"对词体改造
而成的俗曲:"凡赚最难,以其兼慢曲、曲破、大曲、嘌唱、耍令、番
曲、叫声诸家腔谱也。"⑤《梦粱录》(卷二十)的记载是:"若唱嘌、
耍令者,如路岐人、王双莲、吕大夫,唱得音律端正耳。今街市与

---

① 夏承焘《唐宋词论丛·唐宋词字声之演变》,《夏承焘集》(第 2 册),第 52 页。
② 同上。
③ 参见《北宋词风嬗变与文学思潮》,第 285—288 页。
④《乐府指迷笺释》,第 69 页。
⑤ 不著撰人《都城纪胜》,上海古籍出版社 1993 年,第 8 页。

宅院,往往效京师叫声,以市井诸色歌叫卖物之声,采合宫商成其
词也。"① 周词难能可贵的是,唱法保留了中原雅乐的纯正性。沈
义父又说:"古曲谱多有异同,至一腔有两三字多少者,或句法长
短不等者,盖被教师改换。亦有嘌唱一家,多添了字。吾辈只当
以古雅为主,如有嘌唱之腔不必作。且必以清真及诸家目前好腔
为先可也。"② 周词是不入俗流,属于不能被轻易添字、翻唱的"好
腔"。宋人对"嘌唱"的解释见于记载。《演繁露》:"凡今世歌曲,
比歌郑、卫又为淫靡。近又即旧声而加泛滟者,名曰嘌唱。嘌之
读如'瓢'。"③《都城纪胜》:"嘌唱,谓上鼓面唱令曲小词。驱驾虚
声,纵弄宫调。与叫果子、唱耍曲儿为一体,本只街市,今宅院往往
有之。"④ 据知是为迎合时流俗耳,词作或被教坊师傅添字,或以民
间市井曲调翻唱。因此沈义父对词中有无市井气或教坊习气各有
褒贬:"盖清真最为知音,且无一点市井气。"⑤ "(施梅川)间有些俗
气,盖亦渐染教坊之习故也。"⑥

　　沈义父特别把下字与缠令相区别,缠令是教坊乐工或勾栏瓦
舍的创作,与前文旧曲泛艳的嘌唱相似,是根植于民间的俗曲。缠
令中的叫卖物,宋朝称"吟叫"。《事物纪原》(卷九):"故市井初有
叫果子之戏,其本盖自至和、嘉祐之间叫紫苏丸,洎乐工杜人经'十
叫子'始也。京师凡卖一物,必有声韵,其吟哦俱不同。故市人采

① 吴自牧著,张社国、符均校注《梦粱录》,三秦出版社 2004 年,第 315 页。
②《乐府指迷笺释》,第 80 页。
③ 程大昌著,张海鹏订《演繁露》,中华书局 1991 年,第 96 页。
④《都城纪胜》,第 8 页。
⑤《乐府指迷笺释》,第 44 页。
⑥ 同上书,第 52 页。

其声调,间以词章以为戏乐也。今盛行于世,又谓之吟叫也。"①市
井吟叫,听其声调就能辨出所卖何物。美成词虽然有"赋情或近
俚"②之处,但无一毫市井俗气,而有"富艳精工"的研炼雅质与声
情之美的结合。清真词以无市井气的特异之处成为词体不容逾越
的"雷池"而被推崇。

由此可见,下字之雅与词曲音乐的关系极大。周词合乐而雅
主要有下列表现。一是审音用字,无色而艳,无味而甘。包世臣认
为北宋的柳永、秦观、周邦彦,南宋的姜夔、吴文英、张炎词作之所
以动人,是因为"其声之么妙铿磬,恻恻动人,无色而艳,无味而甘
故也。"③周词在这一点上也能戛戛独造。如前引《兰陵王》是仄
韵词,每个乐句都是从曼声转入促节,平仄基本和谐的曼声用以写
烟中拂水飘绵的碧丝,写暖波茫茫、烟霭苍苍,写斜阳冉冉、春意骀
荡。音乐形象中摇曳着柳丝、飘絮、绿水、烟雾、斜阳的温柔苍茫;
但落脚字大都是短促的入声,音乐也转入繁声促节,音乐形象中因
而上扬起乡愁、别情、怅惘、失意。音乐拗怒之声与别愁离怨之情,
声情和洽,表意畅达。即使当今吟咏周邦彦词,还能感觉到那些与
音乐配合得恰到好处的文字,在音乐的涵育中泛出了光色和情感,
因而具有了的生命色泽和质感。

二是险而不僻,袅入行云,不绝如缕。张德瀛指出周邦彦词有
"至险而不僻"④的特点——这不仅是押韵、更是音乐方面的特点。
音乐的险而不僻,就是把唐五代词中的得自燕乐的动荡融入"宋

①《事物纪原》,第 496 页。
② 邓牧《张叔夏词集序》,邓牧《伯牙琴》,中华书局 1985 年,第 19 页。
③ 包世臣《为朱震伯序月底修箫谱》,包世臣《艺舟双楫》,中国书店 1983 年,
　　第 50 页。
④ 张德瀛《词征》,《词话丛编》(第 5 册),第 4080 页。

调"的瘦雅之中。为了便于了解,不妨借助唱词协乐时重要的乐器——觱篥(也称"觱栗")的管色加以说明。前引张炎谓周邦彦"又复增演慢曲、引、近,或移宫换羽,为三犯、四犯之曲"。通过著名音乐家兼词人姜夔词的小序,我们知道与词协曲的乐器主要有琵琶、笛、洞箫和觱篥,但慢、近、引、犯曲与觱篥最为相协,张炎说:"惟慢曲引近则不同。名曰小唱,须得声字清圆,以哑觱篥合之,其音甚正,箫则弗及也。慢曲不过百余字,中间抑、扬、高、下、丁、抗、掣、拽,有大顿、小顿、大住、小住、打、捎等字。真所谓上如抗,下如坠,曲如折,止如槁木,倨中矩,句中钩,累累乎端如贯珠之语,斯为难矣。"[1] 词曲中慢、近、引、犯因而最能体现音乐"险而不僻"的特点。白居易《小童薛阳陶吹觱栗歌》对觱篥所能达到的音乐之境有形象的描绘:"润州城高霜月明,吟霜思月欲发声。山头江底何悄悄,猿声不喘鱼龙听。翕然声作疑管裂,讪然声尽疑刀截。有时婉软无筋骨,有时顿挫生棱节。急声圆转促不断,栎栎辚辚似珠贯。缓声展引长有条,有条直直如笔描。下声乍坠石沉重,高声忽举云飘萧。……碎丝细竹徒纷纷,宫调一声雄出群。众音觖缕不落道,有如部伍随将军。"白诗描写出涵茹霜月、万籁俱寂之境中,以急声、缓声、下声、高声表现出的阳刚顿挫中略含柔若无骨之婉转,也可为周邦彦的词作音律传神。当时和后世知音者,品评周词时都揭橥了这一特点。如毛开《樵隐笔录》载慢曲《兰陵王》"至末段声尤激越。惟教坊老笛师,能倚之以节歌者"(已见前引)。郑文焯手批曰:"'一箭风快,半篙波暖'作对句。陈允平和作云'回首处,应念旧曾攀折',与此不合。清真此曲为名作,一首中四对句,皆作拗体,最为沉毅,和之难工,且多不依其格。如允平作三字住,并

---

[1] 张炎《词源》(卷上),唐圭璋《词话丛编》(第 1 册),第 256 页。

失句逗矣(笔者按:《全宋词》作"回首处应念,旧曾攀折",未失句逗)。又'望人在天北',上一下四,和者多误用。惟千里和调按谱填词,无少乖离。惟煞句与允平并作'夜雨滴',盖亦不谋而合。惜'夜雨'作去上声,稍稍失律耳。清真词于煞句最精细,此云'似梦里,泪暗滴',作上去上去去入,六仄声,极有分别也。"① 周邦彦的其它词作也是高低抑扬,——往往上阕声调铿锵,无甚异状;下阕忽转为曼声之感慨,极回荡之能事,从而共赴刚健瘦雅之雅韵。

　　三是骤雨飘风,回肠荡气,感动天地。如咏梨花《水龙吟》,在音乐声部的展开和重现中,我们感受着梨花如洁白美艳的女子,在明艳的阳光、如茵的芳草映衬下,越发冷艳逼人;梨花仿佛在感受着清明时节风雨而散发出梦幻般的凄美,梨花梦还似在追忆唐明皇时梨园曾经拥有过的繁华。历史影像与梨花梦幻相叠合,哀顽凄艳。而空有琼花不见美人——"望美人兮天一方"的主旋律重复出现,低抑回环,一唱三叹。在我国古人看来,音乐治身心,养情性,抑淫荡,是与神合灵、与道合妙的艺术形式,其神妙处能够使造化为之惨然动容。《浪淘沙慢》一阕,陈廷焯、万树指出了它感动天地的艺术魅力:"蓄势在后,骤雨飘风不可遏抑"(已见前引),"精绽悠扬,为千古绝调。"② 音乐的魅力臻此,可以叹为观止矣。

(二)用字含蓄运意沉郁

　　论词四标准又有"用字不可太露,露则直突而无深长之味。发意不可太高,高则狂怪而失柔婉之意。"蔡嵩云解释用字与下字的不同:"下字用字,分别为二:下字欲其雅,就字面之文俗言;用字

---

① 郑文焯批校《清真集》(刘崇德藏本),孙虹校注《清真集校注》(上册),第39页。
② 万树《词律》(第1册),中华书局1957年,第198页。

不可太露,就字面之深浅言。"①其实两者差异只在毫发之间。一般来说,下字就是用字。如《瓮牖闲评》(卷一):"今人作文,下字能用古者,则为有据成佳作。虽古人亦尔。《诗》云:'有狐绥绥。'盖本涂山人歌。云:'绥绥白狐,九尾庞庞。'此禹娶涂山时歌,诗人乃用其'绥绥'二字也。"②《研北杂志》(卷下):"周美成有'曲里长眉翠浅'之句。近读李长吉《许公子郑姬歌》中有云:'自从小蟪来东道,曲里长眉少见人。'乃知古人不容易下字也。"③沈义父认为用字不露,表现之一就是不要直接说破,而是挹取前人文学资料的芳润,其中一法就是用代字:

　　炼句下语,最是紧要,如说桃,不可直说破"桃",须用"红雨""刘郎"等字。如咏柳,不可直说破"柳",须用"章台""灞岸"等字。又咏书,如曰"银钩空满",便是书字了,不必说书字。"玉箸双垂",便是泪了,不必更说泪。如"绿云缭绕",隐然鬓发;"困便湘竹",分明是簟。正不必分晓,如教初学小儿,说破这是甚物事,方见妙处。往往浅学俗流,多不晓此妙用,指为不分晓,乃欲直捷说破,却是赚人与耍曲矣。④

　　王国维前期较为鄙视南宋词,曾对沈氏此条极尽讽刺:"词忌用替代字。美成《解语花》之'桂华流瓦',境界极妙,惜以'桂华'二字代月耳。梦窗以下,则用代字更多。其所以然者,非意不足,

---

①《乐府指迷笺释》,第39页。
② 袁文《瓮牖闲评》,中华书局1985年,第2—3页。
③ 陆友仁《研北杂志》,中华书局1991年,第195页。
④《乐府指迷笺释》,第61页。

则语不妙也。盖意足则不暇代,语妙则不必代。"①此语值得商榷。实际上,这是自《诗经》以来虽有质疑之声,但是亘古不变的文学传统。缪钺《论宋诗》精当地指出了借代(语典也是泛义的借代)手法在我国文学创作中的作用:

> 凡有来历之字,一则此字曾经古人选用,必最适于表达某种情思,譬之已提炼之铁,自较生铁为精。二则除此字本身之意义外,尚可思及其出处词句之意义,多一层联想。运化古人诗句之意,其理亦同。……至于用事,亦为达意抒情最经济而巧妙之方法。盖复杂曲折之情事,决非三五字可尽,作文尚可不惮烦言,而在诗中又非所许。如能于古事中觅得与此情况相合者,则只用两三字而义蕴毕宣矣。②

用代字其实也是用事,不如此,景物只能形容比喻,比兴寄托虽有多边性,但总会枯竭而且不能丰沛充盈。以上引沈义父所举清真代字为例("章台""灞岸"出自晁补之《胜胜慢·家妓荣奴既出有感》,存而不论),"红雨"出自李贺《将进酒》"桃花乱落如红雨",不仅有桃花,而且是落英缤纷的暮春之景,怜惜青春将暮的意蕴自含其中。"刘郎"用刘晨、阮肇天台山遇俪仙,返家后再寻仙境失其所在典;刘禹锡诗有"前度刘郎"之语,"郎"是青年男子,"前度"是重寻爱情故地。"银钩"代书法遒媚刚劲,言简意丰。"玉箸"形容肤色洁白女子的眼泪,有我见犹怜的柔弱美感。"绿云"出自杜牧《阿房宫赋》"绿云扰扰,梳晓鬟也",写头发乌黑、发量充盈,

---

① 《人间词话》,《王国维文集》,第10页。
② 《论宋诗》,《缪钺全集》(第2卷),第158页。

可以表现女性内在的生命活力。"湘竹",不仅有竹簟的产地、水波纹理,更含潇湘二妃洒泪染斑的传说。这样用事用意,形成了生生不息的意象链,取之一端即可为理解所用。

　　然而,代词也有难以分晓的时候,周词又以相关典实印证提调,使人一览便能清楚明白。沈义父又举周词咏梨花《水龙吟》为例:

　　　　如咏物,须时时提调,觉不可晓,须用一两件事印证方可。如清真咏梨花《水龙吟》,第三、第四句,引用"樊川""灵关"事。又"深闭门"及"一枝带雨"事。觉后段太宽,又用"玉容"事,方表得梨花。若全篇只说花之白,则是凡白花皆可用,如何见得是梨花?　①

　　樊川,御苑产梨名园。《艺文类聚》卷八十八引《三秦记》曰:"汉武帝园,一名樊川,一名御宿,有大梨如五升瓶,落地则破。其主取者,以布囊承之,名含消梨。"②灵关,山名。在今四川宝兴县南,名梨产地。谢朓《谢隋王赐紫梨启》:"味出灵关之阴,旨珍玉津之澨。"由产地而梨花,比较生僻。再直接用前人梨花名句。李重元《忆王孙》:"欲黄昏。雨打梨花深闭门。"白居易《长恨歌》以花喻人:"玉容寂寞泪阑干,梨花一枝春带雨。"《水龙吟》下阕:"别有风前月底。布繁英、满园歌吹。朱铅退尽,潘妃却酒,昭君乍起。雪浪翻空,粉裳缟夜,不成春意。恨玉容不见,琼英慢好,与何人比。"未用梨花典,但以白诗中"玉容"点醒,使梨园音乐、潘妃洁

————————

①《乐府指迷笺释》,第58页。
②《艺文类聚》(下册),第1473—1474页。

美、昭君光耀汉宫乃至韩愈、王安石李花句,谢灵运白花句,薛琼英肌香典,从不同侧面形容出梨花的色香品位。用字可谓含蓄不露,又能提调印证,不至沉于隐晦。

再看发意忌高。沈义父说:"作小词只要些新意,不可太高远,却易得古人句,同一要练句。"① 这是刻意下抑词中意趣,但主要是针对不知宫调为何物,却以苏东坡、辛稼轩、刘龙洲自诩的词人。张炎在这一点上比沈义父还要苛刻:"辛稼轩、刘改之作豪气词,非雅词也,于文章余暇,戏弄笔墨为长短句之诗耳。"② 豪气诗词过之则发为狂怪傲僻,苏轼《仇池笔记》(卷上):"石介作《三豪诗》云:曼卿豪于诗,永叔豪于词,师雄豪于歌。永叔亦赠杜默师雄诗云:'赠之《三豪篇》,而我滥一名。'默歌少见于世,有云'学海波中老龙,夫子门前大虫',皆此类语。永叔不消者,此公恶争名,且为介讳也。默豪气正是江东学究饮私酒,食瘴死牛肉,醉饱后所发也。作诗狂怪,至卢仝、马异极矣。若更求奇,便作杜默矣。"③

实际上,诗文雄深雅健,也可以做到含蓄不露。《诗人玉屑》(卷十)引《漫斋语录》:"诗文要含蓄不露,便是好处。古人说雄深雅健,此便是含蓄不露也。用意十分,下语三分,可儿《风》《雅》;下语六分,可追李杜;下语十分,晚唐之作也。用意要精深,下语要平易,此诗人之难。"④ 卢仝《楼上女儿曲》:"莺花烂漫君不来,及至君来花已老。"以"花"代"妾",优柔舒缓,感人弥深。词体精微有甚于诗,下语与用意之间距离更大。因此,欧阳修虽号称"豪

---

① 《乐府指迷笺释》,第 84 页。
② 《词源注》,第 32 页。
③ 苏轼著,华东师范大学古籍研究所点校《仇池笔记》,华东师范大学出版社1983 年,第 208 页。
④ 《诗人玉屑》(上册),第 209 页。

于词",然用意比较显露仅有数首,如《浪淘沙》:"聚散苦匆匆。此恨无穷。今年花胜去年红。可惜明年花更好,知与谁同。"《玉楼春》:"人生自是有情痴,此恨不关风与月。""直须看尽洛城花,始共春风容易别。"《圣无忧》:"好酒能消光景,春风不染髭须。"后人也有关于欧词豪气的议论。冯煦说:"疏隽开子瞻,深婉开少游。"① 王国维说:"于豪放中有沉着之致。"② 抑制豪气正是沉着之深致。

前引沈义父说周词运意有法度,主要是前人拟诸杜诗的"沉郁顿挫"。"顿挫"前文已从章法上加以申说,但在更深层次也与抑制发意相关。陈廷焯对此深有解会:"然其妙处,亦不外沉郁顿挫。顿挫则有姿态,沉郁则极深厚。既有姿态,又极深厚,词中三昧,亦尽于此矣。"③ 陈廷焯又曾专论"沉郁"与性情的关系:"所谓沉郁者,意在笔先,神余言外。写怨夫思妇之怀,寓孽子孤臣之感。凡交情之冷淡,身世之飘零,皆可于一草一木发之。而发之又必若隐若见,欲露不露,反复缠绵,终不许一语道破。匪独体格之高,亦见性情之厚。"④ 周词立意虽不甚高远,但其"沉郁顿挫"的运意法度却可圈可点。前引陈廷焯《白雨斋词话》(卷一)对《兰陵王》阐释已经能见出这一特点,再看陈氏对《满庭芳》《六丑》等名篇收拾锋芒运意方法的解说:

美成词有前后若不相蒙者,正是顿挫之妙。如《满庭芳》

① 冯煦《宋六十一家词选·例言》,清宣统二年(1910)扫叶山房石印本,例言第1页。
②《人间词话》,《王国维文集》,第9页。
③《白雨斋词话》,第16页。
④ 同上书,第5—6页。

上半阕云："人静乌鸢自乐,小桥外、新绿溅溅。凭阑久,黄芦苦竹,拟泛九江船。"正拟纵乐矣;下忽接云："年年。如社燕,飘流瀚海,来寄修椽。且莫思身外,长近尊前。憔悴江南倦客,不堪听,急管繁弦。歌筵畔,先安枕簟,容我醉时眠。"是乌鸢虽乐,社燕自苦;九江之船,卒未尝泛。此中有多少说不出处,或是依人之苦,或有患失之心,但说得虽哀怨却不激烈,沉郁顿挫中别饶蕴藉。后人为词,好作尽头语,令人一览无余,有何趣味?①

《六丑》(蔷薇谢后作)云："为问家何在",上文有"怅客里、光阴虚掷"之句,此处点醒题旨,既突兀,又绵密,妙只五字束住。下文反复缠绵,更不纠缠一笔,却满纸是羁愁抑郁,且有许多不敢说处,言中有物,吞吐尽致。大抵美成词一篇皆有一篇之旨,寻得其旨,不难迎刃而解,否则病其繁碎重复,何足以知清真也。②

还可以在陈说基础上对《满庭芳》再作引申。《满庭芳》词题是"夏日溧水无想山作",无想山峦峰环抱,风景秀丽,多有古迹。《大清一统志》(卷五十)："《旧志》有无想山在县南十五里,山形环抱,与杜城诸山相连。中有南唐韩熙载读书台址,山顶有泉下注岩石间成瀑布,曰'凤泉'。"③此处有禅寂院无想寺(已见前引)。清人闵派鲁《无想寺石观音阁记》写此地曾经是逃禅云外的胜地:"盘折而入,竹树交罗。古殿岿然隐映,岚霭有无间,松声溪籁谡谡

① 《白雨斋词话》,第17页。
② 同上。
③ 和珅等《钦定大清一统志》,《景印文渊阁四库全书》(第475册),第35页。

淙淙,宜昔禅栖之侣,乐蹈其遐深;游屐所经,永怀其奥僻也。"① 前引强序谓溧水县治"有亭曰'姑射',有堂曰'萧闲',皆取神仙中事,揭而名之",美成在县圃姑射亭避暑作《隔浦莲近拍》,可见溧水崇佛悦道风气之盛。在这一背景中所写之词,归隐林泉的意旨本是题中应有之义,但《满庭芳》直至篇终也未点透。"风老"三句写山中从春至夏季节推移中的清和天气,"清圆"是参天大树正午时的树冠投影。"地卑"二句写山中梅黄时节,由于地势低洼狭仄而层岚缭绕,空气湿度极高,以"费"字略为点醒。杨铁夫评曰:"溧水县署为负山而筑,故曰'地卑山近',卑近则'潮','潮'则'衣润','费炉烟'者,熏之也。'费'字妙。"② 此二句语意蕴藉受到广泛好评。俞平伯引众家评曰:"谭仲修'地卑'两句密圈,评曰:'《离骚》廿五去人不远。'周止庵评曰:'体物入微,夹入上下文中似褒似贬,神味最远。'夏闰庵评曰:'警句,是五代人语。《复堂》拈出为词家度尽金针。'"③ 俞平伯自评:"沦谪之恨,出之蕴藉。"④ "人静"三句实写无想山树林、溪流,在初夏新绿的倒影下,奔喧的溪水也崇泛着绿意。俞平伯引夏孙桐(闰庵)诸人评语:"此处顿挫为后半蓄势。换头处直贯篇终,真觉翩若惊鸿,婉若游龙。"⑤ "谭密圈,评曰:'杜诗韩笔。'梁任公云:'最颓唐语,却最含蓄。'"⑥ "夏评:'去路悠远,超妙之至。'"⑦

---

① 闵派鲁《无想寺石观音阁记》,闵派鲁、林古度纂修,傅章伟、吴大林点校《(顺治)溧水县志》,上海古籍出版社 2016 年,第 310 页。

②《清真词选笺释》,第 38 页。

③《清真词释》引录,《论诗词曲杂著》,第 633 页。

④ 同上书,第 648 页。

⑤ 同上书,第 633 页。

⑥ 同上。

⑦ 同上。

俞平伯又屡次自评此词:"'黄芦苦竹',见乐天诗,明写其地卑湿,似无可恋,故拟泛九江之船矣。然上用'凭栏久',下又着一'拟'字,想见回肠九曲,去住皆难。句法顿挫,恰为下半蓄势。'九江船'句用杜诗:'闻道巴山里,春船正好行。都将百年事,一望九江城。'过片'年年'叶韵,'社燕'句正面自喻,故用一'如'字。乌鸢自乐,社燕自苦也。……'莫思身外'两句,亦用杜诗'莫思身外无穷事,且尽尊前有限杯'。何等沉郁,亦不觉其歇后。'憔悴'两句,似已放笔言情,而用'歌筵'三句兜转,神味悠然无尽。通篇用事,多系唐大家诗,意境沉雄,音调圆浑,此清真中年官溧水令着意之作。结句注引陶潜语,则仍借李白诗'我醉欲眠君可去',不仅纯用原典也。"① 又曰:"词为清真中年之作,气怡韵穆,色雅音和,萃众美于一篇,会声辞而两得,在本集固无第二首,求之两宋亦罕见其俦。如东坡之'大江东去',超妙过之,而厚意差逊,盖稍近率。惟屯田之《八声甘州》有异曲同工之妙,骏快有余,沉郁亦微减耳。得力在写景,起笔以下,语语含情,迟暮飘零,寄声弦外,而鸢飞水逝复藉无情回映,神味尤远。稍一顿挫,即入过片,有水到成渠之乐。"② 意思是苏轼《念奴娇》有志于建功立业、柳永《八声甘州》羁旅行役之感,都不如美成此篇温温然有君子之风。

吴熊和先生也称赞《满庭芳》仅略露主旨:"上片不但体物入微,而且写出了这种环境下既欣然于万物滋长而又自感身世抑郁的复杂的身心感受。结句'九江船'用白居易《琵琶行》故实,就透露出迁谪之感。下片诉说自己倦于流宦,伤于哀乐,可是并未对其间荣辱得失再行铺叙,倒是未歌先咽,欲说还休。篇终以陶潜式的

---

① 《清真词释》,《论诗词曲杂著》,第 649 页。
② 同上书,第 633 页。

通脱来作自我排遣,使全篇保持'适怨清和'的情调,别具抑扬吞吐之妙。"①

陈能群则列举了美成词"浑厚和雅"的相关例证:"其浑厚处本于笔气之沉郁,如《尉迟杯》云'无情画舸,都不管、烟波隔前浦,等行人、醉拥重衾,载将离恨归去';又《浪淘沙慢》云'恨春去、不与人期,弄夜色,空余满地梨花雪';《六丑·蔷薇谢后作》云'漂流处、莫趁潮汐。恐断鸿、尚有相思字,何由见得';《瑞龙吟》云'东城闲步。事与孤鸿去。探春尽是,伤离意绪。官柳低金缕'。其和雅处音节谐畅,如《秋蕊香》云'午妆粉指印窗眼。曲里长眉翠浅';《蝶恋花》云'唤起两眸清炯炯。泪花落枕红绵冷';《华胥引》云'点检从前恩爱,有凤笺盈箧,愁剪灯花,夜来和泪双叠';《芳草渡》云'满怀泪粉,瘦马冲泥寻去路'。"②

总之,周词以顿挫之笔运意沉郁有如下特点:一是左盘右旋,点到即止,一篇之中三致意。二是语语吞吐,如泣如诉,但从容缠绵,平和中正,从中得见词人性情之温厚。三是无激烈语,别饶蕴藉,形成了"下语六分"特有的忠至浑成气象,这也是南宋词人难以企及的哲学境界,本章下节将对此详作申说。

二、北宋体制浑然天成③

明人朱夏《答程伯大论文书》:"古之论文,必先体制而后工

①《负一代词名的集大成者周邦彦》,《十大词人》,第98—99页。
②《词源笺释》,第43—44页。
③ 此部分的理论阐述参见《北宋词风嬗变与文学思潮》,第301—319页。以下不一一出注。

拙。譬诸梓人之作室也,其栋梁榱桷之任,虽不能以大相远也。"①
对于两宋词,一直以来都有北南孰为优劣的论争,尽管喜好各有不同,但基本同意北宋体制,一"浑"字即可规定的论断。冯煦《蒿庵论词》曰:"(毛氏先舒)又曰:'言欲层深,语欲浑成。'诸家所论,未尝专属一人,而求之两宋,惟《片玉》《梅溪》足以备之。周之胜史,则又在'浑'之一字。词至于'浑',而无可复进矣。"②郑文焯指出北宋柳耆卿、周美成苍浑造极:"尝以北宋词之深美,其高健在骨,空灵在神。而意内言外,仍出以幽窈咏叹之情。故耆卿、美成并以苍浑造岜,莫究其托喻之旨。卒令人读之歌哭出地,如怨如慕,可兴可观。有触之当前即是者,正以委曲形容所得感人深也。"③

　　王国维结合清朝词坛北优南劣众说,总结南宋劣于北宋在于雕琢伤气,所欠者正是北宋精深而能浑涵:

　　　　词家时代之说,盛于国初。竹垞谓词至北宋而大,至南宋而深。后此词人,群奉其说,然其中亦非无具眼者。周保绪曰:"南宋下不犯北宋拙率之病,高不到北宋浑涵之诣。"又曰:"北宋词多就景叙情,故珠圆玉润,四照玲珑。至稼轩、白石,一变而为即事叙景,使深者反浅,曲者反直。"潘四农曰:"词滥觞于唐,畅于五代,而意格之闳深曲挚则莫盛于北宋。词之有北宋,犹诗之有盛唐,至南宋则稍衰矣。"刘融斋曰:"北宋词用密亦疏,用隐亦亮,用沉亦快,用细亦闳,用精亦浑。南宋

---

① 朱夏《答程伯大论文书》,黄宗羲《明文海》(第2册),中华书局1987年,第1505页。
②《蒿庵论词》,《词话丛编》(第4册),第3588—3589页。
③ 郑文焯《大鹤山人词话附录·与夏映庵书二十四则》,《词话丛编》(第5册),第4342页。

只是掉转过来。"可知此事自有公论。①

　　周邦彦身处两宋之交,是结北开南的重要词人,其词前收北宋化工之浑成,后开南宋人巧之精美。正因为处在特殊的节点,周词浑化无迹既不同于北宋浑涵而拙率,也不同于南宋工致而不诣浑涵之境,而是融会浑涵工致于两得,两者之间的跨度产生的微妙"紧平衡"是后人难以超越之处。

(一)惨澹经营熔铸无痕

　　《珊瑚钩诗话》(卷一):"诗以意为主,又须篇中练句,句中练字,乃得工耳。"②从练字到练意,就是安顿章法臻至尽善全美。《师友诗传续录》:"问:又云练句不如练字,练字不如练意,意何以练?答:练意或谓安顿章法、惨澹经营处耳。"③词与诗秘响相通,沈义父、张炎、陆辅之对词体结构经营皆有阐述:

　　　　作大词,先须立间架,将事与意分定了。第一要起得好,中间只铺叙,过处要清新。最紧是末句,须是有一好出场方妙。④
　　　　词既成,试思前后之意不相应,或有重叠句意,又恐字面粗疏,即为修改。改毕,净写一本,展之几案间,或贴之壁。少顷再观,必有未稳处,又须修改。至来日再观,恐又有未尽善者。如此改之又改,方成无瑕之玉。倘急于脱稿,倦事修择,岂能无病,不惟不能全美,抑且未协音声。作诗且犹旬锻月

①《人间词话》,《王国维文集》,第22页。
② 张表臣《珊瑚钩诗话》,中华书局1985年,第5页。
③ 刘大勤问,王士禛答《师友诗传续录》,丁福保《清诗话》(上册),上海古籍出版社2015年,第161页。
④《乐府指迷笺释》,第84页。

炼,况于词乎! ①

　　对句好可得,起句好难得。收拾全藉出场。凡观词须先识古今体制雅俗。②

　　作为被总结出的词法,都不免枝枝节节琐细为说,但作品一旦形成就是整体,这里虽略及章法,但仅作为映带。下面主要论述看似细密的词法如何做到刻削无痕与融铸雅境。

　　首先看互文练意刻削无痕。如前所论,宋朝文学创作是与书卷鼓荡的产物,前朝的文学资源是宋人不能绕行的创作"武库",熔铸文学资源而泯灭斧凿痕迹是他们创作时面临的挑战。《仕学规范》(卷三十九)引《蒲氏漫斋录》:"有意中无斧凿痕,有句中无斧凿痕,有字中无斧凿痕,须要体认得。"③练意明显处在练字练句的顶端:它要求原有文学资源与新创意趣之间浑然一体。这是窥入其意而以新造其语形容之,也是江西诗学中的夺胎法技进乎道的理论提升。

　　在北宋词发展中,这一手法也经历了逐渐完善的过程。李清照评山谷词"多疵病",也包括锤炼立意时不能熔铸相契。如《能改斋漫录》(卷十六)载山谷两首渔父词的翻新立意:"乃取张(志和)、顾(况)二辞合为《浣溪沙》云:'新妇矶边眉黛愁,女儿浦口眼波秋。惊鱼错认月沉钩。　　青箬笠前无限事,绿蓑衣底一时休。斜风细雨转船头。' 东坡云:'鲁直此辞,清新婉丽。问其最得意处,以山光水色替却玉肌花貌。真得渔父家风也。然才出新妇

①《词源注》,第13页。
②《词旨》,第2页。
③《仕学规范》,《景印文渊阁四库全书》(第875册),第197页。

矶,便入女儿浦,此渔父无乃太滥浪乎?'山谷晚年亦悔前作之未工,因表弟李如篪言《渔父词》以《鹧鸪天》歌之,甚协律,恨语少声多耳。因以宪宗画象求玄真子文章及玄真之兄松龄劝归之意,足前后数句云:'西塞山前白鹭飞,桃花流水鳜鱼肥。朝廷尚觅玄真子,何处而今更有诗。 青箬笠,绿蓑衣,斜风细雨不须归。人间欲避风波险,一日风波十二时。'东坡笑曰:'鲁直乃欲平地起风波耶?'"[1]滥浪,也作"澜浪",放浪无拘。是文人心性而非渔父家风,渔父避世也并非如士子为了规避风波。就是说,山谷渔父词的立意未能泯灭强人就我的刻削痕迹,故而为东坡所讥。

周词则能互文练意刻削无痕。江弱水先生结合《文心雕龙·隐秀》论述一种现有文本与多种"前文本"或"潜文本"之间的关系时指出:"'旧章'是'隐''奥'的源头,在原来的场合自有原来的意义,而作为碎片进入到新的文本中,会与新的上下文结合成一个新的意义,这就是派生出来的'重旨''复意'。于是'义生文外,秘响旁通,伏采潜发',文本外部另一些'隐''秘''潜''伏'的文本,以其不在场的意义为当前的文本提供支持,对作者和读者的'旁通''潜发'地产生影响。"[2]前引《瑞龙吟》最为显例,叙之如下。

周济谓此词是唐人桃花人面诗的旧曲翻新,是说此词翻新崔护《题都城南庄》的旨意。在严格意义上,周词中的崔护旧章仅仅作为新语境中互文存在。周词新语境与吴世昌先生拈出的"故事性"相关,《瑞龙吟》补足崔诗寥寥四句中的景物、人情、情节以及事件的前因后果,形成以崔诗作为互文存在的崭新故事。吴先生

---

①《能改斋漫录》(下册),第473页。
②《古典诗的现代性》,第78页。

评说此词：

> 近代短篇小说作法，大抵先叙目前情事，次追述过去，求与现在上下衔接，然后承接当下情事，继叙尔后发展。欧美大家作品殆无不守此义例。清真生当九百年前已能运用自如。第一段叙目前景况，次段追叙过去，三段再回到本题，杂叙情景故事，又能整篇浑成，毫无堆砌痕迹。又，后人填长调，往往但写情景，而无故事结构贯穿其间，不失之堆砌，即流为空洞。《花间》小令多具故事，后世擅长调者，柳、周皆有故事，故语语真切实在。[①]

《瑞龙吟》首阕"章台路"暗写行道多柳，柳垂金缕，叶芽尚裹，是仲春之景。何逊《边城思》有"柳黄未吐叶"之句，梅残褪粉、夭桃新绽也是仲春景物，"路"字也点醒行道路上梅桃成行。"还见"二字，杨铁夫说这是"前已见惯，今又见也"[②]。表明这里即是当年"今日此门"，那个眼波转盼的痴小女子曾在绽放桃花映衬下"盈盈笑语"。第二阕细致刻划当年相同景色中美丽邂逅，也是崔护诗中"桃花人面"具象显示，杨铁夫说："'侵晨'写妆，'映袖'写衣，'笑语'写态，画出'痴小'模样，绝不犯复。"[③]此阕"黯凝伫"三字，绾连上下，是崔护诗中言外之意。第三阕"前度刘郎"五句，是不见"人面"之后的寻寻觅觅，也可视为崔诗的续篇。章台行道、坊曲人家、旧家秋娘等影像中叠现出美人如花娇面。"吟笺"二句，是刻划美人的精神气质，她是能够记忆、欣赏、吟唱词人名篇歌词的灵魂

---

① 《词林新语》，第 166 页。
② 《清真词选笺释》，第 2 页。
③ 同上。

知音,颇似洛中里娘柳枝与才子李义山的知己关系。"知谁"二句,
再加深一层,想象美人当下所陪伴者,或如温文儒雅的沈传师,他
是官妓张好好的知遇恩人,或如豪放不拘的石曼卿,他是风流真名
士,这也是对当年柳桃之下交往时主客皆雅的补笔。"事与"以下,
隐括杜牧诗,杜诗上句"恨如春草多"尽在其中。"归骑"二句是
眼前实景,内蕴始自"侵晨"的时间推移。"断肠"二句,则是想象
之景,因柳垂金丝尚非飞絮时节,是由柳丝与飞雨想象合成,又与
凄风苦雨中的初绽桃花共同构成"人面不知何处去"的背景,万象
汇集,景语亦是情语,自有一种感动人心的力量。此词写景、叙事、
抒情皆能会句意于两得,开头、过片、结尾回环往复,潜气内转,浑
然一体。此词浑化,是论者共识。陈洵、夏敬观说末韵:"'探春尽
是,伤离意绪'转出官柳,以下风景依稀,与'梅梢''桃树'映照,
词境浑融,大而化矣。"[1]"末段挺接处尤妙,用'潜气内转'之笔行
之。"[2]陈匪石谓其情景交融:"周氏所谓'无情入,无情结',实则即
景见情,言情之入微而又极浑者也。"[3]

　　美成其他词作多是既能惨澹经营意匠中,也能泯灭斧凿痕迹
臻于浑成。吴熊和先生评《西河·金陵怀古》:"周邦彦则以三段式
的长调展开铺叙。首段写山川形胜,气象巍峨;中段一片旷凉,令
人生哀;末段又借斜阳燕子,表达了古今兴亡之慨。气韵沉雄,苍
凉悲壮,有人称为金陵怀古词中的'绝唱'。……《西河》虽脱胎于
唐诗,但经过作者的点化和再创造,体现了曼声促节的词体的固有
特长,构成了新的词的境界。"[4]前引村上哲见说此词"天衣无缝地

①《陈洵〈海绡说词〉说周清真词校录》引《海绡说词》,《词曲论稿》,第117页。
②《映庵词评》,《词话丛编补编》(第6册),第3470页。
③《宋词举(外三种)》,第122页。
④《负一代词名的集大成者周邦彦》,《十大词人》,第105页。

构成了一个其自身具有完整性的诗的世界"也是这个意思。

其次看融铸雅境自立新意。此颇得江西诗学中灵丹一点、点铁成金的神髓。俞平伯评温庭筠词曰："飞卿之词,每截取可以调和的诸印象而杂置一处,听其自然融合,在读者心眼中,仁者见仁,知者见知,不必问其脉络神理如何如何,而脉络神理按之则俨然自在。譬之双美,异地相逢,一朝绾合,柔情美景并入毫端,固未易以迹象求也。"① 美成无论慢词、小令,读者调和词中叠置的诸种印象,也能自然融合、嬗蜕出新意。再以慢词《玲珑四犯》为例:

> 秾李夭桃,是旧日潘郎,亲试春艳。自别河阳,长负露房烟脸。憔悴鬓点吴霜,细念想梦魂飞乱。叹画阑玉砌都换。才始有缘重见。　　夜深偷展香罗荐。暗窗前、醉眠葱蒨。浮花浪蕊都相识,谁更曾抬眼。休问旧色旧香,但认取、芳心一点。又片时一阵,风雨恶,吹分散。

这是一首前人较少关注的词作,略有关注的学者或是浅视泛论为一般爱情词,或是深文罗织为有政治寓意,前引谢桃坊、罗忼烈两位先生的争论就是针对于此。谢先生坚持无寓意说,指为泛义离别情词:"全词多用比兴,'秾李夭桃'比喻作者旧所恋者之娇艳,藉以指代人,以下叙述别后的思念,事隔多年,终于旧梦重温,两情浓挚,而却不得不匆匆分散。……从这首词的结尾来看,实际并无政治寓意,而是以惊风恶雨对春花的摧残比喻爱情受到某种阻碍而与情人不得不分散,这是传统词中所惯见的。"② 谢先生虽作

---

① 《论诗词曲杂著》,第 504 页。
② 《周邦彦词的政治寓意辨析》,《宋词辨》,第 196 页。

泛论,但抓住了此词与所爱之人久别重逢这一关键点。

　　前考此词是美成政和二年(1112)秋天,卸任河中府官职、再入长安时的赠歌妓萧娘词,与年青时游学长安赠萧娘词大有关联。引词虽然用典,但"用事不为事所使"①,而是以桃李花为比体,融铸雅境而无堆砌痕迹,浑化无迹地自立新意。

　　美成青少年时曾于熙宁六年(1073)初夏游学至长安,当时正是风华正茂的少年郎,最迟次年即与比拟为"萧娘"的歌妓交往。词以"潘郎"自比,不仅因为《晋书》本传对潘岳有"美姿仪,辞藻绝丽"②的描写,更兼因他曾为河阳县令,在境内遍植桃李花,见《白氏六帖》:"潘岳为河阳令,树桃李花,人号曰:'河阳一县花。'"(已见前引)故而以"秾李夭桃"比喻当时美艳有青春活力的萧娘,而以"亲试春艳"的护花使者自居。沈佺期《芳树》有"夭桃色若绶,秾李光如练"之句。鬓点吴霜,语出李贺《还自会稽歌》:"吴霜点归鬓,身与塘蒲晚。"叠用潘岳《秋兴赋序》:"余春秋三十有二,始见二毛。"③"萧娘"是美成漫长三十九年岁月梦魂萦绕的记忆。接着反用李煜《虞美人》:"雕栏玉砌应犹在,只是朱颜改。"意思是在迟暮之年,当年的华丽建筑都被雨打风吹去,这时才有了会面的机缘。二人对窗夜话,词人细诉虽遍入花丛,也偶有艳遇,但不再有当年怦然心动的感受。下面化用的都是花叶典,韩愈《杏花》:"浮花浪蕊镇长有,才开还落瘴雾中。"李商隐《燕台诗》:"蜜房羽客类芳心,冶叶倡条遍相识。"苏轼《岐亭道上见梅花戏赠季常》:"数枝残绿风吹尽,一点芳心雀啅开。"最后归于桃花,皮日休《桃花赋》:"又若丽

———————————

① 《词源注》,第19页。

② 《晋书》(第5册),第1507页。

③ 潘岳《秋兴赋序》,《六臣注文选》,第247页。

华,侍宴初醉。狂风猛雨,一阵红去。又若褒姒,初随戎虏。满地春色,阶前砌侧。"① 因为此是离任之行,不久即回汴京,此次聚首,又将如春风吹散本不坚牢的桃李花,枝上无复有雨前旧朵。歌妓是社会最底层天生丽质的漂泊者,常若春梦秋云,流散无痕。美成与萧娘的爱情传奇,内蕴着对过去旖旎时光的祭奠,透露出强烈的人生失落感。小令名篇《苏幕遮》也可为证,录全词如下:

　　燎沉香,消溽暑。鸟雀呼晴,侵晓窥檐语。叶上初阳干宿雨、水面清圆,一一风荷举。　　故乡遥,何日去。家住吴门,久作长安旅。五月渔郎相忆否。小楫轻舟,梦入芙蓉浦。

　　前考此词写于熙宁七年(1074),此年美成十九岁,是在长安怀思钱塘的词作,其词最为精粹而能浑成之处,是以因屡见门前莲荷而夜梦故乡荷塘贯穿全词。首句"溽暑",见于《礼记·月令》:"(季夏之月)是月也,土润溽暑,大雨时行。"② 故知写在酷暑难当的六月,昨夜暴雨滂沱,荷叶上滴沥之声,惹得梦境入荷塘,梦见了在家乡钱塘时与年青伙伴短楫轻舟驶入田田荷叶之中,不知家乡的渔郎是否还记得这一场景,而我对渔郎的思念则在梦境中得到了呈现。昨夜之雨也打湿了流光,风中荷叶上水珠渐晞,或走盘滚落,在醉人风荷香气中酿成少年郎透明的忧伤。吴熊和先生对此词编年虽然有误,但有非常深刻而感性的分析:"'叶上初阳'三句犹似静物写生,画面上富有光感和色感。初阳的晨曦微黄而淡,水面的荷叶嫩得碧绿,宿雨留下的水珠,滚动在荷叶上晶莹透明,由

① 皮日休著,萧涤非整理《皮子文薮》,中华书局 1959 年,第 10 页。
② 郑玄注,孔颖达疏《礼记正义》,《十三经注疏》(上册),第 1371 页。

于初阳的照射点点闪光,这种光与色的组合十分柔和恬美。同时初阳微煦,池水轻凉,晨风徐来,令人感到水边一阵阵清气带着荷香扑面而来,驱散了周围的'溽暑'。词人从京洛风尘下的这一角荷塘触发乡思,怀想起接天映日、十里荷花的家乡风光。'小楫轻舟,梦入芙蓉浦',就是追记同少年朋侣荡漾于江南水乡菱荷深处的昔日情景,这大概是周邦彦在杭州少时的唯一留影。"①

周词的音乐美感也能助成词章浑然一体,引发读者情感节奏的同步。这是吴世昌先生的独家见解。其评《隔浦莲近拍·中山县圃姑射亭避暑作》曰:

> 此词最能利用音韵节奏之美,使音节与文义浑然同化,令人即仅聆其音节而不审其文义,亦能与作者情感同起节奏。首二句闲闲叙来,预为读者布幽邃之静境,然逐句有韵,其韵且至峭。加以新篁摇动,读者但觉其境虽静,而人随境转,未尝停留。至夏果收脆而渐有人间之味,金丸惊鸟而难藏飞动之致。以下四句则字少韵密,闹蛙骤雨杂然并作,使自然现象随万籁以俱舞,而三字之韵尤为迫促急切,至"水亭小"而达高峰,亦为上片整段之结束。此三字虽未状声音动作,然承上文而来,曰亭小,则更足以反衬喧境之嘈杂迫切矣。至下片则易奇句为偶句,易逐句韵为隔句韵,大有雨过天青之致,更自动境回复到静境,至"梦到吴山"而极尽幽闲安谧之致。读者至此,前此万籁齐发之情绪亦不觉为之催眠。乃又有"惊觉"一韵,奇短奇峭,于是为之蘧然而作,而昨夜喧境不觉犹萦耳际也。全首每句每列文义皆与韵节相配合,布局结构亦无一不佳。②

①《负一代词名的集大成者周邦彦》,《十大词人》,第97页。
②《词林新话》,第178页。

（二）模写钩勒兼备形神

张炎《词源》首次提出"清空""质实"两大词学范畴,并以清空归于姜白石,质实归于吴梦窗:"词要清空,不要质实:清空则古雅峭拔,质实则凝涩晦昧,白石词如野云孤飞,去留无迹,梦窗词如七宝楼台,眩人眼目,碎拆下来,不成片段,此清空质实之说。"① 夏承焘先生按此条曰:"清空与质实相对而言,张炎标举出姜夔、吴梦窗两家词作对比,大抵张炎所谓清空的词作是要能摄取事物的神理而遗其外貌;质实的词是写的典雅博奥,但过于胶着于所写的对象,显得板滞。"② 夏先生的意思是"质实"对于传达神理有所不足,其实这种解释说服力并不充分。

如众所知,吴梦窗与周清真之间存在直接的相承关系。沈义父《乐府指迷》:"梦窗深得清真之妙。"③ 黄升引梦窗友人尹焕语亦曰:"求词于吾宋者,前有清真,后有梦窗,此非焕之言,四海之公言也。"④ 近代研究者也多持此说,陈洵曰:"因知学词者,由梦窗以窥美成,犹学诗者由义山以窥少陵,皆涂辙之至正者也。"⑤"清真格调天成,离合顺逆,自然中度。梦窗神力独运,飞沉起伏,实处皆空。梦窗可谓大,清真则几于化矣。由大而几化,故当由吴以希周。"⑥ 若此,则周清真可谓"质实"源头,然而,"质实"的涵义如果是"胶着于所写的对象"即重在形似、忽略神似,不符合我国文学批评对"形似"体物浏亮即可兼得外物神理的阐释。《文心雕龙·物色》:

---

① 《词源注》,第16页。
② 同上。
③ 《乐府指迷笺释》,第50页。
④ 《花庵词选》,第354页。
⑤ 《海绡翁说词》,《词话丛编》(第5册),第4839页。
⑥ 同上书,第4841页。

"自近代以来，文贵形似，窥情风景之上，钻貌草木之中。吟咏所发，志惟深远。体物为妙，功在密附。故巧言切状，如印之印泥，不加雕削，而曲写毫芥。"①

形似而能密附情志的模写高境，也是江西诗祖杜甫诗歌巧夺天工、精微简拔的重要原因。《石林诗话》曰：

> 诗语固忌用巧太过，然缘情体物，自有天然之妙，虽巧而不见刻削之痕。老杜"细雨鱼儿出，微风燕子斜"，此十字殆无一字虚设，雨细着水面为沤，鱼常上浮而淰，若大雨则伏而不出矣。燕体轻，若风猛则不能胜，惟微风乃受以为势，故又有"轻燕受风斜"之语。至"穿花蛱蝶深深见，点水蜻蜓款款飞"，"深深"字若无"穿"字，"款款"字若无"点"字，皆无以见其精微如此。然读之浑然全似未尝用力，此所以不碍其气格超胜。使晚唐诸子为之，便当如"鱼跃练波抛玉尺，莺穿丝柳织金梭"体矣。②

宋朝于此是百尺竿头更进一步。苏轼《书鄢陵王主簿所画折枝二首》（其一）："论画以形似，见与儿童邻。赋诗必此诗，定知非诗人。"宋人虽然不刻意写形，但正如其工笔画，刻划极为精准，甚至"如以灯取影，逆来顺往，旁见侧出，横斜平直，各相乘除，得自然之数，不差毫末"③。同时，又能"若花若叶，分布而出"④，不窘于物象，而是如前引强焕序周词的所谓"模写物态，曲尽其妙"，美成为

---

① 刘勰《文心雕龙》，中华书局 1985 年，第 63 页。
② 叶梦得《石林诗话》，中华书局 1991 年，第 24—25 页。
③ 苏轼《书吴道子画后》，《苏轼文集》（第 5 册），第 2210 页。
④ 董逌《书李元本花木图》，《广川画跋》，中华书局 1985 年，第 52 页。

许表民诗集作序有"中极物情"①之说,宋人"外意欲尽其象"的目的正是为了"内意欲尽其理"②,这也是宋人创作的极诣。

王国维深赞强焕序语对周词的评价:"唯言情体物,穷极工巧,故不失为第一流之作者。"③并评《苏幕遮》"叶上初阳干宿雨、水面清圆,一一风荷举"三句"真能得荷之神理"④。美成正因为能兼备形神,极尽外物其象其理,所以才能如周济所说:"钩勒之妙,无如清真。他人一钩勒便薄,清真愈钩勒愈浑厚。"⑤"清真浑厚,正于钩勒处见。他人一钩勒便刻削,清真愈钩勒愈浑厚。"⑥可以从两方面分述。

首先,层层钩勒曲尽情志。这是钩勒点染的写意化。宋人格审外物,所以能对外物施行细致的钩勒点染,但由于"格物"的目的在于"致知",所以他们对外物的钩勒刻划,目的是为了曲尽"物象"与"物理"——展示客观外物、宇宙世界、包括主观自我脉动着的全部生命秘密;以及人与物、物与物之间生生不息、运动往来、彼此映带的关系。对周词模写物态(包括人物情态),曲尽物情神理(包括人物"情志")创作实践的描述完全可以从物我同构相对应的角度加以描述。

如前引《意难忘》,前考这是美成元祐三年(1088)外任庐州教授之前所写的赠妓词,时年约在三十岁左右。赠词对象是一位娇

① 晁公武《郡斋读书志》引周邦彦语,晁公武撰,孙猛校证《郡斋读书志校证》(下册),上海古籍出版社 1990 年,第 1044 页。
②《诗人玉屑》(上册)引梅尧臣《续金针诗格》,第 197 页。
③《人间词话》,《王国维文集》,第 10 页。
④《人间词话》,《王国维文集》,第 11 页。
⑤《介存斋论词杂著》,第 6 页。
⑥《宋四家词选目录序论》,《宋四家词选》,第 2 页。

小歌女。这篇词作曲体人情,柔婉多致。从歌女这方面看,可以分为两层,第一层,这是位心性娇痴的小歌女,有一系列憨态十足的动作细节,如忽然停下拍板与歌唱,拿起酒杯前来劝酒;常常与人亲密相依,低头得见其缥缈如蝉翼的发式,贴耳私语时能闻到她唇膏的香气。她真的还没有懂得人情世故,常常不等梳妆完毕就急着去玩耍。她的可爱之处还表现在涉世未深、毫无机心,似也未识"愁"为何物。对于所爱之人深夜笼灯就月、仔细端详——这一过分留恋缠绵的动作也没有引起她的警觉。第二层,这位小歌女又是知音善感,不仅懂得"移宫换羽",偶尔也会受到莫名触动而蹙眉不乐。从词人方面看,就她的痴憨而言,似乎可以告诉她将要离别的"些个事"(这点子事);就她多愁善感而言,似乎不能告诉她就要离别的事儿,担心她就此问这问那,不提防也可能会戳中她的泪点。她一旦伤起心来,可能就不会象现在这样天真烂漫、容光焕发了。表现出二人之间的隐在冲突,一个因无心而无忧无虑,一个因有意而思虑重重,有意的词人怕伤着无心的小歌女,所以只能自己承担恼人的别愁。惜香怜玉之心,细如毫发。俞平伯因而评此词:"写景固系点染,叙事亦属借寓,惟有神光离合之态,与夫一往无奈之情是实耳,此因事寓情之佳例也。……一经点破,上文艳冶都化深悲,而深悲仍出之以微婉。袭故弥新,沿浊更清,此美成之绝诣,前屡言之矣。"[1] 所谓"因事寓情"就是刻划服饰、行为、情态的过程中,内心活动层层展开。既准确写形貌,也能摄取神理,形神兼备,而神理成为人情物态破壁欲飞的点睛之笔。美成有时还能以飞白而成钩勒。如陈廷焯评《少年游》(并刀如水):"艳词至美成一空前人,独辟机杼。如此词下半阕,不用香泽字面,而姿态更饶,浓艳

---

[1]《清真词释》,《论诗词曲杂著》,第654—655页。

益至,此美成独绝处也。"① 本章论及周词"审音用字,无色而艳,无味而甘",是同一问题的另一侧面。

　　再如咏物词《水龙吟·梨花》。前考此词是周邦彦重和元年(1118)至宣和元年(1119)写于出知真定时。全词层层铺叙,脉络清晰可寻:先采用拟人化的手法,把梨花比作洁白美艳的女子。"应怯"为揣测之辞,写怜惜之心。然后由汉武帝樊川御园之梨,联想到名梨产地灵关漫山遍野的灿烂梨花。"残红敛避"与首句拟人化的手法一线贯穿,写晚春时节,梨花以脱凡入圣的洁白,使朱朱粉粉的残花为红紫俗艳而羞愧退避。"传火"句写时令,周邦彦另一首词咏柳《兰陵王》中"梨花榆火催寒食",可为此句注脚。农历寒食后二日即清明节,朝廷在阁门外用榆木钻火,宣赐臣僚,再传至民间。梨花也正是寒食清明时节开放。"妒花"写此时节多无情风雨,"亚"字写风中帘幕欲起还垂之形貌极为传神。从"妒花"至上阕结处,细细钩勒出了梨花带风带雨梦幻般的凄美,并直透下阕。如梦似幻的梨花似在追忆唐明皇时梨园曾经拥有的繁华:月底繁英歌吹,人面梨花相映。这历史的影像与梨花梦幻般的凄美相叠合,哀顽凄艳。下面再进一层渲染梨花的天然之美,在国色天香的美人中,只有素颜如玉,而且不被酒红胭脂所涴的潘玉儿、王昭君差可比拟,从而形容出梨花寒光照人的冷艳。"雪浪翻空"三句写李花,李花因其色白,常成为与梨花并咏的对象;但这里词人作了翻案,李花只作为了梨花的反衬:词人写李花空有如雪的洁白,如浪的腾伏,但姿质平庸,无法与高雅的梨花共占春光;遥遥挽合了"残红敛避"句,由此与梨花同时开放的花卉被囊括也被摒弃,衬出了梨花超群绝伦之美。最后写姿质

---

① 《词则》(下册),第902页。

如琼玉的梨花美人,应是天地间的绝配,如今却空有琼花,而不与玉容映衬,又是何等的寂寞失落。周邦彦此时因受刘昺妖言谋逆罪连坐,由京朝官秘书监出知真定。他把仕途上的落寞寓入所咏之物中,借花寄兴,深含不露地表现了自己"望美人兮天一方"的情感。

美成词合写物态人情形神者指不胜屈,除前列名篇中警句之外,再举数例如下:

> 《渔家傲》:风梳万缕亭前柳。日照钗梁光欲溜。循阶竹粉沾衣袖。拂拂面红新着酒。
>
> 《塞翁吟》:蕲州簟展双纹浪,轻帐翠缕如空。梦远别、泪痕重。淡铅脸斜红。
>
> 《诉衷情》:出林杏子落金盘。齿软怕尝酸。可惜半残青紫,犹有小唇丹。
>
> 《浣溪沙》:争挽桐花两鬓垂。小妆弄影照清池。出帘踏袜趁蜂儿。
>
> 《蝶恋花》:却倚阑干吹柳絮。粉蝶多情,飞上钗头住。
>
> 《过秦楼》:闲依露井,笑扑流萤,惹破画罗轻扇。
>
> 《风流子》:新绿小池塘。风帘动、碎影舞斜阳。
>
> 《扫花游》:暗黄万缕。听鸣禽按曲,小腰欲舞。

刘扬忠先生评周词:"一般情况下他都喜欢浓墨重彩、一笔一画地细心描绘,以求得神情凝聚,形象逼真。他的'钩勒'描绘,就描写的个体或局部而论,是细巧精致的,同时又不忘了整体性和全局性,就他每一首词整个的画面和意象来说,又是完整、系统而协调的。这就是我们理解的周济'愈钩勒愈浑厚'这论断所应具备的全部含义。"①

　　其次,句法字眼全篇生辉。词相对于诗,锤炼更重自然之功。《渀南诗话》就此批评黄庭坚:"山谷赠小鬟《蓦山溪》词,世多称赏。以予观之,'眉黛压秋波,尽湖南水明山秀','尽'字似工而实不惬。又云'婷婷袅袅,恰近十三余',夫'近'则未及,'余'则已过,无乃相窒乎?'春未透,花枝瘦',止谓其尚嫩,如'豆蔻梢头二月初'之意耳。而云'正是愁时候',不知'愁'字属谁,以为彼愁耶? 则未应识愁。以为己愁耶? 则何为而愁? 又云'只恐远归来,绿成阴,青梅如豆',按杜牧之诗,但泛言花已结子而已,今乃指为青梅,限以如豆,理皆不可通也。"② 也就是说,词体看似灵动跳跃,实则句法字面钩勒而不能失却内在逻辑。这使黄词美玉有瑕,而正是周词所长。

　　张炎《词源》论句法曰:

　　　　词中句法,要平妥精粹。一曲之中,安能句句高妙,只要拍搭衬副得去,于好发挥笔力处,极要用功,不可轻易放过,读之使人击节可也。如东坡《杨花词》云:"似花还似非花,也无人惜从教坠。"又云:"春色三分,二分尘土,一分流水。"如美成《风流子》云:"凤阁绣帏深几许,听得理丝簧。"如史邦卿《春雨》云:"临断岸、新绿生时,是落红、带愁流处。"《灯夜》云:"自怜诗酒瘦,难应接许多春色。"如吴梦窗《登灵岩》云:"连呼酒,上琴台去,秋与云平。"《闰重九》云:"帘半卷,带黄花,人在小楼。"姜白石《扬州慢》云:"二十四桥仍在,波心荡

---

①《清真词的艺术成就及其特征》,《文学遗产》1982 年第 3 期,第 94 页。
②《渀南诗话》,第 16—17 页。

冷月无声。"此皆平易中有句法。①

陈能群笺释张炎所引名句曰：

　　词句平妥精粹便是好词，故言平易中有句法；至用工处
不易放过，是研究有得之言。东坡《水龙吟》和章质夫杨花
词，起句即言"似花还是非花，也无人惜从教坠"，极写杨花漂
泊可怜状态，便为神来之语，至后遍"春色三分"云云，亦复妙
语环生。相传美成官溧水时，有主簿妻款洽尊席，乃作《风流
子》寓意，此好事者诬之也。"凤阁"云云，"深几许"三字，殊
耐玩味。邦卿《绮罗香》上三字、下四字句法不易恰好，"临
断岸"云云，却极切合春雨题目。《喜迁莺·灯夜》"自怜"云
云，"瘦"字尤妙。梦窗《八声甘州·登灵岩》句"秋与云平"，
超脱之至。此人生平多作重九词，闰重九言"人在小楼"，有闰
字意义。其重九一首"秋娘泪湿黄昏，又满城雨轻风小"，又一
首"小楼寒睡，起无聊，半帘夕照"，又一首"半壶秋水荐黄花，
香喋西风雨"，又一首"霜饱花腴，烛销人瘦，秋光做也都难"，
句中字面诸多锻炼。白石《扬州慢》"二十四桥"云云，缥缈入
神，"荡"，水也，读如黄天荡之"荡"字。②

　　句法平妥精粹实际上就是词中警句，成为警句的前提是自然
顺畅，合乎弦歌，读之琅然，传情达意时有耐人寻味之处。如前所
述，北宋前期的小令时代，有句无篇，出名的警句很多，仅用以品

①《词源注》，第14页。
②《词源笺释》，第54—55页。

题人物的就有"红杏枝头春意闹"（宋祁《玉楼春》）、"云破月来花弄影"（张先《天仙子》）等，晏几道生活年代略后，他仅写小令，也有"梦魂惯得无拘检，又踏杨花过谢桥"（《鹧鸪天》）之"鬼语"①。北宋中期慢词时代，好篇多于好句，柳永也有"今宵酒醒何处，杨柳岸，晓风残月"（《雨霖铃》）"渐霜风凄紧，关河冷落，残照当楼"（《八声甘州》）等。至秦观，叶梦得称其"语工而入律，知乐者谓之作家歌"②，合乐之外，开始注重文学品味。名句如"斜阳外，寒鸦万点、流水绕孤村"（《满庭芳》）"春去也，飞红万点愁如海"（《千秋岁》）等。苏轼词名句叠出，但偏于哲思而非有意为协歌乐。

周邦彦是顾曲名堂、风流自命的词中作手，除上引张炎例举的《风流子》外，宋人所例举者，多为歌词中的名句，闻之飘渺如天上仙乐。沈义父、张炎词论中所举都是慢词中的名句，十分难能可贵。如：

断肠院落，一帘风絮。（《瑞龙吟》）

掩重关，遍城钟鼓。（《扫花游》）

天便教人，霎时厮见何妨。（《风流子》）

有何人、念我无憀，梦魂凝想鸳侣。（《尉迟杯》）

拚今生、对花对酒，为伊泪落。（《解连环》）

最苦梦魂，今宵不到伊行。（《风流子》）

又恐伊，寻消问息，瘦损容光。（《意难忘》）

---

① 邵博撰，刘德权、李剑雄点校《邵氏闻见后录》，中华书局1983年，第151页。

②《避暑录话》，第50页。

许多烦恼,只为当时,一饷留情。(《庆春宫》)

张炎《词源》又论词眼曰:

> 词之语句,太宽则容易,太工则苦涩。如起头八字相对,
> 中间八字相对,却须用功着一字眼,如诗眼亦同。若八字既
> 工,下句便合稍宽,庶不窒塞。约莫宽易,又着一句工致者,便
> 觉精粹。此词中之关键也。①

蔡嵩云《词源疏证》按张炎此条曰:

> 起头八字相对,中间八字相对,却须用功着一字眼,如诗
> 眼亦同,是即陆辅之"词眼"二字所本。《艺概》云:"'词眼'
> 二字,见陆辅之《词旨》。其实辅之所谓眼者,仍不过某字工,
> 某字警耳。余谓眼乃神光所聚,故有通体之眼,有数句之眼,
> 前前后后,无不待眼光照映。若舍章法而专求字句,纵争奇竞
> 巧,岂能开阖变化,一动万随耶?"此论词眼,亦抱定章法说,
> 不专求之字句,可谓破的之论。②

《词旨》举出词眼二十六则,其中著名例证如:"笼灯燃月"(周
美成《意难忘》)、"绿肥红瘦"(李易安《如梦令》)、"宠柳娇花"(李
易安《壶中天》)、"柳昏花暝"(史邦卿《双双燕》)③等等。从中可

①《词源注》,第26页。
②《词源疏证》(卷下),第53页。
③《词旨》,第15—16页。

以看出,词眼着重炼当句自对中的动词、以及其他词类活用为动词者,如《词旨》"属对"条,列举周词《西平乐》:"稚柳苏晴,故溪歇雨"各炼一字。美成词典丽精工,或有一篇中多至五组属对,更能体现研炼之功。所炼之字皆是神光所聚,全篇因之熠熠生辉。

如炼第一字、第三字或两字兼炼者:

　　　　褪粉梅梢,试花桃树。(《瑞龙吟》)
　　　　条风布暖,霏雾弄晴。(《应天长》)
　　　　翠藻翻池,黄蜂游阁。(《丹凤吟》)
　　　　停歌驻拍,劝酒持觞。(《意难忘》)

有炼第二字或兼炼第二、四字、或炼连绵词者:

　　　　风老莺雏,雨肥梅子。(《满庭芳》)
　　　　倦脱纶巾,困便湘竹。(《法曲献仙音》)
　　　　风散雨收,雾轻云薄。(《解连环》)
　　　　杏靥夭斜,榆钱轻薄。(《丹凤吟》)

有五言炼第三字,七言炼第五字者(此与诗眼句式相同①):

　　　　飞萤度暗草,秉烛游花径。(《侧犯》)
　　　　芳草连天迷远望,宝香薰被成孤宿。(《满江红》)

---

①《仕学规范》引《蒲氏漫斋录》:"五字诗以第三字为句眼,七字诗以第五字为句眼,古人炼字只于句眼上炼。"《景印文渊阁四库全书》(第875册),第197页。

周词可以列举的词眼句很多,也有散句或骈句中炼单字的,如吴熊和先生说:"周邦彦之前,作词炼字的风气尚未大开。周邦彦除了融化唐诗,还很注重炼字,形成所谓'词眼'。明卓人月《词统》评《拜星月慢》'重门闭,败壁秋虫叹'曰:'虫曰"叹",奇。实甫草桥店许多铺写,当为此一字屈首。'沈际飞《草堂诗余正集》评《满庭芳》'地卑山近,衣润费炉烟'曰:'"衣润费炉烟",景语也,景在"费"字。'"① 分析《解语花》说:"'桂华'是月的代词,'流'字兼有光感、动感、柔和感和变幻感,写出元宵之夜月光照在千家万户高下倾斜的屋瓦上,犹如水光闪烁,波痕荡漾,确实是优美的境界。"② 关于一篇之中有多组对句,并涵盖各种形式"词眼"已在前章"调有定格骈对工致"中有相关分析,此不再赘。

第二节 周词浑成范型的形上之道

周美成是两宋之交的词坛巨擘,其词具有结北开南的重要意义。在第三章中,我们论述了美成词思想内容虽然有弱化倾向,但相比柳永,却能进一步拓展体势,开发了南宋婉约词承载思想意趣的无限可能;也论述了美成词建立词学法度与规范审美取向的开先集成,因此可以作为北宋词浑成范型的代表。尽管如此,这对解决前文所述的美成"词中老杜"地位的质疑,似乎还存在未能触及的"盲点"。北宋范型中的"浑成"同时也是杜甫诗歌的最为本质的特点之一,值得注意的是,这一批评语境具有明显的哲学指向。美成词的"浑成"呈现出的形上之道推动并创造出即使是同一朝

---

① 《负一代词名的集大成者周邦彦》,《十大词人》,第107页。
② 同上书,第108页。

代的南宋词也难以企及的艺术经典。这是美成词史地位确立的基础，也是学界尚未关注的新视角。据此或许可以对美成"词中老杜"地位的质疑作出具有鲜明时代特色的解答，也可以使前文对美成词艺术成就的阐释得到哲学层面的提升。

《文心雕龙·夸饰》曰："夫形而上者谓之道，形而下者谓之器。神道难摹，精言不能追其极；形器易写，壮辞可得喻其真。"[1]自美成词被南宋陈振孙评为"浑然天成"以来，"浑成"的内涵一直在被延伸扩容，但因为很少有人把它"还原"到当时的理论背景中加以探讨，所以至今对于"浑成"在文学特别是哲学上的理解还是有些模糊。其实，此即"浑然天成"，是自然天成的状态，就是在章法程式等形式中赋写物与我、情感与生命状态之间的关系，这是创作者不期然由形下之器（形式美）进入形上之道（内容善）的境界，也就是董逌所说的"寓物写形，非天机深到，取成于心者，不可论也"[2]。天机，即天性之机。画家张怀对此有精辟的解说："性者，天所赋之体；机者，人神之用。机之发，万变生焉。唯画造其理者，能因性之自然，究物之微妙，心会神融，默契动静，于一毫投乎万象，则形质动荡，气韵飘然矣。"[3]北宋后期不仅是文学、绘画，可以说优秀的文艺作品都能因我之心性深造外物之理（包括内在肌理、运动规律、存在方式、生命精神等几个层次）。这种客观外物（包括情词中作为赋咏对象的"人"）经过作者主观内化后，点染钩勒出的既不失外物形体，又能深入外物自然性理的作品，就是哲学上的天人合一，造化与生命的神理气韵流动洋溢其中，此可谓之"浑成"。这

---

[1]《文心雕龙》，第51页。
[2] 董逌《书陈中玉收桃华源图》，《广川画跋》，第53页。
[3] 张怀《山水纯全集后序》，曾枣庄《宋代序跋全编》（第6册），齐鲁书社2015年，第3628页。

是对前文外尽其象、内尽其理手法形而上学的解说。进而论之,这也是对杜甫创作中"沉郁顿挫""浑然天成"形上之道的追溯。这里涉及到了哲学史上程颢、程颐洛学"性情观"与苏轼及门下蜀学"情性观"的冲突,后者可作为分析周词特别是其中情词形上之道的哲学依据。鉴于形上之道难于心摹手追,下文也会辅以西方分析理论加以阐述。

一、洛学"性情"与蜀学"情性"

宋朝是儒学复兴的时代,后世称其成熟形态为新儒学(陈寅恪先生称为"新儒家")。这一体大思深的哲学体系被称为理学或道学,它发轫于北宋初期,前期以邵雍象数学为发端,是在先秦《周易》、汉朝董仲舒天人合一哲学观念的基础上,形成的天地万物本诸一气的"气本体"论,如周敦颐《通书·理性命》(第二十二章)中的著名观点有"二气五行,化生万物"①。"气本体"论对宋朝理学建构的影响极为深刻;并由程颢、程颐发展而为"理本体"与"心本体"的理论。北宋从邵雍到二程的哲学观念,都是希望探究天人之际的共同规律,以求臻于天人合一的境界。南宋朱熹"理一分殊""道一理殊"的天理观,是对邵雍以来本体论的集成,也是对《周易》以来天人合一哲学的宋代阐释,在"人欲"逐渐合于"天理"的道德实践中具有可操作性,因此,两宋哲学进程与宋朝士大夫修身治国平天下的政治实践、道德践履互为表里。随着儒学复兴的推进和深化,士大夫人格也因为"经德履善"的过程而渐趋理性。

哲学与文学联袂而行,是世界文学的发展趋势;历史学家认为宋朝是中古文化型态到近世文化型态的转型期,这也表现在宋朝

---

① 周敦颐撰,陈克明点校《周敦颐集》,中华书局1990年,第31页。

文学在世界文学的潮流之前,随着理学对宋代士大夫意识的重塑,也对文学包括词体产生持续影响,文学呈现出与哲学共趋的态势。苏门文人为代表的"蜀学"虽然被道学家视为异端,但其与"洛学"异趋的"情性观"对词体缘情的影响尤为深刻,这也是下文进行相关阐释的哲学基础。

（一）约情正性情性无别

先儒经典《礼记·中庸》主张中和之性:"喜怒哀乐之未发,谓之中,发而皆中节,谓之和。中也者,天下之大本也;和也者,天下之达道也。致中和,天地位焉,万物育焉。"① 程颐对此有深切著明之发微,解释为五性为本,七情为用;

> 天地储精,得五行之秀者为人。其本也真而静,其未发也,五性具焉,曰仁、义、礼、智、信。形既生矣,外物触其形而动于中矣。其中动而七情出焉,曰喜、怒、哀、乐、爱、恶、欲,情既炽而益荡,其性凿矣。是故觉者约其情,始合于中,正其心,养其性,故曰性其情。愚者则不知制之,纵其情而至于邪僻,梏其性而亡之,故曰情其性。②

朱熹的解释是:"喜、怒、哀、乐,情也。其未发,则性也,无所偏倚,故谓之中。发皆中节,情之正也,无所乖戾,故谓之和。大本者,天命之性,天下之理,皆由此出,道之体也。达道者,循性之谓,天下古今之所共由,道之用也。"③ "中和"也是合乎自然的"融而无

①《礼记正义》,《十三经注疏》(下册),第1625页。
② 程颐《颜子所好何学论》,程颢、程颐《二程文集》(第2册),中华书局1985年,第105页。
③ 朱熹集注,陈戍国标点《四书集注》,岳麓书社2004年,第22页。

偏"①"不做作而顺于自然"②"天地絪缊、万物化醇"③。著名理学家游酢是周美成的交游(美成有《游定夫见过晡饭,既去,烛下目昏,不能阅书,感而赋之》,游定夫即游酢),曾解说和平粹美的道体与德行:"道之体无偏,而其用则通而不穷。无偏,中也;不穷,庸也。以性情言之,则为中和,以德行言之,则为中庸,其实一道也。"④

二程为代表的"洛学"可称性理之学,或称性命之学,这是北宋哲学的主流:"其时君汲汲于道艺,辅治之臣莫不以经术为先务,学士搢绅先生,谈道德性命之学,不绝于口,岂不彬彬乎进于周之文哉!"⑤性命二字,是时代的话题;但其内涵外延,在各哲学流派的称名中却差之毫厘,失之千里。二程的性、命、理作为是三而一的概念,指的是人之心性在道德践履过程中与天道(或称天理、大道)相合。程颐关于三者关系的言论对此有极为明确的阐释:"穷理尽性至命,只是一事。才穷理,便尽性;才尽性,便至命。"⑥"理也,性也,命也,三者未尝有异。穷理则尽性,尽性则知天命矣。天命犹天道也,以其用而言之则谓之命,命者造化之谓。"⑦在程氏的哲学体系中,"性"是绝对理念,人的情感始终处在不断被挤压、被规定的状态,并最终在"性其情"——主体正心诚意的道德践履中失去了生存的空间。基于此,此派认为所谓未曾流动的无情之

---

① 杨万里撰,宋淑洁点校《诚斋易传》,九州出版社 2008 年,第 4 页。

②《朱子语类》(第 2 册),第 516 页。

③《周易正义》,《十三经注疏》(上册),第 88 页。

④ 游酢《中庸义·君子中庸章》,游酢《游廌山集》,《景印文渊阁四库全书》(第 1121 册),第 644 页。

⑤《宋史·艺文传序》,《宋史》(第 15 册),第 5031 页。

⑥ 程颢、程颐撰,潘富恩导读《二程遗书》,上海古籍出版社 2000 年,第 242 页。

⑦《二程遗书》,第 329 页。

"性",最为中和雅正。

与此相反,"蜀学"重镇苏门文人则持合性于情甚至情性合一的观点,后人或称此为自然人性论①。"蜀学"有着鲜明的反对性善情恶的立场。认为性与命、性与情相互贯通。《东坡易传》:"情者性之动也,溯而上至于命,沿而下至于情,无非性者。性之与情,非有善恶之别也。"②从中可以看到,苏轼认为性情皆无善恶(这种说法的最终指向,就是自然情欲的合理化,因而被理学家坚斥不容),或者反过来说,性情皆有善恶。也就是说在哲学的体用关系上,本体皆无善恶,而趋善趋恶则存乎用(践履实践)。苏轼的观点是,从体用观看,善恶不是性情本身具有的、而是性情能够流向或到达的境域。它们之间的关系是,情静而未发为性,性有动于中为情;正因为情出于性,圣人任情而臻至完善的境界,小人任情却能沦为至恶的境地。苏轼这方面的言论很多,散见于各类文章中,其中《扬雄论》比较集中。此文虽然表面论韩愈之非,实际上,矛头直指当时道学家的性善情恶论:

> 彼以为性者,果泊然而无为耶? 则不当复有善恶之说。苟性而有善恶也,则夫所谓情者,乃吾所谓性也。人生而莫不有饥寒之患,牝牡之欲,今告乎人曰:饥而食,渴而饮,男女之欲,不出于人之性也,可乎? ⋯⋯圣人以其喜怒哀惧爱恶欲七者御之,而之乎善;小人以是七者御之,而之乎恶。由此观之,则夫善恶者,性之所能之,而非性之所能有也。且夫言性者,

---

① 如马积高先生即持此说,见马积高《宋明理学与文学》,湖南师范大学出版社1989年,第41页。
② 苏轼《东坡易传》,上海古籍出版社1989年,第5页。

安以其善恶为哉！虽然，扬雄之论，则固已近之。曰："人之性善恶混。修其善则为善人，修其恶则为恶人。"此其所以为异者，唯其不知性之不能以有夫善恶，而以为善恶之皆出乎性也而已。①

黄庭坚更在此基础上提出了"我自性"的范畴："夫成之者天也，能奉天德，以仁智处于万物之中而不忧不疑，非我自性之者乎！"②这一概念是苏门从二程"性其情"到"情其性"的生发，可以溯源到庄子：

> 吾所谓臧，非仁义之谓也，臧于其德而已矣；吾所谓臧者，非所谓仁义之谓也，任其性命之情而已矣；吾所谓聪者，非谓其闻彼也，自闻而已矣；吾所谓明者，非谓其见彼也，自见而已矣。夫不自见而见彼，不自得而得彼者，是得人之得而不自得其得者也，适人之适而不自适其适者也。③

"我自性"的观点改造了庄子过于任情的内容，但他对"我自性"中"天""天德"的尊奉，无疑包含了听任性命之情的成份。

若从文学的角度讨论洛学、蜀学，"洛学"无疑是窒息文学的天敌。众所周知，我国文学史上，虽然重功利、崇教化的儒家文艺观居于主导地位，但除了狭义的庙堂文学之外，文学仍然主要是一种私人写作，它虽然有载道、言志、抒情等多重功能，但载道言志之文

---

① 苏轼《扬雄论》，《苏轼文集》（第 1 册），第 111 页。
② 黄庭坚《贺性父字说》，《黄庭坚全集》（第 3 册），第 1540–1541 页。
③ 阮毓崧撰，刘韶军点校《重订庄子集注》（上册），上海古籍出版社 2018 年，第 252 页。

如果没有共性情感特别是个体情感的投入,就会使文学失去独立的品格,从而被类归于理学家们在文学艺术中专意于理、平典似道德论的讲学门径。而程氏"性其情"还是一个在正心诚意过程中,人类情感万流归"道"之本体的过程(南宋朱熹发展为"存天理,灭人欲"),这实际上是抽去了人各其面、活色生香、文学之所以为文学的特质。所以理学家多有轻视文学特别是感情的言论,甚至认为情与理之间是不可逾越的。此类言论从邵雍发端,程颐造极:

> 其或经道之余,因闲观时,因静照物,因时起志,因物寓言,因志发咏,因言成诗,因咏成声,因诗成音。是故哀而未尝伤,乐而未尝淫,虽曰吟咏情性,曾何累于性情哉? ①
>
> 某素不作诗,亦非是禁止不作,但不欲为此闲言语。且如今言能诗无如杜甫,如云"穿花蛱蝶深深见,点水蜻蜓款款飞",如此闲言语,道出做甚! ②
>
> 程伊川一日见秦少游,问:"'天若有情,天也为人烦恼。'是公之词否?"少游意伊川称赏之,拱手逊谢。伊川云:"上穹尊严,安得易而辱之?"少游惭而退。③
>
> 程叔微云:"伊川闻诵晏叔原'梦魂惯得无拘检,又踏杨花过谢桥'长短句,笑曰:'鬼语也。'"意亦赏之。④

上述观点甚至认为诗圣杜甫的纯然写景的诗作也是无及物之

---

① 邵雍《击壤集·自序》,《景印文渊阁四库全书》(第1101册),第4页。
② 程颢、程颐撰,潘富恩导读《二程遗书》,第291页。
③ 袁文《瓮牖闲评》,中华书局1985年,第49页。
④ 邵博撰,刘德权、李剑雄点校《邵氏闻见后录》,中华书局1983年,第151—152页。

功的"闲言语",而秦观、晏几道的名句则或对天理无敬畏之心,或纵情而不能止于性理而受到斥责。而苏门文人对文学的看法,特别是情感在文学作品中的地位,多有冲破洛学成见之处。比如,苏门文人与二程及程门子弟多采用"性情"一语不同,而是采用"情性"这一哲学术语,对于文学批评也往往如此。黄庭坚《书王知载朐山杂咏后》:"诗者,人之情性也。"① 张耒《贺方回乐府·序》:"文章之于人,有满心而发,肆口而成,不待思虑而工,不待雕琢而丽者,皆天理之自然而情性之至道也。"② 所以,苏轼称赞秦少游是世不一出"万人何赎"的天才词人,黄庭坚称赞晏小山"狭邪之大雅,豪士之鼓吹。其合者《高唐》《洛神》之流,其下者岂减《桃叶》《团扇》哉"③。可见"蜀学"与"洛学"由于性情孰为本用的不同认知,导源了对词作看法的针锋相对。

　　"蜀学"以情感合于性理的哲学探讨,是文学的思想解放与意识觉醒。北宋中期之后,词体能在"缘情"之路高歌前行,"蜀学"可谓有思想启蒙之功。但至晚宋词学,词坛又有回归"洛学"发乎情,止乎礼义的性理倾向。前引张炎"词欲雅而正,志之所之,一为情所役,则失其雅正之音"就是显证。正因为如此,前引沈义父、张炎对周邦彦直接抒情抱有成见:"或以情结尾,亦好。往往轻而露……便无意思,亦是词家病,却不可学也。"④"所谓淳厚日变成浇风也。"但清朝以来,又有回归阐扬了"蜀学"的倾向。况周颐说:"此等语愈朴愈厚,愈厚愈雅,至真之情,由性灵肺腑中流出,不妨说尽而愈无尽。……诚如清真等句,唯有学之不能到耳。如曰不

---

① 黄庭坚《书王知载朐山杂咏后》,《黄庭坚全集》(第 2 册),第 666 页。
② 张耒《柯山集(附拾遗)》(第 5 册),第 477 页。
③ 黄庭坚《小山集序》,《黄庭坚全集》(第 1 册),第 413 页。
④《乐府指迷笺释》,第 56 页。

可学也,讵必颦眉搔首,作态几许,然后出之,乃为可学耶?明已来词纤艳少骨,致斯道为之不尊,未始非伯时之言阶之厉矣。"① 王国维说:"词家多以景寓情。其专作情语而绝妙者,如牛峤之'甘作一生拼,尽君今日欢。',顾夐之'换我心为你心,始知相忆深',欧阳修之'衣带渐宽终不悔,为伊消得人憔悴。'美成之'许多烦恼,只为当时,一晌留情。'此等词,求之古今人词中,曾不多见。"② 显然是以"情性"为衡量标准。

(二)情性温粹浑厚和雅

　　基于上述分析,张炎对美成词评价中的"浑厚和雅"也具哲学指向。如前文所说,"雅"是宋词的内质和发展趋势,是宋词共性层面的品质。"浑""厚""和"与"雅"组成模糊集合体,呈现出北宋后期词作多种素质共臻雅化的多元法式。而"浑",即前说"浑成""浑然天成",是章法表现出的潜气内转的整体生命之趣(将在下一层次展开论述);"厚",是生命主体温厚、敦厚的性情光芒;"和"则是调适性情止于至正至中的和平粹美。

　　进而言之,"浑"是宋人在哲学与文学的双重意义上致力捕捉和表现元气浑仑中外物的真元气象与深理远思相统一的境界,也就是天下一气相生相成、物体在生气中聚散浮沉的生命之趣,这其中有微观地对客观外物、主观内情细部的入微刻划,也有对主观思理和客观气象的宏观把握。"厚""和"在性情层面不能断然区分,都是性情得其正的温厚平和的粹美。宋人以为,被外物所触而有动于中为"情",情感未发状态或发而中节的状态符合温柔敦厚的

---

① 况周颐原著,孙克强辑考《蕙风词话·广蕙风词话》,中州古籍出版社 2003 年,第 20 页。
②《人间词话》,《王国维文集》,第 20 页。

诗教。然而,文学作品抒发的必然是外物所触而有动于中的"已发"情感。抒发情感而使之"和厚",就必须把抒发的情感人为地抑制于至中至正而不逾节度。

文学表达欲发未发时的雅正中和的性情,是儒家一以贯之的立场,钱锺书总结儒家以"持"字训"诗"义,即有此哲学与文学的双重指向:

> 《诗纬含神雾》云:"诗者,持也",即"止乎礼义"之"止";《荀子·劝学》篇曰:"诗者,中声之所止也",《大略》篇论《国风》曰:"盈其欲而不愆其止",正此"止"也。非徒如《正义》所云"持人之行",亦且自持情性,使喜怒哀乐,合度中节,异乎探喉肆口,直吐快心。《论语·八佾》之"乐而不淫,哀而不伤";《礼记·经解》之"温柔敦厚",《史记·屈原列传》之"怨诽而不乱";古人说诗之语,同归乎"持"而"不愆其止"而已。陆龟蒙《自遣诗三十首·序》云:"诗者,持也,持其情性,使不暴去";"暴去"者,"淫""伤""乱""怨"之谓,过度不中节也。①

宋词范型有义归雅颂、语有寄托、节制哀乐、哲思化倾向等特点,同样是把所抒发的性情调适于中和雅正的状态。词体强大的表情功能相对于其它的文学样式更易逾"度",但并未有失性情之厚雅,甚至达成了矛盾的统一。陈廷焯关于词体"浑厚和雅"与温粹性情之间的关系论述如下:

---

① 钱锺书《毛诗正义·诗谱序》,钱锺书《管锥编》(第1册),中华书局1986年,第57页。

　　　　倚声之学,千有余年,作者代出。顾能上溯《风》《骚》,与
　　为表里,自唐迄今,合者无几。窃以声音之道,关乎性情,通乎造
　　化。……本诸《风》《骚》,正其情性,温厚以为体,沉郁以为用。[1]

　　如前所说,美成心中虽然多有小我之不遇于时的感情,但他
还是尽力把传统的怀才不遇和"荃不察余之中情"的不平愤懑调
适成了极具宋代特色的"不怨之怨"[2],反映出了至忠至厚的性情。
陈廷焯对此阐述最多,前引评《六丑·蔷薇谢后作》:"下文反复缠
绵,更不纠缠一笔,却满纸是羁愁抑郁,且有许多不敢说处,言中有
物,吞吐尽致。"评《满庭芳·夏日溧水无想山作》:"此中有多少说
不出处,或是依人之苦,或有患失之心。但说得虽哀怨,却不激烈。
沉郁顿挫中,别饶蕴藉。"周词直抒情意,却能敛约雍容,从而使一
身之休戚、一时之泰否、有动于中的喜怒哀乐尽量淡化;因此周词
没有陈廷焯所说的"促管繁弦,绝无余蕴""感寓不当,虑叹徒劳"[3]
等弊端,而是郁而能厚,读者不仅能感其所已发,也能感其所未发。
　　即便如此,美成抒情还是引来不少批评之声。刘熙载《艺
概·词曲概》:"周美成律最精审,史邦卿句最警炼,然未得为君子
之词者,周旨荡而史意贪也。"[4]这分明是从伊川先生"情既炽而益
荡,其性凿矣"立场出发,抨击美成词情感流荡过度,不能性其情。
江弱水先生阐扬了美成词情其性的合理性,以及以共情心理表现

---

① 陈廷焯《白雨斋词话·自序》,《白雨斋词话》,第1页。
② 黄庭坚《胡宗元诗集序》:"独托于无用之空言,以为千岁不朽之计。谓其
　　怨邪,则其言仁义之泽也;谓其不怨邪,则又伤己不见其人。然则,其言不
　　怨之怨也。"《黄庭坚全集》(第1册),第410页。
③《白雨斋词话·自序》,《白雨斋词话》,第1页。
④ 刘熙载《艺概》,上海古籍出版社1978年,第110页。

出对女性"至上的体贴与珍重",与词人坚贞不渝的敦厚性情相通:

　　我们知道,南朝文学的"放荡",乃是将欲界的情色、自然界的物色与文字的声色合一,将形式上的肉感与内容上的肉欲合一,周邦彦正是南朝宫体诗的传人,他笔下的情色书写,大致可以归结为三重境界,而一重比一重摇荡性灵。第一重境界如"腻颈凝酥白,轻衫淡粉红"(《南柯子》),"小唇秀靥今在否"(《琐窗寒》),"轻软舞时腰"(《南乡子》),"烧蜜炬,引莲娃,酒香薰脸霞"(《醉桃源》)等,属于北宋画院的工笔画,体貌虽美,而乏姿态。第二重境界如"午妆粉指印窗眼,曲里长眉翠浅"(《秋蕊香》),"出林杏子落金盘。齿软怕尝酸。可惜半残青紫,犹印小唇丹"(《诉衷情》)等。妇人妆罢偶尔以指尖将剩粉按在窗眼的纸上,而怕酸的女孩咬了一口的青杏还留着口红印子,细节精准而鲜活,令人钦佩词人敏锐的眼光。不过,这一重境界虽然生动,还不算化工。若论化工,还要数《少年游》(并刀如水)、《醉桃源》(冬衣初染远山青),以及下面这首《月中行》(蜀丝趁日染干红)……在丽日的映衬下,这位闺中少妇的衣裳何等富艳,而口红微融,逗出一点儿欲望的气息,又是何等美艳。"欢作沉水香,侬作博山炉",一切皆已停当,焚香祝祷的爱情会来吗? 不来,可怜闺中这寂寞的少妇,无聊,无奈,无望,只有怔怔地盯着窗纸上的小虫。而在这枉自拍打着翅膀的小虫身上,她已然照见了自己的命运。于是转入凄冷的下阕,直至"泪尽梦啼中"。试看此词前三句,真是隆重其事:"蜀丝趁日染干红",盛装以待也,"微暖口脂融",严妆以待也,"博山细篆蔼房栊",焚香以待也,可是,结果只落了个"静看打窗虫"! 这是第三重境界,是化境。……才是至上的体贴与珍重。①

可以说,美成情词都有这一特点,以《满江红》为例:

昼日移阴,揽衣起、春帷睡足。临宝鉴、绿云撩乱,未忺妆束。蝶粉蜂黄都褪了,枕痕一线红生玉。背画栏、脉脉悄无言,寻棋局。　　重会面,犹未卜。无限事,萦心曲。想秦筝依旧,尚鸣金屋。芳草连天迷远望,宝香薰被成孤宿。最苦是、蝴蝶满园飞,无人扑。

起三句写思妇恹恹,慵懒无聊,“移”字,是思妇意中眼中难捱之光阴外在呈现;“睡足”而非“睡熟”的细微差异,写出思妇慵懒不肯下床的辗转不寐。“临宝鉴”三句,心中不怿,弄妆梳洗迟也。接二句既补写因“睡足”而褪尽晨妆,又以丰美“绿云”映带婉泽“红玉”,写她正值青春年少,颜色润泽,容光焕发。上阕结处三句最为含蓄,一“背”字勾画背影,也写心事不欲人知,“脉脉”写含情宛转;“睡足”之外,尚须棋局排遣长昼,可见其情愫。此处还化用梁朝乐府《子夜歌四十二首》之九“雾露拥芙蓉,明灯照空局”诗句,采用谐音双关的修辞手法,棋局无棋,音谐荡子归来之“无期”,哀怨尽在不写之中。下阕首四句也写得温柔敦厚。古代妇女以所簪花朵、手中钱币占卜远人归期,此处思妇已明知会面“无期”,却仍怀一线希望,可见用情之深。“无限事”正是无法相见之事,萦绕心曲,或已被捐弃却不说出,反而收到了感人的效果。接二句代为设想,写薄幸人金屋欢悦,背面写来,如泣如诉。“芳草”二句是点

①《古典诗的现代性》,第207—209页。

睛之笔,写自己命运不济,外修内美却无悦己者,但仍坚守修洁自持。最后三句,只写无心扑蝶而情流其中:蝶双飞而人孤宿,蝶欢愉而人哀苦,无心扑蝶也未忍扑蝶,万种心曲,皆在写景中欲吐不吐。全词思路绝灵,沉郁顿挫,在闪避离合中活画出不可捉摸之闺怨闺情①。江弱水先生对此也有会心之评:"就像现代小说家偏好以有限的视角来增加叙述的可信度一样,他善于将自己的主体意识一分为二,也就是说,让'作者'分担了'叙述者'与'当事人'的角色,将主体的情思付诸客观的呈现,以求最大程度地达至真切可信。"② 因为叙述者性情之厚,观者能从"当事人"的闺怨而有"叙述者"《离骚》初服感士不遇之联想。

再看前考寄内词《蝶恋花》:

> 叶底寻花春欲暮。折遍柔枝,满手真珠露。不见旧人空旧处。对花惹起愁无数。 却倚阑干吹柳絮。粉蝶多情,飞上钗头住。若遣郎身如蝶羽。芳时争肯抛人去。

此词上下阕各由一个细节构成,上阕写妻子春暮采花,激起曾与丈夫执手攀花的记忆,触景生情,引起无限愁思。下阕则写妻子倚栏无意吹絮时,粉蝶停在钗头,因而引起了妻子郎身不似蝶羽的绮想。无情粉蝶却似有情地停在留香的钗头,从而引起了无理的疑问,郎身若如蝴蝶能被春天的花香吸引,就不会抛下年青貌美的自己远行他方。卓人月《古今词统》卷九引徐士俊评:"'若遣'二

---

① 参见《北宋词风嬗变与文学思潮》,第318页。
②《古典诗的现代性》,第219页。

句,又翻'君心蝴蝶飞'之案。"①毛滂《菩萨蛮》有"香解着人衣。君心蝴蝶飞"之句,所谓翻案,是对毛滂词溢于言表的深怨的隐忍与淡化。词中隐括的诗句还有李白《春感诗》:"尘萦游子面,蝶弄美人钗。"李商隐《访人不遇留别馆》:"卿卿不惜锁窗春,去作长楸走马身。闲倚绣帘吹柳絮,日高深院断无人。"浓郁的书卷气,也使夫妻间远程的想象与心理活动如朝露在花,鲜丽可人,反而使人产生美在一瞬的凄然联想。

　　美成的赠妓之作虽然写得绮艳有情却不落于下乘,原因是绮艳外现,情意内敛,所以含而不露,得到了历代评论者的盛誉。如《少年游》,毛先舒评曰:"周清真《少年游》题云'冬景',却似饮妓馆之作。只起句'并刀似水'四字,若掩却下文,不知何为陡着此语。'吴盐''新橙',写境清晰。'锦幄'数语,似为上下太淡宕,故着浓耳。后阕绝不作了语,只以'低声问'三字,贯彻到底。蕴藉袅娜,无限情景,都自纤手破橙人口中说出,更不必别着一语,意思幽微,篇章奇妙,真神品也。"②沈谦说:"贵在能含蓄。言马言他人,而缠绵偎倚之情自见。若稍涉牵裾,鄙矣。"③江弱水先生分析美成如何化解露骨欲望为娇羞泥人,真有"淤泥解作白莲藕,粪壤能开黄玉花"——化腐朽为神奇的功力:"她作出这一欲望的表达,情知十分露骨,于是才'找补'了一串理由:天已晚呀,路难行呀,人少不安全呀。但这些意思都不过是次要的,她只是希望他别走了。我们可以体察这女子非常微妙的心理活动与神情变化:豁出去说了,一说出去就脸红了,脸红了就只有自己给自己找解释,

①《古今词统》(第2册),第345页。
②王又华《古今词论》引毛先舒语,《词话丛编》(第1册),第609页。
③沈谦《填词杂说》,《词话丛编》(第1册),第632页.

好掩饰自己的尴尬了。"①这也是美成与柳永的区别所在,毛先舒评
《少年游》曰:"若柳七郎,此处如何煞得住。"②两人赠妓词最大的
不同是,柳词与歌妓之间,虽然平等,但略有俯视之戏谑调侃,周词
则是本诸对女性高度尊重的"了解之同情"③,完全是平视的角度。
陈廷焯曾对此类艳词作出总评:"美成艳词,如《少年游》《点绛唇》
《意难忘》《望江南》等篇,别有一种姿态。句句洒脱,香奁泛话吐
弃殆尽。"④

二、潜气内转顿挫断续

沉郁顿挫出自杜甫自述,见《进雕赋表》:"至于沉郁顿挫,随
时敏捷,而扬雄枚皋之徒,庶可企及也。"⑤后人对于"沉郁顿挫"的
阐释不一而足,以清人吴瞻泰解释杜诗最为明白深切:"沉郁者,
意也;顿挫者,法也。"⑥陈廷焯认为,从总体看周词与杜诗尚有一
尘之隔:"一则如杜陵之诗,包括万有,空诸倚傍,纵横博大,千变
万化之中,却极沉郁顿挫,忠厚和平,此子美所以横绝古今,无与
为敌也。求之于词,亦未见有造此境者。……大晟似子美,则吾
尚不谓然。"⑦但他在理论阐述与具体说词时还是以为周词能造此

---

①《古典诗的现代性》,第216页。
②《古今词论》引毛先舒语,《词话丛编》(第1册),第610页。
③陈寅恪《中国哲学史审查报告》,《陈寅恪先生全集》(下册),台北里仁书局
　1979年,第1361页。
④陈廷焯《白雨斋词话》,第162页。
⑤杜甫著,仇兆鳌注《杜少陵集详注》(第9册),文学古籍刊行社1955年,第
　132页。
⑥吴瞻泰《评杜诗略例》,吴瞻泰撰、陈道贵、谢桂芳校点《杜诗提要》,黄山书
　社2015年,第5页。
⑦《白雨斋词话》,第221—222页。

境:"美成词极顿挫之致,穷高妙之趣,前无古人,后无来者。词至美成,开合动荡,包扫一切,读之如登太华之山,如掬西江之水,使人品概自高,尘垢尽涤。"① "顿挫之妙,理法之精,千古词综,自属美成。"② "美成《菩萨蛮》上半阕云:'何处望归舟。夕阳江上楼。'思慕之极,故哀怨之深。下半阕云:'深院卷帘看。应怜江上寒。'哀怨之深,亦忠爱之至。"③ 前文第四章第一节中"布置谨严思力安排"、第五章第一节、第二节中的"用字含蓄运意沉郁""惨澹经营熔铸无痕"已经从法度、运意等不同角度探讨过"沉郁顿挫",这里侧重讨论由此显示出的贯穿其中的内在文气。对于美成词来说,就是看似大费周章的思力安排下的结构布局,因内转之潜气,也就与抽象层面"浑"之"所指"融二为一。

　　美成词在当朝就被评为"浑化无迹""浑成""浑厚和雅",但一直以来,学界几乎少有人对词论中的这一范畴进行哲学层面的阐释。前说"浑"是在哲学与文学的双重意义上致力捕捉和表现元气浑仑中外物真元气象与深理远思的统一;也就是天下一气相生相成、外物在生气中聚散浮沉的整体生命之趣。这其中有微观地对客观外物及内情细部的入微刻划,也有对主观思理和客观气象的宏观把握。程颢曾以自然现象对"浑化无迹"作出形象的比喻:"冲漠无朕,万象森然已具,未应不是先,已应不是后。如百尺之木,自根本至枝叶,皆是一贯,不可道上面一段事,无形无兆,却待人旋安排引入来,教入途辙。"④ 明代胡应麟在文学层面有过类

① 孙克强、杨传庆整理《〈云韶集〉辑评之一》,《中国韵文学刊》2010 年第 3 期,第 57 页。
②《白雨斋词话》第 29 页。
③ 同上书,第 17–18 页。
④《二程遗书》,第 199 页。

似的比喻："诗之筋骨,犹木之根干也;肌肉,犹枝叶也;色泽神韵,犹花蕊也。筋骨立于中,肌肉荣于外,色泽神韵充溢其间,而后诗之美善备。犹木之根干苍然,枝叶蔚然,花蕊烂然,而后木之生意完。"[1] 明朝陆时雍也屡屡以评唐诗,如评王勃《铜雀妓》:"子安才雄,五言律往往有一气浑成之势,律自不能拘得,看渠一意转合,视之平平,拟之难到。中晚之视初唐,六朝之视汉魏俱若此矣。"[2] 又评白居易《庾顺之以紫霞绮远赠以诗答之》:"白诗之佳在倾囊而出,每觉意趣圆满浑成。"[3] 周邦彦的词作气流其中而无迹可求,但却成就一派和平粹美的恬淡雍容,这是艺术以形式感性呈现生命理趣的方式,主要表现在写作技巧与生命流动的妙合无垠。沉郁顿挫契合宋型文化包括宋词范型的特点,能够最为有效地"扬弃悲哀""获得平静"[4],形式美中沉淀了道德善的内涵。

(一)潜气内转造化同流

这里先对"浑厚和雅"中的"浑"与"气"的关系再作进一步描述。如前所说,柳永叙事结构虽然平直,但也能见钩勒提掇之匠心,秦观在柳永单式布局基础上,发展为复式布局,但略有刻意为之的不断意脉。然而,"具浑沦之气"是北宋词行文的基本特征。浑沦指宇宙形成前的迷蒙气象,是大道与天地同流的外在呈现。老子曰:"有物浑成,先天地生。寂兮寥兮,独立而不改,周行而不殆。可以为天下母,吾不知其名,字之曰道。"[5]《列子·天

---

[1] 胡应麟《诗薮》,上海古籍出版社1958年,第206页。
[2] 陆时雍《唐诗境》,《景印文渊阁四库全书》(第1411册),第311页。
[3] 同上书,第766页。
[4] (日)吉川幸次郎著,郑清茂译《宋诗概说·序章》,台北联经出版事业公司2012年,第32、46页。
[5] 王弼注,楼宇烈校释《老子道德经注校释》,中华书局2008年,第62—63页。

瑞》解释说:"太初者,气之始也;太始者,形之始也;太素者,质之始也。气形质具而未相离,故曰浑沦。浑沦者,言万物相浑沦而未相离也。"① 南宋著名理学家杨万里的"元气浑沦"说已经具备"浑化无迹"的变化观:"何谓元? 曰:是不可言也。其阴阳未形之初乎? 肇而一谓之元,一而二谓之气,运而无息谓之道,融而无偏谓之和。……元气浑沦,阴阳未分,是谓太极。"② "曷为变,曷为化,是不可胜穷也。尝试观之云行乎,炳而黄,黯而苍,此云行之变也。倏而有,忽而无,此云行之化也。变者,迹之迁;化者,神之逝,天地造化,皆若是而已。"③ 因而常被用来形容文学思力创作却没有刻意斧凿的痕迹。苏门文人认为杜甫有浑然天成、粲然日新的高境,苏轼《次韵孔毅父集古人句见赠五首》(之三):"天下几人学杜甫,谁得其皮与其骨? ……前生子美只君是,信手拈得俱天成。"张耒说:"老杜语韵,浑然天成,无牵强之迹。"④ 张氏评山谷学杜诗时也曾说:"独鲁直一扫古今,直出胸臆,破弃声律,作五七言,如金石未作,钟声和鸣,浑然天成,有言外意。"⑤

　　周美成章法浑化无迹是以气承接的词章轨则,是遵循法度,又泯灭法度的"不与法缚,不求法脱"⑥ 的表现形态。自陈振孙、张炎以"浑"为关键辞评价美成词以来,清朝及近代,类似评论很多。如江顺诒《词学集成》引汪稚松语:"其词贵能有气,以气承接,通首如歌行然。又要有转无竭,全用缩笔包举时事,诚是难臻

---

① 张湛注《列子》,上海书店 1986 年,第 2 页。
②《诚斋易传》,第 4 页。
③ 同上。
④ 张耒《明道杂志》,中华书局 1985 年,第 6 页。
⑤ 王直方《王直方诗话》引张耒语,《宋诗话辑佚》(上册),第 101 页。
⑥ 朱熹《跋十七帖》,《景印文渊阁四库全书》(第 1145 册),第 751 页。

之诣。"① 夏敬观评《风流子》(枫林凋晚叶):"通篇一气衔贯。"② 又评《六丑》:"一气贯注,转折处如天马行空。"③ 已见前引的有夏敬观 "其不用虚字,而用实字或静辞,以为转接提顿者,即文章之潜气内转法"。钱基博也有"一笔驶折,有转无竭,颇得歌行以气承转之意"的评价。大致的意思是周词的结构布局是一气所形的整体,其构成犹如见行云变化之成而不见其所以成,见树木根干叶花苍然蔚然烂然而不知其所以然。有流动之感而无流动之迹,故前引夏敬观谓《瑞龙吟》"用'潜气内转'之笔行之",就是让行文之气内敛不露,陈匪石曾对周济评语的"接着讲"④ 而论及于此:

> 周济曰:"此不过'桃花''人面',旧曲翻新耳。看其由无情入,结归无情,层层脱换,笔笔往复处。"愚按:本词第一段,以"还见"二字为骨。"章台""坊陌"即"个人"所在之地。"梅""桃"点出时令,亦"桃花依旧"之意。"燕子归来",物犹怀旧,不必说人,意已反透。第二段以"因念"二字为骨,而由"凝伫"说入。"个人痴小",点出"前度"之人,以追念出之,则"人面"之"不知何处",已见言外。而"乍窥"以下,

---

① 江顺诒辑,宗山参订《词学集成》,《词话丛编》(第 4 册),第 3273 页。
② 夏敬观《映庵词评》,《词话丛编补编》(第 5 册),中华书局 2013 年,第 3470 页。
③ 同上。
④ 冯友兰《新理学·绪论》:"(新理学)大体上是承接宋明道学中之理学一派。我们说'大体上',因为在许多点,我们亦有与宋明以来底理学,大不相同之处。我们说'承接',因为我们是'接着'宋明以来底理学讲底,而不是'照着'宋明以来底理学讲底。"冯友兰《新理学》,上海书店出版社 1939 年,第 1 页。这里借用冯学研究者颇具代表性的"照着讲"与"接着讲"哲学史研究方法论中的概念。

但说其妆饰、其丰神,愈实写愈为后段蓄势。以局势言,两段皆前遍地位。"前度刘郎重到"为过变。而此六字者,事本在"还见""因念"之先,却在两段后突接,前者何其纡徐,此处何其卓荦! 自此以下,似应直写胸臆矣,而"访邻寻里",与"个人""同时歌舞"者,惟有"旧家秋娘"其"声价"为"如故",反剔"个人"之不见。然仍不肯说破,但说"吟笺赋笔",我犹记得,而"露饮""闲步","谁"更"伴"我? 此笔法之脱换处,即不肯使一直笔,而回环曲折,为"伤离"二字作顶上之盘旋。至"事与孤鸿去"则一笔揭穿。"探春"八字点出作意。极老辣,极沉痛。盖有前之摩空作势,然后奋然一击为有力也。由"探春"而"伤别",因"伤离"而归去,故又转到"归骑",着一"晚"字,弥见恋恋之意;"官柳"四句,全属"归骑"之所见所感。"飞雨"中之"金缕""风絮"处处牵愁。"池塘""院落",即第一段之"人家",第二段之"门户"。不去不可,欲去不忍。"断肠"二字,即"伤离意绪",以不经意出之。周氏所谓"无情入,无情结",实则即景见情,言情之入微而又极浑者也。①

　　《瑞龙吟》全词已见前引,这是一篇以回忆为主的词作,然而全词却似在即景叙事的现实时空中展开,微露不属现场时空线索的字句细入无间:"还见""旧处""因念""前度""重到""访""寻""旧家""如故""犹记""知谁伴""事与孤鸿去",其中又只有"还""因""犹"等极少数虚字,其余都是实字或称静字,两相比较,虚字的作用是呼唤照应,显化线索,非如此,虚字即被称为"空头字"。沈义父、张炎论之如下:

---

① 《宋词举(外三种)》,第121—122页。

腔子多有句上合用虚字,如"嗟"字、"奈"字、"况"字、"更"字、"又"字、"料"字、"想"字、"正"字、"甚"字,用之不妨。如一词中两三次用之,便不好,谓之空头字。不若径用一静字,顶上道下来,句法又健,然不可多用。[1]

若堆叠实字,读且不通,况付之雪儿乎? 合用虚字呼唤,单字如"正""但""甚""任"之类,两字如"莫是""还又""那堪"之类;三字如"更能消""最无端""又却是"之类,此等虚字,却要用之得其所。若能尽用虚字,句语自活,必不质实,观者无掩卷之诮。[2]

前引黄升赞美周词"圆美流转如弹丸",于词而言,虚字的作用至关重要。沈祥龙说:"词中虚字,犹曲中衬字,前呼后应,仰承俯注,全赖虚字灵活,其词始妥溜而不板实。"[3] 蒋兆兰说:"然论用笔,直与古文一例。……中间转接叠用虚字,须一气贯注,无虚字处,或用潜气内转法。"[4] 但美成词与柳永甚至秦观相比,虚字大大减少,他是以时空自然移换实现实字的潜气内转。陈洵评说《瑞龙吟》:

第一段地,"还见"逆入,"旧处"平出。第二段人,"因记"逆入,"重到"平出,作第三段起步。以下抚今追昔,层层脱卸。"访邻寻里",今;"同时歌舞",昔。"惟有旧家秋娘,声价如故",今犹昔。而秋娘已去,却不说出,乃吾所谓留字诀者。于是"吟笺赋笔""露饮""闲步",与"窥户""约黄""障

---

[1]《乐府指迷笺释》,第 73 页。
[2]《词源注》,第 15 页。
[3] 沈祥龙《论词随笔》,《词话丛编》(第 5 册),第 4052 页。
[4] 蒋兆兰《词说》,《词话丛编》(第 5 册),第 4634–4635 页。

袖""笑语",皆如在目前矣。又吾所谓能留,则离合顺逆皆可随意指挥也。"事与孤鸿去",咽住,将昔游一齐结束。然后以"探春"二句,转出今情。"官柳"以下,复缘情叙景。"一帘风絮",绕后一步作结。时则"褪粉梅梢,试花桃树",又成过去矣。后之视今,犹今视昔,奈此断肠院落何。[①]

　　上引陈说出现两次"逆入",两次"平出",六次"今",五次"昔",逆入是回忆往昔景事,平出是当今景事,时空在今昔之间游走,并且不象柳永、秦观主要靠虚字转接,此词微露时空线索的字句有十二处,但真正意义上虚字仅有三处,夏敬观说:"清真非不用虚字钩勒,但可不用者即不用。其不用虚字,而用实字或静辞,以为转接提顿者,即文章之潜气内转法。……不用钩勒,能使潜气内转,则外涩内活。"[②] 如前所说,这是最大程度上把艺术还原成生活之流,即回忆—眼前交错杂糅的结构方式,回忆中有眼前,眼前中有回忆,盘空而行,有转无竭的浑化无迹章法,是在生生不息内在驱动下,活力四射,情流其中,缘此,开篇结局皆是无情之景,却能在今昔不同的时空中层层脱换,笔笔往复,其中的感情从未"缺位"。

　　陈洵还发明了"留字诀",并以《兰陵王》《花犯》等证之,前引其分析《兰陵王》有四处"一留",五处"复",另有"脱开""证""倒提""逆挽""遥接""脱""虚提""实证"等,分析《花犯》有"题前盘旋""题后盘旋""一笔钩转""往来顺逆",就是阐述咏物词结构天成、浑然无迹的内在线索,与叙事之《瑞龙吟》机杼相同,是一留一复转化时的潜气流动。

―――――――――

① 《海绡说词》,《词话丛编》(第 5 册),第 4865 页。
② 夏敬观《〈蕙风词话〉诠评》,《蕙风词话·广蕙风词话》,第 461 页。

（二）情感机制形式意味

克莱夫·贝尔提出了著名的"有意味的形式"的观点,认为艺术作品中的形式组合本身就有意义因素,人们可以在纯形式的直觉中,把握类似于"物自体"的纯粹形式中蕴含的"意味":"在各个不同的作品中,线条、色彩以及某种特殊方式组成某种形式或形式间的关系,激起我们审美感情。这种线、色的关系和组合,这些审美的感人形式,我称之为有意味的形式。有意味的形式就是一切视觉艺术的共同本质。"① 苏珊·朗格"艺术符号"说则在形式因素中增加了感情成份,认为形式应该有与生命运动的同构关系:"它们的产生和消失形式也就是生命的成长和死亡呈现出来的那种形式,因此,它们的形式也就是生命的形式。艺术的本质既然是创造人类情感的符号形式,那么,也就是要创造与生命形式同构、对应的符号形式。"② 而艺术作为情感符号"给这些内部经验赋予了形式,所以它们才能得以被表现出来,从而使我们能够真实地把握到生命的运动和情感的产生、起伏和消失的全过程。"③ 这些论述,奇妙地符合了北宋美成词范型的形式与生命律动的同构。前文论及美成词的章法结构泯灭人工刻意,而"写出了感情实际存在的如烟

---

① 克莱夫·贝尔著,周金环、马钟元译《艺术》,中国文联出版公司 1984 年,第4 页。"In each, lines and colours combined in a particular way, certain forms and relations of forms and relations of forms, stir our aesthetic emotions. These relations ans combinations of lines and colours, these aesthetically moving forms, I call 'Significant Form'; and 'Significant Form' is the one quality common to all works of visual art." Clive Bell. Art, New York: Frederick A.Stoes Company,1913, p.8.

② 参见苏珊·朗格著,滕守尧、朱疆源译《艺术问题》,中国社会科学出版社 1983 年,第 43 页。

③ 同上书,第 66 页。

似雾、融而未明,以及有波澜、有回流、有转折的浑沌状态",已经触及到透过形式"把握到生命的运动和情感的产生、起伏和消失的全过程"这一表现主义美学的本质。本节将对前文美成词形式中的情感机制进行哲学层面的提升。

之前我们已经分析了周词章法中源自杜诗结构的倒插、反接、突接、顿断四种方法,实际上就是沉郁顿挫手法的具体实行。此技法与以气行词、潜气内转相辅相成,共同表现出感情实际存在的浑沌状态。周词的倒插,回忆与眼前穿插而行;他的反接,感情的顺流与逆流尽含其中;他的突接,景中含情;他的顿断,也是景物、事件、情感、议论断而未断。所以整篇结构翩若惊鸿,婉若游龙,神光离合,直贯始终,浑然而成一体。基于此,赋予内心情感以形式,生命的运动与情感的产生、起伏、消失的全过程由此变得可感可触,而且符合我国古代文论的欣赏模式,最终都归结于性情忠厚,使形式美中具备了内容善的因子。

前文分析钩勒方法,既可以指雕镂物类、探讨虫鱼的穿凿之工,也可以指章法的顺逆留复。美成情志看似因章法的顺逆留复而淡化,实际上却能敛约情性、雍容自摄,从而汰弃一身之休戚、一时之泰否以及有动于中的喜怒哀乐之情。也许正是在这个意义上,周济得出了"清真愈钩勒愈浑厚"的结论。

美成是公认的写情高手。贺裳说:"周清真虽未高出,大致匀净,有柳敧花嚲之致,沁人肌骨处,视淮海不徒娣姒而已。"[1]彭孙遹说:"美成词如十三女子,玉艳珠鲜,政未可以其软媚而少之也。"[2]前文从章法上论及的倒插、反接、突接、顿断也是赋予情感的形式,

---

① 贺裳《皱水轩词筌》,《词话丛编》(第2册),第705页。
② 彭孙遹《金粟词话》,中华书局1985年,第1页。

它们契合情感机制某些特质的内在逻辑,能使柳敧花弹、玉艳珠鲜的"软媚"之情能如前引张炎所说,变得"有气魄"。下面以《忆旧游》为主,结合其他词作加以分析:

> 记愁横浅黛,泪洗红铅,门掩秋宵。坠叶惊离思,听寒螀夜泣,乱雨潇潇。凤钗半脱云鬓,窗影烛光摇。渐暗竹敲凉,疏萤照晚,两地魂销。 迢迢。问音信,道径底花阴,时认鸣镳。也拟临朱户,叹因郎憔悴,羞见郎招。旧巢更有新燕,杨柳拂河桥。但满目京尘,东风竟日吹露桃。

引词有两处倒插,开头的"记"字,一直透入上阕结句,当读者几乎忽略了"记"的回忆性,以为写眼前景事时,才用"两地魂销"一语点醒以上皆为彼时彼地分别时的景事,悬想当下是与当时回忆的叠加。"迢迢"是词人眼前所感,但从"问音信"至"杨柳拂河桥"又是借助书信追忆此时彼地的悬想之辞。前文举出的例证中还有《瑞龙吟》(章台路)、《满庭芳》(风老莺雏)、《六丑·蔷薇谢后作》等名篇都采用倒插法。前文屡次提及的倒插中回忆与眼前穿插而行,能使结构圆活,气韵流转。与此同时,倒插也符合审美情感中的记忆原则。在我国哲学理念中,宇宙万物一气化生,万物皆有灵,客观物色之动与人的情感交互感应,借助人类情感得到呈现。因此,审美情感是在我与物的关系上,通过主体意识活动,将情感投射到客观对象上,使我国哲学中有灵性万物具有了我之生命情趣,这就消弭了主客观之间的对立,外物被人格化为"自我"后,达到"物我交融"的目的。而当审美情感付诸当事美女时,就如前引江弱水先生所说"让'作者'分担了'叙述者'与'当事人'的角色,将主体的情思付诸客观的呈现",这样,原本就有生命情感的当事人又被融入叙述者的"分裂"情感,成为与我为一的审美对象并达到交流共感。这种以回忆为内核、带有理性因素的反思情感稳定难忘、历久弥坚,而倒插就是表现这一审美情感最为恰当的形式。

　　引词有一处反接,先写女子信中"道径底花阴,时认鸣镳",这是春天有约,她在花树灿烂的小径中,辨认抑或更为细致地辨听着情人车马的鸣镳声,然而,所有车马的鸣镳声响相同,无论怎样辨听显然都是徒劳,这是在无音讯时近乎"魔性"的热望;接下来女子设想了如果有音讯时的情景。若按以上殷切盼望的常理推论,其感情的直线发展应该象李白《长干行》中的少妇一样,"早晚下三巴,预将书报家。相迎不道远,直至长风沙"。但周词没有样顺势而下,而是反接"也拟"三句,舛互生情,盼归来之意,恐捐弃之心,曲曲道出,倍觉意婉而姿态横生。反接表现的是情感状态的起伏转折,却并非消失,而是希望跌至谷底后,出之以温柔的"绝地反击"。是情感曲线突然发生维度转变(当然不排斥外在言行与内心有矛盾);是情感体验与情感期望的差距造成看似带有赌气成份的负面情绪,却从反面说明了爱情深切的程度。再如前引《解连环》,先写"漫记得、当日音书,把闲语闲言,待总烧却",反接"水驿春回,望寄我江南梅萼",这是"叙述者"的情感自叙,有效避免了对"当事人"情感投射时的虚拟性,是在真实中沉淀了淳厚之善。陈廷焯评冯延巳《蝶恋花》组词:"(首章)忧谗畏讥,思深意苦。""(次章)始终不渝其志,亦可谓自信而不疑,果毅而有守矣。""(三章)忠厚恻怛,蔼然动人。""(四章)词意殊怨,然怨之深,亦厚之至。盖三章犹望其离而复合,四章则绝望矣。作词解如此用笔,一切叫嚣纤冶之失,自无从犯其笔端。"[1] 周词反接寄希望于绝望,亦可作如是观。

---

[1]《白雨斋词话》,第9页。

　　引词有一处顿断,沈德潜总结杜甫的顿断法是叙事未了,泛入旁议。但因为词体侧重景情交融的特殊性,所以词中顿断法"变异"为写景未了,泛入议论;或叙事、写景未了,泛入抒情两种。"旧巢"二句,是此时彼地之景,也寓对方盼归之情;"但满目"二句是此时此地之景,也是词人倦游怀思之情,相互融会的景中之情突然中断写景,在宽泛的意义上也可以类归顿断。顿断法是因景感发,而景物描写又因为感发的贯注而有一种四照玲珑的透彻。写景泛入议论如《留客住》,词上阕写景:"嗟乌兔。正茫茫、相催无定,只恁东生西没,平均寒暑。乍见花红柳绿,处处林茂。又睹霜前篱畔,菊散余香,看看又还秋暮。"过片泛入旁议:"忍思虑。念古往贤愚,终归何处。争似高堂,日夜笙歌齐举。"《黄鹂绕碧树》上阕全部写景:"双阙笼佳气,寒威日晚,岁华将暮。小院闲庭,对寒梅照雪,淡烟凝素。忍当迅景,动无限伤春情绪。犹赖是、上苑风光,渐好芳容将煦。"过片以"草莱兰芽渐吐"一句映带后,泛入旁议:"且寻芳、更休思虑。这浮世、甚驱驰利禄,奔竞尘土。纵有魏珠照乘,未买得、流年住。争如盛饮流霞,醉偎琼树。"写景泛入抒情如《丹凤吟》上阕先写从朝至暮景事:"迤逦春光无赖,翠藻翻池,黄蜂游阁。朝来风暴,飞絮乱投帘幕。生憎暮景,倚墙临岸,杏靥夭斜,榆钱轻薄。昼永惟思傍枕,睡起无憀,残照犹在庭角。"下阕顿断写情:"况是别离气味,坐来但觉心绪恶。痛饮浇愁酒,奈愁浓如酒,无计销铄。"

　　词中突接与顿断相反,是抒情突然中断,飘然而入写景的手法,此法在引词《忆旧游》中不明显,但却是美成最常见的方法之一。如《西平乐》"叹事逐孤鸿去尽,身与塘蒲共晚;争知向此征途,伫立尘沙。追念朱颜翠发,曾到处,故地使人嗟",都是抒情,过片突接写景:"道连三楚,天低四野,乔木依前,临路欹斜。"写景是

为了以自然之永恒,衬人生之短暂,景中更见物是人非之感:词人
回想元丰初年从家乡经行此地入汴京时,面对同样的自然美景,自
己就曾动念追慕功成身退、长揖归田庐的前贤;可是晚年重经故
地,却身心交违,宦途难返。这比单纯抒情蕴意更为深广。如《瑞
龙吟》第三阕都是抒发美人不见的感情,结处突入写景:"官柳低金
缕。归骑晚、纤纤池塘飞雨,断肠院落,一帘风絮。"初春日暮,雨
雾中新发嫩黄柳条如金线低垂,庭院中细雨濛濛如帘外飞絮。在
这个背景中,整首词中所表现的怅惘,越显得邈绵凄迷,悠悠不尽。
并且景物在整个结构中也有穿插贯透作用:此词第一阕明写梅粉
桃花,暗含丝柳;第三阕仅写丝柳,而梅桃暗含其中;逆入平出,今
昔对比,可谓力透终篇,一笔不懈。顿断、突接是在情、志、景、事中
的互换游走,类似于情感隔离的防御机制,是在面对无法承受的思
念或情感受到创伤时,深陷其中而难以自拔,隔断或许不失为另类
的释放痛苦的方式。

　　本章节论述了文学与哲学的交叉点在于浑然天成的北宋体
制与情性温粹的浑厚和雅的关系。前引王灼说美成词时时得《离
骚》之意。《史记·屈原贾生列传》曰:"屈平之作《离骚》,盖自怨
生也。《国风》好色而不淫,《小雅》怨诽而不乱。若《离骚》者,可
谓兼之矣。"①屈原之后,宋玉等人既继承了屈骚政治恋情诗的形
式,更传承了《风》诗"上以风化下,下以风刺上,主文而谲谏,言之
者无罪,闻之者足以戒"②的儒家诗教,宋玉委婉地规谏统治者的谲

①《史记·屈原贾生列传》,《史记》(第8册),第2482页。
② 毛公传,郑玄笺,孔颖达等正义,黄侃经文句读《毛诗正义》,上海古籍出版
　社1990年,第18页。

谏,形成了作品中的微言大义,也被美成词所受容。与此同时,也
在蜀学"情性"学说的观照下有了光芒与温度。虽然周词多表现
一己之悲欢(包括对于歌妓的用情专深),但因附着身世之感,并以
沉郁顿挫的方式加以表达而词品愈尊。陈廷焯正是在这个意义上
称赞美成蔼然纯正:"顿挫则有姿态,沉郁则极深厚。"(已见前引)
"匪独体格之高,亦见性情之厚。"[1]"忠厚之至,亦沉郁之至,词之源
也。"[2] 这种穷顿挫之妙、极沉郁之致的忠厚缠绵,也是南宋词难以
企及之处:"美成《夜飞鹊》云……哀怨而浑雅。白石《扬州慢》一
阕,从此脱胎。超处或过之,而厚意微逊。"[3] 前说美成词因立意不
高而致使品格饱受争议,王国维总结相关负面评价说:"周介存谓
'梅溪词中喜用"偷"字,足以定其品格'。刘融斋谓'周旨荡而史
意贪'。此二语令人解颐。"[4] 本章节着力解决词体品格之高与词人
性情之厚的关系,揭橥出唯美形式中沉淀的真善因子,或可从哲学
层面助力美成"词中老杜"地位的确立。

---

① 《白雨斋词话》,第 5–6 页。
② 同上书,第 4 页。
③ 同上书,第 19 页。
④ 《人间词话》,《王国维文集》,第 13 页。

第六章 "词中老杜"的词史定位
与清代词学范型理论的现代转型

正如杜甫作为江西之祖是结束唐体开启宋调的时代先行者,周邦彦也是北宋后期词人,处于"结北开南"特殊位置的词人,其影响也是通过南宋著名词人姜夔、史达祖、吴文英、王沂孙由南追北的路径得以实现,而周密南宋词选《绝妙好词》所选数量可观的南宋名篇与陆辅之《词旨》对南宋词的大量选句,呈现的正是美成词艺术影响的集体景观。

在清代常州词派宋词范型的理论建构中,周美成词史地位在宋元以来词学理论的基础上进一步经典化。目前,较少有学者论及在清朝经学大盛的时代风气下,浙派、常派都是将治经的方法移之治词,与略前出现的浙派以汉学重考据、重章句训诂的方法不同,常派是把宋学直探义理的治经方法移诸治词,最早显露出对美成词哲学性的抽象解说,并发展为对北宋范型与南宋范型形而上层面的尊崇或贬抑。但由于受古代文学批评模式的限制,常州词派初期评点尚未形成富有逻辑性的理论体系。至周济则建立了"清真,集大成者也。……问途碧山,历梦窗、稼轩,以还清真之浑化"的词史谱系,并规定了追溯途径:"先之以碧山""继之于梦窗""进之以稼轩"(已见前引),其中稼轩的作用是"感慨时事,

系怀君国,而后体尊"①。之后,陈廷焯出入浙西、常州二家,前引其
"沉郁顿挫"说,在哲学层面完善了常派理论;而"前收苏、秦之终,
复开姜、史之始","后之为词者,亦难出其范围",属于更为宏通的
词史视角,也是对常州词派谱系的强化与补充。

第一节 由南追北经典嬗变的历史向度

周邦彦词在宋朝特别是晚宋词学中有很高地位,但却是在清
朝词学中得到理论提升,其时阐释美成词的理论性已大大增强。
特别是常州词派理论家周济建构了周邦彦、辛弃疾、王沂孙、吴文
英四大词人谱系,两宋词人皆为附从(详见下文谱系注释),并且指
明词体创作由南追北的途径:

> 清真,集大成者也。稼轩敛雄心,抗高调,变温婉,成悲
> 凉。碧山餍心切理,言近指远,声容调度,一一可循。梦窗奇
> 思壮采,腾天潜渊,返南宋之清泚,为北宋之秾挚。是为四家,
> 领袖一代。余子荦荦,以方附庸。……问途碧山,历梦窗、稼
> 轩,以还清真之浑化,余所望于世之为词人者,盖如此。②
> 学者务逆而溯之,先之以碧山,餍切事物,言今指远,声容
> 调度,一一可循,学者所由成章也。继之以梦窗,奇思壮采,腾
> 天潜渊,使夫柔情慧志,皆有瑰伟卓荦之观,斯斐然矣。进之
> 以稼轩,感慨时事,系怀君国,而后体尊。要之,以清真圭方璧

---

① 周济《宋四家词筏序》,《丛书集成续编》(第134册)《止庵遗集》,上海书
  店出版社1994年,第128页。
②《宋四家词选目录序论》,《宋四家词选》,第2页。

圆,琢磨谢巧,夜光照乘,前后举澈,能事毕矣。①

　　常州词派理论对于近现代词学有着深刻影响,前引陈匪石、吴世昌有言:"清真包括一切,绝后空前,实奄有南宋各家之长。姜、史、吴、王、张诸人,固皆得清真之一体,自名其家。""清真在北宋之末,入南宋之大门也。入清真之门,然后可读白石、梅溪、梦窗、碧山诸家。"姜夔、史达祖、张炎等人是被周济作为"附庸"列入词人谱系——姜夔附于辛弃疾,史达祖、张炎附于王沂孙,另有周密附于吴文英②。也就是说,逆溯北宋清真之途,姜夔、史达祖、周密、张炎乃至所列南宋众家也是臻于北宋的堂阶。之后,夏敬观认为众派皆应附于美成:"乾嘉时词,号称学稼轩、白石、玉田,往往满纸皆此等呼唤字,不问其得当与否,遂成滑调一派。……今人以清真、梦窗为涩调一派。白石、玉田一派,钩勒得当,亦近质实,诵之如珠走盘,圆而不滑。二派皆出自清真。"③

　　王运熙先生评价《诗品》所论师承关系时说:"钟嵘品第诗人,最注意揭示各个作家的风格特色,他根据诗歌体制风格的互相类似来判断历代诗人的继承关系。《诗品》评谢灵运云:'其源出于

---

① 周济《宋四家词筏序》,《丛书集成续编》(第 134 册)《止庵遗集》,第128 页。

② 周济建立的宋四家谱系是:周邦彦(下附:晏殊、韩缜、欧阳修、晏几道、张先、柳永、秦观、贺铸、韩元吉);辛弃疾(下附:徐昌图、韩琦、范仲淹、苏轼、晁补之、洪皓、姜夔、陆游、陈亮、赵以夫、陈经国、方岳、蒋捷);王沂孙(下附:林逋、毛滂、潘元质、吕本中、康伯可、范成大、史达祖、张炎、黄公绍、练恕可、唐珏);吴文英(下附:张升、赵令畤、王安国、苏庠、陈克、严仁、高观国、陈允平、周密、王武子、黄孝迈、王梦应、楼采、无名氏)。参见《宋四家词选目录序论》,《宋四家词选》,第 1 页。

③ 夏敬观《〈蕙风词话〉诠评》,《蕙风词话·广蕙风词话》,第 461 页。

第六章 "词中老杜"的词史定位与清代词学范型理论的现代转型　423

陈思,杂有景阳之体。'评魏文帝云:'其源出于李陵,颇有仲宣之体。'这个'体'就是《文心雕龙·体性篇》的'体',指作品的体貌,也就是体制和风格。《诗品》常常说某家源出于某家,就是根据对各家作品体制风格的考察和比较而得来的认识。一个作家的作品的体制风格形成的因素是比较复杂的,就接受过去作家的影响而言,也常常是多方面的;《诗品》常常只是说某家源出于某家,提法不免显得过于简单片面。故《四库提要》评《诗品》说:'惟其论某人源出某人,若一一亲见其师承者,则不免附会耳。'但钟嵘原意,或许只是说某家体制风格的基本倾向和过去某家类似;假如这样的话,也还是有其一定的意义的。"①南宋词家对美成词的传承也主要是体制风格的基本倾向,而非局促辕下的依样画葫芦。姜白石、史梅溪、吴梦窗、王碧山与美成词被普遍认为基本倾向最为相似,他们都是精通音乐的创作型词人,其中白石、梅溪、梦窗也如美成有缠绵悱恻的"实有本事"。他们俱从已成经典的美成词嬗蜕,在体制风格如章法结构、炼句炼字、意旨蕴含、物象有托、兼容诗质等萧规曹随之外,各从清空、浑雅、隐微、寄兴等不同方面有所超越而独具风格,从而各在词史上取得一席之地,又因共扬澄波而使美成开创的典丽词派蔚成大国。

　　本章对于以周草窗、张玉田为代表的宋末词人创作群体趋向性的描述,可以证明规摹经典确实是南宋持续不变之风气。值得注意的是,在由宋入元的特殊历史阶段,遗民词人在词体畛界限域内兼容苏轼"以诗为词",抒写亡国之恨,从本质上推尊了词体,也落下了宋词最终集体转型的"实锤"。

---

① 王运熙、顾易生等《中国文学批评史新编》(上册),复旦大学出版社2007
　　年,第157页。

一、开启姜史清空警迈

陈廷焯有美成"复开姜、史之始"之说,夏承焘也力主姜夔以江西瘦硬之质挽救周词之软媚:"白石在婉约和豪放两派之外,另树'清刚'一帜,以江西诗瘦硬之笔,救温庭筠、韦庄、周邦彦一派的软媚,又以晚唐诗的绵邈风神救苏、辛一派粗犷的流弊。"(以上皆见前引)梅溪词也被认为有"锵洋乎口吻之际者,皆自漱涤书传中来"[1],也是语语皆有来历的江西诗质。前文已经论证并指出把江西诗风及诗性美质引入词体的导夫先路者是清真而非白石,然而,南宋词人后出转精,特点更为突显。白石清空从清真质实脱化转出[2],梅溪研炼浑化,亦传清真衣钵。但姜、史之词,不是对经典复制而能超越,故能突破畛域,渐入新境。

(一)白石清空天机云锦

姜夔,字尧章,号白石道人。前引张炎《词源》的创新观点是"词要清空,不要质实""清空则古雅峭拔""白石词如野云孤飞,去留无迹";他又指出:"白石词如《疏影》《暗香》《扬州慢》《一萼红》《琵琶仙》《探春》《八归》《淡黄柳》等曲,不惟清空,又且骚雅,读之使人神观飞越。"[3]然而,白石清空骚雅,虽不同于梦窗,但却是对清真偏于质实、兼备形神词法的发展,其中最引人关注的

---

① 张镃《梅溪词序》,史达祖著,王步高校注《梅溪词校注》,天津人民出版社1994年,第389页。

② 张文虎《舒艺室剩稿·绿梅花龛词序》:"予曰:'白石何尝不自清真出,特变其秾丽为淡远耳。自国初来,以玉田配白石,正以得其淡远之趣。近时诸家,又桃姜、张,而趋二窗,顾草窗深细而雅,门径稍宽或易近,似未见能涉梦窗之藩篱者,此犹白石之于清真矣。'"张文虎《舒艺室杂著剩稿》,《清代诗文集汇编》(第630册),上海古籍出版社2010年,第431页。

③《词源注》,第16页。

是，同样咏物、写情、乃至怀古题材，周词中的"小我"意趣再次被注入"大我"情怀而激昂高远。姜夔由于带有靖康之难的创伤记忆，特别是咏物词中的隐喻方式与西方重构对抗集体遗忘的历史叙事极为相似①。

姜夔咏物词最受称赞，张炎不仅列《暗香》《疏影》为"清空中有意趣"的例证，更称赞说："诗之赋梅，惟和靖一联而已；世非无诗，不能与之齐驱耳，词之赋梅，惟姜白石《暗香》《疏影》二曲，前无古人，后无来者，自立新意，真为绝唱。"② 仅录《疏影》如下：

> 苔枝缀玉，有翠禽小小，枝上同宿。客里相逢，篱角黄昏，无言自倚修竹。昭君不惯胡沙远，但暗忆江南江北。想佩环、月夜归来，化作此花幽独。　　犹记深宫旧事，那人正睡里，飞近蛾绿。莫似春风，不管盈盈，早与安排金屋。还教一片随波去，又却怨玉龙哀曲。等恁时、重觅幽香，已入小窗横幅。

《暗香》《疏影》是组词，题序明言是为范成大石湖范村雪中之梅而作："辛亥之冬，予载雪诣石湖。止既月，授简索句，且征新声。作此两曲，石湖把玩不已，使工妓隶习之，音节谐婉，乃名之曰《暗香》《疏影》。"白石咏物与清真相比，不再注重钩勒渲染模写外物形态，如引词只有"苔枝缀玉"四字作正面刻划，范村绿须苔梅（又称古梅）为实录，范成大记载，曾从会稽、吴兴移得数本。《范村梅谱》记录此品绿须封枝，花朵疏缀："古梅，会稽最多，四明、吴兴

---

① 参见汪文静《历史裂隙：集体遗忘——张抗抗〈集体记忆〉的新历史主义解读》，《文学界》2011 年第 5 期，第 37—38 页。

②《词源注》，第 20—30 页。

亦间有之。其枝樛曲万状,苍藓鳞皴,封满花身。又有苔须垂于枝间,或长数寸,风至,绿丝飘飘可玩。……凡古梅多苔者,封固花叶之眼,惟罅隙间,始能发花,花虽稀而气之所钟,丰腴妙绝。"① 其余竹外梅枝、落梅随波、墨梅画幅等皆由典故虚写。所用语典和事典有《龙城录》所载赵师雄罗浮山下遇美人及绿衣童子事:"顷醉寝,师雄亦憒然,但觉风寒相袭。久之,时东方已白,师雄起视,乃在大梅花树下,上有翠羽啾嘈相顾,月落参横,但惆怅而尔。"② 王建《塞上梅》:"天山路傍一株梅,年年花发黄云下。昭君已殁汉使回,前后征人惟系马。"寿阳公主因落梅额上而成梅花妆典,见《太平御览》所引《杂五行书》。金屋藏娇典,见《汉武故事》。笛曲《落梅花》,见《乐府诗集·梅花落·解题》。由王昭君又衍生运化以下语典,杜甫《佳人》:"绝代有佳人,幽居在空谷。""天寒翠袖薄,日暮倚修竹。"又,《咏怀古迹》:"一去紫台连朔漠,独留青冢向黄昏。""画图省识春风面,环佩空归月夜魂。"

与前文沈义父所举清真《水龙吟》有意要从白花中区分出梨花的写法相比,《疏影》基本不正面刻划外物之形,这明显是对周词"模写钩勒兼备形神"的扬弃。然而,前文论及北宋柳永、苏轼咏物尚未有主体深度介入,外物无法作为身世之感的载体;白石词脱化于清真,但更偏重传神,阅读时极易产生此物之外的联想。前引张炎说美成"善于融化诗句,如自己出",但又认为逊于白石:"致乏出奇之语,以白石骚雅句法润色之,真天机云锦也。"③ 涉及的就是前文所论的"活法"语言。因为白石典故往往运化为叙事性描述,故

① 范成大《梅谱》,中华书局 1985 年,第 2 页。
② 柳宗元《龙城录》,中华书局 1991 年,第 9—10 页。
③ "致乏"二字采用异文。《词源注》,第 30 页。

而能够"用事不为事所使"。《御定曲谱·诸家论说·九宫谱定论说》:"又如鲛人之绡,不着一丝纰颣,务求意新语俊、字响调圆,有规有矩,有声有色,所谓动吾天机不知所以然而然,方为神品。"①白石词中事典语典被化作自己的语言加以重组,而能突破陈言而语新意新,无疑是对周词语言圆美流转"活法"的发展。

又因为白石是南渡后词人,而咏梅用典集中于后妃;故众说皆以为其中烙有靖康之难的创伤记忆,郑文焯观点可为代表:"此二曲为千古词人咏梅绝调,以托喻遥深,自成馨逸。"②"此盖伤心二帝蒙尘,诸后妃相从北辕,沦落胡地,故以昭君托喻,发言哀断。"③夏承焘、唐圭璋也持此观点:"自来谈白石词事者,以二曲有'昭君''胡沙'之句,谓为徽钦后妃而发。"④"此首咏梅,无句非梅,无意不深,而托喻君国,感怀今昔,尤极宛转回环之妙。"⑤其中四库各种版本中的"胡沙"被改成"龙沙""边沙""吴沙""风沙"等,连《词源》的引句也被作"征尘";可以从侧面说明有所托喻是作者的本意。

再比较姜词与周词中发意最高的怀古词。姜夔著名的怀古词是赋咏本调的《扬州慢》,题序有曰:"淳熙丙申至日,予过维扬。夜雪初霁,荠麦弥望。入其城,则四顾萧条,寒水自碧,暮色渐起,戍角悲吟。予怀怆然,感慨今昔,因自度此曲。千岩老人以为有黍离之悲也。"

---

① 《御定曲谱》卷首辑《〈九宫谱定〉论说》,王奕清《御定曲谱》(第 1 册),中国书店 2018 年,第 33 页。
② 《大鹤山人词话》,第 100 页。
③ 同上书,第 101 页。
④ 《姜白石系年·白石怀人词考》,《夏承焘集》(第 1 册),第 452 页。
⑤ 唐圭璋《唐宋词简释》,上海古籍出版社 1981 年,第 193 页。

　　　　淮左名都,竹西佳处,解鞍少驻初程。过春风十里,尽荠
　　麦青青。自胡马窥江去后,废池乔木,犹厌言兵。渐黄昏、清
　　角吹寒,都在空城。　　　杜郎俊赏,算而今重到须惊。纵豆蔻
　　词工,青楼梦好,难赋深情。二十四桥仍在,波心荡冷月无声。
　　念桥边红药,年年知为谁生。

　　黍离之悲,典出《史记·宋微子世家》:"其后箕子朝周,过故
殷虚,感宫室毁坏,生禾黍,箕子伤之,欲哭则不可,欲泣为其近妇
人,乃作麦秀之诗以歌咏之。其诗曰:'麦秀渐渐兮,禾黍油油。
彼狡僮兮,不与我好兮!'所谓狡童者,纣也。殷民闻之,皆为流
涕。"① 词中化用杜牧扬州诗作有《题扬州禅智寺》《赠别》《遣怀》
《寄扬州韩绰判官》等,但姜词并非如杜郎赋咏繁华以及花被清愁、
酒消英气的怀才不遇,而是如题序所言,是激愤于扬州因金兵南
犯,成为满目疮痍的战争遗墟。另外,此词写于"淳熙丙申至日",
即淳熙三年(1176)冬至游维扬时,显然不是扬州风物红药的花
期,因此,词作是以芍药为载体,以扬州逝去的繁华与风物红药的
幻影交织出虚拟的昔日盛观,又以"荠麦青青""废池乔木""冷月
无声"刻划出外敌进犯之后墟域的颓圮破败,昔日繁华与眼前萧条
的落差,构筑出扬州空城的芜城新赋,可谓长歌当哭。
　　最后看白石与美成相同的"实有本事"的情词。夏承焘先生
考得白石淳熙年间与合肥姊妹歌妓结下情缘,六十多首词作中,赠
合肥歌妓词达三分之一② 。并考证说:

_____

①《史记》(第 5 册),第 1620—1621 页。
② 参见《姜白石系年·白石怀人词考》,《夏承焘集》(第 1 册),第 446—450 页。

予考白石怀人词,所举止此。总其归趣,凡得二事:一,五代歌词,十九闺幨;宋人言寄托,乃多空中传恨之语;惟白石情词,皆有本事;梅柳托兴,在他人为余文,在白石是实感;南宋咏物词中,白石以此超然独造,不但篇章特富而已。二,白石词从周邦彦入而从江西诗出,非如五代、北宋之但工蕃艳;怀人各篇,益以真情实感,故生新刻至,愈淡愈深。张炎但赞其"清空",已堕边见;今读《江梅引》《鹧鸪天》诸词,一往之情,执着如此,知张氏"野云孤飞,去留无迹"之喻,亦乖真赏;至王国维评为"有格而无情",则尤为轻诋厚诬矣。(《人间词话》又云:"白石之词,予所最爱者二语,曰:'淮南皓月冷千山,冥冥归去无人管。'"王氏既未详其淮南本事,殆亦只赏其要眇,未识其深至也。)①

淮南,合肥唐属淮南道。"淮南本事"即合肥情缘。夏先生此说有两点可议。北宋美成情词已非空中传恨之语,而是有"本事"之真情实感愈淡而愈深;其词已是出入江西,并非仅工蕃艳。刘乃昌、蔡嵩云曾论白石情词之清:"摒弃浓丽,用语清爽,化用典故,浑融一体,不露痕迹,脉脉柔情,以健劲之笔出之。"②"清空言词之境界,清超言词之句法,清劲、清刚俱言词之气骨。白石词一洗侧艳软媚之容、豪迈粗疏之习,而字字骚雅,绝无浮烟浪墨绕其笔端。词清如许,前所未有,允为开派名家。"③然如前所说,健笔柔情,清真实为开派,白石大段瓣香清真,而能拓展新境,是前贤未曾深论

①《姜白石系年·白石怀人词考》,《夏承焘集》(第 1 册),第 450 页。
② 刘乃昌《姜夔词新释辑评》,中国书店 2001 年,第 77 页。
③《乐府指迷笺释》,第 49 页。

之处。

　　白石被《词旨》录入警句也如"天机云锦"：

　　　　昭君不惯胡沙远,但暗忆江南江北。(《疏影·赋梅》)
　　　　问甚时同赋,三十六陂秋色。(《惜红衣·吴兴荷花》)
　　　　波心荡、冷月无声。(《扬州慢》)
　　　　千树压、西湖寒碧。(《暗香·赋梅》)
　　　　冷香飞上诗句。(《念奴娇·吴兴荷花》)
　　　　重见冷枫红舞。(《法曲献仙音·张彦功官舍》)
　　　　墙头换酒,谁问讯、城南诗客。岑寂。高柳晚蝉,说西风
　　消息。(《惜红衣·吴兴荷花》)

　　值得注意的是,《词旨》所列警句,与前引美成多为整饬对句相
比,偏于似律非律、似偶实奇的七字句,其中"昭君"一联,有意不
为属对,第二例以"问"字领起四六句,却不为骈丽板滞。七字单
句,虽然符合上三下四的诗歌顿数,但以散句行。六字单句,结合
前句,知为参差四六格式:"翠叶吹凉,玉容销酒,更洒菰蒲雨。嫣
然摇动,冷香飞上诗句。"因为流动脱化,是四六而非骈对,故似骈
实散。另一六字单句结合前顿则为九字句:"谁念我、重见冷枫红
舞。"是上三下六句式;而李彭老同调词此处以虚字领起四字对句,
是上五下四句式:"曾锦缆移舟,宝筝随辇。"张炎以虚字领起四字
非对句,也是上五下四句式:"怕唤起西湖、那时春感。"相较而言,
姜词句式显然更为活脱灵动。而白石警句六字又极为凝炼,如"冷
香"句,与白石赋咏芍药之《侧犯》中"微雨。正茧栗梢头弄诗句"
之句用意相同,炼"飞"字,写词人凝视秋水中窈窕的荷花,清净香
气引出心中鲜缛的诗情。"冷枫红舞"句语出崔信明残句"枫落吴

江冷"、罗邺《芦花》"枉随红叶舞秋声",炼出"红舞"二字。《论词随笔》曰:"字法贵新隽,又贵自然。"①"炼字贵坚凝,又贵妥溜。句中有炼一字者,如'雁风吹裂云痕'是,有炼两三字者,如'看足柳昏花暝'是,皆极炼如不炼也。"②"墙头"六句,出于李璟"西风愁起绿波间",但散化铺叙,极流动之致。刘熙载《艺概·词曲概》:"古乐府中至语,本只是常语,一经道出,便成独得。词得此意,则极炼如不炼,出色而本色,人籁悉归天籁矣。"③白石警句可当此评。

(二)梅溪警迈融会情意

史达祖,字邦卿,号梅溪。梅溪词宋朝就大得时誉,张镃《梅溪词·序》:

> 《关雎》而下三百篇,当时之歌词也。圣师删以为经,后世播诗章于乐府,被之金石管弦,屈宋班马,由是乎出。而自变体以来,司花傍辇之嘲,沉香亭北之咏,至与人主相友善,则世之文人才士游戏笔墨于长短句间,有能瑰奇警迈、清新闲婉不流于诡荡污淫者,未易以小伎言也。……大凡如行帝苑仙瀛,辉华绚丽,欣眄骇接。……盖生之作,辞情俱到,织绡泉底,去尘眼中,妥贴轻圆,特其余事。至于夺苕艳于春景,起悲音于商素,有瑰奇警迈,清新闲婉之长,而无诡荡污淫之失。端可以分镳清真,平睨方回,纷纷三变行辈几不足比数。山谷以行谊文章宗匠一代,至序小晏词,激昂婉转,以伸吐其怀抱。而杨花谢桥之句,伊川犹称可之。生满襟风月,鸾吟凤啸,锵洋乎

---

① 《论词随笔》,《词话丛编》(第 5 册),第 4049 页。
② 同上书,第 4052 页。
③ 《艺概》,第 121 页。

口吻之际者,皆自漱涤书传中来,况欲大肆其力于五七言,回鞭温、韦之涂,掉鞅李、杜之域,跻攀风雅一归于正,不于是而止。……若览斯集者,不栺于玄黄牝牡,哀沉而悼未遇,实系时之所尚。余老矣,生须发未白,数路得人,恐不特寻美于汉,生姑待之。①

　　辨析张镃序言中的三点,即可知梅溪对清真的传承。一是梅溪词警迈高雅,绚丽辉华,婉而不媚,归于雅正,可以比肩清真。二是梅溪词也兼有诗质。黄庭坚序文论及小山词有诗人之风:"而寓以诗人句法,清壮顿挫,能动摇人心。士大夫传之,以为有临淄之风尔,罕能味其言也。"②其"梦魂惯得无拘检,又踏杨花过谢桥"之语,程颐虽称"鬼语""意亦赏之"。三是宋朝特重出身,梅溪与清真皆非科第入仕。美成有幸一赋而得三朝眷顾,梅溪则屈身堂吏,词作憾恨沉沦未遇,反映出当时朝野上下对士子有无出身的偏见。吕艺先生解释张镃序中"数路"云云,是说一旦消除官吏之间贵贱高低,梅溪还是有通显机会:"汉代无科举,考选有任子、赀选、学校、察举等数途。而一个重要特点,就是士与吏之间没有明确的贵贱界限。吏可以是通儒,可以位至高官,儒士也常当胥吏。"③

　　除张镃词集题序外,姜夔评梅溪:"盖能融情景于一家,会句意于两得。"④黄升对梅溪词也有很高评价。梅溪大得时誉还体现在张炎《词源》全篇举证的宋人词作不多,但全篇引录梅溪五首词。其中三首咏物词《东风第一枝·咏春雪》《绮罗香·咏春雨》《双

---

① 张镃《梅溪词序》,《梅溪词校注》,第389—390页。
② 黄庭坚《小山集序》,《黄庭坚全集》(第1册),第413页。
③ 吕艺《史达祖事迹略考》,《文献》1984年第19期,第42—50页。
④《花庵词选》,第294页。

双燕·咏燕》,归并于咏物典型:"此皆全章精悍,所咏了然在目,且不留滞于物。"①"要须收纵联密,用事合题。一段意思,全在结句,斯为绝妙。"②又有与美成《解语花·赋元夕》并列引录两首节序词《东风第一枝·赋立春》《喜迁莺·赋元夕》,赞其"不独措辞精粹,又且见时序风物之盛,人家宴乐之同。"③引述例句又有:"如史邦卿《春雨》云:'临断岸、新绿生时,是落红、带愁流处。'《灯夜》云:'自怜诗酒瘦,难应接许多春色。'"(皆见前引)不妨以《绮罗香·咏春雨》结合《词源》中的其他引词及例句分析如下:

> 做冷欺花,将烟困柳,千里偷催春暮。尽日冥迷,愁里欲飞还住。惊粉重、蝶宿西园,喜泥润、燕归南浦。最妨他、佳约风流,钿车不到杜陵路。　　沉沉江上望极,还被春潮晚急,难寻官渡。隐约遥峰,和泪谢娘眉妩。临断岸、新绿生时,是落红、带愁流处。记当日、门掩梨花,剪灯深夜语。

前引美成《大酺》也是咏春雨之作。钱基博认为梅溪于美成词有出蓝之胜:"若论思路之隽,能出新意,化堆垛为烟云,梅溪、竹屋之视清真,自较后来居上耳。"④此词亦如《大酺》为赋体,所谓"后来居上"可从以下三层加以申说。

一是全篇融会情景,境界开阔浑成。沈义父对美成词结句有褒有贬:"结尾句须要放开,含有余不尽之意,以景结情最好。如清真之'断肠院落,一帘风絮',又'掩重关,遍城钟鼓'之类是也。或

---

① 《词源注》,第 21 页。
② 同上书,第 20 页。
③ 同上书,第 22 页。
④ 《中国文学史》(下册),第 596 页。

以情结尾,亦好。往往轻而露,如清真之'天便教人,霎时厮见何妨',又云:'梦魂凝想鸳侣'之类,便无意思,亦是词家病,却不可学也。"① 梅溪不仅仅是结句,而是全篇都能融会情景。如起三句写春雨挟带着寒意似乎意在抑制花朵绽放,挟带水气蒸腾化作烟雾漠漠则意在添重柳丝、阻止其风中软舞,寒天湿地,落花千里,是催促送归春天。结三句,写在雨打梨花深闭门的温馨环境中,剪灯夜话。梅溪是南宋词人中的描摹高手,写形传神,尤能"夺苕艳于春景",薛砺若说:"其词境之婉约飘逸,则如淡烟微雨,紫雾明霞;其造语之轻俊妩媚,则如娇花映日,绿杨着雨。他将这三春景色写得极细致而逼真。他不独写尽春天的外表,简直将春之魂都收入他的诗句了。"② 梅溪虽然以写景高手著称,但笔下景语皆融会了内心情感,特别是避免了结句情景分趋的"词家病",词中景语皆为情语。

二是善于研炼,警句词眼应接不暇。四库馆臣认为梦窗"天分不及周邦彦,而研炼之功则过之。"③ 梅溪研炼介在清真、梦窗之间,自然而不沉晦,前引沈祥龙称其双燕词"看足柳昏花暝"为"极炼如不炼"者,也是刘熙载所谓"出色而本色,人籁悉归天籁"的佳词警句。这一特点在宋朝就得称赏。黄升谓其双燕词"形容尽矣"④,又载姜夔称赏其春雨词、燕词:"'临断岸'以下数语最为尧章所叹赏。"⑤"姜尧章极称其'柳昏花暝'之句。"⑥ 一般来说,词中

---

①《乐府指迷笺释》,第 56 页。

② 薛砺若《宋词通论》,上海书店出版社 1985 年,第 293 页。

③《四库全书〈梦窗稿〉提要》,《四库全书总目》(下册),第 1819 页。

④《花庵词选》,第 296 页。

⑤ 同上书,第 294 页。

⑥ 同上书,第 297 页。

上三下四的对句最难出彩,上引《绮罗香·春雨》词中有两处极难处置的上三下四的对句,却都是"立片言以居要"[①]的警策语。吴梅赞叹说:"(作词)最难之处在上三下四对句,如史邦卿春雨词云:'惊粉重、蝶宿西园,喜泥润、燕归南浦',又'临断岸、新绿生时,是落红、带愁流处',此词中妙语也。"[②]同类句式如《东风第一枝·咏春雪》:"青未了、柳回白眼。红欲断、杏开素面。"《古今词统》认为也是研炼生新远胜滑熟的好句:"'柳''杏'二句翻新,愧死盐絮诸喻。"[③]刘永济解释说:"柳本青,因被雪故'回白眼';杏本红,因被雪故'开素面'"[④]意思是引句形容柳叶被易融春雪点缀,如惺忪流媚的柳眼娇波;嫣红花瓣被薄雪所掩,如稍施底粉、未涂胭脂的美人素颜。这已经从借代转化曲喻,钱锺书先生解释"曲喻"说:"诗人修辞,奇情幻想,则雪山比象,不妨生长尾牙;满月同面,尽可妆成眉目。"[⑤]"均就现成典故比喻字面上,更生新意;将错而遽认真,坐实以为凿空。"[⑥]

　　史梅溪也是被陆辅之《词旨》选录词句较多者。各录入"属对""警句""词眼"者如下:

> 断浦沉云,空山挂雨。(《齐天乐》)
> 画里移舟,诗边就梦。(《齐天乐》)
> 做冷欺花,将烟困柳。(《绮罗香·春雨》)

---

① 陆机著,张怀瑾译注《文赋译注》,北京出版社 1984 年,第 34 页。
② 吴梅《词学通论》,复旦大学出版社 2005 年,第 2 页。
③《古今词统》(第 2 册),第 483 页。
④《微睇室说词》,第 126 页。
⑤ 钱锺书《谈艺录》,中华书局 1986 年,第 22 页。
⑥ 同上。

巧剪兰心,偷黏草甲。(《东风第一枝·春雪》)

临断岸、新绿生时,是落红、带愁流去。记当日、门掩梨花。剪灯深夜语。(《绮罗香·春雨》)

愁损玉人,日日画阑独凭。(《双双燕》)

恐凤鞋、挑菜归来,万一灞桥相见。(《东风第一枝·春雪》)

自怜诗酒瘦,难应接许多春色。(《喜迁莺·元宵》)

柳昏花暝。(《双双燕》)

　　梅溪词中还有很多被前人赞赏或拈出警句。明人毛晋跋其词曰:"余幼读《双双燕》词,便心醉梅溪。今读其全集,如'醉玉生春''柳发梳月'等语,则'柳昏花暝'之句又不足多矣。"①《古今词统》评《万年欢·春思》"如今但、柳发晞春,夜来和露梳月"三句:"景语,皓曜鲜芳。"②又评《夜合花》"柳锁莺魂,花翻蝶梦"二句:"此等起句,真是香生九窍,美动七情。"③潘游龙《古今诗余醉》:"'和露梳月'可与'月高云插水晶梳''波浮月侵梳'并其芳鲜尖颖,中'愁沁花骨'更奇。"④又评《临江仙·闺思》"一灯人着梦,双燕月当楼":"'灯燕'句敲打得响。"⑤陈廷焯《词则》:"'一灯'二句警炼。"⑥

①《宋六十名家词》,第 207 页。
②《古今词统》(第 2 册),第 490 页。
③ 同上书,第 512 页。
④ 潘游龙辑,梁颖校点《精选古今诗余醉》,辽宁教育出版社 2003 年,第 150 页。
⑤《精选古今诗余醉》,第 318 页。
⑥ 陈廷焯《词则》(下册),上海古籍出版社 1984 年,第 918 页。

清朝以来的这方面的评价也很高。《万年欢》起句结句:"两袖梅风,谢桥边、岸痕犹带阴雪。""如今但、柳发睎春,夜来和露梳月。"先著《词洁》评"如此词起结,始当得'生新'二字。"① 俞陛云说:"结句炼字亦工。"② 又评《探芳信》:"'花阴梦老'四字尤有新致。"③ 张伯驹评《喜迁莺》:"此阕是梅溪好词,'柳院灯疏,梅厅雪在'八字写景好,真是欧、秦句法。"④

清朝李调元甚至专为梅溪作《摘句图》:"史达祖梅溪词最为白石所赏,炼句清新,得未曾有,不独《双双燕》一阕也。余读其全集,爱不释手,间书佳句,汇为摘句图。"⑤ 共得53句,多为前人未曾涉及者:"起句云:'杏花烟,梨花月。谁与晕开春色。'又,'馆娃春睡起。为发妆酒暖,脸霞轻腻。'又,'蕙花老尽离骚句。绿染遍,江头树。'又,'秋是愁乡。自锦瑟断弦,有泪如江。'又,'雨入愁边翠树,晚无人,风叶如颤。'又,'秋风早入潘郎鬓,斑斑遽惊如许。'又,'阑干只在鸥飞处。'又,'鸳鸯拂破蘋花影,低低趁凉飞去。'又,'西风来劝凉云去,天东放开金镜。'又,'好领青衫,全不向诗书中得。'又,'人若梅娇,正愁横断坞,梦绕溪桥。'又,咏雪云:'梦回虚白初生,便疑冷月通窗户。'又,尾句云:'明朝双燕定归来,叮嘱重帘休放下。'又,'深闭重门听夜雨。'又,'如今但柳发睎春,夜来和露梳月。'又,'直须吟就绿杨篇。湾头寄小怜。'又,'将愁去也,不成今世,终误王昌。'又,'记取崔徽模样,归来暗写。'又,

---

① 《词洁》,第159页。
② 《唐五代两宋词选释》,第312页。
③ 同上书,第321页。
④ 张伯驹《丛碧词话》,张伯驹《张伯驹集》(上册),上海古籍出版社2014年,第382页。
⑤ 李调元《雨村词话》,《词话丛编》(第2册),第1427页。

'莫教无用月,来照可怜宵。'又,'想吾曹便是神仙也,问今夜是何夜。'又,'向来箫鼓地,犹见柳婆娑。'又,'瘦因缘此瘦,羞亦为郎羞。'又,'常待不吟诗,诗成癖。'又,'换尽风流性,偏恨鸳鸯不念人。'又,'料也和前度金笼鹦鹉,说人情浅。'又,散句云:'无人深巷,已早杏花先卖。'又,'最妨他佳约风流,钿车不到杜陵路。'又,'燕子不知愁,惊堕黄昏泪。'又,'梅春人不春。'又,'还因秀句,意流江外,便随轻梦,身堕愁边。'又,'讳道相思,偷理绡裙,自惊腰衩。'又,'余花未落,似供残蝶经营。'又,'蝴蝶一生花里活。'又,'船向少陵佳处放。'又,'怕见绿荷相倚恨,恨白鸥、见了清波阔。'又,'折取断虹堪作钓,待玉奁、今夜来时节。'又,'青榆钱小,碧苔钱古,难买东君住。'又,'西湖游子,惯识雨愁烟恨。'又,'沙鸥未落,怕愁沾诗句。'又,'卖花门馆生秋草,怅弯弓、几时重见。'又,'愁在何处,不离淡烟衰草'又,'想凄凉、欠郎偎抱。'又,'还被乱鸥飞去,秀句难续。'又,'可怜闲叶,犹抱凉蝉。'又,'谢娘悬泪立风前。'又,'见说西风,为人吹恨上瑶树。'又,'时有露萤自照,飐风裳、可喜影麸金。'又,'相思因甚到纤腰,定知我今、无魂可销。'又,'秦楚横殿可怜身。'又,'一程烟草一程愁。'又,'江痕妥贴。日光熨动黄金叶。阑干直下愁相接。一朵红莲,飞上越人楫。'又,'闭门明月关心,倚窗小梅索句。'此皆史氏碎金也。"[1]

梅溪好句也如美成出自唐诗。《古今词统》评《东风第一枝·元夕》"羞醉玉、少年丰度。怀艳雪、旧家伴侣"二句:"'醉玉生春'出《兰畹词》;'清诗舞艳雪'出韦诗。"[2]另如《临江仙》:"莫教无用月,来照可怜宵。"由沈警《既暮,宿传舍。凭轩望月,作"凤

① 李调元《雨村词话》,《词话丛编》(第 2 册),第 1427—1428 页。
②《古今词统》(第 2 册),第 483 页。

将雏含娇"曲二首》研炼而成:"徘徊花上月,空度可怜宵。""可惜关山月,还成无用明。"

三是以写景实笔虚拟爱情故事。前引吴世昌先生盛赞美成词有独特的故事性,小令也能如此。如评《少年游》(并刀如水):"寥寥五十一字中,不但写故事,使当时境界重现,而且写对话,使读者如见词中人,能闻词中人语,此境界非一般写景抒情所能创造。"①又分析《少年游·雨后》:"此词虽短,情节却相当曲折。上片乍看好象是记眼前之事,实则完全是追忆过去,并且还没有记完,故事的要点还要留到下片的末三句才说出来。"②

梅溪则同中有异。上引《绮罗香》过片至下阕,可分为以下数层:雨水积为流潦,妨碍风流佳约的车毂;江上急雨春潮暴涨,官渡无法撑行;雨中朦胧所见远山遥峰,宛若双眉蹙翠;春雨泛涨是春来渌水,却漂流着春去落花;夜雨连绵,让人回忆起雨打梨花深闭门时的剪灯深语。词中无一写事实笔,却在虚拟想象中凿空成实,化为悬想中香艳温馨的闺房场景。春雪词结句:"恐凤鞋、挑菜归来,万一灞桥相见。"也同此例。

梅溪怀古词也有兴亡之感,最为著名的是《满江红·九月二十一日东京怀古》。东京,代指北宋都城汴京。梅溪空有报国之志,却屈身权相韩侂胄为堂吏,曾获得陪同李壁使金觇察、为韩侂胄北伐统一作准备的机会。吕艺考证梅溪在来回途中皆有词作:"史达祖在真定的八月十五日,是在去途,而在定兴和汴京的九月七日、九月二十一日前后,则在归途。"③则《满江红》是归途怀古伤

---

① 《词林新话》,第 181 页。
② 同上书,第 174—175 页。
③ 吕艺《史达祖事迹略考》,《文献》1984 年第 19 期,第 47 页。

今之作：

> 缓辔西风，叹三宿、迟迟行客。桑梓外、锄耰渐入，柳坊
> 花陌。双阙远腾龙凤影，九门空锁鸳鸯翼。更无人、擫笛傍宫
> 墙，苔花碧。　　　天相汉，民怀国。天厌虏，臣离德。趁建瓴
> 一举，再收鳌极。老子岂无经世术，诗人不预平戎策。办一
> 襟、风月看升平，吟春色。

"双阙"二句，所指是《东京梦华录》（卷一）所载宣德楼五门
砖壁"镌镂龙凤飞云之状""覆以琉璃瓦"①。"更无人"三句，语出
元稹《连昌宫词》："李谟擫笛傍宫墙，偷得新翻数般曲。"自注："玄
宗尝于上阳宫夜后按新翻一曲，属明夕正月十五日，潜游灯下，忽
闻酒楼上有笛奏前夕新曲，大骇之。明日，密遣捕捉笛者诘验之。
自云：'其夕窃于天津桥玩月，闻宫中度曲，遂于桥柱上插谱记之。
臣即长安少年善笛者李暮也。'玄宗异而遣之。"不仅以盛世繁华
文明衬托故宫荒凉绿苔丛生，也感叹中原雅乐已经不复流传，隐
然回忆北宋汴京元宵与民同乐的盛况（已见前引《东京梦华录》卷
六）。"天相汉"四句也有史料印证，这是韩侂胄准备北伐的政治基
础。《永乐大典》（卷之一万二千九百六十六·宋宁宗十一）："金
主自即位，即为北鄙阻𩽹等部所扰，无岁不兴师讨伐。兵连祸结，
士卒涂炭，府藏空匮。国势日弱，群盗蜂起。赋敛日繁，民不堪命。
惧宋人乘其隙，乃命聚粮增戍于东南境上。且禁襄阳权场，宋人闻
之，乃严设守御。韩侂胄遂有北伐之谋。市马厉兵，习战造舰。奉
御阿鲁带使还言于金主，以为师期有日。金主以其生事。笞五十

---

① 《东京梦华录》，第24页。

而贬之。"①此词是一介书生对本朝神州统一以及臻于汉唐文教声威的期待，是位卑未敢忘忧国的大爱情怀。

梅溪情词中也涉及"实有本事"，然仅有《忆瑶姬·骑省之悼也》《寿楼春·寻春服感念》略有题序涉及本事，其余也由后人考证得出。梅溪用情最深者，是湘楚继室和临安歌妓。继室即清人李佳所谓"以妾为妻"者②。王步高先生考出《玉簟凉》《过龙门》《寿楼春》③与继室相关，《金盏子》《杏花天》《三姝媚》涉及与临安歌妓的交往④。雷履平等学者则考出《瑞鹤仙·赋红梅》《阮郎归·月下感事》《一剪梅·追感》涉及感情史⑤。

二、导路王吴隐微寄兴

张炎《琐窗寒》题序曰："王碧山又号中仙，越人也。能文工词，琢语峭拔，有白石意度，今绝响矣。"表明宋元即以王沂孙属姜夔一派。实际上，前引周济举出的宋词四大家，除辛弃疾"感慨时事，系怀君国"推尊词体外，清真、碧山、梦窗三家前照后澈，同属一个流派。若从词史的立场看，前引周济的观点更加令人信服。但周济对碧山、梦窗的时间先后的排位有误。笔者已经考出梦窗约生于嘉泰二年（1202），卒于元兵攻占临安之后⑥。碧山有《淡黄柳·甲戌冬，别周公谨丈于孤山中》，尊称周密为"丈"，而周密生

---

① 《永乐大典》卷之 12966，第 11 页。
② 李佳指出："史梅溪《换巢鸾凤》调，乃以妾为妻之作，玩其词意自见。亦可为词苑中作一典故。"《左庵词话》，《词话丛编》（第 4 册），第 3171 页。
③ 参见《梅溪词校注》，第 215、237、292—293 页。
④ 《梅溪词校注》，第 26 页。
⑤ 参见雷履平、罗焕章校注《梅溪词》，上海古籍出版社 1988 年，第 26 页。
⑥ 孙虹、杨雪《吴梦窗年谱》，《词学》2011 年第 2 期，第 263、297—298 页。

于绍定五年（1232），晚于梦窗三十年，可知碧山生年远在梦窗之后①。故以下按生年为序先梦窗而后碧山，这样阐释周济宋词四大家谱系也会更加准确。

（一）梦窗隐幽腾天潜渊

吴文英，字君特，号梦窗。早在晚宋，吴梦窗是周清真的嗣响已是共识，前引尹焕称前有清真后有梦窗是"四海之公言"，又指出沈义父《乐府指迷》中论词四标准是与吴梦窗、翁处静异姓昆仲研讨的结果：这既是清真的创作总结，也是梦窗遵循的创作法则。梦窗被拟为唐诗中的李商隐，《四库全书总目〈梦窗词〉提要》："词家之有文英，亦如诗家之有李商隐也。"②《苕溪渔隐丛话·前集》（卷二十二）："《蔡宽夫诗话》云：王荆公晚年亦喜称义山诗，以为唐人知学老杜而得其藩篱，惟义山一人而已。"③清真号称词中老杜，基于此，梦窗亦是知学清真而得其真传者。这里因梦窗词的特点，先析用字再辨其发意。

先看下字用字。词至晚宋梦窗时代，如缠令之体的俚俗字已被著名词人汰弃殆尽。梦窗 340 首词无一首俗词，最为极端的例证是用于勾连脉络、带有俚俗印迹的虚字，也尽量减少使用频度。

---

① 吴则虞以碧山与草窗、玉田比较，结论相同："碧山生年无记载，惟有以同时人周公谨、张玉田之年以推索之。公谨生于宋理宗绍定五年壬辰（1232年），殁于元成宗大德二年戊戌（1298年）。玉田生于宋理宗淳祐八年戊申（1248年），后公谨十六岁。玉田称公谨曰'翁'（见《一萼红序》），碧山称公谨曰'丈'（见《淡黄柳序》），以是推知玉田、碧山之年必相若。玉田殁年无确证，集中有《琐窗寒》吊碧山玉笥山之词，是碧山之卒在玉田之前无疑。"吴则虞《词人王沂孙事迹考略》，《文学遗产增刊》1959 年第 7 辑，第 141—142 页。

② 《四库全书〈梦窗词〉提要》，《四库全书总目》（下册），第 1819 页。

③ 《苕溪渔隐丛话》（前集），第 146 页。

前引《乐府指迷》《词源》已经看到运用虚字若不得其所，看似能够避免质实，反而不如直接采用实字（静字）句法更加稳健。笔者曾统计柳永、周邦彦、吴文英三家同调、一百三十三字体《浪淘沙慢》，柳词共有九处虚字，其中三处双音节虚字；周邦彦六个虚字，全为单音节；吴梦窗仅四处虚字，其中一个双音节[①]。以实代虚虽然可以避免软沓，但因为虚字在词中起着呼唤照应的作用，过度使用实字容易滞碍而少灵动。

以《浪淘沙慢》第二阕第六句为例，三家各有句曰："岂暂时疏散，费伊心力。""嗟万事难忘，唯是轻别。""飞絮飐东风，天外歌阕。"耆卿、美成各以虚字"岂"字、"嗟"字领起，梦窗则以实字"飞"字领起，不仅呼应线索弱化，还使原本单字领起的上一下四的句式改变为上二下三的节奏顿数。故夏敬观评曰："'飞絮'句一领四，则起调作五字诗句，否则音节不振。梦窗盖以'飞'字领'絮飐东风'四字，但嫌'飞絮'二字连，使人易读为二领三耳。"[②]梦窗处于晚宋去俚俗化时期，虽然这一变化与当时创作环境减少了教坊乐工及勾栏歌妓的参与程度、逐渐演化为案头文学相关，但无疑更是对清真避俗的发展。

需要指出的是，虚字是章法上的呼唤照应，减少虚字起于清真以实代虚的潜气流转，此法自有内在的贯通脉络。梦窗最得潜气流转方法的神髓。夏敬观指出了两家异同："清真非不用虚字钩勒，但可不用者即不用。其不用虚字，而用实字或静辞，以为转接提顿者，即文章之潜气内转法。今人以清真、梦窗为涩调一

---

① 孙虹、谭学纯《吴梦窗研究》，上海古籍出版社 2015 年，第 412—413 页。
② 夏敬观《评彊村定本梦窗词》，转引自吴文英撰，孙虹、谭学纯校笺《梦窗词集校笺》（第 2 册），中华书局 2014 年，第 550—551 页。

派。……清真造句整,梦窗以碎锦拼合。整者元气浑仑,碎拼者古
锦斑斓。不用钩勒,能使潜气内转,则外涩内活。"① 又曰:"予尝谓
梦窗词,如汉魏文,潜气内转,不恃虚字衔接。"② 其实就是从虚字这
一侧面,映射出梦窗章法意旨回溯清真的浑化无迹,是由南追北的
突出表征。

　　由清真词发展而来的潜气内转最终成为梦窗家法,各家多有
论述。有从虚字说者,如吴梅《乐府指迷笺释·序》:"而吴词泰半
用劲接,领字不多。沈云:'为情赋曲者,尤宜宛转回互。'而吴词
潜气内转,上下映带,有天梯石栈之巧。"③ 蔡嵩云说:"用虚字较少
者,莫过于梦窗词,其行文开阖,多用潜气内转法,非有其工力,更
不易学。"④ 有从章法意旨说者,如王易《词曲史》:"且梦窗固长于
行气者,特其潜气内转,不似苏辛之显,安得遂谓其无脉络邪?"⑤
陈匪石评梦窗《花犯·郭希道送水仙索赋》:"朱孝臧极称此词潜
气内转之妙。"⑥ 梦窗又有《惜黄花慢·次吴江小泊,夜饮僧窗惜
别。邦人赵簿携小妓侑尊,连歌数阕皆清真词》下阕:"怅断魂送
远,《九辩》难招。醉鬟留盼,小窗剪烛,歌云载恨,飞上银霄。素
秋不解随船去,败红趁、一叶寒涛。梦翠翘。怨鸿料过南谯。"陈氏
评曰:"结句用一'料'字,由红叶趁涛推想而来,有悠悠不尽之意。
而此四句中翻腾转掠,则因'怅断魂'以下六句全用平笔,特作波

①《〈蕙风词话〉诠评》,《蕙风词话·广蕙风词话》,第461页。
② 夏敬观《忍古楼词话》,《词话丛编》(第5册),第4827页。
③ 吴梅《乐府指迷笺释序》,《吴梅全集》,河北教育出版社2002年,第
　　982页。
④《乐府指迷笺释》,第75页。
⑤ 王易《词曲史》,东方出版社1996年,第185页。
⑥《宋词举(外三种)》,第43页。

澜,亦潜气内转之法也。"① 由行潜气臻于意境浑成符合周济由梦窗
而清真的逆溯途径。

用字含蓄与用代字相关,前引沈义父例举清真"如说桃,不可
直说破'桃',须用'红雨''刘郎'等字",咏梨花须与其他白花有
所区别"如咏物,须时时提调,觉不可晓,须用一两件事印证方可"。
与清真兼备形神、曲尽其妙相比,梦窗词被代与所代之间有西方新
批评中所谓"异质远距"②,梦窗模写物态,与清真是在传达内在神
韵中写形相比,随着喻体与本体之间的远距化,喻指内涵也更加繁
复,此即西方语言学(哲学)而非狭义修辞学意义上的隐喻。仅以
花卉代字为例,如以水中仙子"泛人"代水中花卉,以芙蓉城仙女
周瑶英、芳卿代木芙蓉(又称芙蓉),以女鬼、白骨代梅花或落梅:

> 《齐天乐》:波帘翠卷。叹霞薄轻绡,泛人重见。
> 《凄凉犯·重台水仙》:泛人最苦,粉痕深、几重愁靥。

典出《湘中怨》中鲛宫泛人与太学进士郑生凄婉的爱情故事:
"(太学进士)郑生遂载与居,号曰泛人。所诵楚人《九歌》《招魂》
《九辨》之书,亦常拟其调,赋为怨词,其词丽绝,世莫有属者。因撰

---

① 《宋词举(外三种)》,第 46 页。
② "异质远距"是英美新批评提出的一个重要的比喻原则。维姆萨特曾引
申福斯的理论观点对"隐喻"及"相异性"作出进一步的诠释,在一定程
度上说明证明了"隐喻"两极的相异性对"隐喻"的影响张力。参见维姆
萨特《语言符号:诗歌意义研究》(The verbal icon: studies of the meaning
of poetry)W.K.WIMSATT, The Verbal Icon: Studies of the Meaning of
Poetry, Lexington: The University of Press of Kentucky, 1954, pp.126–
128。

《光风词》。"① 氾人还归仙班后，郑生于洞庭湖再见之："有弹弦鼓吹者，皆神仙娥眉，被服烟电，裙袖皆广长。其中一人起舞，含颦凄怨，形类氾人，舞而歌曰：'泝清风兮江之隅，拖湘波兮袅绿裙，荷拳拳兮情未舒，匪同归兮将焉如？'舞毕，敛袖翔然，凝望楼中。"②

　　《惜秋华·木芙蓉》：路远仙城，自王郎去后，芳卿憔悴。

　　《醉桃源·芙蓉》：青春花姊不同时。凄凉生较迟。艳妆临水最相宜。风来吹绣漪。

　　《本草纲目》（卷三十六）："（木芙蓉）花艳如荷花，故有芙蓉、木莲之名，八九月始开，故名拒霜。"③苏轼《芙蓉城》诗序："世传王迥字子高，与仙人周瑶英游芙蓉城。"《唐宋诗醇》卷三十五引胡微之《芙蓉城传》："王迥，字子高。初遇一女，自言周太尉女。……王未及下，一女郎登，年可十五，容色娇媚，亦周之比。周曰：'此芳卿也。'梦之明日，周来，王语以梦。周笑曰：'芳卿之意甚勤也。'王问：'何地？'周曰：'芙蓉城也。'"④

　　《解语花·梅花》：端正看，琼树三枝，总似兰昌见。……酥莹云容夜暖。伴兰翘清瘦，萧凤柔婉。

　　《高阳台·落梅》：宫粉雕痕，仙云堕影，无人野水荒湾。古石埋香，金沙锁骨连环。

　　《解语花》以沉埋于地下的兰昌宫女张云容、萧凤台、刘兰翘指

① 李昉《文苑英华》（第 3 册），中华书局 1966 年，第 1838—1839 页。
② 同上。
③ 李时珍《本草纲目》，山西科学技术出版社 2014 年，第 968 页。
④ 乾隆御选《唐宋诗醇》（下），中国三峡出版社 1997 年，第 740 页。

代冷云荒翠中幽栖的梅花。典出《类说》(卷三十二)《传奇·薛昭》所载薛昭在兰昌故宫遗址夜遇三美姝:"询其姓氏,长曰张云容,次曰萧凤台,次曰刘兰翘。……云容曰:'某杨贵妃侍儿,尝独舞霓裳。……又诘兰、凤二子,曰:'当时宫人。为九仙媛所忌,毒杀之,葬吾坟侧。'"①《高阳台》以金沙滩马郎妇、锁骨菩萨指代梅花落英。事见《续玄怪录》与《海录碎事》卷十三。

维姆萨特认为,由于"喻体"与"喻指"互有不同,才使得隐喻得以存在。而当"喻体"与"喻指"完全融合为一,即为死掉的隐喻。赵毅衡总结说:比喻两极不仅越远越好,而且之间的联结是完全违反逻辑的逻辑,含义就更见丰富②。与前引清真梨花词仅在白与美层面比之昭君、潘玉儿,其喻指相对浅显;梦窗喻水中荷花、盘中水仙为氾人长袖善舞、含颦凄怨,隐喻出酷似的风神。又以芙蓉城中周瑶英、王芳卿因情人离去而憔悴比之水边堤上欹斜披纷的木芙蓉。此花八九月始开,拒霜绽放,色如荷花,故称芙蓉。此花开于秋季,因而有相对于春天桃李有不遇于时之叹。又以女鬼、菩萨等喻梅花,可称最为远距化的代字,描绘出梅花既以香艳示人,又本体清净的特点。三种隐喻的喻指都得到最大扩容而意蕴丰厚。叶嘉莹《拆碎七宝楼台——谈梦窗词之现代观》:"梦窗词之遗弃传统而近于现代化的地方,最重要的乃是他完全摆脱了传统上的理性的羁束,因之在他的词作中,就表现了两点特色:其一是他的叙述往往使时间与空间为交错之杂揉;其二是他的修辞往往凭

---

① 曾慥编纂,王汝涛校注《〈类说〉校注》(下册),福建人民出版社1996年,第949—950页。
② 参见赵毅衡《新批评:一种独特的形式主义文论》,中国社会科学出版社1986年,第142—143页。

一己之感性所得,而不依循所惯见习知的方法。"① 事实上,梦窗代字与西方文学理论中"异质远距"原则秘响相通,是现代性最重要的表现之一。

　　再看协律发意。吴梦窗也属宋朝极具有音乐天赋的词人,词集中有自度曲十阕,其中七首注明宫调或犯曲,分别是《江南春》《高山流水》《霜花腴》《澡兰香》《探芳新》《玉京谣》《古香慢》,另外三首虽未注明宫调,但也是梦窗新创,至今孤调独行,后人难乎为继,分别是《西子妆慢》《梦芙蓉》《凤池吟》。这些自度曲没有如姜夔旁注工尺谱,张炎《西子妆慢》题序:"吴梦窗自制此曲,余喜其声调妍雅,久欲述之而未能。……因填此解,惜旧谱零落,不能倚声而歌也。"吴梅说:"是以吴词自制腔九支(孙按:应为"十支"),以不自作谱,元、明以来,赓和者绝少。"② 后人即使有赓和,也已是可诵不可歌。今传明万历二十六年(1598)太原张廷璋藏钞本《梦窗词集》(藏国家图书馆)录词二百五十六首,标注宫调者六十有四,宋人标注宫调的词集较少流传,这是宝贵的音乐遗产。梦窗对清真慢曲、引、近、三犯、四犯之曲,或因承或有新变。如《西平乐慢·过西湖先贤堂,伤今感昔,泫然出涕》《蕙兰芳引·赋藏一家吴郡王画兰》《隔浦莲近·泊长桥过重午》《垂丝钓近·云麓先生以画舫载洛花宴客》,梦窗词集宫调标注的犯曲相当繁复,如《琐窗寒·玉兰》宫调注为"无射商,犯中吕宫,又犯正宫"③,《渡江云·西湖清明》为"三犯,中吕商"④。《瑞龙吟》为"黄钟商,犯

①《拆碎七宝楼台——谈梦窗词之现代观》,《迦陵论词丛稿》,上海古籍出版社 1980 年,第 144 页。
②《词学通论》,第 66—67 页。
③《梦窗词集校笺》(第 1 册),第 1 页。
④ 同上书,第 23 页。

正平调"①,与宋朝陈元龙详注周邦彦《片玉集》所注"越调"②"小石"③"大石"④都不相同。与姜夔的犯调相比也是如此,如白石《凄凉犯》宫调注为"夷则羽,犯双调"⑤,梦窗词则为"仙吕调,犯商调"⑥,可知其中因变。

梦窗词集题序、词句表明可以当筵即席歌唱的词作,也是其词音律能协、可以歌唱的证明。如:

> 《新雁过妆楼·中秋后一夕,李方庵月庭延客,命小妓过新水令,坐间赋词》:红牙润沾素手,听一曲清歌双雾鬓。徐郎老,恨断肠声在,离镜孤鸾。
>
> 《婆罗门引·郭清华席上,为放琴客而新有所盼,赋以见喜》:别有红娇粉润,初试霓裳。分蓬调郎。
>
> 《金缕歌·陪履斋先生沧浪看梅》:重唱梅边新度曲,催发寒梢冻蕊。此心与、东君同意。

朱彊村笺《新雁过妆楼》:"《武林旧事·官本杂剧段数》有乐昌分镜。《猗觉寮杂记》云:'大曲《新水》,歌乐昌公主与徐德言破镜复合事。'李方庵命妓所歌即此。故词云'徐郎老',又云'离镜孤鸾'也。"⑦显然指席上小妓以《新雁过妆楼》过腔为《新水令》,

---

① 《梦窗词集校笺》(第 2 册),第 568 页。
② 陈元龙《详注〈片玉集〉》,《彊村丛书》(第 2 册),第 1301 页。
③ 同上书,第 1303 页。
④ 同上书,第 1299 页。
⑤ 《姜白石词编年笺校》,第 44 页。
⑥ 《梦窗词集校笺》(第 5 册),第 1448 页。
⑦ 朱孝臧《梦窗词集小笺》,《彊村丛书》(第 5 册),第 4433–4434 页。

演唱本事为乐昌公主分镜的中秋词。《婆罗门引》"霓裳"云云,语出苏轼《水龙吟·咏笛材》:"绮窗学弄,梁州初试,霓裳未了。"指《霓裳羽衣曲》(与《婆罗门引》同调异名),出自玄宗游月宫密记仙曲《霓裳羽衣曲》之事①。所以《婆罗门引》又称《望月婆罗门引》。元好问《世宗御书田不伐〈望月婆罗门引〉先得楚字韵》"承平旧物霓裳谱"之句也可以印证两者的关系。此指郭氏新爱试唱当筵创作的《婆罗门引》。《金缕歌》是梦窗从游平江知府吴潜的即席创作,并当筵演唱的曲子。吴潜有《贺新郎·吴中韩氏沧浪亭和吴梦窗韵》(《贺新郎》与《金缕歌》《金缕曲》同调异名),是梦窗此词的赓和之作。故"梅边新度曲"句,指二人即席所赋同调同韵歌曲。另如《水龙吟·寿梅津》:"仙桃宴早,江梅春近,还催客句","长寿杯深,探春腔稳,江湖同赋",也是说朋友们同赋寿词,将用于尹焕寿筵上演唱。

　　怀古题材最能体现梦窗抑制词中意旨发露。吴梦窗虽然是四明人,但以一介布衣,依人作幕,主要生活在杭州、苏州、绍兴。集中怀古之作,多赋咏绍兴、苏州的文化遗址。以绍兴怀古词为例。《瑞龙吟·赋蓬莱阁》:"露草啼清泪。酒香断到,文丘废隧。"据前引《宝庆续会稽志》,知蓬莱阁是绍兴府治卧龙山的著名建筑,春秋时越大夫文种墓也在此山,因此,此山又称种山。但至唐宋时,已成"文丘废隧"。文、废,有名无实之谓;丘、隧,指丘坟与墓道。《周礼·春官·冢人》:"请度甫竁,遂为之尸;及竁,以度为丘隧,共丧之窆器。"郑玄注:"隧,羡道也。度丘与羡道广袤所至。窆器,下棺丰碑之属也。"②四字写荒废的文种坟穴。由于海潮相侵,唐宋时

---

① 参见陈元龙《格致镜原》,第 659 页。
② 郑玄注、贾公彦疏《周礼注疏》,《十三经注疏》,第 786 页。

文种棺椁已经不存,仅残留坟墓嵌缺处。《会稽志》(卷九):"(卧龙)山西北,幽径蔽亏,傍皆丛篁灌木,其地缺齾不整。传云:大夫种墓,曩因潮水穴山,后失其尸也。"① 孔延之《会稽掇英总集》(卷一)注元稹《望海亭》诗"嵌空古墓失文种"曰:"墓在州城山上。《图经》云:潮水到山,望棺椁入海,今所存古穴耳。"又,"州宅"条:"《图经》云:上有大夫种墓,今失其处。"注曰:"《舆地志》曰:潮水穴山,失其尸。盖子胥乘潮水取以去之,今山西缺处是也。"② 引句意思是文种尸身不存于墓穴,无法酒酹冤魂;草上露珠凝为清泪,助我悲悼之情。梦窗又有《高阳台·过种山(即越文种墓)》:"暮登临,几树残烟,西北高楼。"末句语出《古诗十九首》:"西北有高楼,上与浮云齐。"但此处特指雄踞卧龙山西北之巅的飞翼楼,相传此楼是范蠡为压强敌吴国而建。《会稽志》(卷一):"《吴越春秋》云:小城周千一百二十步,一员三方,西北飞翼楼,以象天门,东南伏漏石窦,以象地户,陵门四达,以象八风。"③ 飞翼楼屡经毁圮,南宋越帅汪纲重建。其《飞翼楼记》表达了重建深意:"万壑千岩,四顾无际,云涛烟浪,渺渺愁予。使登斯楼者,抚霸业之余基,思卧薪之雄概,感愤激烈,以毋忘昔人复仇之义,庶几乎鸱夷子之风,尚有嗣余响于千百世者。"④ 梦窗词与汪纲共有借古悲今之感慨。

另外,绍兴怀古词还兼追悼南宋主战派名臣吴潜。吴潜,号履斋,是梦窗的朋友。梦窗集中《绛都春·题蓬莱阁灯屏,履翁帅越》《金缕歌·陪履斋先生沧浪看梅》《浣溪沙·仲冬望后,出迓履翁,舟中即兴》赠词对象都是吴潜。吴潜为建储之事与理宗意见不合,

---

① 《嘉泰会稽志》,《南宋会稽二志点校》,第 153 页。
② 邹志方点校《〈会稽掇英总集〉点校》,人民出版社 2006 年,第 5 页。
③ 《嘉泰会稽志》,《南宋会稽二志点校》,第 14—15 页。
④ 汪纲《飞翼楼记》,《全宋文》(第 304 册),第 211 页。

受贾似道迫害,被贬谪荒蛮并且暴卒,梦窗中心藏之,不能忘之;故借绍兴府山怀古词中悲悯国事日蹙,为曾任越帅的千古忠臣吴潜痛泻其愤。但因其发意"隐辞幽思"①,后人不寤,竟谓"无一语吊吴潜之谪死,反足贻梦窗凉薄之诮矣"②。

　　另如《八声甘州·姑苏台》《八声甘州·灵岩》一类吴越争霸的怀古词内蕴,则如刘永济所说有现实指向:"梦窗写吴越兴亡,不但怀古,实寓伤今:盖南宋君臣,晏安江左,忘国大仇,亦如夫差当日也。"③还有《瑶华·戏虞宜兴》有句曰:"秋风采石,羽扇挥兵,认紫骝飞跃。江蓠塞草,应笑看、空锁凌烟高阁。"笔者曾考证赠词对象虞宜兴即虞兟,他是南宋雍国公虞允文的曾孙。词句致敬其曾祖虞允文的采石矶大战,称赞雍国公功可画像凌烟阁。引句表现了在国家有危难时,社稷重臣独木撑厦、只手回天;而当下战将与功勋可图凌烟高阁的虞允文相比,徒使江蓠成塞草,让前线南移不知几千里,凌烟阁只能虚位而待;慨叹不能再睹虞雍公时代军队凯旋归来时军乐铙鼓振起的雄风。《金缕歌·陪履斋先生沧浪看梅》:"访中兴、英雄陈迹,暗追前事。战舰东风悭借便,梦断神州故里。"涉及沧浪亭主人蕲王韩世忠黄天荡之役,《宋史纪事本末》载黄天荡之役,虽然金兀术"自是亦不敢复渡江"④,但韩世忠指挥的军队也遭受火攻而退回镇江,无法实现光复统一中国的孤臣忠心。美成词意趣不够高远,梦窗发展为抑制发意太高而偏于沉潜,其词忠爱意旨因之尚未被读者充分发掘。

---

① 夏承焘《吴梦窗词笺释·序》,杨铁夫笺释、陈邦炎等校点《吴梦窗词笺释》,广东人民出版社1992年,序第1页。
② 夏承焘《吴梦窗晚年与贾似道绝交辨》,《夏承焘集》(第1册),第483页。
③《微睇室说词》,第160页。
④ 陈邦瞻《宋史纪事本末》(第2册),中华书局1977年,第661页。

吴梦窗情史也是"实有本事",笔者考出夏承焘、杨铁夫推定的苏州遣姬、杭州亡妾、楚伎,实为苏州营妓、杭州亡妓、扬州歌妓。梦窗记载的也是历久弥坚的感情经历,而歌妓词约占梦窗情词的一半[①]。

(二)碧山寄托言近旨远

王沂孙,字圣与,号碧山,又号中仙。前考碧山是遗民词人,又曾入仕元朝,前引张炎说王沂孙词"琢语峭拔,有白石意度",后人群奉其说,陈廷焯多有此论。如《云韶集》(卷九):"碧山词自是取法白石,风流飘洒,如春云秋月,令人爱不忍释手。"[②]又说:"碧山学白石得其清者。"[③]其《词则》又评高阳台(残雪庭除):"无限哀怨,一片热肠,反复低回,不能自已。以视白石之《暗香》《疏影》,亦有过之无不及,词至是,乃蔑以加矣。"[④]但常国武先生认为碧山所学不主一家,而是转益于姜夔、周密、吴文英之间:"碧山《花外集》中所存词作,就其总体风格而言,与草窗前期词相近,虽转益多师,大抵还是承绪白石、梦窗而来。从字面上来看,既常借用、化用白石词句,又时时饰以类似梦窗的秾丽辞藻,可谓疏密相间,清丽互用。分而言之,那些与草窗等友人聚别相思之词比较接近白石,咏物之作则近于梦窗。"[⑤]碧山近似梦窗秾辞丽藻之质实(前已申说质实词风源自清真),最为有得之见。

---

① 参见《吴梦窗研究》,第 325—348 页。
② 孙克强、杨传庆整理《〈云韶集〉辑评之二》,《中国韵文学刊》2010 年第 4 期,第 48 页。
③ 同上。
④《词则》(上册),第 147 页。
⑤ 常国武《碧山、草窗、玉田三家词异同论》,《文学评论》1991 年第 4 期,第 55 页。

前引周济指示逆溯清真路径是"先之以碧山""继之于梦窗""进之以稼轩",而以清真为领袖,所谓"夜光照乘,前后举澈"。第三章曾论及清真采用形神兼备、物我两化承载身世的方法,笔下风雨花草渐浸有托,本章又论及白石清空是拓展了清真偏于质实的词法,又由于姜夔时代自带靖康之难的创伤记忆,周词中被弱化的意趣再次激昂高远。王沂孙作为入仕新朝的前朝遗老,创作心境颇似清朝的吴伟业;碧山的"白石意度"已经发展为家国盛衰的托物寄兴,他的"琢语峭拔"实偏于梦窗秾丽晦涩、寄托隐幽。因为家国主题对于典丽词派显然有不能承受之重,寄托作为抑制主旨发露手段能够突显出宋词体性的特点。王沂孙存词64首,特别是其中34首咏物词,最符合周济所总结的词体能"入"能"出"的"寄托"特征:

> 夫词,非寄托不入,专寄托不出。一物一事,引而伸之,触类多通,驱心若游丝之罥飞英,含毫如郢斤之斫蝇翼,以无厚入有间。既习已,意感偶生,假类毕达,阅载千百,馨欬弗违,斯入矣。赋情独深,逐境必寤,酝酿日久,冥发妄中,虽铺叙平淡,摹绩浅近,而万感横集,五中无主,读其篇者,临渊窥鱼,意为鲂鲤;中宵惊电,罔识东西;赤子随母笑啼,乡人缘剧喜怒。抑可谓能出矣。①

叶嘉莹先生解释周济所创"寄托说"如下:

第一,周济在论及有寄托之词与无寄托之词的作法时,曾

---

① 《宋四家词选目录序论》,《宋四家词选》,第 2 页。

经分别提出过"意感偶生,假类毕达"和"赋情独深,逐境必寤"的两句话;前者指的乃是把自己的情意感慨借物类来表达,后者则是指的感情对于物象的自然投注可以随时因外境而有所触发。简言之,则前者乃是以情托物,后者乃是因物移情,这正是情与物相感应结合的二种最基本的方式。……第二,周济在论及读者之欣赏时,对于所谓无寄托之词,曾经说过"临渊窥鱼,意为鲂鲤,中宵惊电,罔识东西"的一段话明白指出在诗歌之欣赏中,有一部分作品原来是不可以给予确定之解说,也不需要给予确定之解说的。因此如前面所言,诗歌之创作既不在于说明而在于意象之表现,则读者自可从诗歌中之意象而引发个人之联想,其自由亦正如作者之由物象而引发个人之情意,见仁见知,原来就是可以因人而异的,所以读者自可由不同之联想而有不同之感受。①

正因为寄托遥深,碧山咏物词显得晦涩难懂。幸好碧山词集中有 26 首唱和词,唱和语境正可成为理解碧山咏物寄兴的独特视角。《乐府补题》是宋元之际集体唱和的咏物词选本,是 15 人参加、组织过 5 次的集体创作,分咏龙涎香、白莲、莼、蝉、蟹,词共 37 首。在这几次同调同题但非次韵的集体唱和活动中,王沂孙参加了 4 次。夏承焘《周草窗年谱》(简称夏谱)考证《乐府补题》与元朝江南释教总统杨琏真伽掘发宋朝帝后会稽六陵相关,皆作于发陵次年即祥兴二年己卯(1279):"编为《乐府补题》,隐指去岁六陵

---

① 叶嘉莹《常州词派比兴寄托之说的新检讨》,叶嘉莹《清词丛论》,河北教育出版社 1997 年,第 168 页。

被发事。"①在这一政治背景及唱和语境中审读王沂孙相关咏物词，或能揭橥蔽障，获得真解。以《天香·龙涎香》为例，录词如下：

　　孤峤蟠烟，层涛蜕月，骊宫夜采铅水。讯远槎风，梦深薇露，化作断魂心字。红瓷候火，还乍识、冰环玉指。一缕萦帘翠影，依稀海天云气。　　几回殢娇半醉。剪春灯、夜寒花碎。更好故溪飞雪，小窗深闭。荀令如今顿老，总忘却、尊前旧风味。谩惜余熏，空篝素被。

　　龙涎香，传说是海中骊龙吐涎所结。张世南《游宦纪闻》（卷七）记载了三种传说，碧山词采用的是第三种说法："（龙涎）于香本无损益，但能聚烟耳。和香而用真'龙涎'，焚之，则翠烟浮空，结而不散。坐客可用一剪以分烟缕。所以然者，蜃气楼台之余烈也。"②"铅水"谓龙涎结香沉重而色黑。又因海龙枕石而睡合用骊珠熟典，见《庄子·列御寇》。龙涎能发众香，可以助成散发各类香气。"薇露"，蔷薇香型花露水。据张泌《妆楼记·蔷薇水》、蔡絛《铁围山丛谈》卷五，知香味历久不衰，施用于宫廷与达官之家。"心字"为香形。杨慎《词品·心字香》："范石湖《骖鸾录》云：

---

① 夏承焘《周草窗年谱》，《夏承焘集》（第 1 册），第 347 页。《元史·释老》："有杨琏真加者，世祖用为江南释教总统。发掘故宋赵氏诸陵之在钱唐、绍兴者及其大臣塚墓，凡一百一所。"宋濂《元史》（第 15 册），中华书局 1976 年，第 4521 页。夏谱："发陵之年，各书不同。《宋遗民录》（六）载张孟兼及罗灵卿作《唐珏传》，皆云本年戊寅，《续通鉴》定为本年十二月，兹从之。"夏承焘《周草窗年谱》，《夏承焘集》（第 1 册），第 346 页。夏氏《乐府补题考》亦推定发陵年代以"至元十五年戊寅""为最确实"。《夏承焘集》（第 1 册），第 377—378 页。
② 张世南撰，张茂鹏点校《游宦纪闻》，中华书局 1981 年，第 62 页。

'番禺人作心字香,用素馨、茉莉半开者著净器中,以沉香薄劈,层层相间,密封之,日一易,不待花蔫,花过香成。'所谓心字香者,以香末萦篆成心字也。"①红瓷候火,是以定州红瓷香炉爇香。上结二句说的就是"翠烟浮空,结而不散""可用一剪以分烟缕"。下阕前五句泛写红袖剪烛场景。宋朝贵人有以龙涎香屑灌制蜡烛。叶绍翁《四朝闻见录》(乙集):"宣、政盛时,宫中以河阳花蜡烛无香为恨,遂用龙涎、沉脑屑灌蜡烛,列两行数百枝,焰明而香溢,钧天之所无也。"②以龙涎和香,还能激发梅花香型的熏香。宋人雅称"返魂梅",故上阕"断魂"二字入此,意谓此香能为梅花招魂。陈敬《陈氏香谱》(卷三)"凝和诸香"条有"韩魏公浓梅香(又名返魂梅)。"③"洪驹父集古今香方,自谓无以过此。以其名意未显,易之为'返魂梅'云。"④其中又用荀彧坐处留香典。《三国志·魏书·荀彧传》载荀彧曾为尚书令,故曰荀令。并以李商隐《酬崔八早梅有赠兼示之作》衔接梅香与荀令:"谢郎衣袖初翻雪,荀令熏炉更换香。"诗中也有直接以梅香喻龙涎,如杨万里《瓶中梅花长句》:"政如新火炷博山,蒸出沉水和龙涎。"末二句反用周邦彦《花犯·咏梅》"雪中高树,香篸熏素被",意思是袅袅腾空的梅香,就象是溪畔乍雪,空篸袅香尚无雪被覆盖。

　　通过分析能够看到,王沂孙咏物之作用典丽密晦昧,较之梦窗意旨恍惚迷离有过之而无不及。梦窗词集中有两首写香的词作。《风入松·邻舟妙香》《天香·熏衣香》,与碧山龙涎香相关的词句曰:"梅花偏恼多情月,慰溪桥、流水昏黄。""漫省浅溪月夜,暗浮

---

① 杨慎著,岳淑珍导读《词品》,上海古籍出版社 2009 年,第 56 页。

②《四朝闻见录》,第 48—49 页。

③ 陈敬《陈氏香谱》,中国书店 2014 年,第 277 页。

④ 同上书,第 278—279 页。

花气"二句皆用林逋《山园小梅》"疏影横斜水清浅,暗香浮动月黄昏"诗意,却是形容梅花香型的熏香,即"返魂梅"。曾几《返魂梅》有句曰:"为君浮动黄昏月,挽取林逋句法回。"方回批注:"此非梅花也,乃制香者合诸香,令气味如梅花,号之曰'返魂梅'。"①恼,撩拨。形容舟中香气如午夜昏黄月色引逗得梅花散发浓烈香气②,似乎是在慰藉溪桥下多情流水。词意有些缠缚难解,但毕竟可以解诂。如郑文焯所说:"梦窗虽好炼字,绝无滞迹。此句自以作'慰'为佳,且与上句'恼'字相关,盖意谓梅花却恋明月,来伴慰此流水昏黄之寂寞耳,正以喻妙香之在邻舟,漏泄春光也。"③

　　相比之下,碧山的香词更加难懂。加上《乐府补题》创作者共同的遗民身份,不禁让人联想到与名香相关的当朝忠烈之事。周密《癸辛杂识·续集》卷下"张世杰忠死"条载焚香与厓山海战相关:"张世杰之战海上也,尝与祥兴之主约曰:'万一事不可为,则老臣必死于战。有沉香一株,重千余两,是时当焚此香为验。或香烟

---

① 方回选评,李庆甲集评校点《瀛奎律髓汇评》,上海古籍出版社 2005 年,第812 页。

② 花气以月色昏黄时最为浓烈。《说郛三种·说郛一百卷》(卷七)引蒋津《苇航纪谈》:"孔天瑞《西资诗话》云:'疏影横斜水清浅,暗香浮动月黄昏。'不知和靖意偶到,为复爱其句中有'黄昏'二字。议诗者谓'日斜'为黄昏,非也。此二字盖亦两字耳,若谓'日斜'而诗不曰'日昏黄'而曰'月黄昏'亦有源矣。余尝宿于月湖外家,而其家有堂,植梅竹,因曰'双清'。余至每宿于此,而花盛开,其香发于四鼓。后起视,月已西下,而月色比当午时,黄而更昏,正此时已五更矣。非独此花为然,凡有香之花皆然。苍葡古有赋'恼人惟是夜深时,栀子香浓。'非云'夜浅'而云'夜深',亦此意也。盖谓昼午后阴气用事,而花敛艳藏香。夜午后,阳气用事,而花敷蕊散香耳。以此知'黄昏'乃夜深也。"陶宗仪等《说郛三种》(第 1 册),上海古籍出版社 1988 年,144—145 页。

③ 郑文焯《郑文焯手批梦窗词》,台北"中央研究院"中国文哲研究所筹备处1996 年影印本,第 103 页。

及御舟,可即遣援兵,或不然,宜速为之所,无堕其计中也。'及厓
山之败,张俨然立船首,焚香拜天曰:'臣死罪,无以报国,不能翊运
辅主,惟天鉴之!'"①夏谱后记(二)以为龙涎之咏还不限于六陵之
事:"《补题》第一首,王沂孙《天香·赋龙涎香》云:'一缕紫帘翠
影,依稀海山云气。'或疑是指厓山覆亡事,非咏六陵。予案吕同老
此题结云'待寄相思,仙山路杳',李居仁亦云'万里槎程''隐约
仙舟路杳',亦皆指厓山;《补题》诸家咏六陵,皆不限于六陵,或故
意乱以他辞;其寄慨亡国,涉及厓山,尤情所应有;不能因此疑其与
六陵无关。"②詹安泰也认为:"碧山此词或系咏宋亡事。"③寄托的
意味更加明显。常州词人张惠言认为:"碧山咏物诸篇,并有君国
之忧。"④沈祥龙也说:"咏物之作,在借物以寓性情。凡身世之感,
君国之忧,隐然蕴于其内,斯寄托遥深,非沾沾焉咏一物矣。如王
碧山咏新月之《眉妩》,咏梅之《高阳台》,咏榴之《庆清朝》,皆别有
所指,故其词郁伊善感。"⑤若此,则王沂孙34首咏物词皆可作如
是观。

正因为如此,碧山词是宋朝词人中最易引起后人引申解说者。
如端木埰评王沂孙另一首录入《乐府补题》中的《齐天乐·咏蝉》:

> 详味词意,殆亦碧山黍离之悲也。首句"宫魂"字点清命
> 意。"乍咽""还移",慨播迁也。"西窗"三句伤敌骑暂退,宴

---

① 周密撰,吴企明点校《癸辛杂识》,中华书局1988年,第182页。
② 夏承焘《乐府补题考》,《夏承焘集》(第1册),第380页。
③ 王沂孙著,詹安泰笺注,蔡起贤整理《花外集笺注》,广东人民出版社1995
年,第4页。
④ 张惠言《张惠言论词》,《词话丛编》(第2册),第1616页。
⑤《论词随笔》,《词话丛编》(第5册),第4058页。

安如故也。"镜暗妆残",残破满眼。"为谁"句指当日修容饰
貌,侧媚依然;衰世臣主,全无心肝,真千古一辙也。"铜仙"三
句伤宗器重宝均被迁夺北去也。"病翼"三句更是痛哭流涕,
大声疾呼,言海微栖流,断不能久也。"余音"三句遗臣孤愤,
哀怨难论也。"漫想熏风,柳丝千万",责诸人当此,尚安危利
灾,视若全盛也。语意明显,凄婉至不忍卒读。①

　　诸语句句坐实,为论者不取,但参与集体唱和的周密同调同题
词有"故苑愁深,危弦调苦,前梦蜕痕枯叶。"写蝉鸣如清商悲音,
蝉蜕如繁华昨梦一缕枯痕;王词以秋蝉病翼枯形阅世,喻写遗民对
前朝的执着怀念。二词中都有"斜阳"这一宋季词中有意味的象
征符号,因此可以肯定是有寄托之作。碧山词中所寓寄托传承自
美成香草美人寓意浸成——云端美人如隔天路、风雨花草渐浸有
托,但兼取白石清空意度,承载起家国忠爱的重大主题。最为符合
叶嘉莹先生关于深有寄托的词作"原来是不可能给予确定之解说,
也不需要给予确定之解说的"。因此在解诂碧山词时,一落言筌,
往往落入深文罗织。
　　另外,周密、张炎题写词卷都记载了王沂孙也是精通音律,撇
笛作谱的词人。周密《踏莎行·题中仙词卷》:"玉笛天津,锦囊昌
谷。春红转眼成秋绿。重翻花外侍儿歌,休听酒边供奉曲。"张炎
《洞仙歌·观王碧山花外词集有感》:"可惜欢娱地。雨冷云昏,不
见当时谱银字。旧曲怯重翻,总是离愁,泪痕洒、一帘花碎。"

---

① 唐圭璋《词学论丛·附录》辑《端木埰批注张惠言〈词选〉》,《词学论丛》,
　 上海古籍出版社 1986 年,第 1056—1057 页。

三、后之为词难出范围

张炎指出:"美成负一代词名,所作之词,浑厚和雅,善融化诗句……作词者多效其体制,失之软媚而无所取,此惟美成为然,不能学也,所可仿效之词,岂一美成而已!"(已见前引)虽然兼含褒贬,但从中不难看出,美成词是当时词坛争相仿效的主要对象。前引周济、陈廷焯所谓"后有作者,莫能出其范围矣","后之为词者,亦难出其范围",当然包括宋朝作词者。

如果转换视角,通过晚宋词选、词论的选词标准、规定词法等,同样能看到美成词的影响力。周密辑选的南宋歌本《绝妙好词》、陆辅之以选句为主的《词旨》,因其较为统一的选词标准而最能彰显这一词坛特殊现象。值得一提的是,其中周密、张炎为代表的遗民词人创作,受到苏轼"以诗为词"豪放之风的深刻影响。论者普遍认为,苏学盛于北,苏词的豪放雄奇与"深裘大马之风"相融,开金源词风之盛。实际上,在由宋入元、国破家亡的风云际会中,豪放雄奇也被融入南方词体,推助了词中家国忠爱之情的承载与表达。从溯源的角度说,正是第三章中所论及的美成词的诗词合流"开发了南宋婉约词承载思想意趣的无限可能"。这也在晚宋词选、词论中体现出来。

(一)《绝妙好词》合乐歌本

周密,字公谨,号草窗。其《绝妙好词》是南宋词选本。吴文英《踏莎行·敬赋草窗〈绝妙词〉》、张炎《西江月·〈绝妙好词〉乃周草窗所集也》都称赞了此本可以歌唱的音乐性:

> 杨柳风流,蕙花清润。蘋□未数张三影。沉香倚醉调清平,新辞□□□□□。　　鲛室裁绡,□□□□。□□白雪争

歌郢。西湖同结杏花盟,东风休赋丁香恨。

　　花气烘人尚暖,珠光出海犹寒。如今贺老见应难,解道江南肠断。　　谩击铜壶浩叹,空存锦瑟谁弹。庄生蝴蝶梦春还,帘外一声莺唤。

　　梦窗比拟所选之词如同李白沉香亭畔创作并被演唱的《清平乐》,又比作楚郢曲高和寡的《阳春白雪》;玉田则指出选本的词调有的豪放可击铜壶浩歌,有的婉丽可合锦瑟曼声柔节,这表明,入选词作都有合乐可歌的音律美。张炎还以为《绝妙好词》在南宋中后期歌本中,相较赵闻礼《阳春白雪》、黄升《绝妙词选》,是精华选本:"近代词人用功者多,如《阳春白雪》集,如《绝妙词选》,亦自可观,但所取不精一。岂若周草窗所选《绝妙好词》之为精粹。"①所谓"精粹"正是仿效美成体制的包括句法、字面的高雅含蓄,章法、发意的顿挫沉郁等。

　　前文多处征引《乐府指迷》推尊美成为宗主,举为例证的南宋词人有康与之、姜夔、施岳、孙惟信、辛弃疾、翁元龙,入元词人有吴文英、周密。南宋周密七卷选本《绝妙好词》共录入133位词人,391首词作(原缺六首,残半首),除康与之外,都有选词录入,其中"深得清真之妙"的吴梦窗入选数量最多,也就是说,周密与沈义父以美成为宗的词学观相当一致,也反映出张炎所说集体仿效美成体制的词坛实况。周密选录了沈义父作为例证的词人词篇,按其选录数量排列如下(为统一体例,不出题序,皆以括号括出首句):

　　吴文英词16首《八声甘州》(渺空烟四远)、《声声慢》(檀栾金碧)、《唐多令》(何处合成愁)、《青玉案》(短亭芳草长亭柳)、《青

①《词源注》,第28页。

玉案》（新腔一唱双金斗）、《好事近》（飞露洒银床）、《高阳台》（宫粉雕痕）、《杏花天》（幽欢一梦成炊黍）、《风入松》（听风听雨过清明）、《朝中措》（晚妆慵理瑞云盘）、《西江月》（枝袅一痕雪在）、《浪淘沙》（灯火雨中船）、《高阳台》（修竹凝妆）、《思佳客》（迷蝶无踪晓梦沉）、《采桑子慢》（桐敲露井）、《三姝媚》（湖山经醉惯）。

姜夔词 13 首《扬州慢》（淮左名都）、《暗香》（旧时月色）、《疏影》（苔枝缀玉）、《琵琶仙》（双桨来时）、《一萼红》（古城阴）、《淡黄柳》（空城晓角）、《齐天乐》（庾郎先自吟愁赋）、《玲珑四犯》（叠鼓夜寒）、《法曲献仙音》（虚阁笼寒）、《念奴娇》（闹红一舸）、《小重山令》（人绕湘皋月坠时）、《点绛唇》（燕雁无心）、《惜红衣》（枕簟邀凉）。

施岳 6 首《水龙吟》（翠鳌涌出沧溟）、《清平乐》（水遥花暝）、《解语花》（云容冱雪）、《兰陵王》（柳花白）、《曲游春》（画舸西泠路）、《步月》（玉宇薰风）。

翁元龙 5 首《水龙吟》（画楼红湿斜阳）、《风流子》（天阔玉屏空）、《醉桃源》（千丝风雨万丝晴）、《谒金门》（莺树暖）、《绛都春》（花娇半面）。

孙惟信词 5 首《昼锦堂》（薄袖禁寒）、《夜合花》（风叶敲窗）、《烛影摇红》（一朵鞓红）、《醉思凡》（吹箫跨鸾）、《南乡子》（璧月小红楼）。

辛弃疾 3 首《摸鱼儿》（更能消几番风雨）、《瑞鹤仙》（雁霜寒透幕）、《祝英台近》（宝钗分）。

另外，周密自选 22 首（此为选家传统，黄升《绝妙词选》附自作词达 38 首）《国香慢》（玉润金明）、《一萼红》（步深幽）、《扫花游》（江蓠怨碧）、《三姝媚》（浅寒梅未绽）、《法曲献仙音》（松雪飘寒）、《高阳台》（照野旌旗）、《庆宫春》（重叠云衣）、《高阳台》（小雨分江）、《探芳信》（步晴昼）、《水龙吟》（素鸾飞下青冥）、《四字令》（眉消睡黄）、《西江月》（绿绮紫丝步障）、《江城子》（罗窗晓色透花明）、《少年游》（帘消宝篆卷宫罗）、《好事近》（新雨洗花尘）、《西江月》（情缕红丝冉冉）、《醉落魄》（忆忆忆忆）、《朝中措》（彩绳朱乘驾涛云）、《醉落魄》（余寒正怯）、《浣溪沙》（蚕已三眠柳二眠）、《甘州》（渐萋萋）、《踏莎行》（远草情钟）。

　　周密《绝妙好词》自选词数量最多，不仅出于选家传统，也出于对美成词的继承。最为直接的是用清真韵作《扫花游》（柳花飏白）。清代以来的词论家都认为草窗与美成自有渊源，如陈廷焯《白雨斋词话》以周邦彦等七家为正宗体派，以"周美成为一体，竹屋、草窗附之"①。又说："周公谨词，刻意学清真，句法字法，居然合拍。"② 另外，前说吴梦窗被认为是周清真在南宋嗣响，草窗又是与梦窗并称"二窗"的词人。戈载《宋七家词选》："故其词尽洗靡曼，独标清丽；有韶倩之色，有绵渺之思，与梦窗旨趣相侔，二窗并称，允矣无忝。"③ 李慈铭说："南宋之末，终推草窗、梦窗两家，为此事眉目，非碧山、竹溪辈所可颉颃。"④ 吴梅则以周草窗与史梅溪、吴梦窗、王碧山并列，指为伤时之作："南渡以还，作者愈盛，而抚时感事，动有微言。……至若碧山咏物，梅溪题情，梦窗之丰乐楼头，草窗之禁烟湖上，词翰所寄，并有微意，又岂常人所易及哉！"⑤ 刘永济《词论》（卷上）："若夫清真、伯可之侪，身在乐府，知音协律之事，所职宜然，故其所为，韵律精切。白石、梅溪、梦窗、草窗诸君承

---

① 《白雨斋词话》，第 206 页。
② 同上书，第 38 页。
③ 《宋七家词选》（卷五），第 25 页。
④ 李慈铭撰、由云龙辑《越缦堂读书记》，上海书店出版社 2015 年，第 1227 页。
⑤ 《词学通论》，第 49 页。

其流风,弥见工丽。斯又体制因革之自然,此数君者,动于不得已,非欲以此与前人竞奇也。"① 甚至有论者认为草窗后来居上者。沈曾植《海日楼札丛》(卷七):"吴梦窗、史邦卿影响江湖,别成绚丽,特宜于酒楼歌馆,饤坐持杯,追拟周、秦,以缵东都盛事,于声律为当行,于格韵则卑靡,赖其后有草窗、玉田、圣与出,而后风雅遗音,绝而复续。"② 蒋兆兰《词说》:"草窗词品,虽与梦窗相近,然炼不伤气,自饶名贵。"③

当然,正如前引王运熙先生所说,所谓相承是"体制风格的互相类似",而体制风格形成因素是受到多方面影响、共同催生出新风格。就周密而言,除清真、梦窗外,受影响最多的当是苏轼"以诗为词"。他踵武东坡有多种表现,如存宋椠原貌的《蘋洲渔笛谱》中多有长文题序显然受苏轼影响,录数例如下:

《三犯渡江云》:丁卯岁未除三日,乘兴棹雪访李商隐、周隐于余不之滨。主人喜余至,拥裘曳杖,相从于山巅水涯松云竹雪之间。酒酣,促膝笑语,尽出笈中画、囊中诗以娱客。醉归船窗,然夜鼓半矣。归途再雪,万山玉立相映发,冰镜晃耀,照人毛发,洒洒清入肝鬲,凛然不自支,疑行清虚府中,奇绝境也。揭来故山,恍然隔岁,慨然怀思,何异神游梦适。因窃自念人间世不乏清景,往往汩汩尘事,不暇领会,抑亦造物者故为是靳靳乎? 不然,戴溪之雪,赤壁之月,非有至高难行之举,何千载之下,寥寥无继之者耶? 因赋此解,以寄余怀。

① 刘永济《词论》,上海古籍出版社 1981 年,第 57 页。
② 沈曾植撰、钱仲联辑《海日楼札丛》,中华书局 1962 年,第 289 页。
③《词说》,《词话丛编》(第 5 册),第 4633 页。

《长亭怨慢》：岁丙午、丁未，先君子监州太末。时刺史杨泳斋员外、别驾牟存斋、西安令翁浩堂、郡博士洪恕斋，一时名流星聚，见为奇事。倅居据龟阜，下瞰万室，外环四山，先子作堂日啸咏。撮登览要，蜿蜒入后圃。梅清竹癯，亏蔽风月，后俯官河，相望一水，则小蓬莱在焉。老柳高荷，吹凉竟日。诸公载酒论文，清弹豪吹，笔研琴尊之乐，盖无虚日也。余时甚少，执杖屦，供洒扫，诸老绪论殷殷，金石声犹在耳。后十年过之，则径草池萍，怃然葵麦之感，一时交从，水逝云飞，无人识令威矣。徘徊水竹间，怅然久之，因谱白石自制调，以寄前度刘郎之怀云。

《柳梢青》：余平生爱梅，仅一再见逃禅真迹。癸酉冬，会疏清翁孤山下，出所藏《双清图》，奇悟入神，绝去笔墨畦径。卷尾补之自书《柳梢青》四词，辞语清丽，翰札道劲，欣然有契于心。余因戏云："不知点胸老、放鹤翁同生一时，其清风雅韵，优劣当何如哉。"翁嚏日："我知画而已，安与许事，君其问诸水滨。"因次韵载名于后，庶异于开卷索笑，不为生客云。

《木兰花慢》：西湖十景尚矣。张成子尝赋《应天长》十阕夸余日："是古今词家未能道者。"余时年少气锐，谓此人间景，余与子皆人间人，子能道，余顾不能道耶？冥搜六日而词成。成子惊赏敏妙，许放出一头地。异日，霞翁见之日："语丽矣，如律未协何。"遂相与订正，阅数月而后定。是知词不难作，而难于改；语不难工，而难于协。翁往矣，赏音寂然，姑述其概，以寄余怀云。

周密之前，姜夔小序颇以雅洁著称，但其中部分题序与词意犯复，故周济有云："白石小序甚可观，苦与词复。若序其缘起，不犯词境,斯为两美已。"①周密题序与苏词题序涂辙相同,都是叙其缘起,与词中抒情相辅而行,不犯词境。既交代了创作背景,又补足了词所不宜的相关韵事。

另如《一枝春·越一日,寄闲次余前韵,且未能忘情于落花飞絮间,因寓去燕杨姓事以寄意,此少游'小楼连苑'之词也。余遂戏用张氏故实次韵代答,亦东坡'锦里先生'之诗乎》明显仿效苏诗,也就是"以诗为词"。周词曰:"帘影移阴,杏香寒、乍湿西园丝雨。芳期暗数。又是去年心绪。金花谩剪,倩谁画、旧时眉妩。空自想、杨柳风流,泪滴软绡红聚。 罗窗那回歌处。叹庭花倦舞,香消衣缕。楼空燕冷,碎锦懒寻尘谱。幺弦谩赋,记曾是、倚娇成妒。深院悄,闲掩梨花,倩莺寄语。"这是周密赠张枢(号寄闲)的词作,涉及其遣散杨姓歌姬之事。周密有意模仿东坡为张先买妾所赠诗的作法,全用张姓典故。东坡诗曰:"锦里先生自笑狂,莫欺九尺鬓眉苍。诗人老去莺莺在,公子归来燕燕忙。柱下相君犹有齿,江南刺史已无肠。平生忝作安昌客,略遣彭宣到后堂。"《侯鲭录》(卷七)为诗疏证:"诗人谓张籍,公子谓张祜,柱下张苍,安昌张禹,皆使姓张事。"②周词所用有张敞画眉、张绪风流、张建封侍妾关盼盼守节于燕子楼、莺莺寄张生书信等典故。

这一群体模仿的现象表明,美成词在江西诗学影响下建立、规定的词学法度与审美规范已然成为晚宋词人的创作自觉,与诗合流臻于从心所欲而能不逾词体畛域的境界;这一诗化同时也是雅化的过程使词体由卑而尊,从而确立了与诗双峰并峙的文学史地位。

---

①《宋四家词选目录序论》,《宋四家词选》,第3页。
②《侯鲭录》,第67页。

（二）《词源》《词旨》词法范例

胡元仪论述《词旨》与《词源》的关系时说："《词旨》为书，皆述叔夏论词之旨，与叔夏《词源》同条共贯。计论词七则，言简意明，能撮其要。采时流词中偶句工炼者，名曰属对，凡三十八则，而乐笑翁奇对二十三则次之。名词之意远辞隽者，名曰警句，凡九十二则，而乐笑翁警句十三则次之，以著受学之源也。又词眼二十六则，示人炼字之法。"①

《词旨》深受张炎推重南宋词学观的影响，但其例举一时名流词中"偶句工炼""意远辞隽""炼字之法"仍可以看出美成对南宋词法与风格的整体影响。不妨以属对、词眼为例。《词旨》录入属对 38 则，北宋仅 3 位词人入选，除周邦彦一句外，另有田为（不伐）、王观（通叟）的 2 句；而录入南宋词人 15 人，31 篇引句（有词人、词篇引 2 次以上）。录《词旨》南宋 35 则"属对"如下（补足词人姓氏、词调，录入词句与词人别集有出入者不作校改，一仍其旧）：

烟横山腹，雁点秋容。（吴叔《声声慢》，词佚）
问竹平安，点花番次。（徐渊，词调与词皆佚）
虚阁笼云，小帘通月。（姜白石《法曲献仙音》）
蝉碧勾花，雁红攒月。（丁宏庵《法曲献仙音》，词佚）
落叶霞飘，败窗风咽。（吴梦窗《法曲献仙音》）
风拍波惊，露零秋冷。（吴梦窗《法曲献仙音》）
花匣幺弦，象奁双陆。（楼君亮《法曲献仙音》）
珠蹙花舆，翠翻莲额。（楼君亮，词题"紫丁香"，词与词调佚）

① 胡元仪《词旨畅旧序》，《词话丛编》（第 1 册），第 343 页。

汗粉难融,袖香新窃。(楼君亮,词佚)

种石生云,移花带月。(翁处静《齐天乐》)

断浦沉云,空山挂雨。(史邦卿《齐天乐》)

画里移舟,诗边就梦。(史邦卿《齐天乐)

砚冻凝花,香寒散雾。(周草窗《齐天乐》)

系马桥空,移舟岸易。(黄双溪《齐天乐》)

疏绮笼寒,浅云栖月。(丁宏庵,词题"寒梅",词调与词皆佚)

竹深水远,台高石出。(施梅川,词佚)

香茸沾袖,粉甲留痕。(施梅川,词题"去姬复来",词调与词皆佚)

就船换酒,随地攀花。(施梅川,词佚)

做冷欺花,将烟困柳。(史邦卿《绮罗香》)

巧剪兰心,偷黏草甲。(史邦卿《东风第一枝》)

罗袖分香,翠绡封泪。(陈同甫《水龙吟》)

池面冰胶,墙腰雪老。(姜白石《一萼红》)

枕簟邀凉,琴书换日。(姜白石《惜红衣》)

薄袖禁寒,轻妆媚晚。(孙花翁《昼锦堂》)

倒苇沙闲,枯兰溆冷。(高竹屋《齐天乐》)

绿芰擎霜,黄花招雨。(高竹屋,词佚)

紫曲送香,绿窗梦月。(李笕房《踏莎行》)

暗雨敲花,柔风过柳。(李笕房,词佚)

霜杵敲寒,风灯摇梦。(吴梦窗,词佚)

盘丝系腕,巧篆垂簪。(吴梦窗《澡兰香》)

翠叶垂香,玉容消酒。(姜白石《念奴娇》)

金谷移春,玉壶贮暖。(张寄闲,词题"茶花",词调与词皆佚)

拥石池台,约花阑槛。(张寄闲,词佚)

问月赊晴,凭春买夜。(丁湖南《齐天乐》)

醉墨题香,闲箫弄玉。(周草窗《长亭怨慢》)

以上录入四联的有姜夔、吴文英,录入三联的有史邦卿、施梅川、楼君亮,基本取向与《绝妙好词》相合。前举美成相对于柳永、秦观词,多有精工严对,上引例句也如清真词,是经过锤炼,字字敲打得响;也是或炼第一字、第三字或兼炼二字,所以受到选录者的青睐。

"词眼"部分北宋词人仅录美成 1 句,南宋词人 18 人。录其南宋词眼 25 则如下(补足词人姓氏、词调):

燕娇莺姹。(潘元质《倦寻芳》)

绿肥红瘦。(李易安《如梦令》)

宠柳娇花。(李易安《壶中天》)

醉云醒雨。(吴梦窗《解蹀躞》)

挑云研雪。(王碧山,词佚)

柳昏花暝。(史邦卿《双双燕》)

翠阴香远。(方千里《过秦楼》)

玉娇香怨。(高竹屋《齐天乐》)

蝶凄蜂惨。(杨守斋《八六子》)

柳腴花瘦。(杨西村《甘州》)

绾燕吟莺。(杨西村,词佚)

渔烟鸥雨。(李秋崖《青玉案》)

燕昏莺晓。(李秋崖《青玉案》)

翠鞁红炉。(王可竹《齐天乐》)

愁胭恨粉。(作者与词皆佚)

月约星期。(楼君亮《玉漏迟》)

雨今云古。(张玉田《长亭怨》)

恨烟颦雨。(张东泽《祝英台近》)

燕窥莺认。(钟梅心《步蟾宫》)

愁罗恨绮。(翁处静《水龙吟》)

移红换紫。(张寄闲《瑞鹤仙》)

联诗换酒。(周草窗《三犯渡江云》)

选歌试舞。(周草窗《露华》)

舞勾歌引。(周草窗《月边娇》)

三生春梦。(作者与词皆佚)

前引吴熊和先生说北宋作词炼字的风气尚未大开,但是"周邦彦除了融化唐诗,还很注重炼字,形成所谓'词眼'",《词旨》录入美成《意难忘》中的"笼灯燃月",这是当句自对。美成集中还有不少此类例句,如《少年游》"柳泣花啼",《满庭芳》"地卑山近",《氐州第一》"思牵情绕",《念奴娇》"重愁叠恨"等等。《容斋续笔》(卷三):"唐人诗文或于一句中自成对偶,谓之当句对。盖起于《楚辞》'蕙烝兰藉''桂酒椒浆''桂棹兰枻''斲冰积雪'。自齐梁以来,江文通、庾子山诸人亦如此。……李义山一诗,其题曰《当句有对》云:'密迩平阳接上兰,秦楼鸳瓦汉宫盘。池光不定花光乱,日气初涵露气干。但觉游蜂饶舞蝶,岂知孤凤忆离鸾。三星自转三山远,紫府程遥碧落宽。'其他诗句中如青女素娥,对月中霜里,黄叶风雨,对青楼管弦,骨肉书题,对蕙兰蹊径,花须柳眼,对紫蝶黄蜂,重吟细把,对已落犹开,急鼓疏钟,对休灯灭烛,江鱼朔雁,对秦树嵩云,万户千门,对风朝露夜,如是者甚多。"①陆辅之所录词眼多

---

①《容斋随笔》(上册),第250—251页。

如周词为当句对,不仅四字皆炼,而且绝大部分拟人化,或者加以不合词性逻辑的"混搭",从中可以看出南宋源出清真而能极工尽变的词坛风气①。

　　陆辅之曾受学于张炎,张炎宋词殿军地位在《词旨》中已露端倪:"周清真之典丽,姜白石之骚雅,史梅溪之句法,吴梦窗之字面,取四家之所长,去四家之所短,此(乐笑)翁之要诀。"②陆氏录"乐笑翁奇对"23则,"乐笑翁警句"13则,"词眼"1则,共37则,为两宋词人之最。较为著名的"奇对"有:"接叶巢莺,平波卷絮。"(《高阳台》)"随花甃石,就泉通沼。"(《扫花游》)"行歌趁月,唤酒延秋。"(《解语花》)"鹤响天高,水流花净。"(《壶中天》)"开帘过雨,隔水呼灯。"(《忆旧游》)"浪卷天浮,山邀云去。"(《壶中天》)较为著名的"警句"如:"和云流出空山,甚年年净洗,花香不了。"(《南浦》)"写不成书,只记得相思一点。"(《解连环》)"见说新愁,如今也到鸥边。"(《高阳台》)"莫开帘。怕见飞花,怕听啼鹃。"(《高阳台》)赫然可见在清真词基础上、声色大开之时的研炼之功,值得注意的是,若能知人论世,张炎词形式美中的内容善已经显化为诗性特质。

　　张炎是南宋循王张俊的六世孙,笔者已经考证出他在宋亡之后曾两次北行大都(今北京市,元朝因辽之燕京改置)③。初次北行是因为祖父张濡在新朝遭受磔刑,张炎与兄弟张伯时四散逃难,《解连环·孤雁》"写不成书,只记得相思一点",以孤雁意象表达兄弟皆在逃难途中,不能互为扶持;表达出国破家亡之后的椎心泣

---

① 朱彝尊《词综·发凡》:"词至南宋始极其工,至宋季而始极其变。"朱彝尊、汪森辑《词综》,中华书局 1975 年,第 10 页。
②《词旨》,第 1—2 页。
③ 参见孙虹《张炎北游事迹发覆》,《文学遗产》2018 年第 2 期,第 179—182 页。

血之痛。《高阳台·西湖春感》:"莫开帘。怕见飞花,怕听啼鹃。"
回忆南宋时西湖苏堤六桥柳浪闻莺,日日盛游,飞絮时节又是韩翃
《寒食》描绘的"春城无处不飞花,寒食东风御柳斜"景象,但如今
歌吹箫鼓已成笙歌旧梦,旧京柳絮飞花,恰如飘荡的亡国之泪。又
因杜甫《杜鹃》"我见常再拜,重是古帝魂",杜鹃成为南宋遗民诗
词中的特殊意象,如张观光《晚春即事》有"杜鹃亡国恨"之句,刘
困《题汪水云诗卷》也有"一卷杜鹃诗"之评。所以麦孺博认为上
引"莫开帘"三句是"亡国之音哀以思"①。

　　张炎还有与友人白香岩(笔者考为白廷玉,号香岩)和东坡
《念奴娇·赤壁怀古》的词作《壶中天·白香岩和东坡韵赋梅》。论
者已经从中看出苏轼对张炎的影响,如高亮功引萧中孚评曰:"和
东坡韵便似东坡。"②夏敬观又屡评其"似东坡"③。常国武先生也
对此有评说:"(玉田)受到影响最深的恐怕还是东坡。其《壶中
天》(扬舲万里)、《甘州·云林远市》、《壶中天·月涌大江》、《木
兰花慢》(二分春到柳)、《壶中天·白香岩和东坡韵赋梅》、《摸鱼
子·高爱山隐居》等等,风格就很接近东坡一路。"④张炎对东坡词
的受容,不仅仅是忠爱思想内容对词境的拓展,也不仅仅是和韵带
来的豪放风神,更是词体审美由江西诗质的生新瘦劲而至于意态
雄杰。从中可以看到美成兼容江西诗质的风格,经由姜夔出入江

① 梁令娴《艺蘅馆词选》眉批引麦孺博语,中华书局 1935 年,第 170 页。
② 高亮功手批《山中白云词》,张炎撰,赵昱刊刻《山中白云词》(浙江平湖葛
　　渭君藏本),卷 7 第 7 页。
③ 张炎撰,葛渭君、王晓红校辑《山中白云词》,辽宁教育出版社 2001 年,第
　　176 页。
④ 常国武《碧山、草窗、玉田三家词异同论》,《文学评论》1991 年第 4 期,第 53—
　　54 页。

西、晚唐之后,健笔写柔情的特点进一步彰显,而至张炎及晚宋时期,在宋元舆图换稿的背景下,实际上已经发生了尊体前提下"以诗为词"集体转型,因而在清朝初年,获得同为新朝遗民的浙西词人的极高称誉。

第二节　清代以来两宋词学范型的理论建构与现代转型

　　词体虽然是宋朝一代之文学,但南宋与北宋孰为优劣的问题,清代以来争论纷起。浙西词派宗主朱彝尊通过《词综·发凡》以及相关序跋提出南宋胜出的观点:"词至南宋始极其工,至宋季而始极其变。"[①] 之后,浙西词家之外,论者纷纷提出质疑。张惠言、周济代表的常州词派及相关论者评骘优劣,对于南宋,显然贬多于褒。周济说:"北宋词,下者在南宋下,以其不能空,且不知寄托也;高者在南宋上,以其能实,且能无寄托也。南宋由下不犯北宋拙率之病,高不到北宋浑涵之诣。"[②] "北宋词,多就景叙情,故珠圆玉润,四照玲珑,至稼轩、白石一变而为即事叙景,使深者反浅,曲者反直。"[③] 潘德舆说:"词滥觞于唐,畅于五代,而意格之闳深曲挚,则莫盛于北宋。词之有北宋,犹诗之有盛唐,至南宋则稍衰矣。"[④]刘熙载说:"北宋词用密亦疏,用隐亦亮,用沉亦快,用细亦阔,用精

①《词综》,第 10 页。
②《介存斋论词杂著》,第 4—5 页。
③ 同上书,第 8 页。
④ 潘德舆《与叶生名澧书》,潘德舆著,朱德慈辑校《潘德舆全集》(第 1 册),人民文学出版社 2016 年,第 457 页。

亦浑。南宋只是掉转过来。"① 王国维赞赏周济、潘德舆、刘熙载三家观点超越浙西词派,与明末陈子龙等云间词人相呼应:"然其推尊北宋,则与明季云间诸公同一卓识,不可废也。"②

静安先生的很多观点甚至可以作为常派理论的注脚。因此,引用静安所举例证,可对常派相关论点加以阐扬。更值得注意的是,《人间词话》学术贯通中西,特别是吸收了叔本华、尼采的哲学(含美学)思辨,通变于常州词派与浙西词派之间,因此,在贬抑南宋范型以及处于这一范型前沿的周美成的过程中,并非一成不变,而是最终改弦易辙,整合常州派宋学治词、浙西派汉学考据的方法③,撰成《清真先生遗事》,其中"词中老杜,则非先生不可"一语,不仅是对词学专论《人间词话》美成差评的彻底翻案,也表明静安先生对南宋范型的认同度渐趋理性。

从某种意义上说,前文所论宋词范型是对词体内质在哲学层面与天地同流的阐发,与此同时,美成又是人工思力安排词章的第一人,换言之,周词结北开南,也就是处在两宋各具天工或人巧范型的微妙平衡点上,无论正反方向的逾越都是过与不及,美成因此成为当之无愧的经典。南宋词人虽然在理论上明白"词不用雕刻,刻则伤气,务在自然"④,但词体发展已经进入"渐进则法立,更进则法密"⑤时代,南宋词所作的努力就是要让"人巧"尽量接近自然"天工",从而建立南宋范型的独特风貌,北宋范型与南宋范型差异性对比,也可以从特别视角突显出周美成的词史地位。

---

①《艺概》,第 113 页。

②《人间词话》,《王国维文集》,第 22 页。

③ 参见《宋词殿军张炎研究》,第 388—344 页。

④《词旨》,第 1 页。

⑤ 蔡嵩云撰《柯亭词论》,《词话丛编》(第 5 册),第 4902 页。

　　南宋词风的嬗变,在哲学上也有渊源可溯。至南宋时,程颢学说中的心学成份由源而流,逐渐形成了与朱熹理学对峙的陆九渊心学。陆氏心学以孟子"万物皆备于我"①为理论起点,提出"宇宙便是吾心,吾心便是宇宙"②。宇宙是一个时空概念,高诱注《淮南子·原道训》:"四方上下曰宇,古往今来曰宙,以喻天地。"③陆氏认为在广袤的时空中,人同此心,心同此理:"此心同也,此理同也。"④陆氏心学对南宋士大夫心态的影响相对于程朱理学大有后来居上之势,所以,南宋特别是宋季的词作,发展了诗歌传统中为文造情的技巧,作者的主观感情超然凌驾于客观景物之上,颇类汉朝的"赋家之心,苞括宇宙,总览人物"⑤。词体创作因而由北宋的"就景叙情"转而为"即事叙景",进而成为南宋具有一定之规作用的词家法度。

一、南宋范型密隐沉细

　　周济建立了"问途碧山,历梦窗、稼轩,以还清真之浑化"的词史谱系,并对为何选择四家作出解释。比如,为何要摒弃晚宋词学特别是浙西词派受到极力推重的姜夔、张炎,而选择辛弃疾、吴文英、王沂孙,这是因为姜夔、张炎在用情专深、不能换意、用笔空滑方面有重大缺陷:"吾十年来服膺白石,而以稼轩为外道,由今思之,可谓瞽人扪籥也。稼轩郁勃,故情深;白石放旷,故情浅;稼轩纵横,故才大;白石局促,故才小。惟《暗香》《疏影》二词,寄

① 杨伯峻译注《孟子译注》(下册),中华书局 1960 年,第 302 页。
② 陆九渊《陆象山全集》,中国书店 1992 年,第 317 页。
③ 刘安等著,高诱注《淮南子》,上海古籍出版社 1989 年,第 5 页。
④ 杨简《象山先生行状》,《陆象山全集》,第 247 页
⑤《西京杂记》卷 2 引司马相如语,《西京杂记》,第 12 页。

意题外,包蕴无穷,可与稼轩伯仲;余俱据事直书,不过手意近辣耳。"[1] "玉田,近人所最尊奉。才情诣力,亦不后诸人;终觉积谷作米,把缆放船,无开阔手段;然其清绝处,自不易到。玉田词,佳者匹敌圣与,往往有似是而非处,不可不知。叔夏所以不及前人处,只在字句上著功夫,不肯换意……近有喜学玉田,亦为修饰字句易,换意难。"[2] 梦窗词则专救其弊端:"梦窗非无生涩处,总胜空滑。……君特意思甚感慨,而寄情闲散。使人不易测其中之所有。"[3] 此四家中,美成处于北宋末期,南宋占三家,对于两宋词的优劣,周济有着最为独特的认知与思考。

(一) 不犯拙率不到浑涵

周济说南宋词"下不犯北宋拙率之病,高不到北宋浑涵之诣",是富有理论色彩、且有形上意义的命题。"拙率"二字,一褒一贬。关于"拙",张伯驹《丛碧词话》曰:"盖拙者,意中语、眼前语,不隔不做作,真实说出来,人人都以为是要说的话而未曾说出,如'别时容易见时难'是也。"[4] 方智范先生的解释是:"作为词格的'拙',基于真情,而如风行水上,自然成文,质朴、本色,与纤巧、尖新相对。"[5] "率",就是粗率,于词而言就是不据法度率尔操觚。前文多次征引的《乐府指迷》中,分别指出了应该规避的粗率之处不胜枚举:如音律不协(包括豪放不羁且不协律,句中韵不协),下字不雅,用字太露,发意太高,市井气,鄙俗语,生硬语,太晦涩,不紧切,两

---

①《介存斋论词杂著》,第 8 页。

②《介存斋论词杂著》,第 10 页。

③《介存斋论词杂著》,第 7 页。

④ 张伯驹《丛碧词话》,张伯驹《张伯驹集》(上册),上海古籍出版社 2014 年,第 384 页。

⑤ 方智范等《中国词学批评史》,中国社会科学出版社 1994 年,第 388 页。

人名对使,两句可对仗却不对仗,短句不能剪裁整齐,长句不能放婉曲,寿词拘于旧曲规模,直接说破所咏为某物或说出题字,咏物起句不见所咏之意并泛入闲事,咏物不能提调印证,咏花卉不能略用闺房情意,轻佻露骨的以情结尾,等等。然而"拙率"连用,拟诸形容,反而由贬而褒,具有了童真意趣。

从哲学视角看,"拙率"是虽尽人工但不失元气淋漓的浑灏气象。这种气象与宋代哲学中"洛学"后劲谢良佐以心为本、为生机活力的比喻有极为相似之处:"心者,何也? 仁是已。仁者,何也? 活者为仁,死者为不仁。今人身体麻痹,不知痛痒,谓之不仁。桃杏之核,可种而生者,谓之桃仁杏仁,言有生之意,推此仁可见之矣。"[1] 从文学视角看,这是人类童年时代所产生的艺术特质,如我国《诗经》和西方希腊神话等所具有的如浑金朴玉、不假雕琢而因"率"成趣,因病成妍。文学史上,任何文体的初发轫时期多少也会带有这一特点。也许正是在这个意义上,王国维称"唐五代北宋之词,可谓生香真色"[2]。

北宋前中期词体之拙,虽然蕴含勃勃生意,但尚有子路未见孔子时的粗率气象,如柳永慢词近于千篇一律的眼前—回忆—眼前的情感流向,欧阳修、苏轼词的偶尔崭露的粗豪放逸,黄庭坚词的倔犟姿态等等都是如此。至北宋末期,词体逐步脱去与自身体性相龃龉、尚存烟火气的粗率,由拙率造于浑涵,已经臻至词体中的"圣贤气象"。

到北宋后期,周邦彦词之所以被称为集大成者,也可以说是兼具有了拙率与浑涵的气象,前人对周词的分析中已经指出了这一

---

① 朱熹编,谢良佐语《上蔡先生语录》,中华书局1985年,第2页。
②《人间词话》,《王国维文集》,第23页。

点。比如陈廷焯就说过"美成词有似拙实工者,如《玉楼春》结句云:'人如风后入江云,情似雨余粘地絮。'上言人不能留,下言情不能已,呆作两譬,别饶姿态,却不病其板,不病其纤,此中消息难言。"①之后,陈洵对周词的这一特点屡有品评。如分析《四园竹》(浮云护月):"'鼠摇''萤度',于静夜怀人中见,有东山诗人之意。'犹在纸'一语惊人,是明明有前期矣。读结语则仍是漫与。此等处皆千回百折而出之,尤佳在朴拙。"②分析《关河令》(秋阴时晴):"由更深而追想过去之暝色,预计未尽之长夜。神味拙厚,总是笔力有余。"③分析《绮寮怨》(上马人扶残醉):"'杨琼',苏州歌者,见白香山诗。'徘徊''叹息',盖有在矣。'敛愁黛''与谁听',知音之感。'何曾再问',正急于欲问也。'旧曲''谁听','念我''关情',问之不已,特不知故人在否耳。拙重之至,弥见沉浑。"④

再以王国维所举例证加以比较:"美成《青玉案》词:'叶上初阳干宿雨,水面清圆,一一风荷举。'此真能得荷之神理者。觉白石《念奴娇》《惜红衣》二词犹有隔雾看花之恨。"⑤《青玉案》即《苏幕遮》的同调异名。美成词就是直接铺写:清晨升起的朝暾中,微风正在蒸发、吹散叶上晶莹、滚动的水滴,荷叶如亭亭青盖,翻起一道道青浪。

姜夔则是侧面着笔,《念奴娇》:"三十六陂人未到,水佩风裳无数。翠叶吹凉,玉容销酒,更洒菰蒲雨。嫣然摇动,冷香飞上诗句。"《惜红衣》下阕:"虹梁水陌,鱼浪吹香,红衣半狼籍。维舟试

---

① 《白雨斋词话》,第 18 页。
② 《海绡说词》,《词话丛编》(第 5 册),第 4871 页。
③ 同上书,第 4872 页。
④ 同上。
⑤ 《人间词话》,《王国维文集》,第 11 页。

望故国。眇天北。可惜渚边沙外,不共美人游历。问甚时同赋,三十六陂秋色。"《念奴娇》的"水佩风裳""菰蒲雨""嫣然摇动"等句与周词意象相似,但写法大异其趣。《惜红衣》也没有正面描写红荷半凋零的景象。王国维因此指出,产生写景之"隔"是姜夔及南宋词的总体趋势:"白石写景之作,如'二十四桥仍在,波心荡、冷月无声''数峰清苦,商略黄昏雨''高树晚蝉,说西风消息',虽格韵高绝,然如雾里看花,终隔一层。梅溪、梦窗诸家写景之病,皆在一隔字。北宋风流,渡江遂绝,抑真有运会存乎其间耶?"①

与北宋风流不同的写景之隔,是有意为之的赋水而赋前后左右,在有效避免就景咏景可能出现的呆板的同时,原本气韵流动、生香真色的景物,需要人力安排使之紧密切合的提调印证,以减少隔雾看花的不真切之感,结果还是"云雾遮罩"。

王国维又比较说:"咏物之词,自以东坡《水龙吟》为最工。邦卿《双双燕》次之。白石《暗香》《疏影》格调虽高,然无一语道着,视古人'江边一树垂垂发'等句何如耶?"②录东坡咏杨花《水龙吟》、白石咏梅《暗香》如下:

　　似花还似非花,也无人惜从教坠。抛家傍路,思量却是,无情有思。萦损柔肠,困酣娇眼,欲开还闭。梦随风万里,寻郎去处,又还被、莺呼起。　　不恨此花飞尽,恨西园、落红难缀。晓来雨过,遗踪何在,一池萍碎。春色三分,二分尘土,一分流水。细看来,不是杨花点点,是离人泪。

――――――

①《人间词话》,《王国维文集》,第11页。
②同上。

旧时月色。算几番照我,梅边吹笛。唤起玉人,不管清
寒与攀摘。何逊而今渐老,都忘却、春风词笔。但怪得、竹外
疏花,香冷入瑶席。 江国。正寂寂。叹寄与路遥,夜雪初
积。翠尊易泣。红萼无言耿相忆。长记曾携手处,千树压、西
湖寒碧。又片片、吹尽也,几时见得。

朱熹《诗集传》对比兴解释是:"比者,以彼物比此物也。"① "兴
者,先言他物以引起所咏之词也。"② 但在咏物词体中,比兴的含义
已然发生变化。沈祥龙指出其区别仅在于或以景引发抒情,或寓
意于物:"或借景以引其情,兴也;或借物以寓其意,比也。"③ 东坡
《水龙吟》是比体,以杨花比思妇,韩愈《晚春》"杨花榆荚无才思,
惟解漫天作雪飞"是苏词潜在的话语对象。笔墨所聚,亦杨花亦思
妇,柳条如萦损的柔肠,柳叶是醋睡未醒的娇眼,思妇如果不是被
柳枝上啼鸣的黄莺唤醒,她可能已经在梦境中与身在辽西的征人
欢聚。在西园落红缤纷时,杨花落水化为浮萍④,这是杨花也是春
之仅存的可寻踪迹。东坡又巧妙地变兴象为算术,把杨花与春天
都加以三等分,杨花二分化为尘土(语出陆龟蒙《惜花》:"其间风
雨至,且夕旋为尘。"),一分化为浮萍。最精彩之笔是,尚未化为尘
土、点点白色的杨花,那是思妇相思所化的春之泪,也是春之魂。

----

① 朱熹《诗集传》,上海古籍出版社1980年,第4页。
② 同上书,第1页。
③《论词随笔》,《词话丛编》(第5册),第4048页。
④ 苏轼《予少年颇知种松手植数万株皆中梁柱矣都梁山中见杜舆秀才求学其
法戏赠二首》(之2):"为问何如插杨柳,明年飞絮作浮萍。"施元之注:"先
生次韵章质夫杨花词'晓来雨过,遗踪何在,一池萍碎',注云:'旧说杨花入
水为浮萍,验之信然。'"《苏轼诗集合注》(第4册),第1808页。

　　白石咏梅几乎无一笔正面描写梅花,而是采用古代笛曲名《梅花落》,语典有贺铸"玉人和月摘梅花",杜甫"东阁官梅动诗兴,还如何逊在扬州",苏轼"江头千树春欲暗,竹外一枝斜更好",事典有陆凯驿寄江南梅花致意陇头范晔,还有西湖孤山梅花的宋朝今典,见《梦粱录》(卷十二)"亭侧山椒,环植梅花"①。杜甫《和裴迪登蜀州东亭送客逢早梅相忆见寄》有"江边一树垂垂发",垂垂,形容水边雪中梅花。《补注杜诗》(卷二十一):"苏曰:吴防《雪梅赋》:'照寒溪之艳艳,带冷雪之垂垂。'想子美雪中见梅作也。今梅花中用'垂垂'字,但可雪中梅花即用之。"②杜诗、苏词、姜词比较,都是语有来历,但杜诗写梅,苏词写杨花,贴着所咏对象,随物赋形,如川之涣,而姜词显然是另辟蹊径,以避免拙率达成工巧。

　　白石咏物实际上是南宋更为直接的学习榜样,张炎说:"诗难于咏物,词为尤难。体认稍真,则拘而不畅,模写差远,则晦而不明。要须收纵联密,用事合题。一段意思,全在结句,斯为绝妙。"③并例举史达祖《东风第一枝·咏春雪》《绮罗香·咏春雨》《双双燕·咏燕》,姜夔《暗香·咏梅》《疏影·咏梅》《齐天乐·赋促织》六首词作为例,又称赞说:"此皆全章精悍,所咏了然在目,且不留滞于物。"④张炎显然以北宋咏物是过份拘束本物的"体认稍真",就无法清空畅达、容纳高远立意。然而,不体察认识本物,又容易与物态相差较远,使人不知所咏为何物,张炎所说的"收纵联密,用事合题",就是沈义父拈出的"提调印证",这就需要合于所咏对象

①　吴自牧撰,符均、张社国校注《梦粱录》,三秦出版社2004年,第170—171页。
②　黄希原注,黄鹤补注《补注杜诗》,《景印文渊阁四库全书》(第1069册),第420页。
③　《词源注》,第20页。
④　同上书,第21页。

的事典、语典充当收纵的"榫头"。"一段意思，全在结句"，就是李之仪所说的"字字皆有据，而其妙见于卒章，语尽而意不尽，意尽而情不尽"①，何况前说《暗香》作为咏梅组词，其中对孤山御园梅花的回忆，烙上了靖康之难的创伤记忆，更是卒章显志。但与东坡以及前引美成咏物词相比，显然逊于北宋元气淋漓的形态呈现，也就是说，南宋特别是白石词在略无瑕疵、整章精悍的同时，虽然不犯拙率，却不可避免地留下了刻凿太甚的痕迹。

　　浑涵也包括章法，前文已经论及美成词的潜气内转，梦窗发展而为线索更加隐晦的"腾天潜渊"式的跳宕不定。同时，分析北宋词人安排章法时，主观的思致尽量服从客观的人情事物之理，因而虽然章法曲折，但脉络整然可循，正如吴世昌评《瑞龙吟》"故事脉落可循，组织严密"②。南宋词人的创作却因为陆氏心学的渗透，有了偏重主观安排的倾向。至南宋末年，加上时代末季幻灭意识的弥漫，吴梦窗已经完全按照主观的意识流程构筑词章。梦窗以主观的思致安排客观的意象，情之所之，有时高远，有时幽深，高远时上下纵横，幽深时宛若游丝。他的"空际转身"以奇谲变化的结构暗示出命运的无常，把人生的悲凉融入时空的苍茫，但以主观思致时空跳接与错位的"密隐沉细"，有意搅乱了欣赏者的审美观照，前引夏敬观因此有"碎锦拼合"之语。梦窗对语词的安排也体现出这一特点，略可分为四类：一如《宴清都》中的"红朝翠暮"，这种看似是借代，又非借代所能囊括的句子。置既定的形容词性搭配规范于不顾，把表示色彩的形容词与心理名词或时间名词凭借主观的

① 李之仪《跋吴思道小词》，《姑溪居士全集》（第 6 册），中华书局 1985 年，第 310 页。
②《词林新话》，第 165 页。

"超级链接"组合起来。二如《莺啼序》中的"春宽梦窄",其特点是凭主观之意把无时空概念的词与有时空概念的词"强扭"在一起,似乎意在把前者的模糊混沌转化为清晰明朗,其实词人是有意识让两个原本无关涉的词彼含互摄,从而使读者陷入了更大的"情感混沌场"。三如《霜叶飞》中的"彩扇咽寒蝉",其特点是词人主观安排两个名词受一个动词的约束,而且,其中一个名词还有与动词搭配不当之嫌,必须通过某种辞格"还原"才能组成搭配。"彩扇咽寒蝉"后句为"倦梦不知蛮素",二句回忆年青时客居杭州,重九登高南屏山,当时有歌舞俱佳的歌妓(拟为樊素、小蛮)侑觞狂欢;而眼下唯有蝉唱呜咽如歌,助我悲凉而已。他的《齐天乐》亦同此意:"听歌看舞。驻不得当时,柳蛮樱素。"因此句中"咽"字,不仅形容寒蝉鸣声,也是回忆中"舞低杨柳楼心月,歌尽桃花扇底风"的歌声呜咽。四是《古香慢》中的"怨娥坠柳,离佩摇蕖"一类比喻倒装句,是以欲坠时卷蹙的柳叶,喻愁怨黛眉;以即将凋萎的水蕖花枝,喻为下垂的佩玉。这在文人故伎之外,把表达主观感情的字放在了最突出的句首,有意让客观景物蒙上浓重的主观色彩。与吴梦窗词真正意义上"密隐沉细"以及南宋词措辞用语整体呈现出的主观思致刻意安排相比,回顾前文对美成措辞用语的分析,可以看到北宋词即使是周邦彦还是显示出珠圆玉润、四照玲珑式的"疏亮快阔"。

(二)即事叙景情生于景

周济对两宋词情景关系的比较也抓住了关键所在:"北宋词,多就景叙情,故珠圆玉润,四照玲珑,至稼轩、白石一变而为即事叙景,使深者反浅,曲者反直。"北宋词中之"景"是见景说景,由景而感兴感发,所以"景"是生发真挚情感的起点。因而北宋词写景抒情,是一气浑仑中的相生相成,就是前人已经指出的意境:"词中咏节序,须脱俗率,要有意境。如美成《解语花》赋元夕云:'风销焰蜡'(词略)……可谓辞意兼美,非空泛填写景物者神味索然。"① "周、柳词高健处惟在写景,而景中人自有无限凄异之致,令人歌笑出地。正如黄祖叹祢生,悉如吾胸中所欲言,诚非深于比兴,不能到此境也。"② 陈洵评《霜叶飞》(露迷衰草):"只是'美人迈兮音尘绝,隔千里兮共明月'二句耳,以换头三句结上阕。'凤楼'以下,则为其人设想。一边写景,即景见情。一边写情,即情见景。双烟一气,善学者自能于意境中求之。"③ 具体如《瑞龙吟》,夏孙桐说:"后幅景中见情,妙在不说破,其味无尽。"④ 俞平伯《清真词释》评《秋蕊香》(乳鸭池塘水暖):"结句日斜深院,闲静光景,以题无胜义,斯笔有余妍也。"⑤ 情景一气、珠圆玉润、四照玲珑,是周邦彦写景抒情的基本格局,这是周词研究者的共识。

而南宋词中之"景",则是叙事或抒情需要的景物选择,是情感投射下的景物显现,并非即见真实之景。所以南宋词中景物虽然与北宋词同样(甚至可以说有过之而无不及)有艳丽之秀美和雄浑之壮美,但却是叙事过程中摄入感情"镜头"的特定景物,是附丽主观情感的景物,而不是即在目前的当下之景,也就是景在事内,情中摄景,这种内在的"合成"造成了缺乏开放式、与造化同流的一气浑仑,无疑是南宋词的弊端。田同之曾论及于此:"词与诗

① 李佳《左庵词话》,《词话丛编》(第4册),第3178页。
② 郑文焯《大鹤山人词话附录·与夏映庵书二十四则》,《词话丛编》(第5册),第4348页。
③《海绡说词》,《词话丛编》(第5册),第4868页。
④ 俞平伯《清真词释》引夏孙桐《手评本〈清真集〉》语,《论诗词曲杂著》,第630页。
⑤《论诗词曲杂著》,第638页。

体格不同,其为撷写性情,标举景物,一也。若夫性情不露,景物不真,而徒然缀枯树以新花,被偶人以衮服,饰淫靡为周、柳,假豪放为苏、辛,号曰诗余,生趣尽矣,亦何异诗家之活剥工部,生吞义山也哉。"①因为南宋词情感与景物之间的附着力不强,于词体相宜的抒情深曲反而显得浅直外露。

张炎列举南宋陆淞、辛弃疾的词作后并说:"皆景中带情,而有骚雅,故其燕酣之乐,别离之愁,回文题叶之思,岘首西州之泪,一寓于词,若能屏去浮艳,乐而不淫,是亦汉魏乐府之遗意。"②"'春草碧色,春水绿波,送君南浦,伤如之何。'矧情至于离,则哀怨必至。苟能调感怆于融会中,斯为得矣。……离情当如此作,全在情景交炼,得言外意,有如'劝君更尽一杯酒,西出阳关无故人',乃为绝唱。"③作为晚宋的词学专论,这里的"景中带情""情景交炼"显然是即事所叙景物附丽的主观情感,是在主观情感统摄之下融会景物。以张炎所举白石《琵琶仙》为例:

　　双桨来时,有人似、旧曲桃根桃叶。歌扇轻约飞花,蛾眉正奇绝。春渐远、汀洲自绿,更添了、几声啼鸪。十里扬州,三生杜牧,前事休说。　　又还是、宫烛分烟,奈愁里、匆匆换时节。却把一襟芳思,与空阶榆荚。千万缕、藏鸦细柳,为玉尊、起舞回雪。想见西出阳关,故人初别。

夏承焘先生考得白石淳熙年间与合肥姊妹歌妓结下情缘,并

①田同之《西圃词说》,《词话丛编》(第2册),第1450页。
②《词源注》,第23页。
③同上书,第24页。

考所存六十多首词作中,赠合肥歌妓词达三分之一①。《琵琶仙》隶属合肥情缘词之一,前说此词隐括三首唐人咏柳诗描写柳枝柳絮;但与前引周邦彦《瑞龙吟》的杨柳桃花是眼前之景不同,姜词说的是每年晚春看到柳枝飞絮,就会想起当年饯别席上,歌妓姊妹芳菲如柳絮回雪的离情别思,歌尽桃花扇底风的轻盈舞姿。是由合肥情缘之事铺叙出景物并附丽离别之情。而且,"即事叙景"是白石词常态,夏承焘指出姜词多用柳梅等托兴,借虚景抒实情:"惟白石情词,皆有本事;梅柳托兴,在他人为余文,在白石是实感;南宋咏物词中,白石以此超然独造,不但篇章特富而已。"②虽然夏先生所考合肥情缘未必是真知灼见(详本章第一节),但从中可以概见南宋就抒情铺陈景物的方式。不是触景生情,而是因情叙景。

再看辛弃疾的《摸鱼儿·淳熙己亥,自湖北漕移湖南,同官王正之置酒小山亭,为赋》:

> 更能消、几番风雨。匆匆春又归去。惜春长恨花开早,何况落红无数。春且住。见说道、天涯芳草迷归路。怨春不语。算只有殷勤,画檐蛛网,尽日惹飞絮。　　长门事,准拟佳期又误。蛾眉曾有人妒。千金纵买相如赋,脉脉此情谁诉。君莫舞。君不见、玉环飞燕皆尘土。闲愁最苦。休去倚危楼,斜阳正在,烟柳断肠处。

淳熙己亥,即淳熙六年(1179)。当时辛弃疾四十岁,南归已经十七年。正是杜甫诗中所谓"勋业频看镜,行藏独倚楼"壮年时

---

① 参见《白石怀人词考》,《夏承焘集》(第1册),第446—450页。
②《白石怀人词考》,《夏承焘集》(第1册),第450页。

期。徐釚《词苑丛谈》卷四引《借荆堂词话》："梨庄（周在浚）曰：辛稼轩当弱宋末造，负管乐之才，不能尽展其用。一腔忠愤，无处发泄，观其与陈同甫抵掌谈论，是何等人物。故其悲歌慷慨抑郁无聊之气，一寄之于词。"[1] 词人希望经纶天地，扶危救亡，收复北方失地。然而，却因此遭致排挤，屡屡改官。他由湖北转运副使调官湖南，职守还是主管钱粮。在同僚王正之设于山亭的饯行宴席上，幼安以此词抒写长期积郁于胸、远大抱负不得实现的苦闷，并摄虚景入实情。词中三处主要写景是风雨催落花、风雨吹破的蛛网上黏着柳絮、倚楼可见斜阳烟柳。但这些并非当下即见之实景，而是饯别之时，衬托英雄情怀不能实现的选择性虚景，与周词比较即可一目了然。这三种景物在美成词中也多有出现，如《六丑·蔷薇谢后作》，前考是河中府东园暮春落花无数之景："愿春暂留，春归如过翼。一去无迹。为问花何在，夜来风雨，葬楚宫倾国。钗钿堕处遗香泽。乱点桃蹊，轻翻柳陌。"如《大酺》，前考也写于河中府任，实写雨中被吹破的蛛网飘黏上风中的新竹与门帘："墙头青玉旆，洗铅霜都尽，嫩梢相触。润逼琴丝，寒侵枕障，虫网吹黏帘竹。"如《兰陵王》，赋写汴京离别，虽然泛写夕阳西下时的送行，却是实写相融相会的别情与风景："恨堆积。渐别浦萦回，津堠岑寂。斜阳冉冉春无极。"辛词中落花无数、蛛网飞絮、斜阳烟柳的象征意味非常明显，如落花无数、斜阳烟柳的南宋颓势已经形成跃然纸上，蛛网飞絮则象喻不容于当政者但心怀忠诚的孤臣孽子试图挽救颓运的徒劳。当时君臣都能看出词作借助景物流露出的强烈不满。罗大经说："词意殊怨。'斜阳''烟柳'之句，其与'未须愁日暮，天际乍轻阴'者异矣。使在汉唐时，宁不贾种豆、种桃之祸哉！愚闻

---

[1] 《词苑丛谈》，第 79 页。

寿皇见此词,颇不悦。"① 综上,南宋词景物是在词人"情感域"中无中生有,是内敛化甚至虚拟化的产物,情景的主观化合,与北宋情由景生相比,格局因内化而狭小,失去了山川异域、风月同天的阔大气象。所以刘熙载认为南宋词用疏亦密,用亮亦隐,用快亦沉,用阔亦细,用浑亦精。

虽然姜夔、辛弃疾都属南宋即事叙景的范型,但两人也有明显不同。王国维曾指出:"南宋词人,白石有格而无情,剑南有气而乏韵,其堪与北宋人颉颃者,唯一幼安耳。……幼安之佳处,在有性情,有境界。即以气象论,亦有'横素波''干青云'之概。"② 北宋词浑涵天成,南宋词是人力安排,后者胜在有可供入室登堂的门径,但辛弃疾有性情、有境界,有"横素波而傍流,干青云而直上"的浑大气象,从而成为由南而北的"词家转境"③,不能不说,这确是周济眼光独到之处。

二、西学东渐国学回归

彭玉平先生曾比较胡适、王国维具有转型意义的治学之路:"先是钻研西洋哲学,继而改治中国词曲,最后又向国学挺进,同样经历了从西方向中国、从当下向古典的治学转变过程。"④ 这一路径反映出西洋哲学在治词转型期的奠基作用。就传统而言,王国维还是部分传承了常州词派区分两宋范型的观点,却运用西方哲学把传统词学评点理论化,从内在理路上突显出南宋词不足,并最

---

① 《鹤林玉露》,第 12 页。
② 《人间词话》,第 12–13 页。
③ 《宋四家词选目录序论》,《宋四家词选》,第 2—3 页。
④ 彭玉平《王国维与胡适:回归古典与文学革命》,《复旦学报》(社会科学版),2013 年第 5 期,第 47—54 页.

终调适、贯通西学与中学,回归国学传真求是的核心内涵。与此同时,王静安"词中老杜,则非先生不可"的结论也是对周济所说的经历南宋梦窗、稼轩、碧山,"还清真之浑化"的遥相回应。

《人间词话》是学界公认王国维把西方叔本华哲学思想运用于治词的转型典范,然而,必须指出的是,其词学理论与受老庄影响的本土化佛教(释老思想)、乃至程朱理学、陆王心学也大有渊源。沿着这一思路,不难发现静安对美成以及南宋词整体差评的理论源头。《清真先生遗事》则是王国维回归国学的标志性成果。《遗事》纠正了常派治词方法:以宋学为根基,虽然因直探义理而取得重要理论成果,但却因对作者生平考证的缺失而多有空泛之论乃至误说。静安先生开始结合浙派以汉学为底蕴方法,在坚实的资料基础上,首次厘清散碎资料,对美成其人、其事、其词剔刳爬梳,进行辑佚、辨异、考证,对后人研究美成有奠基之功。更值得珍视的是,静安还能在常州词派周济"诗有史,词亦有史,庶乎自树一帜"①理论大纛下,首次从诗史词史的横向比较中,从理论高度确立了美成"词中老杜"的地位。

(一)天才赤子观物以理

彭玉平先生对比了王国维各种版本《人间词话》并指出:"通过时报本对手稿本、学报本合并、修订、增补和删削情况的分析,可以看到王国维词学向中国古典的深沉迈进和'去西方化'的坚定立场。"②今见通行本《人间词话》显示出的学术路径是:即使是西方哲学或美学命题,也有着本土哲学与美学的深刻烙印,是受到中

---

① 《介存斋论词杂著》,第 4 页。
② 彭玉平《被冷落的经典——论〈盛京时报〉本〈人间词话〉在王国维词学中的终极意义》,《文学遗产》2009 年第 1 期,第 105 页。

西哲学与美学互渐影响的产物。分述如下。

一是天才以物观物，赤子以我观物，万物与我为一。叔本华哲学的核心是"最简单和始终存在的表现就是对现实世界的直观"①。这里的"直观"是对宇宙人生、自然外物呈现的生活理念的形上把握，静安也称为"实念"，他的《论叔本华之哲学及其教育学说》："美术之知识，全为直观之知识，而无概念杂乎其间。……美术上之所表者，则非概念，又非个象，而以个象代表其物之一种之全体，即上所谓理念者是也，故在在得直观之。"②"文艺的宗旨是让读者在这些概念的代替物中直观地看到生活理念。"③拥有直观这一秉赋者是天赋才情，即所谓"天才"（王氏或称"豪杰之士""诗人""词人"）。天才对于客观外物能够摒弃主观意志、欲望及目的，也即"遗其关系限制"④，"最终有资格作为文学家或者画家向我们叙述或者描述这一大自然"⑤。在《人间词话》的阐释框架中，周美成属于部分拥有直观秉赋的词人，南宋词人则是仅能描述与"诗人之境"相对的"常人之境"（这是《清真先生遗事》中的概念，详后引），因而很难成为一流词人。天才以物观物的无我之境，就是出入宇宙人生的独树一帜：

> 诗人对宇宙人生，须入乎其内，又须出乎其外。入乎其

---

① 叔本华著，韦启昌译《叔本华思想随笔》，上海人民出版社2005年，第8页。
② 王国维《论叔本华之哲学及其教育学说（续第75册）》，《教育世界》1904年第77期，第7页。
③ 叔本华著，石冲白译，杨一之校《作为意志和表象的世界》，商务印书馆1982年，第336页。
④《人间词话》，《王国维文集》，第4页。
⑤《叔本华思想随笔》，第45—46页。

内,故能写之;出乎其外,故能观之。入乎其内,故有生气;出乎其外,故有高致。美成能入而不能出,白石以降,于此二事皆未梦见。①

有我之境,以我观物,故物皆著我之色彩。无我之境,以物观物,故不知何者为我,何者为物。古人为词,写有我之境者为多。然未始不能写无我之境,此在豪杰之士能自树立耳。②

无我之境,人惟于静中得之。有我之境,于由动之静时得之。③

诗人必有轻视外物之意,故能以奴仆命风月。又必有重视外物之意,故能与花草共忧乐。④

美成深远之致不及欧、秦,唯言情体物,穷极工巧,故不失为第一流之作者。但恨创调之才多,创意之才少耳。⑤

所引看似西学为体的观点,其实有着深厚的传统根基。宋人援释老入吾儒,因而观察外物以及自身生存困境,都能站在哲学思辨的高度返归虚静,所以能破除"我观"的偏执而以物观物,并借此彻悟人生。这原本是老庄思想的精髓,也是大乘佛教义的"中观"立场。洛学先声邵雍(早于叔本华近八百年),他的观物论虽然统领于性情说之下,但其观物及动静变化之说对王静安的影响也显而易见:

夫所以谓之观物者,非以目观之也,非观之以目而观之以

①《人间词话》,《王国维文集》,第16页。
②同上书,第3页。
③同上书,第4页。
④同上书,第16页。
⑤同上书,第10页。

心也。非观之以心而观之以理也。……圣人之所以能一万物之情者,谓其圣人之能反观也。所以谓之反观者,不以我观物也。不以我观物者,以物观物之谓也。既能以物观物,又安有我于其间哉！①

以物观物,性也;以我观物,情也。性公而明,情偏而暗。②

所谓观物以理,就是通晓万物变化的内在规律:

日为暑,月为寒,星为昼,辰为夜,暑寒昼夜交而天之变尽之矣。水为雨,火为风,土为露,石为雷,雨风雷露交而地之化尽之矣。暑变物之性,寒变物之情,昼变物之形,夜变物之体,性情形体交而动植之感尽之矣。雨化物之走,风化物之飞,露化物之草,雷化物之木,走飞草木交而动植之应尽之矣。③

从中国哲学的角度可以看到,所谓对于宇宙人生的入乎其内、出乎其外,就是观物以理,对外物的认知公明而非偏暗,不染我之情感,这也是所谓圣贤气象;王国维是把叔本华学术的哲学思维运用于对文学特别是词体的阐释,认为美成对于宇宙人生仅能入乎其内,故能体物浏亮,尽其形貌,但却尚未跻身直观天才之列把握形上之理念,美成"不失为第一流之作者"原因,与前文分析的与我国哲学"气本体"思维大有关联,是天地之中一气浑成的形上之道不期然而然的感性显现。

---

① 邵雍著,郭彧、于天宝点校《皇极经世书》(第3册),上海古籍出版社2017年,第1175页。
② 同上书,第1408页。
③ 同上书,第1147页。

与天才型作者观物以理不同,赤子型作者以我观物,主观超越客观。但王国维却以天才、赤子并列。其在《叔本华与尼采》一文中引录叔本华的天才论:"天才者,不失其赤子之心者也。"①《人间词话》则曰:

> 词人者,不失其赤子之心者也。故生于深宫之中,长于妇人之手,是后主为人君所短处,亦即为词人所长处。②
>
> 主观之诗人不必多阅世,阅世愈浅则性情愈真,李后主是也。③

因为这类作者未及涉世,或虽涉世仍无机心,因此不失本真,与天合一。缘此,他们虽然以我观物,却与以物观物没有本质不同。此即陆九渊"宇宙便是吾心,吾心便是宇宙"的命题。王静安举清朝纳兰性德为例,认为其未受开化文明的影响,也属赤子类型的词人:"纳兰容若以自然之眼观物,以自然之舌言情。此由初入中原,未染汉人风气,故能真切如此。北宋以来,一人而已。"④在文学创作中,陆氏心学具有二元走向,一方面,发展了诗歌传统中为文造情的技巧,作者的主观感情超然凌驾于客观景物之上;另一方面,作为"性""情"合一的主体,虽然以我观物,但抒发的情感却可与造化自然同流。

二是触景融情,若出自然,为有境界之词。在叔本华的文学序列中,抒情诗处于低端。词之言情有甚于诗,我国论者也多以小道

---

① 王国维《叔本华与尼采》,《教育世界》1904 年第 84 期,第 5 页。
②《人间词话》,《王国维文集》,第 6 页。
③ 同上书,第 6 页
④ 同上书,第 14 页。

视之。明人陈子龙曾举宋朝诗词为说,仅拟词体为"小道可观":

> 宋人不知诗而强作诗。其为诗也,言理而不言情,故终宋之世无诗焉。然宋人亦不免于有情也,故凡其欢愉愁怨之致,动于中而不能抑者,类发于诗余。故其所造独工,非后世可及。盖以沉至之思,而出之必浅近,使读之者骤遇如在耳目之表,久诵而得沉永之趣,则用意难也。以嬛利之词,而制之实工练,使篇无累句,句无累字,圆润明密,言如贯珠,则铸调难也。其为体也纤弱,所谓明珠翠羽,尚嫌其重,何况龙鸾? 必有鲜妍之姿,而不藉粉泽,则设色难也。其为境也婉媚,虽以警露取妍,实贵含蓄,有余不尽,时在低回唱叹之际,则命篇难也。惟宋人专力事之,篇什既多,触景皆会。天机所启,若出自然。虽高谈大雅,而亦觉其不可废。何则? 物有独至,小道可观也。①

静安先生正是在此基础上定义诗词内涵:"词之为体,要眇宜修。能言诗之所不能言,而不能尽言诗之所能言。诗之境阔,词之言长。"② 词体最重抒情的特质要求遵从自然与本我,哀乐衷性,忧叹由情:"境非独谓景物也,喜怒哀乐亦人心中之一境界。故能写真景物真感情者,谓之有境界,否则谓之无境界。"③ 无境界之词就是金应珪(隶属常州词派)所例举的三蔽之词,也即淫词、鄙词、游词:

---

① 陈子龙《王介人诗余序》,陈子龙撰,孙启治校点《安雅堂稿》,辽宁教育出版社 2003 年,第 48 页。
②《人间词话》,《王国维文集》,第 21 页。
③ 同上书,第 4 页。

　　近世为词,厥有三蔽。义非宋玉,而独赋蓬发,谏谢淳于,而唯陈履舄,揣摩床第,污秽中篝,是谓淫词。其蔽一也。猛起奋末,分言析字,诙嘲则俳优之末流,叫啸则市侩之盛气,此犹巴人振喉以和阳春,黾蜮怒嗌以调疏越,是谓鄙词。其蔽二也。规模物类,依托歌舞,哀乐不衷其性,虑叹无与乎情,连章累篇,义不出乎花鸟,感物指事,理不外乎应酬,虽既雅而不艳,斯有句而无章,是谓游词。其蔽三也。①

　　静安先生以"真"字为游词、淫词、鄙词之砭石;并以姜夔为例,指出其所以"鄙"者,在于所言非所想,听其言不能见其心。言为心声原本就是我国文艺的传统,扬雄说:"言,心声也。书,心画也。"②刘熙载《艺概·书概》亦曰:"笔墨性情,皆以其人之性情为本。"③吴梦窗、史梅溪、张玉田、周草窗、陈允平皆是承绪美成的南宋著名词家,静安却认为与姜夔相比每况愈下,仅辛弃疾一家因性情之真成为例外:

　　词人之忠实,不独对人事宜然。即对一草一木,亦须有忠实之意,否则所谓游词也。④

　　"昔为倡家女,今为荡子妇。荡子行不归,空床难独守。""何不策高足,先据要路津? 无为久贫贱,轗轲长苦辛。"可谓淫鄙之尤。然无视为淫词、鄙词者,以其真也。五代、北宋之大词人亦然,非无淫词,读之者但觉其亲切动人;非无鄙词,但觉

① 金应珪《词选后序》,张惠言《词选(附续词选)》,中华书局1957年,第2页。
② 汪荣宝撰,陈仲夫点校《法言义疏》,中华书局1987年,第160页。
③《艺概》,第169页。
④《人间词话》,《王国维文集》,第28页。

其精力弥满。可知淫词与鄙词之病,非淫与鄙之病,而游词之病也。"岂不尔思,室是远而",而子曰:"未之思也,夫何远之有?"恶其游也。①

　　东坡之旷在神,白石之旷在貌。白石如王衍口不言阿堵物,而暗中为营三窟之计,此其所以可鄙也。②

　　苏、辛词中之狂,白石犹不失为狷,若梦窗、梅溪、玉田、草窗、中麓(孙按:此处有误字。指陈允平,字衡仲,又字君衡,号西麓)辈,面目不同,同归于乡愿而已。③

旷,指廉洁的操守;狂,指进取于善道;狷,指守节无为;乡愿,指乡中貌似谨厚,而实与流俗合污的伪善者:这都是以人品定词品,正为求其真性情。静安对上引陈子龙、金应珪关于句篇、雅艳等问题也有所阐发,并以俗子、倡优、淑女分出俚(鄙)词、艳(淫)词的品级:

　　唐五代北宋之词家,倡优也。南宋后之词家,俗子也。二者其失相等。但词人之词,宁失之倡优,不失之俗子。以俗子之可厌,较倡优为甚故也。④

　　词之雅郑,在神不在貌。永叔、少游虽作艳语,终有品格。方之美成,便有淑女与倡伎之别。"⑤

---

①《人间词话》,《王国维文集》,第 17 页。
② 同上书,第 29 页。
③ 同上书,第 13 页。
④ 同上。
⑤ 同上书,第 10 页。

　　静安对稼轩独此一家的推崇,既是对常州词派宋词四家谱系的传承,也是基于稼轩所具备的天才与真情:

　　　　稼轩不平之鸣,随处辄发,有英雄语,无学问语,故往往锋颖太露;然其才情富艳,思力果锐,南北两朝,实无其匹,无怪流传之广且久也。世以苏辛并称,苏之自在处,辛偶能到;辛之当行处,苏必不能到:二公之词,不可同日语也。后人以粗豪学稼轩,非徒无其才,并无其情。稼轩固是才大,然情至处,后人万不能及。[1]

(二)隔与不隔表里澄澈

　　王国维《人间词话》反映出的词学观念并非凝固不变,而是随着对词体抒情不可替代性认知的深入,对主观情感渐趋重视:“昔人论诗词,有景语、情语之别。不知一切景语,皆情语也。”[2] “大家之作,其言情也必沁人心脾,其写景也必豁人耳目,其词脱口而出,无娇揉妆束之态。以其所见者真,所知者深也。诗词皆然。持此以衡古今之作者,可无大误矣。”[3] 甚至对沈义父、张炎共同批评的直接抒情也予以肯定:“词家多以景寓情。其专作情语而绝妙者……美成之‘许多烦恼,只为当时,一晌留情。’此等词,求之古今人词中,曾不多见。”(已见前引)与之相反,静安以鲜明态度反对文字对真切情景的遮蔽:“人能于诗词中不为美刺投赠之篇,不使隶事之句,不用粉饰之字,则于此道已过半矣。”[4] 这涉及到静安

①《介存斋论词杂著》,第 8 页。
②《人间词话》,《王国维文集》,第 20 页。
③ 同上书,第 15 页。
④ 同上书,第 16 页。

最为著名"隔"与"不隔"的论断:

> 问"隔"与"不隔"之别,曰:陶、谢之诗不隔,延年则稍隔矣;东坡之诗不隔,山谷则稍隔矣。"池塘生春草""空梁落燕泥"等二句,妙处唯在不隔。词亦如是。即以一人一词论,如欧阳公《少年游·咏春草》上半阕云:"阑干十二独凭春,晴碧远连云,二月三月,千里万里,行色苦愁人。"语语都在目前,便是不隔。至云"谢家池上,江淹浦畔",则隔矣。白石《翠楼吟》:"此地。宜有词仙,拥素云黄鹤,与君游戏。玉梯凝望久,叹芳草、萋萋千里。"便是不隔。至"酒祓清愁,花消英气",则隔矣。然南宋词虽不隔处,比之前人,自有浅深厚薄之别。①

> "生年不满百,常怀千岁忧。昼短苦夜长,何不秉烛游。""服食求神仙,多为药所误。不如饮美酒,被服纨与素。"写情如此,方为不隔。"采菊东篱下,悠然见南山。山气日夕佳,飞鸟相与还。""天似穹庐,笼盖四野。天苍苍,野茫茫,风吹草低见牛羊。"写景如此,方为不隔。②

> 沈伯时《乐府指迷》云:说桃不可直说破"桃",须用"红雨""刘郎"等字;说柳不可直说破"柳",须用"章台""霸岸"等字,若惟恐人不用代字者。果以是为工,则古今类书具在,又安用词为耶? 宜其为《提要》所讥也。③

静安先生举例"不隔"虽然有南宋词,但总体判断相较北宋词境与读者尚隔一尘。至于"隔"之原因,除了上文所说的南宋词多

---

① 《人间词话》,《王国维文集》,第11—12页。
② 同上书,第12页。
③ 同上书,第10页。

哀乐虑叹不能由情衷性,属于无境界游词之外,书卷的遮蔽也是重要原因。宋人程大昌说陶、谢诗曰:"陶诗'采菊东篱下,悠然见南山',本只赏菊,而山忽在眼,故为可喜也,'池塘生春草'若只就句说句,有何佳处,惟谢公久病,起见新岁发生,故可乐耳。"①是触景油然而生喜乐之情的显例。静安对此还有补充解说:"'池塘春草谢家春,万古千秋五字新。传语闭门陈正字,可怜无补费精神。'此遗山《论诗绝句》也。梦窗、玉田辈当不乐闻此语。"②陈正字,陈师道,号后山居士,曾任秘书省正字。苏门六君子之一。前引苏东坡、黄山谷、陈师道皆重书卷,山谷尤甚,所谓"北宋诗推苏、黄两家,盖才力雄厚,书卷繁富","搜猎奇书,穿穴异闻","后山从其游,将寒冰焉"。静安的意思是吴梦窗、张玉田等南宋词人所作如陈师道作诗,掉转书袋,如獭祭鱼,过分刻削。静安所举"空梁落燕泥"之"泥"字,较少作为韵脚字,薛诗却能不受拘限,写景如在目前。《类说》(卷五十二):"隋炀帝作诗,有押'泥'字者,群臣皆以为难和。薛道衡后至,诗成,有'空梁落燕泥'之句。"③谢灵运与颜延之(字延年)也于是否用典上分出轩轾。《南史》:"延之尝问鲍照,己与灵运优劣。照曰:'谢五言如初发芙蓉,自然可爱。君诗若铺锦列绣,亦雕缋满眼。'"④

　　静安还认为"隔"与"不隔",不仅因人而异,并且因作品而异。如欧词原本"不隔",却因化用谢灵运诗、江淹赋等语典,比之直接写春草、写水滨离别,是"隔";而"隔"如姜词,直接描写武昌安远楼,竟能"不隔";而"酒祓"二句,暗用杜牧《遣情》诗句:"落魄江

---

① 程大昌著,张海鹏订《演繁露续集》,中华书局 1991 年,第 34 页。
②《人间词话》,《王国维文集》,第 24 页。
③《〈类说〉校注》(下册),第 1543 页。
④《南史》(第三册),第 881 页。

南载酒行,楚腰纤细掌中轻。"雕章琢句,强为对仗则是"隔"。静安作为"不隔"例证的《敕勒歌》本是追悼阵亡将士挽诗,写景自然,出于情性。王灼《碧鸡漫志》:"东京以来,非无作者,大概文采有余,情性不足。高欢玉壁之役,士卒死者七万人,惭愤发疾,归使斛律金作《敕勒歌》,其辞略曰:'山苍苍,天茫茫。风吹草低见牛羊。'欢自和之,哀感流涕。金不知书,能发挥自然之妙如此,当时徐庾辈不能也。"①

　　静安强烈抨击词中代字,这是因为如果不直接写景,往往兼有隶事、粉饰的双重阻隔,这样极易使所写外物破碎化,并举美成、梦窗为例,断言"意足则不暇代,语妙则不必代"。强调了南宋词喜用代字导致的情景阻隔。这一观点,导源于《四库提要》对沈义父的词中应用代字批评:"又谓说'桃'须用'红雨''刘郎'等字,说'柳'须用'章台''灞岸'等字,说'书'须用'银钩'等字,说'泪'须用'玉箸'等字,说'发'须用'绿云'等字,说'簟'须用'湘竹'等字,不可直说破。其意欲避鄙俗,而不知转成涂饰,亦非确论。"②

　　结合前文分析,知沈义父所举例证,基本上都是美成词,静安深知其弊,但与南宋词相比,静安还是以为北宋末年的清真词稍胜一筹。如前引称赞其描写莲荷"真能得荷之神理",而指白石《念奴娇》《惜红衣》同写莲花却如雾里看花,并以此为南宋词的总体趋势,至谓"北宋风流,渡江遂绝,抑真有运会存乎其间"。王国维又专评史梅溪、张玉田名句:"'自怜诗酒瘦,难应接,许多春色','能几番游,看花又是明年',此等语亦算警句耶?乃值如许笔力!"③

①《〈碧鸡漫志〉校正》,第8页。
②《四库全书总目》(下册),第1826页。
③《人间词话》,《王国维文集》,第25页。

然而,静安的评价并非笃论,梅溪句,前引《词源》谓其"平易中有句法",《词旨》列为警句。况周颐指为反用杜诗语典:"'诗酒尚堪驱使在,未须料理白头人',少陵句也。梅溪词《喜迁莺》云:'自怜诗酒瘦,难应接、许多春色。'盖反用其意。"① 玉田句,出自《高阳台·西湖春感》,高亮功谓其"淡而有味"②;谭献谓其"运掉虚浑";况周颐指为清人效仿的名句:"钱餐霞词《高阳台·戊申清明》云:'摇雨孤篷,重来不是寻春。'从张玉田句'能几番游,看花又是明年'脱化而出。"③

　　正如前文所说,《人间词话》承绪常州词派路数,存在重义理而轻考据的缺陷。以其所举玉田《高阳台·西湖春感》为例,据《宋史》记载,德祐二年(1276),临安被元人攻陷,据遗民仇远《和韵胡希圣湖上》、罗志仁《题汪水云诗卷》,旧都沦亡后已成荒城,西湖游览地四圣观、三贤堂、凤凰山的八盘岭、钱塘门以北的九曲城以及贾似道在皇家集芳园基础上建造后乐园的葛岭等名胜皆成颓垣荒山。笔者考证《高阳台》写于祥兴二年(1279)④,西湖荒废更甚于沦陷之初。静安显然忽略了前引麦孺博所评词中"亡国之音哀以思"的深意,误认为非警策之句。

　　当然,静安先生也并非一笔抹倒南宋词,如曾称赞白石词略有气象:"昭明太子称陶渊明诗'跌宕昭彰,独超众类,抑扬爽朗,莫之与京',王无功称薛收赋'韵趣高奇,词义旷远,嵯峨萧瑟,真不可言'。词中惜少此二种气象,前者唯东坡,后者唯白石略得一二

---

① 《蕙风词话续编》,《蕙风词话》,第 157 页。
② 高亮功手批《山中白云词》,张炎撰,赵昱刊刻《山中白云词》,卷 1 第 2 页。
③ 况周颐《玉栖述雅》,《词话丛编》(第 5 册),第 4606 页。
④ 参见孙虹、胡慧聪《张玉田年谱》,《词学》2016 年第 2 期,第 268—325 页。

耳。"① 又欣赏白石评词鉴赏力："贺黄公谓：'姜论史词，不称其"软语商量"，而赏其"柳暗花暝"，固知不免项羽学兵法之恨。'然'柳暗花暝'自是欧秦辈句法，前后有画工化工之殊。吾从白石，不能附和黄公矣。"②"柳暗花暝"，宋本多作"柳昏花暝"，出自梅溪咏题词《双双燕》，《词旨》录入"词眼"，全句为"红楼归晚，看足柳昏花暝"。黄升记载："姜尧章极称其'柳昏花暝'之句。"③"软语商量"，出于同首词作，全句为"还相雕梁藻井，又软语、商量不定。"周振甫《诗词例话》分析说："燕子回来得晚，因为它看够了花柳。柳阴浓密，花开得繁密，燕子要衔泥做窠，'爱贴地争飞'，在柳阴和花丛中飞，所以感到柳昏花暝。这样，确是写燕子，但又不限于写燕子，它还写出红楼中的女子，她在注意燕子的归晚，羡慕燕子双双看足柳昏花暝。这就景中含情，写出一种境界来。"④

随着对白石词认知的提升，静安对于美成，逐渐显露出赞赏的迹象，如前引谓其"不失为第一流之作者"，又如："词之最工者，实推后主、正中、永叔、少游、美成，而后此南宋诸公不与焉。"⑤"长调自以周、柳、苏、辛为最工。美成《浪淘沙慢》二词，精壮顿挫，已开北曲之先声。"⑥"'西风吹渭水，落叶满长安。'美成以之入词，白仁甫以之入曲，此借古人之境界为我之境界者也。然非自有境界，古人亦不为我用。"⑦ 这些都是论词过程中不断深化的思考，显示出

---

① 《人间词话》，《王国维文集》，第 9—10 页。

② 同上书，第 24 页。

③ 黄升选编，邓子勉校点《中兴以来绝妙词选》，唐圭璋等校点《唐宋人选唐宋词》（下册），上海古籍出版社 2004 年，第 790 页。

④ 周振甫《诗词例话》，中国青年出版社 1962 年，第 88 页。

⑤ 《人间词话》，《王国维文集》，第 27 页。

⑥ 同上书，第 21 页。

⑦ 同上。

自我否定的过程,同时也为在《遗事》中对谱主的全面肯定奠定了基础。

(三)回归国学传信求是

王国维《遗事》与《人间词话》相比,表现出更加鲜明的"去西方化"立场,坚定地回归了古典文学治学传统。《遗事》分为事迹、著述、尚论、年表四个部分,其中事迹、年表互为对照,可以较为明晰地看出美成行谊轮廓以及词作编年;著述涉及版本、辑佚等;尚论主要是对美成创作的重新评价(对词作编年也略有涉及)。《遗事》中有首创或重要价值的部分指不胜屈,下文选择最能推进美成其人、其词研究的成果列之如后,并进行相关评述。

先看《遗事》中的"事迹""年表"的价值。一是推定献《汴都赋》年月在元丰六年(1083):

> 先生献赋之岁,本传及《挥麈余话》皆云在"元丰初",《余话》所载先生《重进汴都赋表》则云"元丰元年七月"汲古、照旷二本皆同。而近时钱塘丁氏《武林先哲遗书》中重刊明单刻本《汴都赋》前有《重进赋表》则作"六年七月"。《直斋书录解题》又作"元丰七年"。余案:"元年"当为"六年"之误……。楼攻媿《清真先生文集》序云:"未及三十作《汴都赋》。"时先生方二十八岁,若在元年则才二十三岁,当云"年逾二十",不得云"未及三十"……若直斋所云"七年",则又因六年七月而误也。[1]

结论虽与前文所考献赋时间有一年之差,在当时资料不足的

---

[1]《清真先生遗事》,《王国维文集》,第 184—185 页。

情况下,已经非常接近事实,也成为后人考异美成入太学时间重要参照。

二是指出笔记中有失实"本事"。张端义《贵耳集》载徽宗与美成皆为歌妓李师师狎客。王氏引《宋史·徽宗纪》《曹辅传》按曰"此条所言尤失实。……是徽宗微行始于政和,而极于宣和。政和元年,先生已五十六岁。官至列卿,应无冶游之事。"[1] 又过录《浩然斋雅谈》所载本事,并按曰:"此条失实,与《贵耳集》同,云'宣和中'先生'尚为太学生',则事已距四十余年,且苟以《少年(游)》致通显,不应复以《忆江南》词得罪,其所自记,亦相抵牾也。师师未尝入宫,见《三朝北盟会编》。"[2] 这是通过正史驳疑所谓情史艳迹,《少年游》《忆江南》因之可以重新编年,本书第三章第二节"虚拟本事与实录情史"就是循此思路,在基本考定的美成生平事迹框架中对词作进行编年。

对于王灼《碧鸡漫志》载岳楚云之事,王氏按曰:"《吴郡志》自元丰至宣和,苏州太守并无蔡峦其人,仅崇宁间有蔡渭耳。渭故相蔡确之子,后改名懋,与峦字不类,义亦与子高之字不相应,以他书所记先生事观之,则此说疑亦附会也。"[3] 为寻按其时苏州太守其人,提供了考证的新思路。陈思《年谱》得以据《苏州府志》(卷五十二)所引《吴门补乘》猜测"峦或窓字之误",考得蔡窓大观二年十一月至三年七月以显谟阁待制任太守,笔者据之为《点绛唇》(辽鹤归来)准确编年。此条成为宋人记载中唯一可以作为定谳的情感本事。

---

① 《清真先生遗事》,《王国维文集》,第 189 页。
② 同上书,第 190 页。
③ 同上书,第 191—192 页。

尚论及年表首次考证出美成的荆州行谊,尽管有以三十余岁为"少年"的误差,"在荆州亦当任教授等职"①也为误说,又推测美成或有长安之行,但陈思《年谱》据之确证美成青少年时期曾游荆州以及途经襄阳等地入长安的经历。另外,静安首次关注美成睦州行谊。其据王明清《玉照新志》"美成以待制提举南京鸿庆宫,自杭徙居睦州",虽有"晚年自杭徙居睦州"、《一寸金》中"新定作"为"新近改定"的不确之论,却也有对于资料的重要推进:"故《严陵集》有先生《敕赐唐二高僧师号记》,《景定严州续志》载州校书板有《清真集》《清真诗余》。以此,集中《一寸金》词恐亦在睦州时改定也。"②罗忼烈先生在此基础上考出《一寸金》中"新定"即睦州异称,本书相关章节整合推进王国维、罗忼烈的重要成果,为《一寸金·新定作》准确编年,进而考出美成曾为睦州属县令尹,任上曾至越州等行谊。

次看"著述"。静安先生根据《宋史》及当时叙录、载籍,梳理出见于记载的著述有《清真集》十一卷、《清真先生文集》二十四卷、《清真杂著》三卷、《操缦集》五卷。尤其值得注意的是,在晚清版本学家王鹏运、朱祖谋阐述基础上,条序出宋版词集七种:《清真词》二卷(《续集》一卷)、《注〈清真词〉》二卷、溧水本《片玉词》二卷、《清真诗余》、《圈法美成词》、《三英集》汲古阁藏本、《清真集》。第二章中已经指出,静安对美成词别集的误说有三,一是混淆宋朝陈注《片玉集》十卷与依据元巾箱本王刻《清真集》二卷同为元本。二是认为溧水本"阕数虽多,颇有伪词""编于数十年后,羼入他作,自不能免",前考仅四首伪词,而毛氏"补遗一卷"则全为伪词。

---

① 《清真先生遗事》,《王国维文集》,第 204 页。
② 同上书,第 205 页。

三是认为毛晋汲古阁本《片玉词》，"或据陈注本"，不知乃出溧水本，并且宋元时已有《片玉词》称名，非毛氏杜撰。然而，王国维首次通过方、杨和词止于八卷，陈注本及依据元巾箱本的王刻本的编次，推原出陈振孙《直斋书录》所载《清真词》前集、后集三卷的概貌。首次较为明晰地梳理出文献记载的美成词集版本源流，有筚路蓝缕之功。吴则虞先生《清真集·版本考辨》在此基础上再增五种版本，尽管也有误说，但二家对美成词集版本的考察，也为今人逆溯宋元旧椠提供了支撑。

再看"尚论"。前引静安《人间词话》以为刘融斋"周旨荡"之语"令人解颐"，可谓褒贬人品的春秋之笔。《艺概·词曲概》的原文是："美成词信富艳精工，只是当不得个'贞'字。是以士大夫不肯学之，学之则不知终日意萦何处矣。"[①]"周美成律最精审，史邦卿句最警炼，然未得为君子之词者，周旨荡而史意贪也。"[②] 但在《遗事》中，对美成人品已经基本持肯定态度：

> 先生于熙宁、元祐两党均无依附。其于东坡为故人子弟，哲宗初，东坡起谪籍，掌两制，时先生尚留京师，不闻有往复之迹。其赋汴都也，颇颂新法，然绍圣之中，不因是以求进。晚年稍显达，亦循资格得之。其于蔡氏，亦非绝无交际。盖文人脱略，于权势无所趋避，然终与强渊明、刘昺诸人由蔡氏以跻要路者不同。此则强焕"政事"之目，或属谀词；攻媿"委顺"之言，殆为笃论者已。徽宗时，士人以言大乐颂符瑞，进者甚多。楼《序》、《潜志》均谓先生妙解音律，其提举大晟府以此。

①《艺概》，第109—110页。
②同上书，第110页。

然当大观、崇宁制作之际,先生绝不言乐。至政和末,蔡攸提举大晟府,力主田为而排任宗尧事见《宋史·乐志》及《方伎·魏汉律(津)传》。先生提举适当其后,不闻有所建议,集中又无一颂圣贡谀之作。然则弁阳翁所记"颇悔少作"之对,当得其实,不得以他事失实而并疑之也。①

　　静安首倡美成脱略于新旧党争之外,但鉴于美成献《汴都赋》以及与新党蔡京、刘昺若即若离的关系,本书定位新旧党争"边缘人"应该于事实更加接近。《遗事》还对美成之文学尤其是词作在周济"诗有史,词亦有史"框架中比之"词中老杜":

　　　　先生于诗文无所不工,然尚未尽脱古人蹊径。平生著述,自以乐府为第一。词人甲乙,宋人早有定论。唯张叔夏病其意趣不高远,然北宋人如欧、苏、秦、黄,高则高矣,至精工博大,殊不逮先生。故以宋词比唐诗,则东坡似太白,欧、秦似摩诘,耆卿似乐天,方回、叔原则大历十子之流。南宋惟一稼轩可比昌黎,而词中老杜,则非先生不可。昔人以耆卿比少陵,犹为未当也。②

　　自宋人始,比柳词为杜诗,以其能写承平气象。《贵耳集》(卷上):"项平斋自号江陵病叟,余侍先君往荆南,所训学诗当学杜诗,学词当学柳词。扣其所以,云:杜诗、柳词皆无表德,只是实说。"③

---

①《清真先生遗事》,《王国维文集》,第 204 页。
②同上书,第 206 页。
③《贵耳集》,第 16 页。

黄裳也如此比并:"予观柳氏乐章,喜其能道嘉祐中太平气象。如观杜甫诗,典雅文华,无所不有。是时予方为儿,犹想见其风俗,欢声和气,洋溢道路之间,动植咸若。令人歌柳词,闻其声,听其词,如丁斯时,使人慨然有感。呜呼,太平气象,柳能一写于乐章,所谓词人盛世之黼藻,岂可废耶?"① 静安评美成词,语出陈振孙"富艳精工,词人之甲乙",其中"博大"可与张炎所谓"惜乎意趣却不高远"参看,前已阐述"意趣"为思想内容,静安拟为"博大",指其如杜甫圣于诗的博大悲悯的情怀,也就是具有普适性的"常人之境界"。这一评述,只有上升至前文论及的哲学层面才能获得正解:

> 山谷云:"天下清景不择贤愚而与之,然吾特疑端为我辈设。"诚哉是言,抑岂独清景而已? 一切境界,无不为诗人设,世无诗人,即无此种境界。夫境界之呈于吾心而见于外物者,皆须臾之物。惟诗人能以此须臾之物,镌诸不朽之文字,使读者自得之,遂觉诗人之言,字字为我心中所欲言,而又非我之所能自言,此大诗人之秘妙也。境界有二:有诗人之境界,有常人之境界。诗人之境界惟诗人能感之,而能写之,故读其诗者,亦高举远慕,有遗世之意;而亦有得有不得,且得之者亦各有深浅焉。若夫悲欢离合、羁旅行役之感,常人皆能感之,而惟诗人能写之,故其入于人者至深,而行于世也尤广。先生之词属于第二种为多,故宋时别本之多,他无与匹。又和者三家,注者二家强焕本亦有注,见毛跋。自士大夫以至妇人女子莫不知有清真,而种种无稽之言,亦由此以起,然非入人之深,乌能如是耶? ②

---

① 黄裳《书乐章集后》,《宋代词学资料汇编》,第192页。
② 《清真先生遗事》,《王国维文集》,第206—207页。

　　此段文字可以明显看出王国维对叔本华思想进行了本土化修正。叔本华把人分为两类,一种天赋才情,一种思维庸常。叔本华轻视后者:"相比之下,思维庸常的人,头脑受制于各种各样流行观念、权威说法和世俗偏见;他们跟默默服从法律秩序的普罗大众没有两样。"① 王静安则从艺术创造上分为"诗人之境界""常人之境界",认为两者皆为合理存在。但静安又认同"诗人之境界"不能为常人全部理解,因为"人们最终所真正能够理解和欣赏的事物,只不过是一些在本质上和他自身相同的事物罢了"。② 所以王静安说常人于此"亦有得有不得,且得之者亦各有深浅焉"。常人则占据芸芸众生的绝大多数,他们的理解力相似乃至相同。由于"常人之境界"是诗人所写,因此可以收到"入于人者至深,而行于世也尤广"的普世效果。

　　本章主要讨论两宋词范式的传承与歧异,北宋末年的风格虽然已见人工思力痕迹,但从总体上说,北宋词主观的思致尽量服从客观的安排,所以北宋词虽然也费安排,但这种安排是客观而理性的,从而使得北宋词有一种满心而发、肆口而成的疏亮快阔。此类泯灭斧痕、形同自然的词风实际上是哲学上神理气韵流溢其中的天人合一境界。而至南宋末年吴文英词的章法安排、辞语组织已经具有了理性主义中的非理性的特点,这一特点是词人主观心性急剧膨胀的产物。但南宋词还是整体构成了"追琢其章,金玉其相"的华美景观。

　　近现代以来,两宋特别是清真、梦窗所代表的范式孰为优劣的

① 叔本华著,韦启昌译《叔本华美学随笔》,上海人民出版社 2009 年,第 10—11 页。
② 叔本华著,范进等译《悲喜人生:叔本华论说论文集》,陕西师范大学出版社 2002 年,第 55 页。

问题在理论层面得到更深入的展开。蔡嵩云、杨铁夫、陈洵的观点可为代表：

> 词尚自然固矣，但亦不可一概论。无论何种文艺，其在初期，莫不出乎自然，本无所谓法。渐进则法立，更进则法密。……宋初慢词，犹接近自然时代，往往有佳句而乏佳章。自屯田出而词法立，清真出而词法密，词风为之丕变。……南宋以降，慢词作法，穷极工巧。……梅溪、梦窗，远绍清真，碧山、玉田，近宗白石，词法之密，均臻绝顶。宋词自此，殆纯乎人工矣。①
>
> 梦窗词极得清真神似，但清真用典浑成，不如梦窗之破碎；清真用意明显，不如梦窗之晦涩；清真用笔钩勒清楚，不如梦窗纵横穿插，在若断若续或隐或见之间。②
>
> 清真格调天成，离合顺逆，自然中度。梦窗神力独运，飞沉起伏，实处皆空。梦窗可谓大，清真则几于化矣。由大而几化，故当由吴以希周。③

诸家认为，词法从柳永、周邦彦、姜夔，经历了从迹近自然到纯乎人工阶段，美成词具有自然与人工相合之双美。吴梦窗虽然是周清真在南宋的嗣响，但钱仲联谓其"人巧极而真宰通"④，是人巧通于天工的极致，由此可以看到两宋范型之间本质上无法弥合的差异性。

---

① 蔡嵩云《柯亭词论》，《词话丛编》（第5册），第4902页。
② 杨铁夫《清真词选笺释序》，《清真词选笺释》，序第1页。
③《海绡说词·通论》，《词话丛编》（第5册），第4841页。
④ 钱萼孙《吴梦窗词笺释·序》，《吴梦窗词笺释》，序第4页。

结　语

　　词体是宋代兴盛的文体，因而具有更强烈的时代色彩。其中南宋词与北宋词相比，由于艺术具有不可重复性；加上至南宋时期，孕育产生北宋词的时代"精神气候"[①]已经逝者如斯，风云际会的差别，也造成了两宋范型犁然可分的畛域。但两宋毕竟同属文德辉耀的时代，因此，是在共同的文学思潮的观照下，遵循共同的文学思想和文学创作通则，其审美理想和文学观念也大致相似，因此南宋词对北宋词虽然有新变，但相禅相习仍为主流。这使词体与当朝并存的其他各种文学样式相比，更有资格作为宋型文学的"标准文本"，而成为后世学习效仿的矩矱。宋代之后，被模仿的词人看似集中于南宋的姜夔、张炎、吴文英。有代表性的说法，如朱彝尊："数十年来，浙西填词者家白石而户玉田。"[②]如饶宗颐："于是风气转移，梦窗词与后山诗并为清季所宗，如清初之家白石而户玉田矣。"[③]沈曾植、蔡嵩云论及民国初年，余风犹烈："近代承之，

[①] 参见丹纳著，傅雷译《艺术哲学》，安徽文艺出版社1991年，第43—51页。"精神气候"《艺术哲学》中的关键词，指"风俗习惯与时代精神"。
[②] 朱彝尊《静惕堂词序》，陈乃乾辑《清名家词》（第1卷），上海书店出版社1982年，《静惕堂词》第1页。
[③] 饶宗颐《词集考》，中华书局1992年，第226页。

几若梦窗为词家韩、杜。"① "近世学梦窗者,几半天下。"②

　　词坛之所以这样的状况,其根源正如周济所说,学习南宋有可以遵循的路径:"北宋主乐章,故情景但取当前,无穷高极深之趣。南宋则文人弄笔,彼此争名,故变化益多,取材益富。然南宋有门径,有门径,故似深而转浅;北宋无门径,无门径,故似易而实难。"③ 周济还规定了追溯途径:"问途碧山,历梦窗、稼轩,以还清真之浑化",具体而言,是"先之以碧山""继之于梦窗""进之以稼轩"。王国维进而指出:"近人祖南宋而祧北宋,以南宋之词可学,北宋不可学也。学南宋者,不祖白石,则祖梦窗,以白石、梦窗可学,幼安不可学也。学幼安者,率祖其粗犷滑稽,以其粗犷滑稽处可学,佳处不可学也。幼安之佳处,在有性情,有境界。即以气象论,亦有'横素波''干青云'之概。"④

　　南宋虽然极力步武北宋风流,如周密记载南宋乾道、淳熙时期,"一时声名文物之盛,号'小元祐'"⑤。宝祐、景定时期,"则几于政、宣矣"⑥。然而产生美成词浑成气象的时代背景逝而不返;所谓"还清真之浑化",即便在南宋已难梦见。第二章中曾论及南宋和清真词蔚成风气,元朝以后,据不完全统计,和清真词高达191首,殷如梅、王沼等人还有集句。但是,正如南宋所谓"小元祐""几于政宣",仅仅是承平时代的"影子"风流。清人希望通过学习梦窗造极清真之浑化,其实是徽宗朝政和、宣和的末世繁华在文学作品中

---

① 沈曾植《菌阁琐谈》,《词话丛编》(第4册),第3613页。
②《〈乐府指迷〉笺释序》,《〈乐府指迷〉笺释》,第92页。
③《宋四家词选目录序论》,《宋四家词选》,第4页。
④《人间词话》,《王国维文集》,第12—13页。
⑤ 周密《武林旧事自序》,《武林旧事》,第1页。
⑥ 同上。

浮现的幻影。尽管如此,清真创造的体式法度与审美规范,不仅奠定了美成的词史地位,更是值得后人珍视的文化遗产。南宋以来,词人规随其后,毕竟在这一特殊的文学体式中崇泛出盛世文学的一抹淡淡的色彩。

主要参考书目

（一）周邦彦词集及研究

《景宋本详注周美成词片玉集》，[宋]周邦彦撰，[宋]陈元龙集注，
　　上海古籍出版社，1989 年。

《片玉集》，[宋]周邦彦撰，[明]吴讷辑，百家词本，天津古籍书店，
　　1992 年。

《片玉词》，[宋]周邦彦撰，[明]毛晋校刻，汲古阁本，今藏国家图
　　书馆。

《片玉词》，[宋]周邦彦撰，[清]阮元辑，宛委别藏钞本。

《片玉集》，[宋]周邦彦撰，[清]劳权校并跋，清咸丰六年（1856）
　　抄本，今藏国家图书馆。

《宋七家词选》，[宋]周邦彦撰，[清]戈载选，杜文澜校批，清光绪
　　十一年（1885）曼陀罗华阁重刊。

《片玉词》，[宋]周邦彦撰，[清]丁松生辑，清光绪十三年（1887），钱
　　塘丁氏刻本。

《片玉词》，[宋]周邦彦撰，[清]王鹏运辑，四印斋所刻词，上海古
　　籍出版社，1989 年。

《清真集》，[宋]周邦彦撰，[清]郑文焯校注，清光绪二十六年
　　（1900）刻本。

《清真集》，[宋]周邦彦撰，[清]郑文焯抄校，刘崇德先生藏本。

《郑文焯手批梦窗词》,[清]郑文焯撰,台北"中央研究院"中国文哲研究所筹备处影印,1996年。

《片玉集》,[宋]周邦彦撰,[清]朱孝臧辑,彊村丛书本,上海古籍出版社,1989年。

《片玉集》,[宋]周邦彦撰,[清]王国维校并跋,清宣统元年(1909)吴氏甘遨邨居本,今藏国家图书馆。

《乔大壮手批周邦彦〈片玉集〉》,[宋]周邦彦撰,乔大壮批,齐鲁书社,1985年。

《清真集》,[宋]周邦彦撰,吴则虞校点,中华书局,1981年。

《和清真词》,[宋]杨泽民,清光绪二十一年(1895)刻本。

《和清真词》,[宋]方千里撰,清光绪二十一年(1895)刻本。

《西麓继周集》,[宋]陈允平撰,林大椿编校,商务印书馆,1929年。

《清真居士年谱》,[清]陈思撰,辽海书社,1933年。

《清真词选笺释》,[宋]周邦彦撰,杨铁夫笺释,上海医学书局,1932年。

《片玉词校笺》,[宋]周邦彦撰,张曦校笺,文津出版社,1972年。

《周邦彦词选》,[宋]周邦彦撰,刘斯奋选注,广东人民出版社,1984年。

《周邦彦集》,[宋]周邦彦撰,蒋哲伦编,江西人民出版社,1983年。

《清真词研究》,王支洪著,台北东大图书有限公司,1983年。

《周邦彦清真集笺》,[宋]周邦彦撰,罗忼烈笺,三联书店香港分店,1985年。

《周邦彦词赏析集》,白敦仁主编,巴蜀书社,1988年。

《周邦彦研究》,钱鸿瑛撰,广东人民出版社,1990年。

《周邦彦传论》,刘扬忠著,陕西人民出版社,1991年。

《周邦彦词选》,[宋]周邦彦撰,蒋哲伦、刘坎龙选注,人民文学出版社,1993 年。

《清真集校注》,[宋]周邦彦撰,孙虹校注,薛瑞生订补,中华书局,
　　2007 年。

《周邦彦词选》,[宋]周邦彦撰,孙虹、任翌选注,中华书局,2005 年。

《清真集笺注》,[宋]周邦彦撰,罗忼烈笺注,上海古籍出版社,
　　2008 年。

《周邦彦别传》,薛瑞生撰,三秦出版社,2008 年。

《周邦彦词全集汇校汇注汇评》,谭新红、李烨含编撰,崇文书局,2017 年。

（二）经子及注疏

《韩非子》,[战国]韩非著,蒋重跃注评,凤凰出版社,2010 年。

《管子》,[春秋]管仲撰,[唐]房玄龄注,[明]刘绩增注,上海古籍
　　出版社,1989 年。

《老子译注》,[春秋]老聃撰,冯达甫译注,上海古籍出版社,
　　1991 年。

《国语》,[春秋]左丘明撰,[三国]韦昭注,商务印书馆,1958 年。

《墨子校注》,吴毓江撰,孙启治点校,中华书局,1993 年。

《宋本周易注疏》,[魏]王弼、[晋]韩康伯注,[唐]孔颖达疏,中华
　　书局,1988 年。

《周易正义》,[魏]王弼、[晋]韩康伯注,[唐]孔颖达等正义,中华
　　书局,1980 年。

《周易校注》,陈戌国校注,岳麓书社,2004 年。

《周礼注疏》,[汉]郑玄注,[唐]贾公彦疏,中华书局,1985 年。

《礼记正义》,[汉]郑玄注,[唐]孔颖达疏,中华书局,1985 年。

《礼记集说》,[宋]卫湜撰,景印文渊阁四库全书,台湾商务印书馆,
　　1986 年。

《论语注疏》,[魏]何晏注,[宋]邢昺疏,中华书局,1985 年。

《论语译注》,杨伯峻译注,中华书局,1980 年。

《孙子》,[春秋]孙武撰,[汉]魏武帝注,中华书局,1985 年。

《列子》,[晋]张湛注,上海书店,1986 年。

《荀子》,[战国]荀况撰,[唐]杨倞注,上海古籍出版社,1989 年。

《孟子章句集注》,[战国]孟轲撰,[宋]朱熹注,中国书店,1984 年。

《淮南子》,[汉]刘安编,[汉]高诱注,中华书局,1954 年。

《毛诗草木鸟兽虫鱼疏广要》,[三国]陆玑撰,[明]毛晋广要,中华
　　书局,1985 年。

《陆氏诗疏广要》,[三国]陆玑撰,[明]毛晋广要,景印文渊阁四库
　　全书,台湾商务印书馆,1986 年。

《禽经》,[晋]师旷撰,[晋]张华注,中华书局,1991 年。

《南方草木状》,[晋]嵇含撰,中华书局,1985 年。

《尔雅注疏》,[晋]郭璞注,[宋]邢昺疏,黄侃句读,上海古籍出版
　　社,1990 年。

《方言》,[汉]扬雄撰,中华书局,1985 年。

《司马氏书仪》,[宋]司马光撰,中华书局,1985 年。

《郡斋读书志校证》,[宋]晁公武撰,孙猛校证,上海古籍出版社,
　　1990 年。

《扬州芍药谱》,[宋]王观撰,中华书局,1985 年。

《乐书》,[宋]陈旸撰,景印文渊阁四库全书,台湾商务印书馆,
　　1986 年。

《广川画跋》,[宋]董逌著,中华书局,1985 年。

《朱子语类》,[宋]黎靖德编,中华书局,1986 年。

《直斋书录解题》,[宋]陈振孙撰,中华书局,1985 年。

《项氏家说》,[宋]项安世撰,中华书局,1985 年。

《广群芳谱》,[清]汪灏撰,上海书店,1985 年。

（三）史地之属

《春秋左传集解》，[春秋]左丘明撰，[唐]杜预集解，上海人民出版
　社，1977年。

《史记》，[汉]司马迁撰，[宋]裴骃集解，[唐]司马贞索隐，[唐]张
　守节正义，中华书局，1959年。

《汉书》，[汉]班固撰，[唐]颜师古注，中华书局，1962年。

《后汉书》，[宋]范晔撰，[唐]李贤等注，中华书局，1965年。

《三国志》，[晋]陈寿撰，[宋]裴松之注，中华书局，1982年。

《晋书》，[唐]房玄龄撰，中华书局，1974年。

《南齐书》，[梁]萧子显撰，中华书局，1972年。

《梁书》，[唐]姚思廉撰，中华书局，1973年。

《南史》，[唐]李延寿撰，中华书局，1975年。

《旧唐书》，[后晋]刘昫等撰，中华书局，1975年。

《新唐书》，[宋]欧阳修、宋祁撰，中华书局，1975年。

《新五代史》，[宋]欧阳修撰，徐无党注，中华书局，1974年。

《宋史》，[元]脱脱等撰，中华书局，1977年。

《续资治通鉴长编》，[宋]李焘撰，中华书局，1990年。

《宋史纪事本末》，[明]陈邦瞻撰，中华书局，1977年。

《宋会要辑稿》，[清]徐松辑，中华书局，1957年。

《文献通考》，[元]马端临撰，中华书局，1986年。

《钦定续文献通考》，[清]嵇璜、刘墉等撰，景印文渊阁四库全书，台
　湾商务印书馆，1986年。

《续资治通鉴》，[清]毕沅编撰，上海古籍出版社，1987年。

《续资治通鉴长编拾补》，[清]黄以周编，文物出版社，1987年。

《水经注》，[北朝]郦道元撰，谭属春、陈爱平点校，岳麓书社，
　1995年。

《北里志》，［唐］孙棨撰，中华书局，1985 年。

《太平寰宇记》，［宋］乐史撰，王文楚等点校，中华书局，2007 年。

《长安志》，［宋］宋敏求撰，［清］毕沅校证，中华书局，1991 年。

《庐山记》，［宋］陈舜俞撰，中华书局，1985 年。

《吴郡图经续记》，［宋］朱长文撰，中华书局，1985 年。

《元丰九域志》，［宋］王存等撰，中华书局，1985 年。

《吴郡志》，［宋］范成大撰，中华书局，1985 年。

《嘉泰吴兴志》，［宋］谈钥纂修，南林刘氏嘉业堂刊本。

《剡录》，［宋］高似孙撰，［清］徐干校刊，台北成文出版社，1970 年。

《钱塘先贤传赞》，［宋］袁韶撰，周膺、吴晶点校，当代中国出版社，
　　2014 年。

《嘉定赤城志》，［宋］陈耆卿纂，中国文史出版社，2008 年。

《乾道四明图经》，［宋］张津撰，宁波出版社，2011 年。

《南宋会稽二志点校》，［宋］施宿、张淏等撰，李能成点校，安徽文艺
　　出版社，2012 年。

《宋本方舆胜览》，［宋］祝穆撰，上海古籍出版社，1986 年。

《咸淳临安志》，［宋］潜说友纂修，北京图书馆出版社，2006 年。

《景定严州府志》，［宋］郑瑶修，方仁荣撰，清文澜阁传抄本。

《景定建康志》，［宋］周应合撰，南京出版社，2009 年。

《咸淳临安志》，［宋］潜说友纂修，杭州出版社，2009 年。

《宝庆四明志》，［宋］罗濬等撰，台北成文出版社，1983 年。

《岁时广记》，［宋］陈元靓编，中华书局，1985 年。

《至大金陵新志》，［元］张铉撰，景印文渊阁四库全书，台湾商务印
　　书馆，1986 年。

《至正金陵新志》，［元］张铉纂修，王会豪等校点，四川大学出版社，
　　2009 年。

《嘉靖宁波府志》，[明]周希哲、曾镒修，张时彻等纂，凤凰出版社，
　2014 年。

《浙江通志》，[明]薛应旗撰，台北成文出版社，1983 年。

《西湖游览志》，[明]田汝成撰，浙江人民出版社，1980 年。

《西湖游览志余》，[明]田汝成撰，上海古籍出版社，1958 年。

《顺治溧水县志》，[清]闵派鲁、林古度纂修，傅章伟、吴大林点校，
　上海古籍出版社，2016 年。

《乾隆江南通志》，[清]黄之隽纂，赵弘恩修，广陵书社，2010 年。

《乾隆江宁新志》，[清]袁枚纂修，清乾隆十三年（1748）刻本。

《阜阳县志》，[清]潘世仁修，王麟征纂，清乾隆二十年（1755）
　刻本。

《扬州画舫录》，[清]李斗撰，汪北平、涂雨公点校，中华书局，
　1960 年。

《钦定大清一统志》，[清]和珅等纂修，景印文渊阁四库全书，台湾
　商务印书馆，1986 年。

《乾隆潞安府志》，[清]张淑渠等修，凤凰出版社，2005 年。

《乾隆潜山县志》，[清]李载阳修，游端友纂，清乾隆四十六年
　（1781）刊本。

《重修安徽通志》，[清]吴坤修，何绍基纂，清光绪四年（1878）
　刻本。

《嘉庆重刊江宁府志》，[清]吕燕昭撰，清光绪六年（1880）刻本。

《三千五百年历日天象》，张培瑜撰，大象出版社，1997 年。

《宋元浙江方志集成》，杭州出版社，2009 年。

　　（四）诗文集及笺评

《全上古三代秦汉三国六朝文》，[清]严可均编纂，中华书局，
　1965 年。

《诗经直解》,陈子展撰述,复旦大学出版社,1983年。

《楚辞章句补注》,[汉]王逸章句,[宋]洪兴祖补注,夏剑钦校点,
　　岳麓书社,2013年。

《汉魏六朝百三家集》,[明]张溥编,信述堂本,1879年。

《江文通集汇注》,[南朝]江淹撰,[明]胡之骥注,李长路、赵威点
　　校,中华书局,1984年。

《文心雕龙》,[南朝]刘勰著,中华书局,1985年。

《昭明文选》,[南朝]萧统编,[唐]李善注,吉林人民出版社,
　　1998年。

《六臣注文选》,[南朝]萧统编,[唐]李善等注,中华书局,1987年。

《玉台新咏笺注》,[南朝]徐陵编,[清]吴兆宜注,[清]程琰删补,
　　穆克宏点校,中华书局,1985年。

《李白集校注》,[唐]李白撰,瞿蜕园、朱金城校注,上海古籍出版
　　社,1980年。

《九家集注杜诗》,[唐]杜甫撰,[宋]郭知达编注,上海古籍出版
　　社,1985年。

《杜诗详注》,[唐]杜甫撰,[清]仇兆鳌注,中华书局,1979年。

《补注杜诗》,[唐]杜甫撰,[宋]黄希原注,黄鹤补注,上海古籍出
　　版社,1995年。

《笺注评点李长吉歌诗》,[唐]李贺撰,[宋]吴正子注,刘辰翁评,
　　景印文渊阁四库全书,台湾商务印书馆,1986年。

《樊川诗集注》,[唐]杜牧撰,[清]冯集梧注,中华书局,1962年。

《温飞卿诗集笺注》,[唐]温庭筠撰,[清]曾益等笺注,王国安标
　　点,上海古籍出版社,1998年。

《李义山诗集注》,[唐]李商隐撰,[清]朱鹤龄注,上海古籍出版
　　社,1994年。

《玉溪生诗集笺注》,〔唐〕李商隐撰,〔清〕冯浩笺注,蒋凡标点,上
　　海古籍出版社,1998年。

《李商隐诗歌集解》,〔唐〕李商隐撰,刘学锴、余恕诚集解,中华书
　　局,2004年。

《皮子文薮》,〔唐〕皮日休撰,萧涤非整理,中华书局,1959年。

《笺注唐贤绝句三体诗法》,〔宋〕周弼选,〔元〕释圆至注,明刻本,
　　今藏国家图书馆。

《西昆酬唱集》,〔宋〕杨亿等撰,中华书局,1985年。

《欧阳修诗文集校笺》,〔宋〕欧阳修撰,洪本健校笺,上海古籍出版
　　社,2009年。

《王荆公诗注补笺》,〔宋〕王安石撰,〔宋〕李壁注,李之亮校点补
　　笺,巴蜀书社,2002年。

《净德集》,〔宋〕吕陶撰,中华书局,1985年。

《苏轼文集》,〔宋〕苏轼撰,孔凡礼点校,中华书局,1986年。

《苏轼诗集合注》,〔宋〕苏轼撰,〔清〕冯应榴辑注,黄任轲、朱怀春
　　校点,上海古籍出版社,2001年。

《苏辙集》,〔宋〕苏辙撰,陈宏天、高秀芳点校,中华书局,1990年。

《乐府诗集》,〔宋〕郭茂倩编,中华书局,1979年。

《山谷诗集注》,〔宋〕黄庭坚撰,〔宋〕任渊等注,黄宝华点校,上海
　　古籍出版社,2003年。

《黄庭坚全集》,〔宋〕黄庭坚撰,刘琳等校点,四川大学出版社,
　　2001年。

《姑溪居士全集》,〔宋〕李之仪撰,中华书局,1985年。

《后山居士诗话》,〔宋〕陈师道撰,中华书局,1985年。

《芦川归来集》,〔宋〕张元幹撰,上海古籍出版社,1978年。

《苕溪渔隐丛话》,〔宋〕胡仔纂集,廖德明校点,人民文学出版社,

　　1962 年。

《会稽三赋》,［宋］王十朋撰,景印文渊阁四库全书,台湾商务印书
　　馆,1986 年。

《陆游全集校注》,［宋］陆游撰,钱仲联、马亚中校注,浙江教育出版
　　社,2011 年。

《攻媿集》,［宋］楼钥撰,中华书局,1985 年。

《双溪集》,［宋］苏籀撰,中华书局,1985 年。

《后村集》,［宋］刘克庄撰,景印文渊阁四库全书,台湾商务印书馆,
　　1986 年。

《增订湖山类稿》,［宋］汪元量撰,孔凡礼辑校,中华书局,1984 年。

《诗林广记》,［宋］蔡正孙撰,中华书局,1982 年。

《珊瑚钩诗话》,［宋］张表臣撰,中华书局,1985 年。

《江西诗派小序》,［宋］刘克庄撰,中华书局,1985 年。

《诗人玉屑》,［宋］魏庆之撰,上海古籍出版社,1959 年。

《竹庄诗话》,［宋］何汶撰,常振国、绛云点校,中华书局,1984 年。

《滹南诗话》,［金］王若虚撰,中华书局,1985 年。

《沧浪诗话》,［宋］严羽撰,中华书局,1985 年。

《青山集》,［元］赵文撰,景印文渊阁四库全书,台湾商务印书馆,
　　1986 年。

《瀛奎律髓汇评》,［元］方回选评,李庆甲集评校点,上海古籍出版
　　社,2005 年。

《清容居士集》,［元］袁桷撰,中华书局,1985 年。

《唐音评注》,［元］杨士弘撰,［明］张震辑注,［明］顾璘评点,陶文
　　鹏等点校,河北大学出版社,2010 年。

《王忠文公集》,［明］王祎撰,中华书局,1985 年。

《诗薮》,［明］胡应麟撰,中华书局,1958 年。

《明文海》,[明]黄宗羲编,中华书局,1987年。

《历代诗话》,[清]吴景旭撰,中华书局,1958年。

《陈维崧集》,[清]陈维崧撰,陈振鹏标点,李学颖校补,上海古籍出版社,2010年。

《原诗》,[清]叶燮撰,霍松林校注,人民文学出版社,1979年。

《明诗综》,[清]朱彝尊编,上海古籍出版社,1993年。

《五代诗话》,[清]王士禛原编,[清]郑方坤删补,李珍华点校,书目文献出版社,1989年。

《戴名世集》,[清]戴名世撰,王树民编校,中华书局,1998年。

《古文观止》,[清]吴楚材、吴调侯选注,中华书局,1987年。

《襄笠轩仅存稿》,[清]楼俨撰,清康熙刻本,今藏国家图书馆。

《说诗晬语》,[清]沈德潜撰,孙之梅、周芳批注,凤凰出版社,2010年。

《随园诗话》,[清]袁枚撰,顾学颉校点,人民文学出版社,1982年。

《瓯北诗话》,[清]赵翼撰,霍松林、胡主佑校点,人民文学出版社,1963年。

《小石帆亭著录》,[清]翁方纲撰,中华书局,1991年。

《七言诗三昧举隅》,[清]翁方纲撰,中华书局,1991年。

《笺经室遗集》,[清]曹元忠撰,《清代诗文集汇编》,上海古籍出版社,2010年。

《历代诗话续编》,丁福保编,中华书局,1983年。

《清诗话》,丁福保辑,上海古籍出版社,1978年。

《王国维全集》,王国维撰,浙江教育出版社,广东教育出版社,2010年。

《王国维文集》,王国维撰,线装书局,2009年。

《中国文学史》,钱基博撰,曹毓英校订,华中师范大学出版社,

2011 年。

《中国历代文论选》,郭绍虞主编,中华书局,1962 年。

《宋诗话辑佚》,郭绍虞辑,中华书局,1980 年。

《美的历程》,李泽厚撰,天津社会科学院出版社,2001 年。

《全宋文》,曾枣庄、刘琳主编,上海辞书出版社,安徽教育出版社,
　　2006 年。

《中国历代诗话选》,王大鹏等编,岳麓书社,1985 年。

《迦陵论诗丛稿》,叶嘉莹著,中华书局,1984 年。

《艾略特诗学文集》,[英]艾略特撰,王恩衷编译,国际文化出版公
　　司,1989 年。

《传统与个人才能》,[英]艾略特撰,卞之琳译,安徽文艺出版社,
　　2014 年。

《艺术与视知觉》,[美]鲁道夫·阿恩海姆撰,滕守尧、朱疆源译,四
　　川人民出版社,1998 年。

《艺术哲学》,[法]丹纳著,傅雷译,人民文学出版社,1963 年。

The verbalicon: studies of the meaning of poetry W.K.WIMSATT
　　the university of Kentucky press 1954.

《新批评——一种独特的形式主义文论》,赵毅衡著,中国社会科学
　　出版社,1986 年。

《古典诗的现代性》,江弱水撰,生活·读书·新知三联书店,2010 年。

《湖上吹水录》,江弱水著,生活·读书·新知三联书店,2016 年。

（五）词籍整理及笺校集评

《乐章集校注》,[宋]柳永撰,薛瑞生校注,中华书局,1994 年。

《张子野词》,[宋]张先撰,中华书局,1985 年。

《二晏词笺注》,[宋]晏殊、晏几道撰,张草纫笺注,上海古籍出版
　　社,2008 年。

《小山词校笺注》,[宋]晏几道撰,李明娜笺注,文津出版社,
　　1981年。

《小山词》,[宋]晏几道撰,王根林校点,上海古籍出版社,1989年。

《东坡词编年笺证》,[宋]苏轼撰,薛瑞生笺证,三秦出版社,
　　1998年。

《东坡词傅干注校证》,[宋]苏轼撰,[宋]傅干注,刘尚荣校证,上
　　海古籍出版社,2016年。

《山谷词校注》,[宋]黄庭坚撰,马兴荣、祝振玉校注,上海古籍出版
　　社,2011年。

《淮海居士长短句》,[宋]秦观撰,徐培均校注,上海古籍出版社,
　　1985年。

《淮海集笺注》,[宋]秦观撰,徐培均笺注,上海古籍出版社,
　　2000年。

《晁补之词编年笺校》,[宋]晁补之撰,乔力笺注,齐鲁书社,
　　1992年。

《东山词》,[宋]贺铸撰,钟振振校注,上海古籍出版社,1989年。

《李清照集校注》,[宋]李清照撰,王学初校注,人民文学出版社,
　　1979年。

《乐府雅词》,[宋]曾慥编,中华书局,1985年。

《姜白石词编年笺校》,[宋]姜夔撰,夏承焘笺校,上海古籍出版社,
　　1981年。

《白石道人歌曲》,[宋]姜夔撰,中华书局,1985年。

《梅溪词校注》,[宋]史达祖撰,王步高校注,天津人民出版社,
　　1994年。

《花庵词选》,[宋]黄升选,中华书局,1958年。

《阳春白雪》,[宋]赵闻礼选编,葛渭君校点,上海古籍出版社,

1993 年。

《乐府指迷笺释》，[宋]沈义父撰，蔡嵩云笺释，人民文学出版社，
　　1963 年。

《吴梦窗词笺释》，[宋]吴文英撰，杨铁夫笺释，陈邦炎、张奇慧校
　　点，广东人民出版社，1992 年。

《梦窗词集校笺》，[宋]吴文英撰，孙虹、谭学纯校笺，中华书局，
　　2014 年。

《草窗词校注》，[宋]周密撰，史克振校注，齐鲁书社，1993 年。

《蘋洲渔笛谱疏证》，[宋]周密撰，[清]江昱疏证，乾隆四年（1739）
　　新安郡斋刊本。

《草窗韵语》，[宋]周密撰，乌程蒋氏密韵楼丛书 1922 年刻本，今藏
　　国家图书馆。

《绝妙好词笺》，[宋]周密辑，[清]查为仁、厉鹗笺，上海古籍出版
　　社，2004 年。

《山中白云词》，[宋]张炎撰，[清]龚翔麟等校刻，清康熙中玉玲珑
　　阁刻本。

《山中白云词疏证》，[宋]张炎撰，[清]江昱疏证，稿本今存国家图
　　书馆。

《山中白云词笺证》，[宋]张炎撰，孙虹、谭学纯笺证，中华书局，
　　2019 年。

《词源疏证》，[宋]张炎撰，蔡桢疏证，中国书店，1985 年。

《词源笺释》，[宋]张炎撰，陈能群笺释，读者书店，1940 年，今存国
　　家图书馆。

《词源注》，[宋]张炎撰，夏承焘校注，人民文学出版社，1963 年。

《词旨》，[元]陆辅之撰，中华书局，1991 年。

《百家词》，[明]吴讷辑，天津古籍书店，1992 年。

《花草粹编》，[明]陈耀文辑，龙建国、杨有山校点，河北大学出版社，2007年。

《古今词统》，[明]卓人月汇选，徐士俊参评，谷辉之校点，辽宁教育出版社，2000年。

《新刻李于麟先生批评注释草堂诗余隽》，[明]吴从先汇编，袁宏道增订，何伟然参校，师俭堂萧少衢依京版刻。

《宋六十名家词》，[明]毛晋校刻，上海古籍出版社，1989年。

《词综》，[清]朱彝尊、汪森编，李庆甲校点，上海古籍出版社，1978年。

《词律》，[清]万树撰，中华书局，1957年。

《词苑丛谈校笺》，[清]徐釚编撰，王百里校笺，人民文学出版社，1988年。

《古今词话》，[清]沈雄编纂，[清]江尚质增辑，上海书店，1987年。

《历代诗余》，[清]沈辰垣等编，上海书店，1985年。

《钦定词谱》，北京市中国书店据清康熙五十四年（1715）内府刻本影印，1983年。

《淮海先生年谱》，[清]秦瀛编，《北京图书馆藏珍本年谱丛刊》，北京图书馆出版社，1999年。

《灵芬馆词话》，[清]郭麐撰，上海古籍出版社，2002年。

《本事词》，[清]叶申芗撰，古典文学出版社，1957年。

《宋四家词选》，[清]周济辑，古典文学出版社，1958年。

《介存斋论词杂著》，[清]周济撰，顾学颉校点，人民文学出版社，1959年。

《西泠词萃六种》，[清]丁丙辑，光绪十三年（1887）钱塘丁氏刻本，今藏国家图书馆。

《宋六十一家词选》，[清]冯煦选，扫叶山房宣统二年（1910）石印本。

《四印斋所刻词》,［清］王鹏运辑,上海古籍出版社,1989 年。

《白雨斋词话》,［清］陈廷焯撰,人民文学出版社,1959 年。

《白雨斋词话全编》,［清］陈廷焯撰,孙克强辑校,中华书局,
　　2013 年。

《词则》,［清］陈廷焯编选,上海古籍出版社,1984 年。

《大鹤山人词话》,［清］郑文焯撰,孙克强、杨传庆辑校,南开大学出
　　版社,2009 年。

《彊村丛书》,［清］朱孝臧辑校,夏敬观手批,上海古籍出版社,
　　1989 年。

《宋词三百首笺注》,［清］上彊村民重编,唐圭璋笺注,上海古籍出
　　版社,1996 年。

《唐五代两宋词选释》,俞陛云撰,上海古籍出版社,2011 年。

《海绡说词》,陈洵撰,世界书局,1967 年。

《宋词举》,陈匪石编撰,钟振振校点,上海古籍出版社,2016 年。

《微睇室说词》,刘永济著,中华书局,2007 年。

《词曲史》,王易撰,东方出版社,1996 年。

《艺蘅馆词选》,梁令娴编,中华书局,1935 年。

《夏承焘集》,夏承焘撰,浙江古籍出版社,浙江教育出版社,
　　1997 年。

《论诗词曲杂著》,俞平伯撰,上海古籍出版社,1983 年。

《词话丛编》,唐圭璋编,中华书局,1986 年。

《词学论丛》,唐圭璋著,上海古籍出版社,1986 年。

《唐宋名家词选》,龙榆生编选,古典文学出版社,1956 年。

《龙榆生词学论文集》,龙榆生撰,上海古籍出版社,2009 年。

《唐宋词格律》,龙榆生撰,上海古籍出版社,2014 年。

《缪钺全集》,缪钺撰,河北教育出版社,2004 年。

《灵谿词说》,缪钺、叶嘉莹合撰,上海古籍出版社,1987 年。

《词林新话》,吴世昌撰,吴令华辑注,施议对校,北京出版社,1991 年。

《谈艺录》,钱锺书著,中华书局,1984 年。

《管锥编》,钱锺书著,中华书局,1986 年。

《词曲论稿》,罗忼烈著,中华书局香港分局,1977 年。

《两小山斋论文集》,罗忼烈撰,中华书局,1982 年。

《迦陵论词丛稿》,叶嘉莹撰,上海古籍出版社,1980 年。

《唐宋词十七讲》,叶嘉莹撰,河北教育出版社,2000 年。

《秦观资料汇编》,周义敢、周雷编,中华书局,2001 年。

《中国古代十大词人精品全集》,邓绍基等主编,大连出版社,
　　1998 年。

《十大词人》,吴熊和主编,上海古籍出版社,1989 年。

《吴熊和词学论集》,吴熊和撰,杭州大学出版社,1999 年。

《唐宋词汇评·两宋卷》,吴熊和主编,浙江教育出版社,2004 年。

《宋词辨》,谢桃坊撰,上海古籍出版社,1999 年。

《唐五代北宋词研究》,[日]村上哲见撰,杨铁婴译,陕西人民出版
　　社,1987 年。

《柳永论稿——词的源流与创新》,[日]宇野直人撰,张海鸥、羊昭
　　红译,上海古籍出版社,1998 年。

《词话丛编补编》,葛渭君编,中华书局,2013 年。

《明刊草堂诗余二种》,刘崇德、徐文武点校,河北大学出版社,
　　2006 年。

《宋代词学资料汇编》,张惠民编,汕头大学出版社,1993 年。

《历代词话续编》,张璋等编纂,大象出版社,2005 年。

《北宋词风嬗变与文学思潮》,孙虹撰,上海古籍出版社,2009 年。

《吴梦窗研究》,孙虹、谭学纯撰,上海古籍出版社,2015 年。

《宋词殿军张炎研究》,孙虹著,中华书局,2021 年。

（六）笔记小说及杂考

《说苑疏证》,[汉] 刘向撰,赵善诒疏证,华东师范大学出版社,
　　1985 年。

《博物志校证》,[晋] 张华撰,范宁校证,中华书局,1980 年。

《古今注》,[晋] 崔豹撰,中华书局,1985 年。

《西京杂记》,[晋] 葛洪撰,中华书局,1985 年。

《搜神记》,[晋] 干宝撰,上海古籍出版社,1998 年。

《世说新语》,[南朝] 刘义庆撰,[梁] 刘孝标注,徐传武校点,上海
　　古籍出版社,2013 年。

《述异记》,[南朝] 任昉撰,中华书局,1991 年。

《本事诗》,[唐] 孟棨撰,古典文学出版社,1957 年。

《妆楼记》,[五代] 张泌撰,中华书局,1985 年。

《中华古今注》,[五代] 马缟集,中华书局,1985 年。

《开元天宝遗事》,[五代] 王仁裕等撰,中华书局,1985 年。

《太平广记》,[宋] 李昉等编,中华书局,1961 年。

《洛阳牡丹记》,[宋] 欧阳修撰,景印文渊阁四库全书,台湾商务印
　　书馆,1986 年。

《归田录》,[宋] 欧阳修撰,李伟国点校,中华书局,1981 年。

《梦溪笔谈校证》,[宋] 沈括撰,胡道静校注,古典文学出版社,
　　1957 年。

《孔氏谈苑》,[宋] 孔平仲撰,中华书局,1985 年。

《东坡志林》,[宋] 苏轼撰,华东师范大学古籍研究所点校,华东师
　　范大学出版社,1983 年。

《仇池笔记》,[宋] 苏轼撰,华东师范大学古籍研究所点校,华东师

范大学出版社,1983 年。

《事物纪原》,[宋]高承撰,[明]李果订,金圆、许沛藻点校,中华书局,1989 年。

《铁围山丛谈》,[宋]蔡絛撰,冯惠民、沈锡麟点校,中华书局,1983 年。

《海录碎事》,[宋]叶廷珪撰,李之亮校点,中华书局,2002 年。

《东都事略》,[宋]王偁撰,齐鲁书社,2000 年。

《侯鲭录》,[宋]赵令畤撰,中华书局,1985 年。

《谈薮》,[宋]庞元英撰,中华书局,1991 年。

《醉翁谈录》,[宋]罗烨撰,古典文学出版社,1957 年。

《冷斋夜话》,[宋]释惠洪撰,中华书局,1988 年。

《鸡肋编》,[宋]庄绰撰,萧鲁阳点校,中华书局,1983 年。

《避暑录话》,[宋]叶梦得撰,中华书局,1985 年。

《东京梦华录笺注》,[宋]孟元老撰,伊永文笺注,中华书局,2006 年。

《碧鸡漫志校正》,[宋]王灼撰,岳珍校正,巴蜀书社,2000 年。

《韵语阳秋》,[宋]葛立方撰,中华书局,1985 年。

《能改斋漫录》,[宋]吴曾撰,中华书局,1960 年。

《玉照新志》,[宋]王明清撰,中华书局,1985 年。

《挥麈录》,[宋]王明清撰,上海书店出版社,2001 年。

《容斋随笔》,[宋]洪迈撰,中华书局,2005 年。

《清波杂志》,[宋]周辉撰,中华书局,1994 年。

《老学庵笔记》,[宋]陆游撰,李剑雄、刘德权点校,中华书局,1979 年。

《仕学规范》,[宋]张镃撰,景印文渊阁四库全书,台湾商务印书馆,1986 年。

《墨庄漫录》,[宋]张邦基撰,商务印书馆,1939 年。

《野客丛书》,[宋]王楙撰,王文锦点校,中华书局,1987年。

《西塘集耆旧续闻》,[宋]陈鹄撰,中华书局,1985年。

《四朝闻见录》,[宋]叶绍翁撰,沈锡麟、冯惠民点校,中华书局,
　　1989年。

《邵氏闻见后录》,[宋]邵博撰,刘德权、李剑雄点校,中华书局,
　　1983年。

《演繁露续集》,[宋]程大昌著,张海鹏订,中华书局,1991年。

《朝野类要》,[宋]赵升撰,中华书局,1985年。

《贵耳集》,[宋]张端义撰,[明]毛晋订,中华书局,1985年。

《藏一话腴》,[宋]陈郁撰,景印文渊阁四库全书,台湾商务印书馆,
　　1986年。

《鹤林玉露》,[宋]罗大经撰,王瑞来点校,中华书局,1983年。

《都城纪胜》,[宋]不著撰人,上海古籍出版社,1993年。

《困学纪闻》,[宋]王应麟撰,孙通海校点,辽宁教育出版社,
　　1998年。

《武林旧事》,[宋]周密辑,浙江人民出版社,1984年。

《癸辛杂识》,[宋]周密撰,吴企明点校,中华书局,1988年。

《齐东野语》,[宋]周密撰,中华书局,1983年。

《浩然斋雅谈》,[宋]周密撰,中华书局,1985年。

《吹剑录全编》,[宋]俞文豹编,张宗祥校订,古典文学出版社,1958年。

《道山清话》,[宋]撰人未详,中华书局,1985年。

《梦粱录》,[宋]吴自牧撰,张社国、符均校注,三秦出版社,2004年。

《敬斋古今黈》,[元]李治撰,刘德权点校,中华书局,1995年。

《研北杂志》,[元]陆友仁撰,中华书局,1991年。

《居易录》,[清]王士禛撰,齐鲁书社,2007年。

《随园随笔》,[清]袁枚撰,广益书局,1936年。

《武林掌故丛编》,[清]丁丙辑,京华书局,1967 年。

（七）类书、小学及其他

《说文解字注》,[汉]许慎撰,[清]段玉裁注,上海古籍出版社,
　　1981 年。

《艺文类聚》,[唐]欧阳询撰,汪绍楹校,中华书局,1965 年。

《白氏六帖事类集》,[唐]白居易撰,文物出版社,1987 年。

《太平御览》,[宋]李昉等编,中华书局,1960 年。

《文苑英华》,[宋]李昉等编,中华书局,1966 年。

《册府元龟》,[宋]王钦若等编纂,周勋初等校订,凤凰出版社,2006 年。

《类说校注》,[宋]曾慥编纂,王汝涛等校注,福建人民出版社,
　　1996 年。

《郡斋读书后志》,[宋]赵希弁撰,景印文渊阁四库全书,台湾商务
　　印书馆,1986 年。

《古今合璧事类备要》,[宋]谢维新编,景印文渊阁四库全书,台湾
　　商务印书馆,1986 年。

《玉海》,[宋]王应麟辑,广陵书社,2003 年。

《新编古今事文类聚》,[宋]祝穆撰,日本中文出版社,1989 年。

《永乐大典》,[明]解缙等官修,国家图书馆出版社,2004 年。

《广博物志》,[明]董斯张纂,岳麓书社,1991 年。

《屈宋古音义》,[明]陈第撰,中华书局,1985 年。

《渊鉴类函》,[清]张英、王士禛等辑,中国书店,1985 年。

《佩文韵府》,[清]张玉书等编,上海古籍书店,1983 年。

《四库全书总目》,[清]永瑢、纪昀等主编,中华书局,1965 年。

《钦定四库全书荟要》,[清]纪昀等主编,吉林出版集团有限责任公
　　司,2005 年。

《御制律吕正义》,[清]允祉、允禄等撰,故宫博物院编,海南出版

社，2000 年。

《钦定续通典》，［清］嵇璜、刘墉等编，上海图书集成局，清光绪
　　二十七（1901）年。

《四部丛刊初编》，上海商务印书馆，1936 年。

《丛书集成》，王云五主编，上海商务印书馆，1935—1937 年。

《丛书集成续编》，上海书店，1994 年。

《诗词曲语辞汇释》，张相撰，中华书局，1979 年。

《诗词曲语辞例释》，王锳撰，中华书局，1986 年。

后　记

　　我在薛瑞生、刘尚荣、葛渭君三位先生的指导与帮助下，从二十世纪九十年代着手撰写《清真集校注》，并于 2002 年在中华书局出版。2005 年又出版了《周邦彦词选》。后者是在薛先生《清真事迹新证》的基础上，以美成词为内证，结合少量罕见的史料作出的编年体例词选。之后，我虽然有《陈思〈清真居士年谱〉庐州、溧水系年词补考——兼论罗忼烈〈周清真词时地考略〉中的"溧水之什"》等近十篇系列论文发表，但因为不久即转治吴梦窗词、张玉田词，一直没有机会汇集推新周美成相关研究成果，这不能不说是我学术生涯的小小遗憾。

　　幸运的是，在转治梦窗、玉田的过程中，我完成并出版了《吴梦窗研究》《宋词殿军张炎研究》，较为深入地考察了晚宋的《乐府指迷》《词源》，这两种词学专论都认同并从理论上阐述了周美成词坛的宗主地位，这使我获得校注笺证以外的理论参照，开始重新思考并体悟认知美成词结束北宋、开启南宋的词史地位，逐渐积累了撰写本书的基本思路。因而能在完成《清真集校注》多年之后，对其版本源流、生平事迹、思想艺术特别是关于形式因素的哲学取向等进行全面的梳理、考证、纠偏、拓展以及再认知与思考，从而撰成这本周邦彦研究的专著，并获得 2020 年教育部哲学社会科学研究后期资助一般项目立项。尽管准备相对充分，但还是存在不小挑战。

如以宋朝方千里、杨泽民、陈允平三家和清真词推论美成宋椠版本源流，以明朝毛晋《片玉词》推论强焕所序淳熙官本的原貌，都需要小心严谨的求证；而把宋朝理学与西方艺术符号学（包括"有意味的形式"）结合起来在哲学层面阐述周邦彦"浑成"词风及"词中老杜"的词史地位，以及广泛涉及王国维受西方哲学影响的《人间词话》对周词的批评，都属于新视角。虽然我早年在《北宋词风嬗变与文学思潮》（由博士论文删改而成）一书第四章设定的章节目录中有"'王学'变异背景下的士风与文艺观——兼论北宋后期'洛学'对词体形式因素的影响""北宋后期士大夫人格分裂之透视——论周邦彦压抑情欲的表象与放纵情欲的内质"，思考并阐述了这一问题（《清真集校注》《周邦彦词选》二书的前言里也略有涉及），然而这毕竟还是前人未曾涉足的大胆尝试。因为才疏学浅，学识不能贯通，仅能浅尝辄止，以待将来。

　　课题组成员孔燕君、关飞、何扬、李楠等同学在查询、收集资料等方面，出力甚多；特别需要提出的是，第二作者孙龙飞，从本科生到硕士生，一直是我得力的科研助手。尽管他现在已经是中学老师，并肩负行政重任，但仍然一如既往，参与了本书撰写及参考书目的结撰。在读硕士李楠同学则除核对全书引文外，因毕业论文选题《周济〈宋四家词选〉及词论研究》与本书的相关性，参加编写了近三万字，这使得书稿能够在较短时间内快速进入教育部项目的申报系统。爱人赵国强仍是默默付出的统稿兼后勤，在此一并聊表谢忱！

孙　虹
2021 年 6 月写于江南大学蠡湖家园